Europäische Regionalförderung in der Region Berlin 1989–1999

Europäische Hochschulschriften
Publications Universitaires Européennes
European University Studies

Reihe XXXI
Politikwissenschaft

Série XXXI Series XXXI
Sciences politiques
Political Science

Bd./Vol. 471

PETER LANG
Frankfurt am Main · Berlin · Bern · Bruxelles · New York · Oxford · Wien

Birgit Rothschild

Europäische Regionalförderung in der Region Berlin 1989–1999

Eine Analyse der theoretischen und praktischen EFRE-Interventionen unter besonderer Berücksichtigung einer länderübergreifenden Kooperation

PETER LANG
Europäischer Verlag der Wissenschaften

Bibliografische Information Der Deutschen Bibliothek
Die Deutsche Bibliothek verzeichnet diese Publikation in der Deutschen Nationalbibliografie; detaillierte bibliografische Daten sind im Internet über <http://dnb.ddb.de> abrufbar.

Zugl.: Berlin, Freie Univ., Diss., 2003

D 188
ISSN 0721-3654
ISBN 3-631-51382-8

www.peterlang.de

Vorwort

Mit der deutschen Wiedervereinigung und der zunehmenden europäischen Integration waren neue Herausforderungen an die Regionen und damit auch an die regionale Wirtschaftsförderung in der Europäischen Gemeinschaft verbunden. Im Zuge des wachsenden Wettbewerbs zwischen den Regionen kam und kommt deshalb der bestmöglichen Nutzung des jeweiligen regionalen Entwicklungspotenzials einer Region und damit der regionalen Wirtschaftsförderung zunehmend Bedeutung zu.

Das Anliegen der vorliegenden Arbeit besteht darin, für den Zeitraum 1989-1999 am Beispiel des Europäischen Regionalfonds (EFRE), dem regionalpolitischen Förderinstrument der Europäischen Gemeinschaft, aufzuzeigen, unter welchen Bedingungen der Einsatz der Fördermittel in der sich nach der Wiedervereinigung neu bildenden Wirtschaftsregion Berlin erfolgte. Die Region Berlin selbst war und ist in mehrfacher Hinsicht ungewöhnlich. Sie besteht hinsichtlich der Fördersituation praktisch aus drei Teilregionen, und zwar aus dem bis zur Wiedervereinigung hochsubventionierten und über Jahrzehnte vom umliegenden Wirtschaftsraum isolierten West-Berlin sowie aus Ost-Berlin und dem zum neu entstandenen Land Brandenburg gehörenden Berliner Umland. Politisch musste deshalb innerhalb einer Region sowohl das Zusammenwachsen zweier Teilstädte mit ganz unterschiedlichen Ausgangsbedingungen als auch die politische und administrative Kooperation zweier in vielerlei Hinsicht konkurrierenden Bundesländer in Gang gebracht werden.

Die vorliegende Untersuchung über den Einsatz europäischer Regionalfördermittel in der Region Berlin wurde im WS 2002/2003 am Fachbereich Politische Wissenschaften der Freien Universität Berlin angenommen. Grossen Dank schulde ich meinem Doktorvater, Prof. Dr. Nils Diederich (Otto-Suhr-Institut für Politikwissenschaften) und meinem Zweitgutachter Prof. Dr. Horst Tomann (Institut für Wirtschaftspolitik und Wirtschaftsgeschichte). Danken möchte ich auch all den Personen, die durch ihre Bereitstellung von Informationen und Materialien die Arbeit in dieser Form erst möglich gemacht haben. Darüber hinaus haben viele durch Anregungen und Diskussionen zum Gelingen der Arbeit beigetragen. Mein ganz besonderer Dank gilt Dr. Kathleen Toepel.

Berlin/Köln, im Mai 2003 Birgit Rothschild

INHALTSVERZEICHNIS

VERZEICHNIS DER ABBILDUNGEN UND TABELLEN X
VERZEICHNIS DER ABKÜRZUNGEN XI

1. Einleitung 1

1.1. Gegenstand und Zielsetzung der Untersuchung 1

1.2. Aufbau der Arbeit 3

1.3. Methodisches Vorgehen und verwendete Materialien 6

2. Regionalpolitik als Teil der Wirtschafts- und Strukturpolitik 10

2.1. Gegenstand und Ziele der Regionalpolitik 11

2.2. Regionalpolitik und Raumordnung 13

2.3. Die Region als Objekt der Regionalpolitik 14

2.3.1. Regionale Abgrenzungskriterien und -methoden 15
2.3.2. Regionale Disparitäten und ihre Messgrundlagen 17
2.3.3. Problemadäquate Abgrenzung von Förderregionen 18

2.4. Politischer Handlungsbedarf 20

2.4.1. Legitimität regionalpolitischen Handelns 21
2.4.2. Wirksamkeit regionaler Wirtschaftspolitik 22

2.5. Regionalpolitik als „Politik-Feld" 24

2.5.1. Die Notwendigkeit politischer Entscheidungen 26
2.5.2. Vertikale und horizontale Politikverflechtung 27
2.5.3. Zielkonflikte in der Regionalpolitik 29
2.5.4. Kooperation als Erfolgsfaktor 32
2.5.5. Koordination und Kommunikation als Voraussetzung für Kooperation 35

2.6. Zusammenfassung 38

3. Regionalpolitik in der Bundesrepublik Deutschland 40

3.1. Nationale Regionalpolitik 40

3.1.1. Ziele und Entwicklung der nationalen Regionalpolitik 40
3.1.2. Instrumente der nationalen Regionalpolitik 42
3.1.3. Förderziele und -maßnahmen der GRW 44
3.1.4. Nationale Fördergebietsabgrenzung 45

3.2. Europäische Regionalpolitik 49

3.2.1. Ziele und Entwicklung der europäischen Regionalpolitik 51
3.2.2. Instrumente der europäischen Regionalpolitik 55
3.2.3. Förderziele und -maßnahmen des EFRE 58
3.2.4. Europäische Fördergebietsabgrenzung 61

3.3. Zusammenwirken von nationaler und europäischer Regionalpolitik 64
3.3.1. Mehrebenensystem 65
3.3.2. Ziele der beteiligten Politikebenen 66
3.3.3. Regelungen des Zusammenwirkens 67
3.3.4. Probleme in der praktischen Kooperation 69

3.4. Zusammenfassung 72

4. Neue Länder 74

4.1. Ausgangslage 74
4.1.1. Handlungsbedarf 76
4.1.2. Datengrundlage 78

4.2. Nationale Hilfen für die neuen Länder und Ost-Berlin 81
4.2.1. Gemeinschaftswerk „Aufschwung Ost“ 82
4.2.2. Fonds „Deutsche Einheit“ 82
4.2.3. Gemeinschaftsaufgabe „Verbesserung der regionalen Wirtschaftsstruktur“ 84

4.3. Europäische Hilfen für die neuen Länder und Ost-Berlin 85
4.3.1. Europäische Gemeinschaft und deutsche Wiedervereinigung 86
4.3.2. Vereinfachter Verfahrensweg für die europäische Strukturfondsförderung 88
4.3.3. Förderperiode 1991-1993 89
4.3.4. Förderperiode 1994-1999 92

4.4. Rückwirkungen auf die alten Bundesländer und die EG 95
4.4.1. Vereinigungsbedingter Nachfrageboom 1990-1992 96
4.4.2. Sinkende Durchschnittswerte 96
4.4.3. Neue Prioritäten 97
4.4.4. Neuabgrenzung der GRW-Fördergebiete 98

4.5. Zusammenfassung 100

5. Sonderfall Berlin 102

5.1. Situation bis 1989 102
5.1.1. Inselrolle West-Berlins 103
5.1.2. Hauptstadtrolle Ost-Berlins 109

5.2. Situation ab 1989 111
5.2.1. Geopolitische Lage 113
5.2.2. Hauptstadtbeschluss 115
5.2.3. Finanzielle Folgen der Wiedervereinigung 118
5.2.4. Neue Stadt-Umland-Verflechtungen 121

5.3. Die Region Berlin 124
5.3.1. Abgrenzung der Region 124
5.3.2. Charakteristika der Region 129
5.3.3. Rechtliche Grundlagen der Kooperation von Berlin und Brandenburg 131

5.3.4. Option der Länderfusion 135
5.3.5. Scheitern der Länderfusion 138
5.3.6. Neuer Anlauf zur Zusammenarbeit 139
5.3.7. Länderfusion und europäische Strukturfonds 141

5.4. Zusammenfassung 143

6. Der Einsatz des Europäischen Regionalfonds (EFRE) in der Region Berlin 1989-1999 145

6.1. Der Europäische Regionalfonds in Berlin vor 1989 146

6.2. Verhältnis des EFRE zu anderen Förderinstrumenten 149

6.3. Der Europäische Regionalfonds in der Region Berlin 1989-1993 152

6.3.1. Teilregion West-Berlin 156
6.3.2. Teilregion Ost-Berlin 162
6.3.3. Teilregion Brandenburg 167
6.3.4. Probleme in der EFRE-Förderpraxis 171

6.4. Der Europäische Regionalfonds in der Region Berlin 1994-1999 175

6.4.1. Teilregion West-Berlin 179
6.4.2. Teilregion Ost-Berlin 187
6.4.3. Teilregion Brandenburg 194
6.4.4. Probleme in der EFRE-Förderpraxis 200

6.5. EFRE-Förderung in den Teilregionen 1989-1999 im Vergleich 203

6.6. Zusammenfassung 208

7. Fazit und Ausblick 211

7.1. Bewertung des EFRE-Einsatzes in der Region Berlin 213

7.1.1. Generelle Aspekte der europäischen Regionalpolitik 214
7.1.2. Konkrete Fördersituation in der Region Berlin 217
7.1.3. Aspekte der länderübergreifenden Kooperation 223

7.2. Perspektiven der weiteren EFRE-Förderung in der Region Berlin 228

7.2.1. Reform der Strukturfonds im Rahmen der Agenda 2000 229
7.2.2. Neue Förderperiode 2000-2006 in der Region Berlin 232
7.2.3. EU-Osterweiterung 235
7.2.4. Neuer Anlauf zur Länderfusion 240

LITERATURVERZEICHNIS 243

ANHANG 265

VERZEICHNIS DER ABBILDUNGEN UND TABELLEN

Abbildungen:

5.1. Großraum Berlin: DIW-Abgrenzung von 1990 126

5.2. Region Berlin: Abgrenzung nach dem Landesplanungsvertrag 1995 127

Tabellen:

4.1. Fördervolumen des Fonds „Deutsche Einheit“ 83

4.2. Gemeinschaftsbeihilfen für die neuen Bundesländer und Ost-Berlin 1991-1993 nach Fonds und Schwerpunkten 90

4.3. Gemeinschaftsbeihilfen für die neuen Bundesländer und Ost-Berlin 1991-1993 nach Fonds und Ländern 91

4.4. Gemeinschaftsbeihilfen für die neuen Bundesländer und Ost-Berlin 1994-1999 nach Fonds und Schwerpunkten 94

4.5. Gemeinschaftsbeihilfen für die neuen Bundesländer und Ost-Berlin 1994-1999 nach Fonds und Ländern 95

5.1. Bevölkerung und Siedlungsdichte in der Region Berlin 1990-1998 129

6.1. Gemeinschaftsbeihilfen für Berlin und Brandenburg 1989-1999 151

6.2. EFRE-Förderung in West-Berlin vor und nach dem Mauerfall 157

6.3. EFRE-Förderung in West-Berlin 1989-1993 nach Schwerpunkten 159

6.4. EFRE-Förderung in Ost-Berlin 1991-1993 nach Schwerpunkten 163

6.5. EFRE-Förderung in Brandenburg 1991-1993 nach Schwerpunkten 168

6.6. EFRE-Förderung in West-Berlin 1994-1999 nach Schwerpunkten 181

6.7. EFRE-Förderung in Ost-Berlin 1994-1999 nach Schwerpunkten 188

6.8. EFRE-Förderung in Brandenburg 1994-1999 nach Schwerpunkten 195

6.9. EFRE-Förderung in den Teilregionen 1989-1999 im Vergleich 207

VERZEICHNIS DER ABKÜRZUNGEN

ABl.	Amtsblatt der Europäischen Gemeinschaft
ABl.-B	Amtsblatt Berlin
ABl.-BB	Amtsblatt Brandenburg
AH	Abgeordnetenhaus von Berlin
AH-Drs.	Abgeordnetenhausdrucksache
AL	Alternative Liste
ARL	Akademie für Raumforschung und Landesplanung
Art.	Artikel
B	Berlin
BB	Brandenburg
BauGB	Baugesetzbuch
BBJ	Berufliche Bildung Jugend (Gemeinnützige Einrichtung für Beratungs-, Service- und Bildungsarbeit in Europa)
BBR	Bundesamt für Bauwesen und Raumordnung
Bd.	Band
BfLR	Bundesanstalt für Landeskunde und Raumordnung, ab 1997 BBR
BFG	Berlinförderungsgesetz
BGBl.	Bundesgesetzblatt
BIG	Berliner Innovations- und Gründerzentrum
BIP	Bruttoinlandsprodukt
BMBau	Bundesministerium für Raumordnung, Bauwesen und Städtebau
BMWi	Bundesministerium für Wirtschaft
BPA	Bundespresseamt
CEDEFOP	Centre Européen pour la Development de la Formation Professionel
DDR	Deutsche Demokratische Republik
DIW	Deutsches Institut für Wirtschaftsforschung Berlin
EAGFL	Europäischer Ausrichtungs- und Garantie-Fonds für die Landwirtschaft
ECU	European Currency Unit
EEA	Einheitliche Europäische Akte
EFRE	Europäischer Fonds für Regionale Entwicklung
EG	Europäische Gemeinschaft(en)
EGKS	Europäische Gemeinschaft für Kohle und Stahl
EIB	Europäische Investitionsbank
EP	Europäisches Parlament
EPPD	Einheitliches Programmplanungs-Dokument
E-R-T	Euro-Runder-Tisch : Experten-Runde des EP über Europäische Strukturfonds in den neuen Bundesländern und Berlin
ERP	European Recovery Programm
ESF	Europäischer Sozialfonds
ESPRIT	European Strategic Programm for Research in Information Technologies
EU	Europäische Union
EV	Einigungsvertrag
eV.	engerer Verflechtungsraum Brandenburg-Berlin

EWG	Europäische Wirtschaftsgemeinschaft
EWGV	Vertrag zur Gründung der Europäischen Wirtschaftsgemeinschaft
FB	Fachbereich
FHVR	Fachhochschule für Verwaltung und Rechtspflege
FIAF	Finanzierungsinstrument für die Ausrichtung der Fischerei
FiTE	Landesförderprogramm zur industriellen Technologieentwicklung
FuE	Forschung und Entwicklung
GBL DDR	Gesetzblatt der DDR
GD/DG	Generaldirektion (der Europäischen Kommission)
GFK	Gemeinschaftliches Förderkonzept
GG	Grundgesetz
GI	Gemeinschaftsinitiativen
GRW	Gemeinschaftsaufgabe "Verbesserung der regionalen Wirtschaftsstruktur"
GVBl.	Gesetz- und Verordnungsblatt
HWWA	Hamburger Weltwirtschafts-Archiv
IBB	Investitionsbank Berlin
i.d.F.v.	in der Fassung vom
i.e.S.	im engeren Sinne
ifo	Institut für Wirtschaftsforschung, München/Dresden
IHK	Industrie- und Handelskammer
insg.	insgesamt
IWH	Institut für Wirtschaftsforschung Halle
i.w.S.	im weiteren Sinne
IWVWWeV	Forschungsinstitut der Internationalen Wissenschaftlichen Vereinigung Weltwirtschaft und Weltpolitik
KKS	Kaufkraftstandard
KMU	Kleine und mittlere Unternehmen
KOM	Kommission der Europäischen Gemeinschaft(en)
LEG	Landesentwicklungsgesellschaft Berlin und Brandenburg
LEP e.V.	Landesentwicklungsplan für den engeren Verflechtungsraum Brandenburg-Berlin
LEPro	Landesentwicklungsprogramm
LPV	Landesplanungsvertrag
LT-BB	Landtag von Brandenburg
MOE	Mittel- und Osteuropäische Staaten
M-V	Mecklenburg-Vorpommern
MWMT	Ministerium für Wirtschaft, Mittelstand und Technologie (BB)
MzR	Materialien zur Raumentwicklung
NUTS	Nomenclature des unités territoriales statistiques (EU-Systematik der Gebietseinheiten für die Statistik)

O-B	Ost-Berlin
OP	Operationelles Programm
o.V.	ohne Verfasser
OWWA	Ost-West-Wirtschaftsakademie
RACE	Research and Development in Advanced Communication Technology for Europe
RBm	Regierender Bürgermeister von Berlin
REP	Regionale Entwicklungspläne
RGW	Rat für Gegenseitige Wirtschaftshilfe
ROG	Bundesraumordnungsgesetz
RuR	Zeitschrift für Raumforschung und Raumordnung
RWI	Rheinisch-Westfälisches Institut für Wirtschaftsforschung Essen
Rz	Randziffer
S-A	Sachsen-Anhalt
SenStadtUm	Senatsverwaltung für Stadtentwicklung, Umweltschutz u. Technologie (B)
SenWiB	Senatsverwaltung für Wirtschaft und Betriebe (B)
SenWiTech	Senatsverwaltung für Wirtschaft und Technologie (B)
SVR	Sachverständigenrat
SVR JG	Jahresgutachten des Sachverständigenrates
TIP	Technologie- und Innovationspark
Tsp.	Der Tagesspiegel
Tz.	Teilziffer
UFP	Umweltförderprogramm
VDI/VDE	Verband deutscher Ingenieure/Verband deutscher Elektroingenieure
VO	Verordnung
VvB	Verfassung von Berlin
WB	Wochenbericht
W-B	West-Berlin
WSI	Wirtschaft und Sozialwissenschaftliches Institut der Hans-Böckler-Stiftung
WWS	Wirtschafts-, Währungs- und Sozialunion
WWU	Wirtschafts- und Währungsunion
ZÖW	Zukunftsinitiative ökologisches Wirtschaften
ZRP	Zeitschrift für Rechtspolitik

1. Einleitung

1.1. Gegenstand und Zielsetzung der Untersuchung

Mit der deutschen Wiedervereinigung und der zunehmenden europäischen Integration waren neue Herausforderungen an die Regionen und damit auch an die regionale Wirtschaftsförderung in der Europäischen Gemeinschaft verbunden. Im Zuge des wachsenden Wettbewerbs zwischen den Regionen der Europäischen Gemeinschaft kommt deshalb der bestmöglichen Nutzung des jeweiligen regionalen Entwicklungspotenzials einer Region und damit der regionalen Förderung zunehmend Bedeutung zu. Auch für die Region Berlin, die in ihrer jetzigen Form erst nach der Wiedervereinigung, d.h. seit gut zehn Jahren besteht, bedeutete dies, ihr Standortpotenzial gezielt zu entwickeln und zu fördern, um es im internationalen Wettbewerb der Regionen optimal einsetzen zu können.

Ziel der europäischen Regionalpolitik ist es, innerhalb der Europäischen Gemeinschaft vorhandene regionale, wirtschaftliche und soziale Disparitäten abzubauen. Wenn die regionalen Disparitäten vor allem in Bezug auf Beschäftigung, Einkommen und Infrastruktureinrichtungen zu groß sind, wäre die angestrebte ökonomische Integration in Europa gefährdet. Für die Überwindung wirtschaftlicher Niveauunterschiede zwischen den Regionen der Europäischen Gemeinschaft bedarf es daher besonderer Anstrengungen und finanzieller Mittel. Ziel der supranationalen, aber auch der nationalen bundesdeutschen Regionalpolitik ist es deshalb, durch wirtschafts- und finanzpolitische Maßnahmen die gleichmäßigere Verteilung des Wohlstandes unter ihren Regionen zu fördern. Kernstück der deutschen Regionalpolitik ist dafür die Gemeinschaftsaufgabe zur „Verbesserung der regionalen Wirtschaftsstruktur“ (GRW). Die vergleichbaren Bestrebungen auf der Ebene der Europäischen Gemeinschaft unterstützt der Fonds für regionale Entwicklung (EFRE) als Teil der Europäischen Strukturfonds.

Auf Grund seiner geopolitischen Lage befand sich Berlin seit Kriegsende bis zur Wiedervereinigung, aber auch noch darüber hinaus, in einer einzigartigen Situation, zu der es in der Geschichte kaum Parallelen gibt. Während der Teilung der Stadt waren die beiden Stadthälften jeweils unterschiedlichen politischen Systemen zugeordnet und West-Berlin war von seinem Umland isoliert. Die Herausforderungen nach dem Fall der Mauer bestanden zum einen darin, die ganz unterschiedlich entwickelten Stadthälften wieder zusammenzuführen und die historisch bedingten wirtschaftlichen Niveauunterschiede zwischen Ost- und West-Berlin sowie dem engeren Verflechtungsraum mit dem Land Brandenburg abzubauen. Zum anderen gab es nach 40 Jahren der Isolierung West-Berlins auf Grund der politischen Veränderungen erstmals wieder klassische Stadt-Umland-Verflechtungen, wobei der Ballungsraum Berlin zunehmend als *eine* Wirtschafts- und Arbeitsmarktregion wahrgenommen wurde.

Zuständig für die Region Berlin sind zwei Landesregierungen, die in erster Linie dem Wohle und den Zielen ihres eigenen Landes und ihren Wählern verpflichtet sind. Maßnahmen des einen Landes haben jedoch zwangsläufig positive oder negative Auswirkungen auf das andere Land. Frühere Untersuchungen für die Region Hamburg haben ergeben, dass die optimale Nutzung des Standortpotenzials einer Region beeinträchtigt werden kann bzw. wird, wenn keine Übereinstimmung von politischer und administrativer Zuständigkeit mit dem gesamten Planungsraum vorliegt. Eine optimale Nutzung des Entwicklungspotenzials einer durch Ländergrenzen durchschnittenen Region setzt deshalb das Zusammenwirken der Nachbarländer voraus, d.h. für die gedeihliche Entwicklung einer gemeinsamen Wirtschafts- und Arbeitsmarktregion ist eine grenzüberschreitende Koordination bis hin zur Kooperation der Politik unerlässlich.

Das Besondere an der Untersuchungsregion Berlin – im Gegensatz zu Hamburg – ist, dass die hier relevanten Verflechtungen von Stadt und Umland und das „Aufeinander-angewiesen-sein“ als Kooperationsimpuls bzw. -zwang über 40 Jahre auf Grund der politischen Situation unterbrochen waren bzw. nur sehr eingeschränkt zwischen Ost-Berlin und dem angrenzenden DDR-Gebiet stattgefunden haben. Einerseits konnte die Region während der 40 Jahre vor der Wiedervereinigung weder organisch wachsen noch einheitlich gestaltet werden. Andererseits boten der erst vor gut zehn Jahren mit der Maueröffnung begonnene Prozess der zunehmenden Verflechtungen zwischen Berlin und seinem Brandenburger Umland und auch die politischen Maßnahmen zur Förderung des Standortpotenzials große Chancen für eine positive Entwicklung der Region, nicht zuletzt wegen der noch nicht festgelegten organisatorischen Strukturen und offenen Gestaltungsmöglichkeiten.

In dieser Arbeit wird am Beispiel des Europäischen Regionalfonds, dem regionalpolitischen Förderinstrument der Europäischen Gemeinschaft, für die zwei Förderperioden 1989-1993 (bzw. für Ost-Berlin und Brandenburg 1991-1993) und 1994-1999 untersucht, unter welchen Bedingungen der Einsatz der Fördermittel in der sich neu bildenden Wirtschaftsregion Berlin erfolgte. Vor dem Hintergrund des Endes einer 40jährigen Inselrolle West-Berlins und des abrupten Übergangs von einer Plan- zur Marktwirtschaft Ost-Berlins und Brandenburgs soll dabei herausgearbeitet werden, inwieweit die Region von den beiden Ländern als *eine* Region mit einheitlichen Interessen, Zielen und Handlungen behandelt wurde. Wegen der Zweiländerproblematik interessieren dabei insbesondere Aspekte einer länderübergreifenden Kooperation in Bezug auf die Nutzung der Fördermittel, das heißt, inwieweit eine Kooperation in Bezug auf die Nutzung der Fördermittel theoretisch möglich war und tatsächlich stattgefunden hat.

Unterstellt wird bei dem hier vorliegenden Untersuchungsansatz, dass sowohl die Länder Berlin und Brandenburg mit ihren schwachen Haushaltspositionen als auch die Europäische Gemeinschaft, die sich zum Ziel gesetzt hat, mit den Strukturfonds strukturschwache Regionen finanziell zu unterstützen und damit zum Abbau regionaler Disparitäten innerhalb der Gemeinschaft beizutragen, an einer optimalen Nutzung ihrer EFRE-Zuschüsse interessiert sind. Insbesondere vor dem Hintergrund der Diskussion um die Osterweiterung der Europäischen Gemeinschaft und der gleichzeitig stattfindenden Debatte über eine Verringerung der finanziellen Hilfen für die derzeitigen Mittelempfänger der Strukturfonds, soll auch der Frage nachgegangen werden, inwieweit die gewonnenen Erkenntnisse angesichts der geplanten EU-Osterweiterung generalisierbar sind und damit für die Europäische Gemeinschaft und für die potenziellen Beitrittskandidaten von Interesse sein können. Dies gilt für die regionale Wirtschaftsförderung generell und speziell beim Einsatz der europäischen Fördermittel während einer Umbruchphase von der Plan- zur Marktwirtschaft.

Mit der zunehmenden Bedeutung regionaler Wirtschaftsförderung ist auch die Bedeutung von Evaluierungen der eingesetzten Regionalfördermittel gestiegen. Eine Evaluierung der EFRE-Fördermittel im Sinne einer Wirkungskontrolle ist im Rahmen dieser Arbeit nicht beabsichtigt. Die Gründe dafür sind teilweise grundsätzlicher Natur. Unabhängig vom dem zu Grunde gelegten ökonomischen Theorieansatz lässt sich die Wirksamkeit eines staatlichen Eingriffes generell nur schwer objektiv beurteilen. Wie sich eine Region ohne bestimmte aktive Förderung oder mit einem anderen Fördermodell entwickelt hätte, kann schwer belegt werden. Insofern gibt es für die Beurteilung der Effekte regionalpolitischer Maßnahmen keine direkten Vergleichsmöglichkeiten. Andererseits sprechen aber auch praktische Gründe, u.a. eine für die Region Berlin weitgehend fehlende vergleichbare Datenbasis, gegen den Versuch einer klassischen Evaluierung. Die Arbeit grenzt sich damit von den Evaluierungsgutachten ab, die von der Europäischen Kommission oder den Ländern als ex-post-Untersuchungen in Auftrag gegeben werden. Ein weiterer entscheidender Grund dafür ist der den offiziellen Evaluierungen der EG zu Grunde liegende regionale Abgrenzungsansatz, bei dem weder die spezielle Situation der Region Berlin, bestehend aus drei unterschiedlichen Förderteilgebieten, noch der Aspekt der grenzüberschreitenden Kooperation von Berlin und Brandenburg ausreichend Beachtung finden.

1.2. Aufbau der Arbeit

Um den Einsatz europäischer Fördermittel in der Region Berlin untersuchen und die dabei aufgetretenen Probleme analysieren zu können, war es erforderlich, von den Rahmenbedingungen für eine regionale Wirtschaftspolitik in einer Marktwirtschaft auszugehen. Das Kapitel 2 befasst sich deshalb zunächst mit der Funktion und Bedeutung von Regionalpolitik, der Abgrenzung einer Region als zentralem Objekt der Regionalpolitik sowie den mit der regionalen Wirtschaftsförderung verbundenen Möglichkeiten und Problemen. Im Zusammenhang mit der Vorstellung und Einführung des Politikfeldes Regionalpolitik und seinen komplexen Strukturen muss dabei auch der Aspekt der Politikverflechtung behandelt werden. Da in der Regionalpolitik verschiedene Akteure zusammenwirken müssen, ist auch zu untersuchen, welchen Einfluss Kooperation und Kommunikation für den Erfolg von Regionalpolitik haben.

Nach diesen Einführungen in die Grundlagen der Regionalpolitik wird im Kapitel 3 konkret auf die Regionalpolitik in Deutschland eingegangen. Auf Grund der engen und vielfältigen Verknüpfungen von nationaler und europäischer Regionalpolitik – sowohl über die europäische Beihilfenkontrolle als auch auf Grund der Verpflichtung zur nationalen bzw. regionalen Kofinanzierung der europäischen Strukturfondsfördergelder – werden in diesem Kapitel sowohl der nationale als auch der europäische Politikansatz vorgestellt. Hierfür werden Entwicklung, Ziele, Instrumente und Vorgehensweise der nationalen und europäischen Regionalpolitik dargestellt. Der Aspekt, wie die Politiken und ihre Hauptinstrumente, die nationale Gemeinschaftsaufgabe zur „Verbesserung der regionalen Wirtschaftsstruktur" und der Europäische Fonds für regionale Entwicklung zusammenwirken und wo dabei Gemeinsamkeiten, Unterschiede und/oder auch Probleme auftreten, erfordert dabei besondere Beachtung, insbesondere weil diese Themen in Deutschland und damit auch auf europäischer Ebene durch die Wiedervereinigung eine neue Qualität erhalten haben.

In einer Darstellung für die Gesamtheit der neuen Länder werden im Kapitel 4 die besondere Situation der Bundesrepublik Deutschland und die Herausforderung an die Politik, speziell an die Regionalpolitik und ihre Instrumente als Hilfe für den Umstrukturierungs- und Anpassungsprozess nach der Wiedervereinigung, untersucht. Die Analyse der Ausgangssituation und des Handlungsbedarfs bezüglich nationaler sowie europäischer Hilfen soll Antworten geben auf Fragen, wie die Bundesrepublik und die Europäische Gemeinschaft auf die Situation und die Herausforderungen im Beitrittsgebiet reagiert haben, welche Folgen dies für die bestehende Regionalpolitik in Deutschland und in der Europäischen Gemeinschaft insgesamt hatte und unter welchen Bedingungen es zum Einsatz des EFRE in den neuen Ländern kam. Diesem Hintergrund der Regionalpolitik für die neuen Länder ist deshalb besondere Aufmerksamkeit zu widmen, weil die Umsetzung europäischer Regionalpolitik in der Region Berlin in hohem Maße von den allgemeinen Entwicklungen der Regionalpolitik in den neuen Ländern bestimmt war. Rückschlüsse auf anlaufbedingte und/oder strukturell bedingte Schwierigkeiten bei der Umsetzung und Implementation der europäischen Regionalförderung in der Region werden sich so möglicherweise leichter ziehen lassen.

Im Kapitel 5 werden die spezielle Situation der Stadt Berlin und die Rahmenbedingungen für die Bildung der neuen Region Berlin untersucht. Dargestellt wird, was das Besondere – den Sonderfall Berlin – ausmacht, um so eine Grundlage für das Verständnis der komplexen Strukturen und der Entwicklung der Regionalpolitik und -förderung in der Region Berlin zu erhalten. Die einzigartige politisch-ökonomische Situation der ehemals geteilten Stadt, vor 1989 einerseits die „Insel“ West-Berlin und andererseits Ost-Berlin als Hauptstadt der DDR, lassen Einblicke und Rückschlüsse zu, wie und warum sich nach dem Fall der Mauer und mit der Wiedervereinigung die Situation und die Bedingungen für die Wirtschaft und damit auch für die regionale Wirtschaftsförderung sowohl im nationalen als auch im europäischen Kontext entscheidend verändert haben. Nicht nur die Überwindung der Teilung der Stadt, deren jeweilige Hälften lange Zeit zwei politisch unterschiedlichen Systemen zugehörig waren, sondern erstmals auch wieder Stadt-Umland-Verflechtungen im Ballungsraum Berlin prägen diese Umbruchphase. Der einsetzende Suburbanisierungsprozess war eine Entwicklung, die sich nach dem Mauerfall rasch abzeichnete und die es von politischer Seite aus zu lenken galt, wollte man unliebsame Entwicklungen bzw. negative Folgen für die räumliche und wirtschaftliche Entwicklung der Region rechtzeitig unterbinden.

Die zunehmenden Stadt-Umland-Verflechtungen von Berlin und seinen angrenzenden Brandenburger Gebieten machen deutlich, dass eine isolierte Betrachtung der Stadt Berlin in Bezug auf die regionale Wirtschaftsförderung nicht sinnvoll ist. Es handelt sich mehr und mehr um einen einheitlichen Wirtschafts- und Arbeitsmarkt und damit auch – trotz der bestehenden administrativen Trennung durch die Ländergrenze – um einen gemeinsamen Planungs- und Entwicklungsraum. Deshalb werden Entwicklung und Abgrenzung der Region Berlin und die Bedingungen für eine Zusammenarbeit der beiden Länder Berlin und Brandenburg nachgezeichnet und untersucht. Gleichzeitig wird der Frage nachgegangen, wie die Kooperation zwischen Berlin und Brandenburg speziell in Bezug auf den entstehenden Verflechtungsraum erfolgte. Die Frage der Kooperation über Landesgrenzen hinweg in ihren theoretischen und praktischen Möglichkeiten bis hin zu einer Länderfusion steht hier – im Zusammenhang mit dem Fusionsanlauf 1996 – auf dem Prüfstand.

Nach ausführlicher Betrachtung, was die Region Berlin ausmacht und welche Ansatzpunkte zur Steuerung der regionalen Entwicklung und des regionalen wirtschaftlichen Entwicklungspotenzials gegeben waren, werden im Kapitel 6 die Bedeutung und der Einsatz des EFRE für die Region Berlin untersucht. Betrachtet wird der EFRE-Einsatz für die Zeit vor dem Mauerfall, hauptsächlich aber für die Zeit nach der Wiedervereinigung mit den beiden Förderperioden der europäischen Strukturfondsförderung von 1989 bis 1993 (bzw. für die neuen Länder und Ost-Berlin von 1991-1993) und 1994 bis 1999. Es geht darum, die Förderung und den Einsatz der EFRE-Mittel und dabei aufgetretene Probleme nachzuzeichnen und zu untersuchen, welchen Einfluss Kommunikation, Koordination und Kooperation bzw. Konkurrenz in der Region Berlin ab der Wiedervereinigung auf die Nutzung der Fördermöglichkeiten hatten. Die Untersuchung muss dabei für die einzelnen Teilgebiete der Region, nämlich Ost-Berlin, West-Berlin und Brandenburg, separat erfolgen, was der gegenwärtigen Abgrenzungspraxis in der Regionalpolitik geschuldet ist und schon als ein Hinweis auf die Problematik einer gemeinsamen und koordinierten Förderung und der Identität der „Region Berlin" gesehen werden kann.

Im Schlusskapitel werden die Ergebnisse der Untersuchung zusammengefasst und im Hinblick auf den Untersuchungsansatz bewertet. Hierbei geht es vor allem darum zu zeigen, ob und wenn ja wie und wo Kooperation in der Region Berlin bei dem Einsatz von europäischen Regionalfondsmitteln, aber auch eher generell bei der Abstimmung der Wirtschaftsförderung und der Landesentwicklung, stattgefunden hat, ob dies überhaupt möglich war, bzw. wo Restriktionen, z.B. verfahrenstechnische Vorgaben oder politische Interessen, dem im Wege standen.

Die Arbeit schließt mit einem Ausblick auf die mittel- bis längerfristige Perspektive einer europäischen Regionalpolitik für die Region Berlin. Die neue, jetzt angelaufene Förderperiode der europäischen Strukturfonds 2000-2006 wird, soweit dies bereits anhand von Daten und Material möglich ist, im Hinblick auf den Aspekt einer „gemeinsamen Region Berlin" und einer diesbezüglich ausdrücklichen Koordination in der Förderung (Intention und Mitteleinsatz) angesprochen. Nochmals aufgegriffen wird auch die Möglichkeit einer Länderfusion von Berlin und Brandenburg. Der gegenwärtige Stand dieser politischen Bemühungen und ihre möglichen Auswirkungen auf die europäische Regionalfondsförderung werden dabei vor dem Hintergrund der geplanten EU-Osterweiterung und ihrer Folgen auf das gesamte regionale Gefüge der Gemeinschaft, den zur Verfügung stehenden Mitteln der Strukturfonds sowie der möglichen und absehbaren Folgen bzw. Rückwirkungen auf die Region Berlin und ihrer Einstufung in der Förderung betrachtet.

1.3. Methodisches Vorgehen und verwendete Materialien

Ziel der Arbeit ist eine wissenschaftliche Auseinandersetzung mit der europäischen Regionalpolitik an einem konkreten Beispiel. Die sich nach der Wiedervereinigung neu bildende Region Berlin schien besonders geeignet, die unterschiedlichen Aspekte der Förderpraxis zu untersuchen, weil hier europäische regionalpolitische Fördergelder zwar schon im Westteil der Stadt Berlin genutzt wurden, in Ost-Berlin und im Berliner Umland jedoch erstmals zur Verfügung standen. Es gab somit für eine Teilregion eine mit dem EFRE-Einsatz vertraute Administration, während für die anderen Teilregionen das EFRE-Instrumentarium völlig neu war.

Bei der Beschaffung der für die Untersuchung benötigten Informationen zeigten sich jedoch schnell Grenzen:

1. Die Rechercheprobleme waren größer als erwartet, weil die Untersuchungsregion neu war und erst seit der Wiedervereinigung besteht, also zu Beginn des Untersuchungszeitraums noch im Entstehen begriffen war. Es gab deshalb noch kein ausgeprägtes Bewusstsein für die gemeinsame neue Region und auch keine gemeinsame Dokumentationskultur. Dieses Defizit war allerdings nicht beschränkt auf die Regionalförderung, sondern galt generell für die sich im Um- und Aufbau befindlichen Verwaltungen in Berlin und Brandenburg.

2. Die Untersuchungsregion fiel in die Zuständigkeit zweier Bundesländer mit unterschiedlichen Verwaltungsstrukturen, was sich in der Materialbeschaffung und -bewertung für die vorliegende Untersuchung erschwerend niederschlug.

3. Darüber hinaus bestand keine zwingende Notwendigkeit für eine Dokumentation der Gesamtregion im Bereich der regionalen Wirtschaftsförderung, da sich die europäische Fördermittelzuteilung nicht an wirtschaftlichen Verflechtungsräumen, sondern an administrativen Grenzen orientiert.

4. Materialien über die regionale Wirtschaftsförderung und damit auch über die EFRE-Förderung enthalten in der Regel sensible (Firmen-) Daten. Die Dokumente sind deshalb oft ausschließlich verwaltungsintern zugänglich, d.h. es besteht zwar eine Dokumentations- aber keine Publikationspflicht.

5. Interne Dokumente, die eingesehen werden konnten, hatten häufig noch einen vorläufigen Charakter. Die offiziell zugänglichen Materialien hatten hingegen den Nachteil, dass sie oft sehr spät erscheinen. Hinzu kommt, dass das, was später von der Europäischen Kommission veröffentlicht wird, meist sehr komprimiert ist und oft nur allgemein gültige Aussagen enthält, was die Verwertbarkeit für das gewählte Thema einschränkte.

Aus den vorstehend genannten Gründen waren nur solche Dokumente problemlos zugänglich, die regulär veröffentlicht waren, sich aber fast ausschließlich entweder auf das Land Berlin oder das Land Brandenburg, nicht jedoch auf die Region Berlin bezogen. Dazu gehörten insbesondere die Gemeinschaftlichen Förderkonzepte (GFK) für die europäischen Strukturfonds, in denen u.a. die EFRE-Planungen dokumentiert werden, und die jährlichen Rahmenpläne für die Gemeinschaftsaufgabe „Verbesserung der regionalen Wirtschaftsstruktur", die Angaben über die nationale Regionalförderung und damit i.w.S. auch für die Kofinanzierung des EFRE enthalten. Operationelle Programme (OP) und Einheitliche Programm-Planungsdokumente (EPPD), die Angaben über die Fördermaßnahmen enthalten, waren zumeist verwaltungsintern und nur bedingt einsehbar. Als verwaltungsintern wurden von den zuständigen Stellen auch die Jahres- und Abschlussberichte des EFRE eingestuft. Vertraulichkeit bestand auch für die offiziellen Evaluierungsdokumente, von denen einige allerdings, wenn auch sehr viel später und nach Abstimmung mit dem Auftraggeber, doch noch veröffentlicht wurden.

Für das methodische Vorgehen ergab sich daraus als Konsequenz, zwischen Problemen, die mit dem EFRE-Instrumentarium generell zusammenhingen einerseits und der speziellen Förderpraxis in der neuen Region andererseits zu differenzieren. Hinsichtlich des ersten Aspekts ist festzuhalten, dass es sich als nicht sinnvoll erwies, sich auf die europäische Regionalpolitik beschränken zu wollen. Diese konnte nur zusammen mit der nationalen Strukturpolitik analysiert werden, weil europäische Beihilfen immer als Zuschüsse vergeben werden, d.h. eine nationale bzw. regionale Kofinanzierung voraussetzen. Der zweite Aspekt, also die Untersuchung der speziellen Situation des EFRE-Einsatzes in der Region Berlin, erforderte andererseits, die veränderte Situation der nationalen Regionalpolitik durch die Wiedervereinigung zu berücksichtigen. Berlin kommt hier eine Sonderrolle zu. Es erwies sich deshalb als notwendig, sowohl die durch die Wiedervereinigung entstandenen neuen Rahmenbedingungen für die Regionalpolitik in Deutschland näher zu betrachten als sich auch mit der speziellen Problematik der Politikverflechtung auseinanderzusetzen, die sich aus der Zweiländerzuständigkeit für die regionale Wirtschaftsförderung der Region Berlin ergab. Um Aspekte der Kooperation, Koordination und Kommunikation zwischen zwei Bundesländern intensiver analysieren zu können, wurden zu Vergleichszwecken wissenschaftliche Untersuchungen von *Scharpf/Benz* über die Region Hamburg herangezogen.

Für den Untersuchungsgegenstand der europäischen Regionalförderung in der Region Berlin gibt es in Bezug auf die Zweiländerproblematik bisher sowohl in den veröffentlichten bzw. verwaltungsinternen Dokumenten als auch in der wissenschaftlichen Literatur nur wenig konkrete Aussagen. Es erwies sich deshalb als notwendig, mit den für den EFRE-Einsatz Verantwortlichen direkt zu sprechen, um untersuchungsrelevante Informationen zu bekommen. Dafür wurden mit verschiedenen Akteuren auf Landes-, Bundes- und europäischer Ebene sowie mit Evaluatoren des EFRE anhand eines Gesprächsleitfadens strukturierte Interviews geführt, um Erfahrungen aus der Praxis des EFRE-Einsatzes in der Region Berlin kennenzulernen und z.T. widersprüchliche Aussagen in den verschiedenen Dokumenten zu klären.

Die expliziten Verwertungsmöglichkeiten der in diesen Interviews gewonnenen Erkenntnisse sind naturgemäß begrenzt, weil viele der gemachten Aussagen vertraulich waren bzw. als persönliche Meinungen der Gesprächspartner geäußert wurden. Im Laufe der Untersuchung zeigte sich jedoch, dass die Vielschichtigkeit der dabei angesprochenen Probleme nur z.T. ein spezielles Problem der Untersuchungsregion war, sondern ursächlich auch auf die Komplexität der europäischen Beihilfepraxis zurückzuführen ist. Besonders deutlich angesprochen wurde dies bei den sogenannten Euro-Runden-Tischen, die von der Außenstelle Berlin des Informationsbüros des Europäischen Parlaments veranstaltet wurden und wo mit dem EFRE betraute Experten ihre Erfahrungen mit der europäischen Beihilfepraxis in den neuen Ländern und Berlin ausgetauscht haben. Die dort gewonnenen Erkenntnisse sind ebenfalls in die Untersuchung eingeflossen, u.a. die Aussage, dass die Klagen über eine zu geringe Transparenz der europäischen Förderpolitik (gesprochen wurde vom „Förderdschungel") so alt seien wie die europäische Beihilfenpraxis selbst.

Festzuhalten ist aber, dass sich im Untersuchungszeitraum die Materialqualität kontinuierlich verbessert hat, nicht zuletzt wegen der (mit jeder Strukturfondsreform) gestiegenen Dokumentationsanforderungen an die Mittelempfänger und zuständigen Verwaltungen, was die Vergleichbarkeit der Angaben und deren Bewertungsmöglichkeiten im Zeitablauf wesentlich verbesserte. Die Erhöhung der Materialquantität und -qualität während des Untersuchungszeitraumes war zum einen auf die Überwindung der Anlaufschwierigkeiten zurückzuführen, kann aber auch als ein Zeichen dafür angesehen werden, dass die Bedeutung der europäischen Fördergelder und das Problembewusstsein bei den verantwortlichen Akteuren bezüglich der regionalen Wirtschaftsförderung in der Region Berlin gestiegen ist.

2. Regionalpolitik als Teil der Wirtschafts- und Strukturpolitik

Durch die Wiedervereinigung hat das Thema „regionale Wirtschaftsförderung" und „regionale Disparitäten" seinen (innen)politischen Stellenwert in der Bundesrepublik Deutschland beträchtlich erhöht. Zu den vorhandenen regionalen Disparitäten und dem traditionellen Nord-Süd-Gefälle in der alten Bundesrepublik kam durch die Wiedervereinigung ein Ost-West-Gefälle hinzu. Nach Untersuchungen der Bundesanstalt für Landeskunde und Raumordnung (BfLR) zählten die neuen Bundesländer mit ihrer Infrastrukturausstattung im nationalen und europäischen Vergleich tendenziell zu den am schlechtesten ausgestatteten Regionen.[1] Das bis 1990 bestehende Standortgefüge in der Bundesrepublik hatte sich durch das Hinzukommen der neuen strukturschwachen Länder stark verändert. Nach der deutschen Wiedervereinigung mussten deshalb die Prioritäten für die regionale Förderung und anderer regional wirksamer Subventionen für das Gesamtgebiet neu gesetzt werden.

Für Berlin bedeutete die Wiedervereinigung zunächst einmal das Zusammenwachsen zweier bisher getrennter Stadthälften. Nach 40 Jahren konnten sich für West-Berlin erstmals auch wieder Stadt-Umland-Beziehungen entwickeln. Die sich bildende Region Berlin wurde von den Akteuren der Wirtschaft zunehmend als einheitlicher Wirtschaftsraum wahrgenommen, den es zu gestalten galt. Verstärkt wurden die mit den Anpassungsprozessen innerhalb Berlins und der neuen Region verbundenen Herausforderungen an Politik, Wirtschaft und Gesellschaft durch die fortschreitende Integration auf europäischer Ebene. Angesichts der Freizügigkeit mobiler Produktionsfaktoren sah man sich in einem zunehmenden Wettbewerb mit anderen Regionen. Es galt, besser als andere Wachstumskräfte freizusetzen.

Da es strukturschwachen Regionen aus eigener Kraft nicht möglich ist, den bestehenden Rückstand aufzuholen, benötigen sie in diesem Wettbewerb staatliche Hilfe. Diese Hilfe soll bewirken, bestehende Disparitäten in der Ausstattung und dem Entwicklungspotenzial der verschiedenen Regionen abzubauen. Erreicht werden soll die Umlenkung von Investitionen aus Wachstumsräumen in die strukturschwachen Gebiete und die Aktivierung deren endogenen Entwicklungspotenzials. Ziel des Kapitels ist es, in das Politikfeld Regionalpolitik einzuführen und die Begriffe *Region*, *regionale Disparitäten*, *regionale Fördergebiete* und *regionale Wirtschaftsförderung* vorzustellen. Außerdem werden der sich aus den regionalen Disparitäten ergebende *politische Handlungsbedarf* und der Einfluss der *Politikverflechtung* in der

1 Vgl. Budde et al. (1991a): Die Regionen der fünf neuen Bundesländer im Vergleich zu anderen Regionen der Bundesrepublik, RWI, Heft 3; Biehl/Ungar (1991): Kapazitätsausstattung und Kapazitätsengpässe an großräumig bedeutsamer Infrastruktur, in: BfLR (Hrsg.): Raumordnung in Deutschland, Teil 2: Aufgaben und Lösungsansätze, MzR Heft 40.

Regionalpolitik aufgezeigt, um damit eine theoretische Grundlage für die Beurteilung der europäischen Förderpraxis in der Region Berlin zu liefern.

2.1. Gegenstand und Ziele der Regionalpolitik

In der wissenschaftlichen Diskussion gibt es unterschiedliche Begriffe für die regionale Wirtschaftspolitik. Eine allgemeingültige Begriffsbestimmung konnte sich bisher nicht durchsetzen.[2] In der vorliegenden Arbeit werden deshalb, wie auch im überwiegenden Teil der Literatur, die Begriffe regionale Strukturpolitik, Regionalpolitik, regionale Wirtschaftsförderung sowie regionale Wirtschaftspolitik synonym verwendet.[3]

Regionalpolitik gehört als Teil der allgemeinen Wirtschaftspolitik zur Strukturpolitik, die die Gesamtheit der staatlichen Maßnahmen zur Beeinflussung, Gestaltung oder Festlegung der Wirtschaftsstruktur zusammenfasst. Innerhalb der Strukturpolitik wird zwischen sektoraler und regionaler Strukturpolitik unterschieden, wobei Überschneidungen möglich sind.[4] Während die sektorale Strukturpolitik branchenorientiert ist, konzentriert sich die regionale Strukturpolitik auf die ökonomische und infrastrukturelle Entwicklung von Regionen bzw. strebt durch „die Veränderung der regionalen Verteilung der Produktionsfaktoren eine Verbesserung der regionalen Lebensverhältnisse“[5] an.

---

2 Vgl. ausführlich dazu Nägele (1996): Regionale Wirtschaftspolitik im kooperativen Bundesstaat, S. 15 ff. und zur Vielfältigkeit der möglichen Begriffsbestimmungen Neupert (1986): Regionale Strukturpolitik als Aufgabe der Länder: Grundlagen, Verknüpfung, Grenzen, S. 51 ff.

3 Vgl. Eberstein (1996a): Grundlagen der Regionalpolitik und ihre wesentlichen Grundsätze, in: Eberstein/Karl (Hrsg.): Handbuch der regionalen Wirtschaftsförderung, 3. Aufl., A III Rz.1.

4 Beispielsweise sind bestimmte Wirtschaftszweige regional konzentriert und sektorale Beihilfen haben deshalb zwangsläufig regionale Auswirkungen, z.B. in der Montan- und der Schiffbauindustrie. Vgl. Rolfes (1991): Regionale Wirtschaftsförderung und EWG-Vertrag, S. 6 f. und Neupert (1986), S. 62 f.

5 Vgl. Neck (1979): Ordnungspolitische Bedeutung und Effizienz der Strukturpolitik in der Bundesrepublik Deutschland, S. 2.

Zum Zwecke der Wohlstandssteigerung in einer Region werden ausgleichs-, wachstums- oder stablitiltätspolitische Ziele verfolgt:[6] Die *ausgleichspolitische Ausrichtung* verfolgt vor allem die „Verminderung interregionaler Unterschiede hinsichtlich der Möglichkeiten zur Einkommenserzielung und der Ausstattung mit Arbeitsplätzen".[7] Bei der *wachstumsorientierten Ausrichtung* zielen die Maßnahmen der regionalen Wirtschaftspolitik auf die „Mobilisierung von Wachstumsreserven in den Problemgebieten" ab, um damit den Beitrag dieser Gebiete zum gesamtwirtschaftlichen Wachstum zu erhöhen.[8] Die *stabilisierungspolitische Ausrichtung* der regionalen Wirtschaftspolitik zielt auf die „Reduzierung von konjunkturellen und strukturellen Anfälligkeiten von Regionen", und zwar „in erster Linie durch eine Auflockerung von einseitigen Strukturen".[9] Die Stabilisierungspolitik konzentriert sich als eine „Politik gegen die regionale Arbeitsplatzgefährdung" in starkem Maße auf die „ökonomische Existenzabsicherung der in den einzelnen Teilgebieten lebenden Menschen".[10]

Um diese Ziele in einer Marktwirtschaft durchzusetzen, werden Anreize für private Investitionen in Form von Steuervergünstigungen bzw. Subventionen geboten und auch Ansiedlungsver- und -gebote eingesetzt. Dem gleichen Zweck dienen Infrastrukturmaßnahmen, quasi als staatliche Vorleistungen zum privaten Produktionsprozess, um Investoren zu veranlassen, in der Region Arbeitsplätze zu schaffen bzw. zu sichern und damit Einkommen zu erzeugen. Dazu gehört auch eine besondere Förderung des Humankapitals, um durch Aus- und Weiterbildung sowie durch Intensivierung von Forschung und Entwicklung das sogenannte „endogene Wachstumspotenzial" einer Region zu mobilisieren. Konkret bedeutet Regionalförderung

---

6 Diese Ziele können nicht unabhängig voneinander verfolgt werden. Vgl. BT (1991): 20. Rahmenplan der Gemeinschaftsaufgabe „Verbesserung der regionalen Wirtschaftsstruktur" für den Zeitraum 1991-1994 (1995), in: BT-Drs. 12/895, S. 7, im Folgenden zitiert als 20. Rahmenplan (1991). Ausführlich: Fürst/Klemmer/Zimmermann (1976): Regionale Wirtschaftspolitik, S. 99 ff.; Neupert (1986), S. 79 ff.; Ziegler (1992): Regionale Strukturpolitik, S. 158, Schümann (1993): Wirtschaftsförderung für die neuen Bundesländer im Lichte des EWGV – Wirtschaftsförderungsmaßnahmen für die neuen deutschen Bundesländer und ihre Vereinbarkeit mit Art. 92 EWGV, S. 102 und Pohle (1995): Ziele, Leitbilder und Konzepte der deutschen Regionalpolitik und Regionalentwicklung im Wandel, in: Holthus (Hrsg.): Elemente regionaler Wirtschaftspolitik in Deutschland, S. 40 ff.

7 20. Rahmenplan (1991), S. 7.

8 Im Gegensatz zur ausgleichspolitischen Zielsetzung in den westdeutschen Fördergebieten steht die wachstums-orientierte Zielausrichtung bei der Regionalförderung in den neuen Ländern im Vordergrund. Vgl. 20. Rahmenplan (1991), S. 7. Über das Verhältnis von Wachstums- und Ausgleichsziel in der Regionalpolitik vgl. auch Toepel (1997): Zusammenwirken von nationaler und europäischer Regionalpolitik in den neuen Bundesländern, S. 94.

9 20. Rahmenplan (1991), S. 7.

10 Fürst/Klemmer/Zimmermann (1976), S. 102.

somit „die vorübergehende Herstellung eines Rentabilitätsgefälles zu Gunsten der Problemregionen.“[11] Um jedoch der Gefahr eines ruinösen Steuer- und Subventionswettlaufs zu begegnen, bedarf die Regionalpolitik eines Instrumentariums, um den Wettbewerb der Regionen zu kontrollieren und unerwünschte Entwicklungen für die Volkswirtschaft zu verhindern.

2.2. Regionalpolitik und Raumordnung

Die Regionalpolitik hat sich als „raumwirksame Kraft“ an den übergeordneten Zielen und Grundsätzen der Raumordnung(spolitik) auszurichten, nämlich die Gleichwertigkeit der Lebens- und Arbeitsbedingungen in allen Teilen einer Volkswirtschaft herzustellen.[12] Die Regionalpolitik wird dabei auch als der ökonomische Teil der Raumordnungspolitik bezeichnet.[13] Unter Raumordnung wird „der über die regionale Wirtschaftspolitik hinausgehende Mitteleinsatz staatlicher Institutionen zur Realisierung eines umfassenden gesellschaftspolitischen, raumbezogenen Zielbündels (Leitbildes)“ verstanden.[14] Dabei steht die geordnete und nach bestimmten Leitbildern und Zielvorstellungen zu erfolgende regionale Entwicklung des Raumes oder einer Region im Blickfeld.

Die Raumordnungspolitik zielt darauf, dass in allen Regionen gleichwertige Chancen auf Wohnraum und Arbeitsplätze, Ausbildung, Versorgung mit Waren und Dienstleistungen, Umweltbedingungen und Erholungsmöglichkeiten vorhanden sein sollen und Belastungen der Natur und der Menschen durch Flächeninanspruchnahme, Verkehr und Schadstoffe verringert werden. Die Herstellung gleichwertiger Lebensbedingungen soll durch den Abbau bestehender Disparitäten in der Ausstattung und dem Entwicklungspotenzial der verschiedenen Regionen erreicht werden. Angestrebt wird insbesondere, einerseits die Funktionsfähigkeit der Kernstädte zu erhalten bzw. Zersiedlungstendenzen in den Ballungsräumen zu stoppen und anderer-

---

11 Vgl. SVR JG (1990): Auf dem Wege zur wirtschaftlichen Einheit Deutschlands, Jahresgutachten 1990/91, Z. 74.

12 Eberstein (1996): Einleitung, in: Eberstein/Karl (Hrsg): Handbuch der regionalen Wirtschaftsförderung, A I Rz. 21; außerdem § 2 des Gesetzes über die Gemeinschaftsaufgabe „Verbesserung der regionalen Wirtschaftsstruktur“ vom 6.10.1969 in: BGBl. (1969): BGBl. I 1969, S. 1861. § 2 Abs. 1 ROG vom 8.4.1965 in: BGBl. (1965): BGBl. I 1965, S. 306 besagt, dass die Maßnahmen der Gemeinschaftsaufgabe „Verbesserung der regionalen Wirtschaftsstruktur“ mit den Zielen und Erfordernissen der Raumordnung und Landesplanung sowie den Grundsätzen der allgemeinen Wirtschaftspolitik übereinstimmen müssen. Vgl. außerdem Pohle (1995), S. 40 f.

13 Vgl. Suntum (1981): Regionalpolitik in der Marktwirtschaft. Kritische Bestandsaufnahme und Entwurf eines alternativen Ansatzes am Beispiel der Bundesrepublik Deutschland, S. 16.

14 Vahlens Großes Wirtschaftslexikon, 1993, vgl. im Einzelnen BGBl. (1993): Raumordnungsgesetz in der Neufassung der Bekanntmachung vom 28.4.1993, in: BGBl. I 1993, S. 630.

seits in den strukturell benachteiligten Gebieten für eine angemessene Infrastrukturausstattung zu sorgen. Strukturschwache Räume sollen deshalb bei öffentlichen Maßnahmen besonders berücksichtigt werden, damit nicht die Infrastruktur zum Engpass für die wirtschaftliche Entwicklung einer Region wird, Betriebe in attraktivere Regionen abwandern oder die Bürger dies per „Abstimmung mit den Füßen" tun.

Die Ziele und Grundsätze der Raumordnung sind im Bundesraumordnungsgesetz, das zuletzt in novellierter Form am 1.1.1998 in Kraft getreten ist, geregelt. Das wichtigste Instrument der Bundesraumordnung gegenüber den Ländern und raumwirksamer Fachplanungen der Fachressorts sind Leitbilder[15] und Entschließungen, die die durch das Raumordnungsgesetz vorgegebenen Perspektiven und Strategien für die räumliche Entwicklung konkretisieren. Dafür zuständig ist die Ministerkonferenz für Raumordnung, in der Bund und Länder zusammenarbeiten. Die Landes- und Regionalplanungen konkretisieren diese Leitbilder und Konzepte für ihre jeweiligen Gebiete. Die Gemeinden schließlich setzen sie in rechtsverbindliche Pläne um.[16] Die Instrumente der Raumordnung haben – im Gegensatz zur Regionalpolitik – nur indirekten Einfluss auf die regionale Verteilung der Produktionsfaktoren.[17] Unabhängig von ihrer generellen Orientierung an der Raumordnung obliegt die „detaillierte Ausgestaltung" regionalpolitischer Fördermaßnahmen den dafür zuständigen Wirtschaftsministerien.

2.3. Die Region als Objekt der Regionalpolitik

Gegenstand der Regionalpolitik sind Teilräume einer übergeordneten Volkswirtschaft. Die folgenden Ausführungen beschäftigen sich damit, wie diese Teilräume abgegrenzt, räumliche Differenzen wirtschaftlicher Aktivitäten wie Konzentration und Dekonzentration festgestellt und unterschiedliche Entwicklungsniveaus in Bezug auf Beschäftigung und Pro-Kopf-Einkommen sowie Art und Arbeitsteilung zwischen den Regionen ermittelt werden.

---

15 Z.B. verfolgt das Leitbild der „dezentralen Konzentration" das raumordnerische Ziel, „die Siedlungstätigkeit ... räumlich zu konzentrieren und auf ein System leistungsfähiger Zentraler Orte auszurichten." Vgl. BGBl. (1997): ROG § 2 Abs. 2 Z. 2 in der geänderten Fassung vom 15.12.1997, in: BGBl. I 1997, S. 2902.

16 Vgl. Bundesamt für Bauwesen und Raumordnung (Hrsg.) (2001): Raumentwicklung und Raumordnung in Deutschland, S. 5.

17 Zum Verhältnis von Regionalpolitik und Raumordnung, vgl. Fürst/Klemmer/Zimmermann (1976), S. 109; in Bezug auf mögliche Inkompatibilitäten von den Zielen der regionalen Wirtschaftsförderung und Raumordnung, vgl. insbesondere Müller (1973): Regionale Strukturpolitik in der Bundesrepublik, S. 6 ff. und 25 f.; zur unterschiedlichen Mobilität der Produktionsfaktoren (Arbeit, Kapital, Boden) im Hinblick auf die Regionalpolitik vgl. Tennagels (1980): Instrumentarium der regionalen Wirtschaftspolitik, S. 15 f.

2.3.1. Regionale Abgrenzungskriterien und -methoden

Ganz allgemein wird eine *Region* als ein „nach bestimmten Kriterien unter Anwendung spezifischer Methoden abgegrenzter Raum" definiert.[18] Der Begriff Region ist nicht eindeutig und erklärt sich erst aus der jeweiligen Zweckbestimmung der Definition und dem geographischen Bezugsrahmen.[19] Abgrenzungskriterien für Regionen sind aus verschiedenen sozioökonomischen Bereichen entnommen; so lassen sich z.B. Regionen nach Naturräumen, der politischen Gliederung (Gebietskörperschaften), Sozialräumen (z.B. der landsmannschaftlichen Verbundenheit), Wirtschaftsräumen (z.B. Siedlungs-, Agrar-, Industrieregionen oder -zonen), sozioökonomischen Verflechtungen (z.B. Einzugsbereiche, Verkehrsregionen, Pendlergebiete), Planungsräumen und ökologischen Kriterien (z.B. Biotope) unterscheiden.[20]

Für die Regionalpolitik stellt die *Region* die Diagnoseeinheit, den Merkmalsträger und das Betätigungsfeld bzw. den Zielraum für den Einsatz der Förderinstrumente dar: „Während man früher der Auffassung war, dass Regionen quasi natürliche, vorgegebene Einheiten seien, die es aufzufinden und zu identifizieren gelte, hat sich heute die Meinung durchgesetzt, dass Raumgliederungen immer zweckbestimmt sind."[21] Teilräume müssen zunächst definiert werden, um sie im Rahmen der

---

18 Vahlens Großes Wirtschaftslexikon (1993). Vgl. auch Blotevogel (2000): Zur Konjunktur der Regionsdiskurse, in: Informationen zur Raumentwicklung, Heft 9-10/2000, S. 491 ff.

19 Vgl. Unruh (1996): Die Region als Planungsraum und Verwaltungseinheit, in: Westfälische Forschung, Bd. 19, S. 116 ff. und Mecking (1995): Die Regionalebene in Deutschland, S. 53 ff. „Unter administrativen wie politischen Gesichtspunkten gibt es viele Arten von Regionen in der EG, ihre Rollen und Aufgaben sind in den einzelnen Mitgliedsstaaten sehr verschieden." Vgl. Colom i Naval (1991): Political strategies as a consequence of the Internal Market's regional effects – a view from the European Parliament –, in: Franzmeyer (1991): Die Auswirkungen des Binnenmarktes auf die Entwicklung der Regionen in der Europäischen Gemeinschaft, DIW Sonderheft 146, S. 238.

20 Zu weiteren Aufgaben und Ansprüchen an eine Region, speziell im Zusammenhang mit dem seit Mitte der siebziger Jahre diskutierten Konzept „Europa der Regionen" und im Zusammenhang mit der Rolle der Regionen im föderalen Europa, vgl.: Institut für Europäische Politik und Landeszentrale für politische Bildung Nordrhein-Westfalen (Hrsg.) (1994): Europa der Regionen – Akzeptanz durch Bürgernähe, Materialien zur Europapolitik, Bd. 12 und o.V. (1993): Regionen in der Europäischen Gemeinschaft, rechtliche Vielfalt und integrationspolitische Rollensuche, Gutachten im Auftrag der Staats- und Senatskanzleien der Länder.

21 Vgl. Barenberg (1988): Zweck und Methoden der Raumgliederung, in: Bundesamt für Bauwesen und Raumordnung (Hrsg.): Raumforschung und Raumordung, Heft 1-2, S. 2 ff.

Strukturpolitik analysieren und für sie spezielle Entwicklungsmaßnahmen veranlassen zu können.[22]

Für die Realisierung regionalpolitischer Zielvorstellungen gibt es prinzipiell drei Methoden, um Regionen abzugrenzen:[23] Eine Gliederung nach dem *Homogenitätsprinzip* fasst Regionen zusammen, die sich hinsichtlich eines oder mehrerer (Struktur-) Merkmale eindeutig abgrenzen lassen, wie z.B. Regionen mit überdurchschnittlicher Arbeitslosigkeit. Eine Abgrenzung nach dem *Verflechtungsprinzip* oder auch *Funktionalprinzip* ergibt heterogene oder funktionale Regionen, die z.B. als zentrale Orte mit ihren Verflechtungsbereichen und den in ihre Einflussgebiete fallenden wirtschaftlichen Aktivitäten eingrenzbar sind.[24] Eine Abgrenzung einer Region nach dem *Planungsprinzip* bezieht sich im Allgemeinen auf vorgegebene administrative Einheiten, in der Regel charakterisiert durch eine Kombination von Strukturmerkmalen und funktionalen Beziehungen.

Verfolgen die Abgrenzungen nach dem Homogenitäts- und dem Verflechtungsprinzip primär den Zweck der Beschreibung und Charakterisierung von Teilen des Gesamtraumes, so zielt die Abgrenzung nach dem Planungsprinzip einer Region darauf ab, geeignete Bezugsräume für die Raumordnungspolitik und damit i.w.S. auch für die Regionalpolitik zu erhalten. So abgegrenzte Planungsregionen sollen dabei „konzeptgerecht" sein und grundsätzlich mehreren Zwecken dienen, und zwar der Diagnose und Prognose, der Bewertung wirtschaftlicher sowie sozialer Gegebenheiten unter raumordnungspolitischen Aspekten, als räumlicher Bezugsrahmen für regionalpolitische Maßnahmen und als Grundlage für eine Erfolgskontrolle.[25] Aus pragmatischen Gründen sollen sie zudem bestimmten formalen Anforderungen entsprechen, z.B. gewisse Mindestgrößen nicht unter- oder überschreiten, Verwaltungsbezirke (Kreis- bzw. Gemeindegrenzen) berücksichtigen usw.

Insofern gibt es nicht die einzig richtige, einheitliche und allgemeingültige Definition für die Region bzw. für den Begriff Region. Überwiegend werden administrativ abgegrenzte Gebietseinheiten als Region bezeichnet, die einer einheitlichen hoheitlichen Gewalt unterliegen. In der Regel ist eine Region Teil einer größeren Einheit, z.B. eines Staatsgebietes oder auch der Europäischen Gemeinschaft. Gleichzeitig ist

---

22 Vgl. Eckey (1991): Ansatzpunkte und Möglichkeiten der regionalen Strukturpolitik, in: BfLR (Hrsg.): Raumordnung in Deutschland, Teil 2: Aufgaben und Lösungsansätze, MzR, Heft 40, S. 49 f.

23 Vgl. ausführlich zu den Problemen, die sich im Zusammenhang mit den Abgrenzungsprinzipien ergeben: Lauschmann (1976): Grundlagen einer Theorie der Regionalpolitik, S. 14 ff. und Klemmer (1983): Abgrenzung von Fördergebieten, S. 19 f.

24 Lauschmann (1976), S. 15.

25 Lauschmann (1976), S. 28.

es aber auch möglich, dass sich eine Region auf das Gebiet eines großflächigen, weitgehend miteinander verflochtenen Lebens- und Wirtschaftsraumes erstreckt, der sich auch auf Teile einer benachbarten administrativen Einheit erstrecken kann.[26] Eine Region ist deshalb nicht notwendigerweise immer identisch mit der abgegrenzten administrativen Einheit (z.B. einem Bundesland) oder mit einer einheitlichen Verwaltungszuständigkeit. Dieser Sachverhalt trifft (zumindest bisher) auf die Region Berlin zu, die neben dem Stadtstaat Berlin auch den zu Brandenburg gehörenden engeren Verflechtungsraum umfasst.

2.3.2. Regionale Disparitäten und ihre Messgrundlagen

Regionale Disparitäten werden als „Ausdruck für geographische Unterschiede der Lebens- oder Wohnverhältnisse (Raumstruktur)" definiert.[27] Sofern regionale Disparitäten nicht von Natur aus gegeben sind, werden sie in der Regel auf „raumdifferenzierende Faktoren (wie etwa Agglomeration, Transportkosten, unterschiedliche Mengen, Qualität und Mobilität der Produktionsfaktoren) zurückgeführt."[28] Im Falle der Region Berlin sowie der fünf neuen Länder insgesamt wurden vorhandene raumdifferenzierende Faktoren allerdings überlagert durch die Folgen der politischen Teilung Deutschlands, die erst 1990 mit der Wiedervereinigung überwunden wurde.

Für die Messung regionaler Disparitäten werden Kennziffern gebildet. Herangezogen werden in der Regel folgende Indikatoren: Bruttoinlandsprodukt pro Kopf[29], Arbeitslosigkeit, Lohn- und Einkommensniveau, Infrastrukturausstattung ein-

---

26 Vgl. Unruh (1996), S. 120. Außerdem Mecking (1995), S. 57 ff.

27 Vahlens Großes Wirtschaftslexikon (1993). Weiterführende Erklärungsansätze für die räumliche Differenzierung wirtschaftlicher Aktivitäten und regionalökonomischer Theorien, vgl. Krieger-Boden (1995): Neue Argumente für Regionalpolitik, in: Die Weltwirtschaft, Heft 2/1995 und Ziegler (1992), S. 194 f., außerdem Lauschmann (1976), S. 33 ff.

28 Vahlens Großes Wirtschaftslexikon (1993).

29 Das BIP pro Kopf gilt als maßgeblicher Indikator für die Wohlstandsmessung einer Region. Über Eignung und Bedeutung dieses Messkriteriums als Grundlage für die Ermittlung des regionalen Wohlstands zur Ausweisung und Abgrenzung von Förderregionen, aber auch hinsichtlich der Variabilität des Messfaktors und sonstiger politischer Kriterien für Fördergebietseinstufungen auf europäischer Ebene, vgl. European Research Centre Glasgow (1997): EU-Cohesion Policy: Eligibility and Allocation Criteria, und KOM (2000): Regionen: Statistisches Jahrbuch 2000.

schließlich Bildungsmöglichkeiten.[30] Da die einzelnen Regionen hinsichtlich Fläche und Einwohnerzahl unterschiedlich groß sind, werden die Indikatoren erst als Relativwerte bspw. im Verhältnis zum nationalen oder europäischen Durchschnitt aussagekräftig.

2.3.3. Problemadäquate Abgrenzung von Förderregionen

Die Anforderung an eine problemadäquate Abgrenzung von Regionen besteht darin, eine „zuverlässige Diagnose und Prognose des regionalen Entwicklungsstandes" durchzuführen, um so die vorhandenen Beobachtungseinheiten vergleichen zu können.[31] Derartige Aussagen zum regionalen Entwicklungsstand von Regionen machen regionale Disparitäten zwischen und auch innerhalb von Regionen sichtbar. Die Vergleiche nach bestimmten festgelegten Kriterien bzw. Indikatoren erlauben letztendlich die Ermittlung von Zielregionen bzw. die Auswahl von Förderregionen.[32]

Die Abgrenzung und Ausweisung von *Förderregionen* ist im Aufgabenfeld der regionalen Wirtschaftsförderung eine zentrale Aufgabe, da die Regionen die geographische Grundlage für den Einsatz regionalpolitischer Instrumente und für die Zuteilung der finanziellen Ressourcen sind. Nach *Klemmer* ist „Ausgangspunkt jeglicher Fördergebietsabgrenzung ... eine Diagnose der gegenwärtigen bzw. in näherer Zukunft zu erwartenden raumwirtschaftlichen Ausgangssituation"[33] und der dabei

---

30 Für eine ausführliche Darstellung der Berechnung des Infrastrukturindikators vgl. Zarth/Crome (1999): Die regionale Infrastrukturausstattung als Indikator für die Auswahl regionalpolitischer Fördergebiete, in: Mitteilungen aus der Arbeitsmarkt- und Berufsforschung, Heft 1/1999, S. 618 ff. und Crome/Schwengler (2000): Indikatoren zur Auswahl der Fördergebiete der Gemeinschaftsaufgabe „Verbesserung der regionalen Wirtschaftsstruktur", in: Informationen zur Raumentwicklung, Heft 2/2000, S. 79 ff. Vgl. auch Abschnitt 3.1.4. der Arbeit.

31 Vgl. Eckey (1978): Grundlagen der regionalen Strukturpolitik S. 1.

32 Vgl. zur Diskussion um die Fördergebietsabgrenzung in Deutschland und die divergierenden Interessen der verschiedenen beteiligten politischen Ebenen (Bundesländer/Bund), Eckey (1978), S. 1 ff. und Nägele (1996), S. 56 f. Außerdem für die Ausweisung und Abgrenzung auf nationaler Ebene respektive für die neuen Bundesländer: BfLR (Hrsg.) (1991b): Raumentwicklung in den alten und neuen Bundesländern, MzR, Heft 41. Zu den Problemen der regionalen Abgrenzung in den neuen Ländern, vgl. Budde et al. (1991a), S. 185. Für die EG erfolgt eine Dokumentation der regionalen Disparitäten bspw. in den Statistischen Jahrbüchern der Europäischen Gemeinschaft und den „Periodischen Berichten über die sozioökonomische Lage und Entwicklung der Regionen der Europäischen Gemeinschaft (Union)", z.B. KOM (1999): Sechster Periodischer Bericht, außerdem Klemmer (1998a): Regionalpolitik, in: Klemmer (Hrsg.): Handbuch Europäische Wirtschaftspolitik, Kapitel: Regionale Konvergenz- und Divergenzprozesse in Europa, S. 481 ff.

33 Klemmer (1983), S. 15.

ermittelten regionalen Disparitäten. Die Abgrenzung von Förderregionen erfolgt dabei schrittweise: Ausgehend von den zu verfolgenden regionalpolitischen Zielen muss zunächst die zu diagnostizierende räumliche Beobachtungseinheit (Diagnoseeinheit) abgegrenzt werden. Danach erfolgt die Festlegung der für die Diagnose geeigneten Selektions- bzw. Förderkriterien. Erforderlich ist dann ein Verfahren zur Auswertung der Einzeldiagnose durch Gewichtung und zusammenfassende Analyse dieser Selektionskriterien, und schließlich müssen noch Förderschwellen und Förderhöchstgrenzen festgelegt werden.[34]

Bei der Abgrenzung von Regionen zum Zwecke der Intervention regionalpolitischer Maßnahmen ist neben der flächendeckenden Einteilung eines Landes – oder der Europäischen Gemeinschaft – besonders darauf zu achten, dass „je nach gewählter Regionalisierung ... Wirtschaftsräume als „gesund" oder „krank" erscheinen können."[35] Mit der problemadäquaten Regionalisierung „steht und fällt die Abgrenzung jener Wirtschaftsräume, die im Rahmen der regionalen Strukturpolitik als förderbedürftig gelten"[36]. Oft lässt sich erst bei einer Zusammenfassung von Zentrum und Umland feststellen, ob eine Region „reich" oder „arm" ist oder ob ein Arbeitsplatzmangel existiert. Dieser Aspekt ist insbesondere für die Region Berlin von Bedeutung, und zwar sowohl im Hinblick auf die Ausweisung der Region als Arbeitsmarktregion als auch in Bezug auf Berechnungen der Förderbedürftigkeit bei einer möglichen Fusion.

Unter ökonomischen Gesichtspunkten ist neben der Förder*bedürftigkeit* die Förder*würdigkeit* regionalpolitisch relevant.[37] Während bei einer Festlegung der Förderregionen nach der Förderbedürftigkeit mit einer regionalpolitischen Intervention primär das Ausgleichsziel verfolgt wird, steht bei Interventionen in förderwürdigen Regionen das Wachstumsziel im Vordergrund. Unterstellt wird dabei, dass die größten Wachstumseffekte nicht zwangsläufig bei einer Förderung strukturschwacher peripherer Regionen erzielt werden können, sondern eher auf Grund geringerer Opportunitätskosten in Verdichtungsräumen bzw. Regionen mit großen Wachstumschancen. Würden diese gefördert, käme es deshalb zu einem größeren gesamtwirt-

---

34 Klemmer (1983), S. 11 und 14.

35 Eckey (1978), S. 1.

36 Eckey (1978), S. 3. Eckey (1991), S. 50. Dort mehr auch in Bezug auf die problemorientierte Abgrenzung, z.B. bei der Betrachtung eines Wirtschaftsraums im Gegensatz zu einer Betrachtung auf Kreisebene.

37 Um förderungswürdige Regionen bestimmen zu können, wird in der regionalökonomischen Theorie zwischen zwei Verfahren unterschieden, und zwar zwischen der grenzproduktivitätsorientierten und der potenzialorientierten Herangehensweise. Vgl. Horbach/Junckernheinrich (1994): Wachstum in den neuen Bundesländern, Räumliche Entwicklungshemmnisse und -potenziale, IWH-Diskussionspapiere, Nr. 14, S. 7 f. und Toepel (1997), S. 96 ff.

schaftlichen Wachstum, von dem letztendlich auch die (angrenzenden) strukturschwachen Regionen durch „spill-over"-Effekte profitieren würden.[38]

2.4. Politischer Handlungsbedarf

Da das Ausgleichsanliegen politisch leichter durchsetzbar ist, handelt es sich bei der Wahl der Selektionskriterien (Abgrenzungskriterien) und der Bestimmung der Förderschwellen weitgehend um politische Entscheidungen. „De facto ist die Festlegung der Fördergebiete, der Fördersätze und auch der Fördermittel letztendlich eine politische Verhandlungssache."[39] Die Gegenüberstellung der vorhandenen Ist- und gewünschten Soll-Werte (ausgehend von politisch-gesellschaftlichen Zielvorgaben) ergibt die benötigten Informationen über die Förderbedürftigkeit einer Region bzw. der Beobachtungseinheit.[40] Die Schwelle der Tolerierbarkeit bei Abweichungen von Soll-Ist-Werten führt dann zur Begründung regionalpolitischer Wirtschaftsfördermaßnahmen, also für den staatlichen Eingriff in die Marktwirtschaft.

Aus der Diskrepanz zwischen der bestehenden realen wirtschaftlichen Situation bzw. der Entwicklung einer Region und den betreffenden Zielsetzungen bzw. Zielvorstellungen der gesellschaftlich Verantwortlichen ergibt sich der politische Handlungsbedarf.[41] Dieser Handlungsbedarf besteht auch bei unerwünschten Entwicklungen, wie z.B. einer vergleichsweise hohen Arbeitslosigkeit, unbefriedigenden wirtschaftlichen Wachstumsraten sowie dem Entleeren von Räumen als Ergebnis einer „Abstimmung mit den Füßen"[42]. Insbesondere die neuen Länder und damit auch Ost-Berlin erwiesen sich als rückständige Regionen, für die Aufholprozesse aus eigener Kraft als unmöglich angesehen wurden. Dies galt insbesondere vor dem

---

38 Vgl. Pohle (1995), S. 44.

39 Zu den Spielräumen bei den Gebietsabgrenzungskriterien, den Fördersätzen auf europäischer Ebene und der Berücksichtigung von nationalem Wohlstandsniveau, vgl. Lichtblau (1995): Von der Transfer- in die Marktwirtschaft, S. 338 f. Außerdem European Research Centre Glasgow (1997). Zu den Schritten im Prüfungsverfahren, den Kriterien und dem Ermessungsspielraum für die Bewertung der regionalen und sozialen Lage in den Gebieten der Europäischen Gemeinschaft, vgl. Nägele (1996), S. 31 f. und Toepel (1997), S. 96 ff. Bei der Abgrenzung von regionalen Arbeitsmärkten kommt auch die nationale Ebene „nicht ohne die Festlegung normativer Werte aus, die nicht wissenschaftlich festgelegt werden können, sondern von der Politik vorgegeben werden müssen". Vgl. Eckey/Horn/Klemmer (1990): Abgrenzung von regionalen Diagnoseeinheiten für die Zwecke regionaler Wirtschaftspolitik, S. 7.

40 Klemmer (1983), S. 15 und Pohle (1995), S. 39.

41 Vgl. Müller (1973), S. 1; Fürst/Klemmer/Zimmermann (1976), S. 7 und Eberstein (1996), A I Rz. 25. Außerdem zur Begründung einer Regionalpolitik im Rahmen einer Marktwirtschaft und Legitimierung einer EU-Regionalpolitik, vgl. Klemmer (1998a), S. 476 ff.

42 Vgl. Krieger-Boden (1995), S. 200.

Hintergrund der Herausforderungen durch die Vertiefung des europäischen Binnenmarktes, der absehbaren Erweiterung der Europäischen Gemeinschaft und der Verstärkung der damit verbundenen Veränderungen durch die parallel zu beobachtende Globalisierung der Weltwirtschaft.

Regionalpolitische Eingriffe der Politik bedürfen in einer Marktwirtschaft jedoch einer besonderen Legitimierung. Das gilt auch für den Nachweis der Wirksamkeit des eingesetzten regionalpolitischen Instrumentariums. Auf beide Aspekte wird nachstehend näher eingegangen.

2.4.1. Legitimität regionalpolitischen Handelns

„Werden große Unterschiede sozialer, ökonomischer und ökologischer Tatbestände als Problem konstatiert und gesellschaftspolitisch missbilligt, führen sie zu Forderungen nach Gewährleistung gleichwertiger Lebens- und Arbeitsverhältnisse.“[43] Die festgestellten Unterschiede dienen als Begründung für ein regionalpolitisches Eingreifen der wirtschaftspolitischen Entscheidungsträger im Rahmen einer Marktwirtschaft. Ausschlaggebend für ein Eingreifen der Politik sind ökonomische und außerökonomische Argumente.[44] Der ökonomischen, effizienzorientierten Begründung liegt eine nicht optimale Ressourcenallokation in räumlicher Hinsicht zu Grunde, die dem gesamtwirtschaftlichen Wachstumsziel entgegensteht (allokationstheoretische Begründung, Effizienzdefizite). Hierbei wird davon ausgegangen, dass der Preis-Lenkungs-Mechanismus alleine nicht in der Lage ist, eine optimale und effiziente Allokation wirtschaftlicher Aktivitäten bzw. der Produktionsfaktoren zu garantieren[45] und somit ein regionalpolitisches Mitwirken des Staates erforderlich wird.Unter außerökonomischen, gesellschaftspolitischen Gesichtspunkten wird argumentiert, dass selbst bei einem funktionierenden marktwirtschaftlichen Steuerungsmechanismus bestimmte gesellschaftliche Grundanliegen nicht ohne das korrigierende Eingreifen des Staates ausreichend gesichert sind (distributionstheoretische

43 Raumordnungspolitik, in: Vahlens großes Wirtschaftslexikon (1993).

44 Vgl. Karl/Krämer-Eis (1996): Entwicklung der regionalen Wirtschaftspolitik in Deutschland, in: Eberstein/Karl (Hrsg.): Handbuch der regionalen Wirtschaftsförderung, 3. Aufl., A II Rz. 1; Scharff (1993): Regionalpolitik und regionale Entwicklungspotenziale, S. 17 ff. und die dort zitierte Literatur. Eine ausführliche Auseinandersetzung mit älteren und neueren regionalökonomischen Erklärungsansätzen als Begründung für die Regionalpolitik und zur Fundierung der Regionalpolitik in regionalökonomischen Theorien findet sich in Krieger-Boden (1995).

45 Vgl. Krieger-Boden (1995), S. 201.

Begründung). Hierzu zählen die Gewährleistung einer interregionalen Chancengleichheit sowie eine Leistungs- und Bedarfsgerechtigkeit.[46]

2.4.2. Wirksamkeit regionaler Wirtschaftspolitik

In der Europäischen Gemeinschaft und der Bundesrepublik Deutschland sind sich Politik und Wissenschaft überwiegend einig, dass die grundsätzliche Existenzberechtigung einer regionalen Wirtschaftspolitik nicht in Frage zu stellen ist. Über die Wirksamkeit der gegenwärtigen regionalen Wirtschaftsförderung sowie über das geeignete Instrumentarium gehen die Meinungen hingegen weit auseinander. Sowohl auf nationaler als auch auf Ebene der Europäischen Gemeinschaft werden die Bemühungen der Regionalpolitik in regelmäßigen Abständen zwar differenziert, aber dennoch als überwiegend erfolgreich dargestellt. Kritiker der gegenwärtigen Förderpraxis behaupten hingegen, die Politik sei nicht nur wirkungslos, sondern zum Teil sogar kontraproduktiv. Es gäbe weder theoretische noch empirische Befunde, die ausdrücklich auf einen Erfolg der Förderpolitik hinweisen würden. Sowohl für die Argumente der Kritiker als auch der Befürworter eines regionalpolitischen Eingreifens gibt es in der Literatur zahlreiche Beispiele.[47]

Die Kontroverse um die Zielerreichung und die Wirksamkeit der gegenwärtigen Regionalpolitik hängt stark von dem jeweils zu Grunde gelegten ökonomischen Theorieansatz ab. In der herkömmlichen Regionalökonomie gelten Polarisationstheorien als Theorien des Marktversagens und als Erklärung für ein sich ständig verstärkendes Ungleichgewicht. Der Staat müsse direkt in die räumliche Allokation eingreifen, um diesen „Circulus vitiosus" zu durchbrechen.[48] Im Gegensatz hierzu besagen neoklassische Theorien, dass staatliche Eingriffe eine optimale räumliche Allokation verhindern würden, zu der es sonst auf Grund der inhärenten Selbstheilungskräfte des Marktes kommen würde.[49] Diese kritische Position wird beispielsweise durch das Kieler Institut für Weltwirtschaft vertreten. Aus neoklassischer Sicht sei die aktive Gestaltung der regionalen Wirtschaftspolitik, hauptsächlich durch Subventio-

---

46 Karl/Krämer-Eis (1996), A II Rz. 1, vgl. insbesondere die dort zitierte weiterführende Literatur. Auch Eberstein (1996), A I Rz. 25 ff und Pohle (1995), S. 38 f.

47 Kritische Positionen werden u.a. vertreten von Lammers (1987): Ansatzpunkte für eine Neuorientierung der Regionalpolitik – Die Bund-Länder-Regionalförderung – Ziele, Ansatzpunkte, ökonomische Problematik -, in: Die Weltwirtschaft 1/1987, S. 61 ff.; Soltwedel (1987): Wettbewerb zwischen Regionen statt zentral koordinierter Regionalpolitik, in: Die Weltwirtschaft 1/1987, S. 129 ff. und Lichtblau (1995), S. 222 ff. (kein speziell räumliches Marktversagen). Exemplarisch für die Befürworter vgl. Klemmer (1986): Regionalpolitik auf dem Prüfstand.

48 Vgl. Krieger-Boden (1995), S. 201.

49 Die neoklassische Ausgleichstheorie geht im Gegensatz zur Polarisationstheorie davon aus, dass der Marktmechanismus zum Gleichgewicht tendiert.

nen, zu kritisieren. Als Hauptargumente gelten Wettbewerbsverzerrungen und die damit einhergehende Konservierung von nicht mehr wettbewerbsfähigen Strukturen in einer Region. Darüber hinaus werden die „Mitnahmeeffekte" von Fördergeldern, mit denen eigentlich zusätzliche private Investitionen angeregt werden sollen, um Einkommens- und Beschäftigungssteigerungen zu erzielen, kritisiert.[50]

Unabhängig davon, wie der staatliche Eingriff in den Preismechanismus generell und damit auch die überhaupt mögliche Wirksamkeit des gegenwärtig praktizierten regionalpolitischen Wirtschaftsförderungsansatzes bewertet werden,[51] ist die Beurteilung regionalpolitischer Maßnahmen grundsätzlich nur eingeschränkt möglich, da es für die betreffende Konstellation kaum bzw. keine direkten Vergleichsmöglichkeiten gibt. Wie sich eine Region ohne bestimme aktive Förderung oder mit einem anderen Fördermodell entwickelt hätte, kann schwer belegt werden.[52]

Trotz dieser Schwierigkeiten kommt der Beurteilung bzw. Evaluierung regionalpolitischer Maßnahmen eine steigende Bedeutung zu. Zum einen ist Evaluierung wichtig, weil es um die Legitimation der Verteilung von nationalen und europäischen Geldern geht.[53] Bei verstärktem Wettbewerb zwischen den Regionen, knappen Ressourcen und steigenden Verteilungskonflikten mit zunehmender Anzahl von (potenziellen) Empfängerregionen (bzw. Mitgliedsländern) innerhalb der Europäischen Gemeinschaft kommt dem „wer bekommt wieviel" und „warum" verstärkt Gewicht zu. Zum anderen ist Evaluierung wichtig, weil nur eine Erfolgskontrolle der eingesetzten Mittel die Möglichkeiten zur Verbesserung des Instrumentariums bietet und damit auch einen Beitrag zur Erhöhung der Effizienz des Mitteleinsatzes leisten kann.[54] „Der europäischen Strukturfondsförderung kommt die treibende Kraft für

---

50 Vgl. Bothe (1987): Regionalpolitik und Marktwirtschaft, in: Die Weltwirtschaft, 1/1987, S. 172; Klodt et al. (1992): Die Strukturpolitik in der EG, und Krieger-Boden (1995), S. 198.

51 „Weder die neoklassische Ausgleichstheorie noch die Polarisationstheorie ließen sich empirisch eindeutig belegen", vgl. Krieger-Boden (1995), S. 201.

52 Die Beurteilungsproblematik trifft nicht nur auf regionalpolitische Fördermaßnahmen zu, sondern betrifft die Erfolgskontrolle wirtschaftspolitischer Maßnahmen generell. *Weise* bezeichnet dies als das Fehlen der sogenannten anti-monde, „d.h. die Entwicklung, die sich beim Ausbleiben der zu prüfenden Aktion oder bei der Durchführung in anderer Form ergeben hätte, ist unbekannt." Vgl. Weise (1996): Regionalpolitik und Infrastruktur, in: Weidenfeld/Wessel: Jahrbuch für Europäische Integration 1995/1996 und Toepel (2000): Evaluation in der Regionalpolitik, in: Schwerpunktheft Evaluation im Sapnnungsfeld zwischen Wissenschaft und Politik, DIW-Vierteljahresheft 3/2000, S. 399.

53 Zur Notwendigkeit von Erfolgskontrollen in der Regionalförderung vgl. Eberstein (1996), A I Rz. 16 und Toepel (2000), S. 395 ff.

54 KOM (1996a): Evaluierungskonferenz 2./3.12.1996 in Berlin, Concluding Speech von Helander über die Bedeutung von Evaluierung und ihren Entwicklungsstand.

den Ausbau der Evaluierungstätigkeit in diesem Politikfeld zu."[55] Ein weiteres Indiz dafür ist die große Anzahl von Fachtagungen und die Einrichtung von speziellen Arbeitskreisen zu diesem Thema.[56] Dies geht einher mit einer verstärkten Ex-post-Evaluierungs- und Dokumentationspflicht der Empfänger und zuständigen Verwaltungsstellen über die Verwendung von Fördergeldern.[57]

Bei derartigen Ex-post-Evaluierungen ist eine psychologische Komponente zu bedenken. Auftraggeber ist in der Regel derjenige, der die regionalen Fördermaßnahmen veranlasst (und unter Umständen als persönlichen Erfolg verkauft) hat. Kommt der Evaluator zur Erkenntnis, dass die vom Auftraggeber befürworteten Maßnahmen nicht sinnvoll gewesen bzw. für die eingesetzten Finanzmittel keine positiven Effekte nachweisbar sind, oder kritisiert er gar die Grundvoraussetzungen, d.h. den Eingriff in den Markt per se, dann stellt er nicht nur die Kompetenz der auftraggebenden Verwaltung in Frage, sondern gefährdet potenziell auch deren Autorität. Er riskiert zudem, künftig keine entsprechenden Aufträge mehr zu erhalten. Voraussetzung für eine erfolgreiche Evaluierung ist deshalb ein positives Klima im Sinne einer Politikberatung und ein darauf aufbauendes Vertrauensverhältnis zwischen Auftraggeber und Gutachter. Unabhängig davon werden mehr und mehr die erstellten Gutachten im Sinne einer Metaevaluation selbst evaluiert, und zwar von Dritten.[58] Es bleibt allerdings fraglich, ob dabei unter Kosten-Nutzen-Gesichtspunkten ein „Mehr" an Erkenntnissen erzielt wird.

2.5. Regionalpolitik als „Politik-Feld"

Regionale Wirtschaftspolitik erfolgt mit dem Ziel, strukturschwachen Regionen zu einer Wohlstandsmehrung und zur Steigerung der Wettbewerbsfähigkeit zu verhelfen. Dies setzt, wie bereits ausgeführt, die Festlegung normativer Werte voraus, die

---

55 Toepel (2000), S. 397. Für die Europäischen Strukturfonds hat sich die Anzahl der durchgeführten Evaluierungen im Zeitraum 1994-1999 gegenüber dem vorangegangenen Zeitraum verfünfacht. Vgl. Toepel (2000), S. 401 f.

56 So hat sich z.B. die 1996 gegründete Deutsche Gesellschaft für Evaluation (DeGEval) Entwicklung und Vergleich von Verfahren und Methoden der Evaluierung sowie einen diesbezüglichen übergreifenden Erfahrungsaustausch zum Ziel gesetzt.

57 Vgl. auch zur zunehmenden Bedeutung von Evaluierungen im europäischen Politikprozess, Pintarits (1996): Macht, Demokratie und Regionen in Europa, S. 213 und Toepel/Tissen (2000): Stand und Perspektiven der Evaluation in Deutschland. Eine Einführung, in: Schwerpunktheft Evaluation im Spannungsfeld zwischen Wissenschaft und Politik, DIW-Vierteljahresheft 3/2000, S. 347 ff.

58 Dies wird von der Europäischen Kommission zunehmend praktiziert und zwar auch zum Zwecke der übergreifenden Vergleichbarkeit der Verwendung der von ihnen bereitgestellten Fördermittel.

nicht wissenschaftlich begründet,[59] sondern von der Politik vorgegeben werden.[60] Im Rahmen des förderalen Aufbaus der Bundesrepublik und ihrer Integration in die Europäische Gemeinschaft sind nationale, supranationale, subnationale und lokale Institutionen für die Gestaltung der regionalen Strukturpolitik gemeinsam zuständig und verantwortlich. Keine politische Ebene kann wegen der bestehenden Verflechtungen autonom über die Regionalpolitik entscheiden. Da diese verschiedenen Politikebenen und die in ihnen handelnden Akteure allerdings jeweils auch eigene Ziele und Interessen verfolgen, kommt es zu vielfältigen Ziel- und Interessenkonflikten, die Regelungsmechanismen für Konfliktlösungen erfordern.

Besondere Abhängigkeiten ergeben sich dann, wenn die regionale Strukturpolitik, wie es in der Region Berlin der Fall ist, in die Zuständigkeit von zwei Bundesländern fällt. Die in diesem Zusammenhang entstehenden Konflikte gilt es mit Hilfe von Verhandlungen zu lösen, um so für alle Beteiligten in der Praxis tragbare Kompromisse zu ermöglichen. Dabei ist die Legitimation bzw. Rechtfertigung gegenüber der jeweiligen Klientel zu berücksichtigen. Mit Hilfe der Theorie der Verhandlungssysteme[61] wird in der Politikwissenschaft untersucht, inwieweit und in welcher Form Lösungen bei derartigen Interessendifferenzen möglich sind. Kooperation und Kommunikation erweisen sich dabei nicht nur als unverzichtbar, sondern als entscheidende Voraussetzung für eine erfolgreiche Regionalpolitik. Nachfolgend werden die einzelnen Aspekte dieses Politikfeldes näher dargestellt.

---

59 Eine wissenschaftliche Politik-Beratung wird jedoch vorausgesetzt.

60 Bereits die Abgrenzung von Förderregionen erfolgt keineswegs, wie bereits oben ausgeführt, rein wissenschaftlich bzw. nach objektiven Kriterien. „Nicht zuletzt auf Grund theoretischer Defizite werden die Förderregionen häufig pragmatisch und zielbezogen sowie vor dem Hintergrund der jeweiligen konstitutionellen, politischen und wirtschaftlichen Rahmenbedingungen abgegrenzt. Folglich unterscheiden sich die Fördergebiete in ihrer Größe, Kohärenz und innerem Aufbau auf Grund der mit der Abgrenzung verfolgten regionalpolitischen Zielsetzung .... Darüber hinaus beeinflusst auch der geplante Einsatz regionalpolitischer Instrumente ... die Aggregation von Förderräumen.“ Vgl. Bachtler (1996): Regionale Wirtschaftsförderung in den Mitgliedsstaaten der EU, in: Eberstein/Karl (Hrsg): Handbuch der regionalen Wirtschaftsförderung, 3. Aufl., A VII 2 Rz. 25. Vgl. auch Klemmer (1983), S. 15, sowie Ekkey/Horn/Klemmer (1990), Lichtblau (1995) und Nägele (1996).

61 Am Beispiel der Zusammenarbeit zwischen Hamburg und Schleswig-Holstein sind die damit verbundenen grenzüberschreitenden Koordinationsprobleme intensiv untersucht worden. Zur Regelbarkeit von Konflikten vgl. Scharpf (1991): Koordination durch Verhandlungssysteme: Analytische Konzepte und institutionelle Lösungen am Beispiel der Zusammenarbeit zwischen zwei Bundesländern, MPIFG Discussion Paper 91/4; Scharpf/Benz (1991): Kooperation als Alternative zur Neugliederung? und außerdem Benz/Scharpf/Zintl (1992): Horizontale Politikverflechtungen - Zur Theorie von Verhandlungssystemen.

2.5.1 Die Notwendigkeit politischer Entscheidungen

Unabhängig von generellen methodischen Schwierigkeiten zeigt sich sowohl bei der Ausweisung und Abgrenzung regionaler Fördergebiete als auch bei der Mittelverteilung und der Beurteilung der erfolgten Maßnahmen, dass Entscheidungen und Ergebnisse regionaler Wirtschaftspolitik in engem Zusammenhang mit normativen (politischen) Vorgaben zu sehen sind.[62] Von der Politik müssen die folgenden grundsätzlichen Fragen entschieden und beantwortet werden: Welche Ziele soll die Regionalpolitik verfolgen (Gewichtung von Wachstums-, Ausgleichs- und Stabilitätsziel)? Welcher Grad an regionalen Disparitäten ist gesellschaftspolitisch tolerabel? In welchem Umfang können und sollen Fördergebiete ausgewiesen werden? Welche Instrumente sollen eingesetzt werden? Dabei ist zu berücksichtigen, dass Veränderungen des Regionalgefüges oft neue Entscheidungen erforderlich machen.

Der politische Entscheidungsprozess hat dabei sowohl eine zeitliche als auch eine räumliche Dimension.[63] Zeitlich lassen sich hinsichtlich des politischen Einflusses im Entscheidungsprozess im Wesentlichen drei Phasen unterscheiden: Zunächst einmal geht es um die Ausgestaltung des politischen Rahmens. Zweitens muss dann der notwendige institutionelle Kontext geschaffen werden. Und schließlich stehen Entscheidungen in Bezug auf die Umsetzung der beschlossenen Maßnahmen, z.B. in Form von Programmplanungen usw. an.

Im Mittelpunkt der zuerst genannten Politikphase stehen Verhandlungen über die Verteilung der Mittel. Es geht dabei um Ausgleichszahlungen der reicheren an die ärmeren Regionen. Im Zusammenhang mit dem institutionellen Rahmen wird dann in der zweiten Phase darüber befunden, wie die Gelder verteilt werden. Das gemeinsame Anliegen besteht darin, mit den bereitgestellten Mitteln nicht nur die wirtschaftliche Lage in den ärmeren Regionen zu verbessern (Ausgleichsziel), sondern dadurch auch das gesamtwirtschaftliche Wachstum zu steigern (Wachstumsziel). Drittens geht es in der Programmplanungsphase schließlich um die konkrete Ausgestaltung des festgelegten finanziellen Spielraums. Die Kompetenz zur Politikformulierung und zur Festlegung der Vergabekriterien liegt hier zwar maßgeblich bei der jeweiligen übergeordneten, d.h. finanzierenden Ebene, aber wegen der starken Einwirkungen auf das nationale und subnationale Gefüge kommt es in dieser Politikphase zu intensiven Wechselwirkungen mit der regionalen Ebene. Entwicklungspläne werden entworfen und zum Gegenstand von Verhandlungen gemacht. Es geht um

62 Vgl. Klemmer (1983), Eckey/Horn/Klemmer (1990), Lichtblau (1995) und Nägele (1996).

63 Vgl. Marks (1996): Politikmuster und Einflusslogik in der Strukturpolitik, in: Jachtenfuchs/Kohler-Koch (Hrsg.): Europäische Integration, S. 314 ff.

die Festlegung der förderwürdigen Gebiete, die Art der durchzuführenden Maßnahmen, Aspekte der verwaltungstechnischen Umsetzung und schließlich um den Nachweis der verwendeten Fördergelder.

2.5.2. Vertikale und horizontale Politikverflechtung

Die räumliche Dimension der Regionalpolitik ergibt sich nicht nur aus der Tatsache, dass Regionen die Objekte des politischen Handelns sind, sondern auch, weil unterschiedliche territoriale Einheiten an ihr beteiligt sind. Da der politische Einfluss der verschiedenen Ebenen je nach Phase des Entscheidungsprozesses variiert, wird nachfolgend auf diese Aspekte näher eingegangen werden.

Grundsätzlich gilt für die Aufgaben- und Ausgabenverteilung zwischen den einzelnen Körperschaften eines mehrstufigen Staatsaufbaus das Subsidiaritätsprinzip. Dieses Prinzip besagt, dass bei staatlichen Leistungen vorrangig die kleinste regionale Ebene, die die Aufgaben bewältigen kann, zuständig sein soll.[64] Übergeordnete Ebenen sollen nur Aufgaben übernehmen, wenn die untergeordneten Einheiten sie nicht befriedigend bewältigen können. Zudem soll nach dem Konzept des fiskalischen Föderalismus diejenige Ebene, die eine Aufgabe wahrnehmen kann, diese auch finanzieren können, d.h. auch über die notwendigen Einnahmen verfügen (fiskalische Äquivalenz).[65] Finanzbedarf und Finanzkraft müssen dafür übereinstimmen. Im Falle von Diskrepanzen soll dies mit Hilfe von Ausgleichszahlungen erreicht werden. Ohne einen derartigen Ausgleich würden in einem Wettbewerb der Gebietskörperschaften um die mobilen Produktionsfaktoren strukturschwache Regionen auf Grund der schwächeren Finanzkraft noch weiter zurückfallen und an Attraktivität verlieren.

Diese grundsätzliche Aufgaben- und Ausgabenverteilung staatlicher Tätigkeiten gilt für die Regionalpolitik nur bedingt. In der Regionalpolitik wird davon ausgegangen, dass auf regionaler Ebene zwar die Stärken und Schwächen einer Region am besten bekannt sind und dort auch Maßnahmen für die Förderung des regionalen Wirtschaftswachstums am effektivsten durchgeführt werden können. Regionalpolitische Maßnahmen sind jedoch in ihren Auswirkungen nur selten lokal begrenzt. Sie tan-

---

64 Das Subsidiaritätsprinzip gilt auch außerhalb der staatlichen Tätigkeit hinsichtlich des Vorrangs der individuellen Selbstverantwortlichkeit des Einzelnen gegenüber staatlicher Daseinsvorsorge.

65 Der Grundsatz der fiskalischen Äquivalenz besagt, dass die Nutznießer staatlicher Maßnahmen grundsätzlich auch zur Finanzierung dieser Leistungen herangezogen werden sollen. Wenn das nicht der Fall ist, weil sie von einer öffentlichen Maßnahme profitieren, ohne zur Finanzierung beizutragen (externe Nutzen), oder umgekehrt, diese finanzieren (müssen), ohne davon zu profitieren (externe Kosten), kommt es auf Grund dieser externen Effekte zu einer ineffizienten öffentlichen Versorgung.

gieren meistens mehrere Ebenen im Staatsaufbau. Die gezielte Einflussnahme staatlicher Stellen auf Entwicklungsprozesse in einzelnen Regionen ist deshalb wegen ihrer Querschnittsfunktion eine Aufgabe, die nur gemeinsam optimal wahrgenommen werden kann. Aus diesem Grunde liegt die Zuständigkeit und Verantwortung für die Gestaltung der regionalen Strukturpolitik angesichts des föderativen Aufbaus der Bundesrepublik Deutschland und ihrer Integration in die Europäische Gemeinschaft gleichzeitig bei mehreren territorialen Einheiten, und zwar in Form eines Mehrebenensystems.

Keiner der nationalen, supranationalen und subnationalen Akteure kann in irgendeiner Phase der Strukturpolitik wegen der vielfältigen Interdependenzen autonom entscheiden.[66] Schon die Beantwortung grundsätzlicher Fragen erfordert ein vielfältiges Abstimmen unter den Beteiligten, verbunden mit starken *vertikalen* und *horizontalen* Interessen- und Politikverflechtungen.[67] Vertikale Politikverflechtungen beinhalten in der europäischen Regionalpolitik die Verflechtungen zwischen der supranationalen Ebene der Europäischen Gemeinschaft, dem Bund auf nationaler Ebene, der Bundeslandebene und darunter noch der subnationalen Ebene, d.h. der Regierungsbezirke, Kreise und Kommunen. Horizontale Politikverflechtungen betreffen Beziehungen zwischen gleichrangigen territorialen Einheiten, z.B. zwischen den Bundesländern.[68]

In der vorliegenden Arbeit über den Europäischen Regionalfonds in der Region Berlin stehen die horizontalen Politikverflechtungen zwischen den benachbarten Bundesländern Berlin und Brandenburg im Blickpunkt. Dabei ist zu berücksichtigen, dass es sich in diesem Fall nicht nur um Verflechtungen zwischen zwei Bun-

---

66 Die Machtverteilung variiert allerdings je nach Phase des Politikprozesses. Zur Beurteilung der Machtverteilung müssen „wie in der Netzwerkliteratur betont wird – auch finanzielle Abhängigkeiten, Informationsasymmetrien und die Einbettung der betreffenden Politikprozesse in die bereits bestehenden institutionellen Umfelder berücksichtigt werden." Vgl. Marks (1996), S. 338. Dabei neigen nach dem Gesetz von der Anziehungskraft des zentralen Etats in einem föderativen Staat zentrale Instanzen dazu, ihre Kompetenzen und ihr Finanzvolumen in Relation zu den anderen Gebietskörperschaften zu vergrößern. Jede zentrale Instanz übt danach eine unwiderstehliche fiskalische Anziehungskraft aus und entzieht den untergeordneten Körperschaften Zuständigkeiten und Ressourcen. Dieser Sachverhalt wird auch als sog. Popitzsches Gesetz bezeichnet, das 1927 von Johannes Popitz formuliert wurde. Vgl. Heinemann (2001): Europäische Finanzverfassung: Zwischen Umverteilung und Effizienz, in: Ohr/Threul (Hrsg.): Kompendium Europäische Wirtschaftspolitik, S. 207, vgl. auch Vahlens Großes Wirtschaftslexikon (1993).

67 Vgl. Scharpf/Reissert/Schnabel (1976): Politikverflechtung: Theorie und Empirie des kooperativen Föderalismus in der Bundesrepublik, S. 34 ff. und 99 ff. für Bund und Länder, für die EU und die Mitgliedsstaaten, speziell in Bezug auf den Europäischen Regionalfonds, vgl. auch Neupert (1986), S. 378 ff.

68 Zur horizontalen Politikverflechtung vgl. Benz/Scharpf/Zintl (1992).

desländern handelt, sondern auch die „klassische" Stadt-Umland-Problematik von Bedeutung ist. Bei Politikentscheidungen sind deshalb oft noch Abstimmungen zwischen Stadt und Umlandkommunen notwendig, da auch grenzüberschreitende Interdependenzen innerhalb der Region beachtet werden müssen.[69]

2.5.3. Zielkonflikte in der Regionalpolitik

Da die unterschiedlichen Akteure der regionalen Wirtschaftspolitik jeweils eigene Ziele verfolgen, kommt es sowohl in der vertikalen als auch in der horizontalen Politikverflechtung zu Interessendifferenzen. Zur Lösung der damit verbundenen Zielkonflikte bedarf es allgemein akzeptierter Konfliktregelungsmechanismen, entweder durch hierarchische Entscheidungen oder durch freiwillige Vereinbarungen. Vertikale Interessendifferenzen entstehen z.B., weil die lokale Ebene bestrebt ist, durch die einsetzbaren Förderinstrumente ein Maximum an Wachstum für die eigene Region zu erreichen. Überregionale Ebenen orientieren sich hingegen an einer das Gesamtgebiet betreffenden ausgeglichenen Wirtschaftsstruktur. Gleichzeitig müssen sie sicherstellen, dass knappe Fördermittel optimal eingesetzt und Wettbewerbsverzerrungen verhindert werden. Unabhängig von dem Grundsatzkonflikt, ob dem Ausgleichsziel oder dem Wachstumsziel Priorität eingeräumt werden sollte, würde letztendlich eine ungesteuerte Fördermittelkonkurrenz um das begrenzte Ansiedlungspotenzial neuer oder expandierender Betriebe dem generellen Ziel, durch gezielte Fördermaßnahmen in allen Regionen angemessene Lebens- und Arbeitsbedingungen zu schaffen, zuwider laufen.[70]

Zu Konflikten im Zusammenhang mit der horizontalen Politikverflechtung kommt es, wenn gleichrangige territoriale Einheiten unterschiedliche Auffassungen über gemeinsam betreffende Angelegenheiten vertreten, z.B. wenn Maßnahmen in einem Bundesland unerwünschte Auswirkungen auf das Nachbarland haben. Derartige Probleme in der Regionalpolitik gibt es weniger zwischen Flächenstaaten, da hier die Ballungsräume i.d.R. innerhalb der Grenzen eines Bundeslandes liegen und damit „die Kongruenz zwischen dem Landesgebiet und den für eine gesamtwirtschaftlich effiziente Aufgabenerfüllung erforderlichen Planungs- und Verwaltungsräumen

---

69 Vgl. Bufalica (1996): Stadt-Umland-Beziehungen in Stadtstaatenregionen, in: Bufalica/ Röber: Der schwere Abschied von der Insel, S. 177 ff., zur interkommunalen Kooperation im Verflechtungsraum vgl. Röber (1996): Auf dem Weg zwischen wilder Ehe und Vernunftehe, in: Bufalica/Röber, S. 23 ff. und Kooperationen im Stadt-Umland-Bereich bei Scharpf/Benz (1991), S. 59.

70 In der Spieltheorie ist dieser Sachverhalt als „Gefangenendilemma" bekannt: Ein Akteur versucht, durch egoistisches Verhalten seinen eigenen Nutzen zu maximieren. Wenn aber alle übrigen Akteure sich genauso verhalten, stehen letztendlich alle schlechter da als bei kooperativem Verhalten.

hergestellt ist."[71] Anders stellt sich die Situation bei den Stadtstaaten dar. Diese sind lediglich Zentrum größerer Ballungsgebiete, die durch Landesgrenzen zerschnitten und für die zwei Landesregierungen zuständig sind.[72] Während in Flächenstaaten auftretende Regionalkonflikte kraft Hierarchie so gelöst werden können, dass der Gesamtnutzen der Region optimiert wird, betreiben getrennte Landesregierungen jedoch primär eine Politik der Nutzenmaximierung für ihren unmittelbaren Zuständigkeitsbereich.[73]

Bei Maßnahmen eines Landes, die Auswirkungen auf das andere Land haben, lassen sich analytisch im Prinzip zwei Konfliktarten unterscheiden, nämlich Verteilungs- und Richtungskonflikte. Verteilungskonflikte ergeben sich z.B., weil bei Stadtstaaten ein extrem hohes Maß an Abhängigkeit von Entscheidungen des jeweiligen Nachbarlandes besteht und umgekehrt. Die grenzüberschreitenden Interdependenzen der Siedlungs- und Wirtschaftsstrukturen bedingen, dass Stadtstaaten auf das Umland angewiesen sind und das Umland wiederum von den zentralörtlichen Dienstleistungen profitiert.[74] Kosten und Nutzen von Maßnahmen mit länderübergreifenden Auswirkungen sind jedoch oft ungleich verteilt. Wenn Betriebe und Einwohner ins Umland abwandern, weil dort günstigere Produktions-, Arbeits- und Wohnbedingungen bestehen, bedeutet dies sinkende Steuereinnahmen für die Kernstadt. Es entsteht eine Konkurrenzsituation zwischen Stadtstaat und Umland (Speckgürtel), obwohl ein Wettbewerb innerhalb der Region lediglich Verlagerungen und kein Wachstum bringt.[75] Die Region muss sich aber im Wettbewerb mit anderen Regionen behaupten. Statt intraregionaler Konkurrenz gilt es, durch Arbeitsteilung die Potenziale der gesamten Region zu mobilisieren. „Die Notwendigkeit, sich diesem auf europäischer Ebene wie auch im weltweiten Maßstab ausgetragenen Wettbewerb mit regional vereinten (nicht kontrovers agierenden) Kräften

---

71 Sachverständigenkommission für die Neugliederung des Bundesgebietes (1973): Vorschläge zur Neugliederung des Bundesgebietes gemäß Artikel 29 GG, S. 89.

72 Periphere Regionen sind nach den Grundsätzen der Raumordnung jeweils dem Zentrum zuzuordnen, zu dem die stärksten ökonomischen Verflechtungen bestehen.

73 Vgl. Scharpf/Benz (1991), S. 11 und auch Döring et al. (1995): Wirtschaftliche Aspekte einer Vereinigung der Länder Berlin und Brandenburg, S. 23.

74 Am Beispiel des Ballungsraumes Hamburg wurde aufgezeigt, dass „für die Attraktivität der Region im europäischen Wettbewerb der Wirtschaftsstandorte ... das qualifizierte Angebot von unternehmensorientierten und kulturellen Dienstleistungen in Hamburg ebenso wichtig (ist) wie die Verfügbarkeit von Gewerbeflächen und die weitgehend intakte Umwelt in den Nachbarländern." Vgl. Scharpf (1991), S. 7.

75 Nach einer 1986 abgeschlossenen Untersuchung von Lammers/Soltwedel kamen z.B. drei Viertel der Unternehmen, die sich in Schleswig-Holstein niedergelassen hatten, aus Hamburg. Drei Viertel dieser Ansiedlungen erfolgten in den vier Umlandkreisen Hamburgs. Zitiert in: Scharpf/Benz (1991), S. 45.

zu stellen, wird von öffentlichen wie auch privaten Akteuren gleichermaßen betont."[76]

Für einen fairen Interessenausgleich müssen bei durch Ländergrenzen zerschnittenen Regionen die betroffenen Länderregierungen jeweils besondere Vereinbarungen aushandeln.[77] Untersuchungen am Beispiel der Länder Hamburg und Schleswig-Holstein zeigen, unter welchen Voraussetzungen hier optimale Ergebnisse erreicht werden können. Es handelt sich dabei um konzeptionelle Ansätze, wie sie auch auf die sich seit der Wiedervereinigung neu entwickelnde Region Berlin übertragbar sind.[78]

Während Verteilungskonflikte prinzipiell, wie im nächsten Abschnitt im Zusammenhang mit länderübergreifenden Kooperationsvorteilen gezeigt wird, auf dem Verhandlungswege geregelt werden können, sind Richtungskonflikte schwieriger zu lösen.[79] Grundsatzpositionen sind schwer verhandelbar und Kompensationen verbieten sich oft aus prinzipiellen Gründen.[80] Zum Beispiel ist ein Stadtstaat bestrebt, über Stadt-Umland-Probleme mit den angrenzenden Kommunen direkt zu verhandeln und dies auch in Form eines Zweckverbandes zu institutionalisieren. Die Entwicklung der peripheren Gebiete des anderen Landes interessiert den Stadtstaat weniger. Die davon betroffene Landesregierung kann diese Haltung jedoch nicht akzeptieren, da sie für alle Teile des Landes politisch verantwortlich ist. Die Haltung des Stadtstaates hätte nämlich letztendlich zur Konsequenz, nur noch für die peripheren Teile des Landes politisch handlungsfähig zu sein und ureigenste Kompetenzen aufzugeben. Die Landesregierung muss deshalb darauf bestehen, dass Abspra-

76 Heinz (2000a): Interkommunale Kooperation in Stadtregionen, in: Heinz (Hrsg.): Stadt und Region – Kooperation oder Koordination?, S. 43

77 Innerhalb eines Flächenlandes sind derartige Konflikte auf Grund hierarchischer Entscheidungsstrukturen und landesinterner kompensatorischer Ausgleichsmöglichkeiten prinzipiell leichter lösbar. Allerdings können trotz des durch die hierarchischen Strukturen gegebenen höheren Steuerungspotenzials auch Flächenländer interregionale Interessenkonflikte nicht einfach durch Mehrheitsentscheidungen ausräumen, aber die Einigungschance (und der Zwang zur Einigung) ist hier wesentlich größer als bei freiwilligen Verhandlungen zwischen selbständigen Bundesländern. Vgl. Scharpf/Benz (1991), S. 26.

78 Die Ergebnisse von Scharpf/Benz für die Region Hamburg sind auf die spezifische Situation der Region Berlin übertragen worden, vgl. Benz/König (Hrsg.) (1995): Der Aufbau einer Region – Planung und Verwaltung im Verdichtungsraum Berlin/Brandenburg, sowie in der Studie des DIW von Döring et al. (1995).

79 Dies gilt besonders, wenn sich die Landesregierungen auf unterschiedliche politische Mehrheiten in den jeweiligen Landesparlamenten stützen.

80 Im Zusammenhang mit dem zwischen Hamburg und Schleswig-Holstein bestehenden Energieverbund bestanden z.B. prinzipiell gegensätzliche Auffassungen über die Nutzung der Atomenergie.

chen mit den Umlandgemeinden auf Landesebene erfolgen und in der regionalen Wirtschaftspolitik die Interessen des ganzen Landes verfolgt werden.

Da, wie oben ausgeführt, derartige Interessenunterschiede charakteristisch sind für Stadtstaaten und ihr Umland, nicht jedoch für Flächenstaaten, besteht die zu präferierende Lösung trotz der damit einhergehenden Verluste an landespolitischer Eigenständigkeit in der Fusion beider Länder. Bei einer Fusion wäre es leichter möglich, die Probleme der grenzüberschreitenden Zusammenarbeit durch Mechanismen der hierarchischen Koordination und landesinterner Kompensationsmechanismen zu überwinden. Nur eine Regierung und ein Landesparlament wären zuständig, um die Interessenkonflikte zwischen Kernstadt und Umland sowie zwischen Ballungsregion und peripheren Gebieten durch eindeutige Mehrheitsentscheidungen zu regeln. Maßstab wäre ausschließlich das Gesamtinteresse des gesamten fusionierten Landes. Die Erfahrung hat jedoch gezeigt, dass Länderfusionen politisch nur schwer durchsetzbar sind.[81]

2.5.4. Kooperation als Erfolgsfaktor

Da grenzüberschreitende Zielkonflikte die optimale Allokation der Produktionsfaktoren einer Region behindern, müssen die beteiligten Länder nach Lösungen suchen, um Nutzungskonflikte zu bewältigen und Planungen abzustimmen, damit Nachteile für die regionale Entwicklung vermieden werden. So lange es nicht zu einer Länderfusion kommt, gibt es auch keine übergeordnete Instanz, die helfen könnte, grenzüberschreitende Koordinationsprobleme in der Regionalpolitik zu lösen.[82] Die Länder müssen deshalb Interessendifferenzen auf dem Verhandlungswege beilegen. Eine derartige Kooperation setzt Koordination voraus, damit unterschiedliche Akteure zur Erreichung gemeinsam vereinbarter Ziele zusammenarbeiten.[83] Das Ge-

81 Das bisher einzige erfolgreiche Beispiel einer Länderneugliederung in der Nachkriegszeit ist die Bildung des Landes Baden-Würtemberg. Eine von einer unabhängigen Regierungskommission vorgeschlagene Fusion der norddeutschen Länder Niedersachsen, Hamburg, Bremen und Schleswig-Holstein (Nordstaat) oder nur der Länder Schleswig-Holstein und Hamburg (Nordoststaat) wurde nicht realisiert. U.a. befürchteten die Stadtstaaten Hamburg und Bremen, in einem gemeinsamen Land majorisiert zu werden. Vgl. Scharpf/Benz (1991), S. 26. Auf die Fusionsbemühungen der Länder Berlin und Brandenburg wird in Kapitel 5 näher eingegangen.

82 Vom Bund als der den Ländern übergeordneten Ebene werden faktisch keinerlei Koordinationsleistungen erbracht. „Die Entscheidungsmuster der Politikverflechtung entsprechen im Wesentlichen der Interessenlage der großen Flächenländer, für die grenzüberschreitende Koordinationsprobleme kaum eine Rolle spielen, und die deshalb trotz der Mitwirkung des Bundes Wert darauf legen, so weit wie möglich Herr im eigenen Haus zu bleiben." Vgl. Scharpf/ Benz (1991), S. 69.

83 Vgl. weiterführend zu Koordination und Koordinationsbedarf, Püttner (2000): Verwaltungslehre, S. 119 ff.

genteil von Kooperation wäre Konkurrenz. Ohne Kooperation und Koordination stünden in einer Region z.B. Stadt und Umland in ständiger Konkurrenz um die Ansiedlung oder Erhaltung von Industrie und Gewerbe auf ihrem Gebiet, statt sich auf eine optimale Arbeitsteilung zu verständigen, die notwendig ist, um im Wettbewerb mit anderen vergleichbaren Wirtschaftsstandorten zu bestehen.

Kooperation ist jedoch nur dann gerechtfertigt, wenn der durch die Zusammenarbeit erzielbare Nutzen größer ist als bei Nichtkooperation, d.h. ein höheres Wohlfahrtsniveau erreicht werden kann als bei nicht koordiniertem Verhalten. Dabei ist zwischen gleichgerichteten, entgegengesetzten und ambivalenten Interessenkonstellationen zu unterscheiden.[84] Während bei gleichgerichteten Interessen Kooperation kein Problem darstellt, sind bei entgegengesetzten Interessen kooperative Lösungen mindestens für eine Seite unattraktiv. Große Relevanz für die praktische Kooperation haben deshalb ambivalente Konstellationen, die alternative Lösungen erlauben. Da die Interessenkonstellationen der beteiligten Länder meistens asymmetrisch sind, erfordern grenzüberschreitende Kooperationen meistens Lösungen, deren Vorteile und Kosten zwischen den Ländern ungleich verteilt sind. Im Sinne des Pareto-Kriteriums wäre eine Kooperation trotzdem immer dann geboten, wenn durch gemeinsame Aktionen keiner der Beteiligten gegenüber dem status quo schlechter und zumindest einer besser gestellt wird.[85] Nach dem Kaldor-Kriterium der Wohlfahrtstheorie wäre jedoch Kooperation auch dann sinnvoll, wenn der Vorteil der einen Seite den Nachteil der anderen Seite überwiegt, d.h. wenn der aggregierte Nettonutzen aller Beteiligten gegenüber dem status quo erhöht wird.

Ob das Pareto-Kriterium oder das Kaldor-Kriterium in der Kooperation zweier aufeinander angewiesener Länder zum Tragen kommt, hängt von der Einstellung der Beteiligten ab. Für derartige Interaktionsorientierungen gibt es im Prinzip drei Verhaltensweisen: eine *egozentrische*, eine *kooperative* und eine *kompetetive*.[86] In der ökonomischen Theorie wird üblicherweise die egozentrische Orientierung vorausgesetzt. Bei einer kooperativen Interaktionsorientierung wird der Nutzen des einen auch als Nutzen des anderen gewertet. Und bei einer kompetetiven Orientierung sieht die eine Seite den Nutzen des anderen als eigenen Schaden an.[87]

Theoretisch würde die Orientierung an dem utilitaristischen Kaldor-Kriterium dem Gemeinwohl am ehesten entsprechen und den höchsten Gesamtnutzen für die Regi-

---

84 Vgl. Scharpf/Benz (1991), S. 76 ff.

85 Bei einer Pareto-effizienten Ressourcenallokation kann niemand seine Lage verbessern, ohne dass sich ein anderer schlechter stellt.

86 Vgl. Scharpf/Benz (1991), S. 79.

87 Ein Sachverhalt, wie er in der Regionalpolitik eher weniger, wohl aber zwischen Regierungs- und Oppostionsparteien zu beobachten ist.

on erbringen. In der Praxis wird man im Verhältnis zwischen zwei Bundesländern mit eigenständigen Regierungen und Parlamenten primär von einer egozentrischen („landesegoistischen") Interaktionsorientierung ausgehen müssen, da die Politiker jeweils den eigenen Wählern verantwortlich sind. „Die Akteure sind normativ den Interessen des eigenen Landes verpflichtet und an der Zielerreichung der anderen Seite nicht von vornherein positiv oder negativ interessiert."[88] Dabei besteht das Grundproblem einer Kooperation von Politik über Verwaltungsgrenzen hinweg darin, dass die Notwendigkeit der Kooperation zwar anerkannt wird, die Reibungsverluste jedoch als zu groß angesehen werden und sich die Erfolge in Grenzen halten.[89] Kooperationsansätze scheitern zudem oft an der Inflexiblität politisch-administrativer Strukturen, an Widerständen politischer Mandats- und Funktionsträger, die Macht und Kompetenzverlust befürchten und nicht zuletzt an aktuellen Finanzproblemen der Gebietskörperschaften.[90]

Bei isolierter Betrachtung der Kooperationsvorhaben und bei landesegoistischer Orientierung aller Beteiligten erscheint eine Einigung auf gemeinsam akzeptierte Lösungen oft auch deshalb ausgeschlossen, weil z.B. Projekte einerseits nur durch Kooperation verwirklicht, diese aber andererseits wechselseitig blockiert werden können.[91] Bei Vorhaben, in denen entsprechend dem Kaldor-Kriterium der Vorteil der einen Seite den Nachteil der anderen Seite überwiegt, können jedoch Zugeständnisse im politischen Verhandlungsprozess gemacht werden, wenn die dem jeweiligen Land und ihren Bürgern verpflichteten Akteure an dem erwarteten Nutzen in irgendeiner Form teilhaben können oder entsprechend entschädigt werden. Da monetäre Ausgleichszahlungen zwischen gleichrangigen Gebietskörperschaften nur begrenzt möglich sind, kann dies z.B. durch Koppelgeschäfte geschehen, um so einen Interessenausgleich herbeizuführen.

Bei Koppelgeschäften werden mehrere Projekte oder Politikfelder zum Gegenstand gemeinsamer Verhandlungen gemacht. Auch bei landesegoistischer Orientierung kann dann für jede Seite der Saldo der ihr aus vielen Einzelentscheidungen zufallenden Vor- und Nachteile maximiert und ein abgestimmtes Gesamtergebnis erreicht werden, das letztendlich sogar dem durch das „Gemeinwohl-Kriterium" definierten Wohlfahrtsoptimum entsprechen kann. Greifen derartige Ausgleichsmechanismen nicht, kommt es entweder zu regionalen Alleingängen, oder es unterbleiben Vorhaben, durch die das Gemeinwohl hätte gesteigert werden können. Beide Resultate sind oft ursächlich Auswirkungen einer Zweiländerproblematik und „aus übergeord-

88 Vgl. Scharpf/Benz (1991), S. 11. Zudem kann das Eigeninteresse der jeweiligen Amtsinhaber wohlfahrtsmaximierende Kooperationsmaßnahmen verhindern.

89 Vgl. Döring et al. (1995), S. 23.

90 Heinz (2000) (Hrsg.): Stadt und Region: Kooperation oder Koordination?, S. 7

91 Vgl. Scharpf/Benz (1991), S. 90.

neter Sicht i.d.R. ungünstiger als eine Entscheidung, die von einer für den Gesamtraum zuständigen Regierung getroffen worden wäre."[92]

Damit Zugeständnisse in einem Bereich mit Gegenleistungen in anderen Feldern verrechnet werden können, ist meistens eine Zentrierung der Entscheidungsstrukturen erforderlich, verbunden mit einer Ausweitung des Kreises der Akteure.[93] Da potenzielle Elemente von Kompensationen nicht alle zur selben Zeit entscheidungsreif sind, bietet darüber hinaus eine Institutionalisierung der Kooperation den Beteiligten die Chance, auch frühere und künftige Fälle mit einzubeziehen. Die „Existenz eines „institutionellen Gedächtnisses", das den Beteiligten die Sicherheit gibt, dass ihre Konzessionen von gestern nicht morgen vergessen sein werden",[94] kann bei der gemeinsamen Suche nach konsensfähigen Lösungen helfen und damit die länderübergreifende Kooperation erleichtern.

2.5.5. Koordination und Kommunikation als Voraussetzung für Kooperation

Koordination und Kommunikation gelten als Voraussetzung für eine erfolgreiche Kooperation in der Regionalpolitik. Die Verbindungen zwischen Kooperation, Koordination und Kommunikation sind dabei vielfältig.[95] Kooperation erfolgt in der Absicht, durch gemeinsames Handeln einen höheren Gesamtnutzen zu erzielen als einzeln zu erreichen wäre. „Koordination bedeutet die Optimierung der Interdependenzen von Plänen und Handlungen verschiedener Akteure mit dem Ziel, positive externe Effekte zu mehren und negative externe Effekte zu minimieren."[96] Koordiniert werden können sowohl Zielsetzungen als auch die Tätigkeiten zur Zielerreichung. Damit es dazu überhaupt kommt, müssen die Beteiligten miteinander kom-

---

92 Vgl. Döring et al. (1995), S. 23.

93 Die Gegenstände der Koppelgeschäfte betreffen meistens unterschiedliche Ressorts und die Umsetzung der Kompromisslösungen erfordert die Einbindung weiterer Akteure. Ein gutes Beispiel für bereichsübergreifende Koppelgeschäfte und Paketverhandlungen ist eine 1984 zu Stande gekommene „Rahmenvereinbarung" der Landesregierungen Hamburgs und Schleswig-Holsteins, in der ein ganzes Bündel strittiger Fragen „zu einem Verhandlungspaket zusammengefasst und durch wechselseitiges Nachgeben bei einzelnen Punkten einvernehmlich geregelt wurde." Scharpf/Benz (1991), S. 14.

94 Scharpf/Benz (1991), S. 126.

95 Vgl. Bohnet (1997): Kooperation und Kommunikation; Fiehler (1980): Kommunikation und Kooperation; Baestlein/Konukiewitz (1980): Implementation der Raumordnungspolitik: Die Schwierigkeiten der Koordination, in: Mayntz (Hrsg.): Implementation politischer Programme.

96 Vgl. Scherer (1997): Regionale Entwicklungspolitik – Konzeption einer dezentralen und integrierten Regionalpolitik, S. 8 und in Bezug auf die Notwendigkeit der Koordinierung in einem mehrstufigen System als grundsätzliches Problem, vgl. Müller (1990): Wirtschaftliche Grundprobleme der Raumordnungspolitik, S. 133 ff.

munizieren. „Eine Kooperation kann also ohne Kommunikation weder *zustande kommen* noch *gelingen*.“[97] Notwendig ist insbesondere die verbale Kommunikation, da bei einer Kooperation stets mehrere beteiligte Akteure die gemeinsamen Ziele festlegen und die zur Zielerreichung notwendigen Handlungen untereinander abstimmen müssen. Kommt es zu keiner wirklichen Verständigung, treten in der Regel Koordinationsdefizite auf.[98] Ein konzertiertes Verhalten unterbleibt oft deshalb, weil die beteiligten Akteure entweder nicht miteinander gesprochen haben, deshalb das Ziel nicht kennen und/oder Unklarheiten über die Schritte zur Zielerreichung bestehen oder wenn die Kosten der Abstimmung den erwarteten Nutzen übersteigen.[99] Nicht immer sind Unklarheiten in Bezug auf das Ziel oder die Zielerreichung nur auf mangelnde Kommunikation der Beteiligten zurückzuführen, sondern darüber hinaus auch auf missverständliche, „schwammige“ oder vage Äußerungen. Auch Scheinkompromisse, auf die sich die Kooperationspartner bei strittigen Themen letztendlich verständigt haben, sind oft Ursache für das spätere Scheitern einer vereinbarten Kooperation.

Wie zuvor ausgeführt, kann Kooperation ohne Kommunikation nicht gelingen. Eine Verständigung fällt in der Regel leichter, wenn zwischen den beteiligten Akteuren auf fachlicher Ebene regelmäßige Austauschbeziehungen bestehen und eine professionelle Vertrauensbasis hergestellt wurde. Der Austausch von Informationen zwischen den Akteuren sollte dabei kontinuierlich und in Form eines Gegenstromprinzips erfolgen. Wegen der Vielzahl der an der Regionalpolitik beteiligten Akteure besteht Kooperations- und damit Kommunikationsbedarf sowohl in Bezug auf die vertikale als auch horizontale Politikverflechtung.

In vertikaler Hinsicht müssen in der Regionalpolitik z. B. Informationen sowohl von oben nach unten als auch in umgekehrter Richtung fließen.[100] Informationen von oben nach unten betreffen z.B. die Bedingungen der Förderung, die Höhe der zu erwartenden Fördermittel und auch Aussagen zur Kofinanzierung. In umgekehrter Richtung müssen regelmäßig Berichte über die konkreten Umsetzungsmaßnahmen erstellt werden. Diese Rückkopplung wird benötigt, damit die Programmverant-

---

97 Vgl. Fiehler (1980), S. 118. Hervorhebung im Original.

98 Öfter als von Koordination wird von fehlender Koordination gesprochen, da Koordinationsmängel in Form fehlender Abstimmung, Planungsdefiziten, Ressourcenvergeudung und Einbußen an Effektivität eher auffallen als „positive“ Effekte einer Koordination. Vgl. auch zur zwingenden Notwendigkeit einer generellen Koordinierung und der Kritik bzw. der mangelnden Koordination, Heine (1991): Erfahrungen mit der Regionalförderung in Deutschland, in: Fraktion Bündnis '90/GRÜNE (AL)/UFV, AH-Berlin (Hrsg.): Strukturpolitik für die Region Berlin-Brandenburg, S. 36.

99 Baestlein/Konukiewitz (1980), S. 37.

100 Baestlein/Konukiewitz (1980), S. 45 ff. und Müller (1990), S. 133.

wortlichen nicht im Dunkeln tappen, sondern Probleme, Engpässe und Verzögerungen erkennen und analysieren können. Als wichtigste Vermittlungsaufgabe müssen die vorhandenen Förderprogramme mit der vorhandenen Nachfrage abgestimmt werden. Zum einen gilt es, das bewilligte Geld auf die Förderanträge aufzuteilen. Übersteigt das Antragsvolumen das vorhandene Mittelvolumen, muss geregelt sein, in welchem Umfang welche Anträge zum Zuge kommen.[101] Umgekehrt muss für den Fall, dass nicht genügend Anträge da sind, um das zur Verfügung stehende Geld auszugeben, Öffentlichkeitsarbeit geleistet werden, damit potentizielle Antragsteller über die Fördermöglichkeiten informiert und zur Antragstellung motiviert werden. Evtl. müssen auch Mittelumschichtungen beantragt und vorgenommen werden.

Im Zusammenhang mit der horizontalen Politikverflechtung bei einer länderübergreifenden Kooperation ist unvermeidlich, dass bei Richtungskonflikten wegen der gegensätzlichen Interessen politisch entschieden werden muss. Die jeweilige Machtkonstellation entscheidet dann darüber, ob eine Maßnahme durchsetzbar ist oder nicht. Anders ist die Situation bei Verteilungskonflikten. Hier besteht hinsichtlich des Ziels im Grundsatz Konsens, da die mit der Kooperation verbundenen Vorteile von den Beteiligten als größer angesehen werden als die Nachteile isolierten Handelns. Es bedarf allerdings einer Verständigung über den Nutzenausgleich.

Wichtig ist dabei, dass Informations- und Austauschbeziehungen formalisiert und institutionalisiert sind und ein Mindestmaß an Verbindlichkeit der Absprachen besteht, damit Verhandlungspakete nicht anschließend, z.B. auf parlamentarischer Ebene oder von den für die Umsetzung bzw. Implementation der Maßnahmen zuständigen nachgeordneten Verwaltungen oder Kommunen, wieder aufgeschnürt werden.[102] Eine Institutionalisierung erlaubt den Beteiligten, kontinuierlich gemeinsam Vor- und Nachteile länderübergreifender Projekte zu erörtern und projektübergreifende Lösungen in Form von Paketlösungen auszuhandeln.

Hilfreich ist neben der Institutionalisierung der Kooperation auch die Verständigung auf ein Leitbild. Vereinbarte Leitbilder dienen der Identifikation mit den Zielen der Kooperation (Orientierungsfunktion) und erleichtern die Akzeptanz der erzielten Kompromisse (Motivierungsfunktion).[103] Gleichzeitig bieten sie einen Rahmen, ar-

---

101 Anteilig, Windhundverfahren, Pauschalisierung, Bedarfsmaximierung, Mittelaufstockung usw.

102 Scharpf/Benz (1991), S. 91. ff.

103 Kahlenborn (1995): Berlin - Zukunft aus eigener Kraft, GKB-forum, S. 16 ff. Zu den Aufgaben und der Bedeutung von Leitbildern für das wirtschaftspolitische Handeln und die Landespolitik, speziell auch für Brandenburg unter Berücksichtigung Berlins, vgl. auch Brenke et al. (1997): Entwicklungsstrategien für die Region: das DIW-Konzept für Brandenburg, S. 11 und 109 ff.

beitsteiliges Handeln aufeinander abzustimmen (Koordinierungsfunktion). Und schließlich können sie sogar helfen, die Nachteile einer Zweiländerzuständigkeit zu überwinden, indem eine Art „als-ob"-Haltung praktiziert wird, d.h. so gehandelt wird, als ob ein gemeinsames Land existiert und das Gemeinwohl oberstes Ziel wäre.[104]

Viele der angesprochenen Kooperations- und Kommunikationsprobleme sind in der Region Berlin erst seit dem Fall der Mauer relevant geworden. In den 40 Jahren zuvor konnte die Region weder organisch wachsen noch einheitlich gestaltet werden. Dieser Sachverhalt ist Ursache vieler Probleme in der Region. Die noch nicht festgelegten organisatorischen Strukturen und die unmittelbar nach der Wiedervereinigung noch bestehenden offenen Gestaltungsmöglichkeiten wurden aber auch als große Chance für die Entwicklung der Region gesehen.[105] Die damit verbundenen Aspekte sind Gegenstand der Ausführungen in Kapitel 5 und 6.

2.6. Zusammenfassung

In diesem Kapitel über „Regionalpolitik als Teil der Wirtschafts- und Strukturpolitik" wurden – als Basis für die spätere Einordnung und Beurteilung der europäischen Förderpolitik in der Region Berlin – die theoretischen Grundlagen regionaler Wirtschaftspolitik dargestellt. Die Existenzberechtigung regionaler Wirtschaftspolitik in einer Marktwirtschaft wird sowohl in der Europäischen Gemeinschaft als auch in der Bundesrepublik bejaht. Konsens besteht insbesondere darin, dass es strukturschwachen Regionen aus eigener Kraft nicht möglich ist, den bestehenden Rückstand aufzuholen. Allerdings werden je nach zu Grunde gelegtem Theorieansatz die eingesetzten Instrumente und deren Wirksamkeit kontrovers diskutiert.

Die problemadäquate Abgrenzung von förderbedürftigen bzw. förderwürdigen Regionen ist eine zentrale Aufgabe der Regionalpolitik. Sie ist Voraussetzung, um mit Hilfe finanzieller Anreize Investitionen aus Wachstumsräumen in strukturschwache Gebiete umzulenken und durch Mobilisierung des dortigen endogenen Wachstumspotenzials bestehende Defizite abzubauen. Ob dabei dem Wachstums- oder dem Ausgleichsziel Priorität zukommt, entscheidet sich nicht primär nach wissenschaftlichen Methoden, sondern nach normativen Vorgaben der Politik. Der politische Handlungsrahmen ergibt sich aus der Diskrepanz zwischen politischen Zielvorstellungen und der realen wirtschaftlichen Situation einer Region. Dabei hat sich die Regionalpolitik generell nach den übergeordneten Zielen und Grundsätzen der Raumordnungspolitik auszurichten.

---

104 Scharpf/Benz (1991), S. 78.

105 Vgl. Benz/König (Hrsg.) (1995).

Im Rahmen des föderalen Aufbaus der Bundesrepublik und ihrer Integration in die Europäische Gemeinschaft sind für die Gestaltung der regionalen Wirtschaftspolitik nationale, supranationale, subnationale und lokale Institutionen gemeinsam zuständig. Kooperation, Koordination und Kommunikation sind deshalb von zentraler Bedeutung. Die europäische Regionalpolitik muss deshalb in diesen Kontext eingeordnet werden. Um zu verstehen, wie sich dies für die Region Berlin auswirkt, sollen im folgenden Kapitel zunächst die konkreten Ausprägungen der nationalen und europäischen Regionalpolitik in Deutschland erklärt sowie die vertikalen und horizontalen Politikverflechtungen mit den damit verbundenen vielfältigen Ziel- und Interessenkonflikten der beteiligten Akteure aufgezeigt werden.

3. Regionalpolitik in der Bundesrepublik Deutschland

Nachdem im vorigen Kapitel die Grundlagen der regionalen Wirtschaftspolitik und die Rahmenbedingungen für die verschiedenen Akteure auf den unterschiedlichen politischen Ebenen behandelt wurden, werden in diesem Kapitel die konkreten Ausprägungen nationaler und europäischer Regionalpolitik für den Untersuchungszeitraum 1989-1999 dargestellt. Dazu gehört vorrangig die Vorstellung der Hauptinstrumente: Auf nationaler Ebene die Gemeinschaftsaufgabe „Verbesserung der regionalen Wirtschaftsstruktur“ (GRW) und auf europäischer Ebene die europäischen Strukturfonds, speziell der Europäische Fonds für regionale Entwicklung (EFRE). Des weiteren wird auf Probleme eingegangen, die beim Zusammenwirken nationaler und europäischer Politikansätze im Politikfeld der regionalen Wirtschaftsförderung bestehen.

3.1. Nationale Regionalpolitik

3.1.1. Ziele und Entwicklung der nationalen Regionalpolitik

Regionalpolitik ist in der Bundesrepublik Deutschland Teil der allgemeinen Wirtschaftspolitik.[1] Ihr primäres Ziel ist es, strukturschwachen Regionen durch Ausgleich ihrer Standortnachteile den Anschluss an die allgemeine Wirtschaftsentwicklung zu ermöglichen. Im Sinne des Wohlfahrts- und Gleichheitsziels sind regionale Entwicklungsunterschiede abzubauen, die Standortfaktoren zu verbessern und damit die Erhöhung der wirtschaftlichen Leistungsfähigkeit – sowohl in den betroffenen Regionen als auch national (gesamtwirtschaftlich) – zu erreichen.[2]

Anfang der 50er Jahre wurde in der Bundesrepublik Deutschland erstmals von „regionaler Wirtschaftspolitik“ gesprochen.[3] Anlass zu gezielten regionalen Wirtschaftsförderungsmaßnahmen gaben damals die durch Kriegsfolgen „sozial und wirtschaftlich schwierigen Verhältnisse in Teilräumen“ der Bundesrepublik, „von denen angenommen werden musste, dass sie aus eigener Kraft die Notstandssituationen nicht überwinden können.“[4] Der Stellenwert, der den Zielen der Regionalpo-

---

1 In Deutschland sind die Wirtschaftsministerien des Bundes und der Länder für die regionale Wirtschaftspolitik zuständig.

2 Zur Gewichtung von Ausgleichs-, Stabilitäts- und Wachstumsausrichtung der regionalen Wirtschaftspolitik vgl. Nägele (1996), S. 55 ff.

3 Vgl. zur Geschichte und Entwicklung der regionalen Wirtschaftspolitik ausführlich Nägele (1996), S. 51 ff., speziell unter dem Aspekt der Politikverflechtungen, S. 135.

4 Vgl. Müller (1973), S. 1.

litik in der Bundesrepublik beigemessen wird, zeigt sich daran, dass die „Herstellung gleichwertiger Lebensverhältnisse im Bundesgebiet“ im Grundgesetz verankert wurde.[5]

Entsprechend dem föderalen Aufbau der Bundesrepublik Deutschland sind Bund, Länder und Gemeinden gleichermaßen verpflichtet, dieses Ziel zu erreichen. Der Realisierung dient insbesondere der Finanzausgleich im Bund-Länder-Verhältnis einerseits und zwischen den Ländern andererseits. Er regelt die Verteilung der Aufgaben sowie der zu ihrer Finanzierung erforderlichen Einnahmen zwischen den einzelnen Gebietskörperschaften.[6]

Nach dem Lastenverteilungsgrundsatz[7] finanzieren Bund und Länder grundsätzlich die Ausgaben, die sich aus der Wahrnehmung ihrer Aufgaben ergeben. Unabhängig von der grundsätzlichen Trennung zwischen Bundes- und Landesverwaltung gibt es bestimmte Aufgaben, die vom Bund und den Ländern gemeinsam wahrgenommen werden, weil sie auf nationaler Ebene bedeutsam sind und eine Mitwirkung des

---

5 Art. 72 Abs. 2 GG, darüber hinaus ist die Herstellung gleichwertiger Lebensverhältnisse im ROG § 1 Abs. 1 verankert, vgl. BGBl. (1993), S. 630. 1994 wurde in der Neufassung des Art. 72 Abs. 2 GG die Formulierung „gleichwertige Lebensverhältnisse“ in „gleichwertige Lebensbedingungen“ abgeschwächt.

6 Unterschieden wird zwischen dem vertikalen und horizontalen Finanzausgleich. Ersterer teilt Aufgaben, Ausgaben und Einnahmen zwischen Gebietskörperschaften unterschiedlicher Ebenen auf, also zwischen Bund, Ländern und Gemeinden. Letzterer dient dem Ausgleich von Unterschieden in der Finanzkraft und dem Finanzbedarf zwischen Gebietskörperschaften derselben Ebene. In der Praxis werden vertikaler und horizontaler Finanzausgleich kombiniert (z.B. bei den Gemeinschaftssteuern), so dass es zu einem vertikalen Finanzausgleich mit horizontaler Wirkung kommt. Unterschieden wird auch zwischen aktivem und passivem Finanzausgleich. Bei letzterem geht es primär um die Frage, welche Aufgaben von welcher Ebene übernommen und finanziert werden, also um die Zentralisierung bzw. Dezentralisierung der Staatstätigkeiten (vgl. auch die Ausführungen zum Subsidiaritätsprinzip und zum Popitzschen Gesetz im vorigen Kapitel). Im Rahmen des aktiven Finanzausgleichs wird die Verteilung der Steuerquellen auf die verschiedenen Ebenen geregelt. Als Kriterium für die horizontale Steuerverteilung gilt das Prinzip des örtlichen Aufkommens. Hierdurch kommt es allerdings zu einer Begünstigung besonders wirtschaftsstarker Regionen. Durch horizontale Finanzzuweisungen (bzw. von vertikalen Finanzzuweisungen mit horizontaler Wirkung) sollen Unterschiede von Finanzbedarf und Finanzkraft zwischen den Gebietskörperschaften der gleichen Ebene ausgeglichen werden (z.B. durch Berücksichtigung von Einwohnerzahlen oder Anwendung von Zerlegungsformeln). So gibt es für Stadtstaaten eine begünstigende Einwohnerwertung von 135 %.

7 Art. 104a Abs. 1 GG.

Bundes zur Verbesserung der Lebensverhältnisse erforderlich ist.[8] Dazu gehört die Gemeinschaftsaufgabe „Verbesserung der regionalen Wirtschaftsstruktur" (GRW), auf die nachfolgend näher eingegangen wird.[9]

Mit der Wiedervereinigung hatten auch die neuen Bundesländer den Anspruch erworben, in den Finanzausgleich einbezogen zu werden.[10] Allerdings wurden hier zunächst Übergangsregeln vereinbart.[11] Da diese Übergangsregeln die Basis für die Finanzhilfen an die neuen Länder und damit auch für die Untersuchungsregion Berlin zu Beginn der hier interessierenden Untersuchungsperiode bildeten, wird auf sie im Zusammenhang mit dem Fonds „Deutsche Einheit" und dem Gemeinschaftswerk „Aufschwung Ost" in Kapitel 4 näher eingegangen. Die Region Berlin und die Sonderrolle, die Berlin beim Länderfinanzausgleich eingenommen hat, wird dann in Kapitel 5 behandelt.

3.1.2. Instrumente der nationalen Regionalpolitik

Regionalpolitik in Deutschland ist in erster Linie eine Aufgabe der Länder und Gemeinden.[12] Der Bund setzt die Rahmenbedingungen und bietet, wenn nötig, flankierende Unterstützung. Hierbei wird unterstellt, dass regionale Strukturprobleme, die von den Ländern und ihren Regionen nicht aus eigener Kraft bewältigt werden können, auch gesamtwirtschaftliche Ziele beeinflussen und somit den Einsatz des Bundes rechtfertigen.[13] Dabei wird davon ausgegangen, dass die Hilfen des Bundes

8 Art. 91a GG.

9 Weitere Gemeinschaftsaufgaben betreffen den Aus- und Neubau von Hochschulen einschließlich der Hochschulkliniken und die Verbesserung der Agrarstruktur und des Küstenschutzes.

10 Art. 7 Einigungsvertrag, vgl. BGBl. (1990a): Vertrag zwischen der Bundesrepublik Deutschland und der Deutschen Demokratischen Republik über die Herstellung der Einheit Deutschlands (Einigungsvertrag) vom 31.8.1990, in: BGBl II 1990, S. 889.

11 Die Einbeziehung in den Länderfinanzausgleich erfolgte 1994.

12 Artikel 30 GG regelt die Kompetenzverteilung von Bund und Ländern; Art. 28 Abs. 2 GG bestimmt die der Gemeinden.

13 Artikel 91a GG ist die Grundlage für die Gemeinschaftsaufgabe „Verbesserung der regionalen Wirtschaftsstruktur", durch die sich der Bund an der regionalen Wirtschaftsförderung der Länder beteiligt. Artikel 104a Abs. 4 GG ermöglicht dem Bund, Unterschiede in der regionalen Wirtschaftskraft durch Mittelzuweisungen an die Länder auszugleichen. Dabei wird zwischen allgemeinen und zweckgebundenen Finanzzuweisungen unterschieden. Erstere werden als sog. Schlüsselzuweisungen dem Empfänger zur freien Verfügung überlassen, letztere sind an bestimmte Voraussetzungen gebunden und in bestimmten Fällen auch an eine finanzielle Eigenbeteiligung des Empfängers geknüpft.

subsidiär sind und Länder, Regionen und Gemeinden vorrangig bemüht sein müssen, ihre regionalen Strukturprobleme aus eigener Kraft zu lösen.[14]

Mit der Einführung der Gemeinschaftsaufgabe von Bund und Ländern „Verbesserung der regionalen Wirtschaftsstruktur" erfolgte 1969 eine Neuordnung der regionalen Wirtschaftsförderung in der Bundesrepublik, die noch heute die Regionalpolitik in Deutschland bestimmt.[15] Ihr ging die Erkenntnis voraus, dass regionalpolitische Aufgaben „nur dann befriedigend gelöst werden können, wenn sie von Bund und Ländern gemeinsam geplant und finanziert werden"[16]. Darüber hinaus beinhaltete die Neuorientierung noch zwei weitere wesentliche Aspekte: Zum einen sollte sich die Förderung auf regionale Schwerpunkte konzentrieren, da „eine effektive breitgestreute Förderung bei der Begrenztheit der Mittel nicht möglich ist"[17]. Zum anderen sollte durch die Aufstellung mehrjähriger Finanzpläne eine stärkere Kontinuität in der Förderung gesichert werden. In der Bundesrepublik ist deshalb die Regionalpolitik mittel- und langfristig orientiert.

Die Gemeinschaftsaufgabe bietet den strukturschwachen Gebieten ein breites Angebot an Fördermöglichkeiten. Mit ihrer Hilfe soll die Verteilung ökonomischer Aktivitäten in der Bundesrepublik Deutschland beeinflusst werden. Darüber hinaus wird der GRW eine Koordinierungsfunktion gegenüber anderen raumwirksamen Politikbereichen zugewiesen.[18] Gleichzeitig bildet sie die Nahtstelle zur europäischen Regionalpolitik. Die Kompetenzverteilung der Gemeinschaftsaufgabe ist wie folgt: Bund und Länder sind für die Planung und Finanzierung gemeinsam verantwortlich, die Durchführung einschließlich der Mittelvergabe ist hingegen allein Sache der Länder. Finanziert wird die nationale GRW je zur Hälfte von Bund und Ländern.

---

14 Eckey (1996): Verbesserung der regionalen Wirtschaftsstruktur: Gesetz über die Gemeinschaftsaufgabe vom 6.10.1969, in: Eberstein/Karl (Hrsg.): Handbuch der regionalen Wirtschaftsförderung, A V Rz 7.

15 Durch das Finanzreformgesetz vom 12.5.1969 wurde das Institut der „Gemeinschaftsaufgabe" mit dem neu eingefügten Art. 91 a II 1 GG geschaffen, vgl. BGBl. (1969a): BGBl. I 1969, S. 359. Das Gesetz der GRW vom 6.10.1969 trat am 1.1.1970 in Kraft (vgl. BGBl. (1969), S. 1861). Vgl. Schümann (1993), S. 109; Scharff (1993), S. 38.

16 BT (1992): 21. Rahmenplan der Gemeinschaftsaufgabe „Verbesserung der regionalen Wirtschaftsstruktur" für den Zeitraum 1992-1996 (1996), in: BT-Drs. 12/2599, S. 7. Vgl. auch Müller (1973), S. 13 und im Hinblick auf die Entwicklung in den einzelnen Rahmenplänen, Toepel (1997), S. 98 ff.

17 Weg vom „Gießkannenprinzip", vgl. Müller (1973), S. 9 f. und S. 16.

18 Vgl. § 2 Abs. 1 u. 2 GRWG, in: BGBl. (1969), S. 1861. Viele politische Entscheidungen auch außerhalb der Regionalpolitik haben raumwirksame Auswirkungen. Zu den Erfahrungen und der Leistbarkeit dieser Koordinierungsaufgabe, vgl. Zarth (1997): Regionale Wirtschaftsförderung in Ostdeutschland, in: RuR 3/1997, S. 205 f.

Seit ihrer Einführung hat die Gemeinschaftsaufgabe stetige Anpassungen an die wirtschaftlichen Gegebenheiten erfahren.[19] Die Förderung erfolgt nach festgelegten Förderbestimmungen und in abgegrenzten Fördergebieten, die in einem jährlich fortgeschriebenen Rahmenplan festgelegt werden. Rahmenpläne beschreiben die Hauptziele der Regionalpolitik und enthalten Ausführungen zur Konzeption der Gemeinschaftsaufgabe und der einzusetzenden Maßnahmen. Diese nationalen Rahmenpläne werden von Bund und Ländern gemeinsam aufgestellt.[20] Sie unterliegen der Beihilfenkontrolle der EU-Kommission und müssen deshalb von ihr genehmigt werden.[21] Darüber hinaus sind die Rahmenpläne auch rahmensetzend für den Einsatz weiterer Regionalfördermittel aus anderen Quellen. Dazu gehören Länderprogramme[22], Kreditprogramme (z.B. ERP) und steuerliche Instrumente (z.B. Investitionszulagen und Sonderabschreibungen), mit denen die regionale Wirtschaft gefördert wird.

3.1.3. Förderziele und -maßnahmen der GRW

Im Rahmen der Gemeinschaftsaufgabe werden Gebiete gefördert,

1. „deren Wirtschaftskraft erheblich unter dem Bundesdurchschnitt liegt oder erheblich darunter abzusinken droht oder

2. in denen Wirtschaftszweige vorherrschen, die vom Strukturwandel in entscheidender Weise betroffen oder bedroht sind, dass negative Rückwirkungen auf das Gebiet in erheblichem Umfang eingetreten oder absehbar sind."[23]

Bei den unter 1. genannten Regionen handelt es sich in der Regel um ländliche, periphere Räume, während die unter 2. genannten ungünstigen sektoralen Strukturen hauptsächlich in alten Industriegebieten anzutreffen sind.

---

19 Zu den Veränderungen der GRW insbesondere nach der Wiedervereinigung vgl. 20. und 24. Rahmenplan, sowie Toepel (1997), S. 113 und Nägele (1996), S. 291.

20 Dem Planungsausschuss als rahmenplanaufstellende Instanz kommt deshalb auf Grund seiner Aufgaben eine zentrale Stellung bei der regionalen Wirtschaftspolitik zu.

21 Zu den möglichen Schwierigkeiten, die sich durch die Genehmigungspflicht ergeben, vgl. Abschnitt 3.3.4.

22 Zur Regionalpolitik in den Bundesländern, über ihre Kompetenzen, ihr Volumen, ihre Kofinanzierung und ihr Zusammenspiel mit der Gemeinschaftsaufgabe und dem EFRE, vgl. Nägele (1996), S. 127 und Rolfes (1991), S. 14.

23 § 1 Abs. 2 GRWG, in: BGBl. (1969), S. 1861.

Im Rahmen der GRW sollen mit staatlicher Unterstützung zusätzliche Unternehmensinvestitionen induziert und Arbeitsplätze geschaffen werden.[24] Die GRW „trägt mit ihrem Förderangebot dazu bei, interregionale Unterschiede bei der Einkommenserzielung und der Ausstattung mit Arbeitsplätzen abzubauen. Sie leistet damit einen Beitrag zur Herstellung gleichwertiger Lebensverhältnisse im Bundesgebiet.“[25]. Gefördert wird die gewerbliche Wirtschaft durch Investitionszuschüsse bei Errichtung, Ausbau, Umstellung oder grundlegender Rationalisierung von Gewerbebetrieben, wobei sich die Höhe der Förderung nach dem Standort und der strukturpolitischen Bedeutung der Vorhaben richtet. „Dabei konzentriert ... sich (die GRW) auf exportorientierte Betriebe, denn diese sind aus regionalökonomischer Sicht eine wichtige Voraussetzung für eine selbsttragende Entwicklung.“[26] Zum anderen besteht eine indirekte Förderung von Unternehmen, indem strukturschwache Regionen über eine Verbesserung der wirtschaftsnahen Infrastruktur für Investitionen attraktiver gemacht werden. In diesem Zusammenhang wird der Ausbau der Infrastruktur gefördert, soweit sie für die Entwicklung der gewerblichen Wirtschaft erforderlich ist.[27] Auf das Förderspektrum der Gemeinschaftsaufgabe wird im Zusammenhang mit dem EFRE-Förderspektrum und der nötigen Kofinanzierung detaillierter eingegangen.

3.1.4. Nationale Fördergebietsabgrenzung

Grundlage für den Einsatz der Gemeinschaftsaufgabe „Verbesserung der regionalen Wirtschaftsstruktur“ ist die Auswahl von Fördergebieten.[28] Auf die generelle Abgrenzungsproblematik und ihre politische Dimension wurde schon im vorherigen Kapitel hingewiesen. Auf die Passfähigkeit der regionalen Abgrenzung von nationalen und europäischen Förderregionen wird am Schluss dieses Kapitels näher eingegangen.

In Deutschland erfolgt die systematische Aufteilung des Gebietes der Bundesrepublik zum Zwecke der regionalen Wirtschaftsförderung durch die Abgrenzung von

---

24 Die Maßnahmen setzen auf der Angebotsseite der Wirtschaft an. Dabei ist die „regionale Wirtschaftspolitik ... in starkem Maße Kapitalmobilitätspolitik“, vgl. Tennagels (1980), S. 15.

25 Vgl. BT (1997): 26. Rahmenplan der Gemeinschaftsaufgabe „Verbesserung der regionalen Wirtschaftsstruktur“ für den Zeitraum 1997-2000 (2001), in: BT-Drs. 13/7205, S. 6.

26 Vgl. Zarth (1997), S. 199. Grundlage ist die Exportbasistheorie, die auf das Konzept des Exportmultiplikators abstellt. Vgl. Lauschmann (1976), S. 108 f. und SVR JG (1990), Z. 505 ff.

27 Vgl. dazu Eckey (1996), A V Rz 14. Außerdem Biehl/Ungar (1991), S. 237 ff.

28 Vgl. Klemmer (1983), speziell für die methodischen Grundlagen S. 11.

Arbeitsmarktregionen[29] und nicht primär im Rückgriff auf bestehende Verwaltungseinheiten[30]. „Nach dieser Abgrenzung zählt zum regionalen Arbeitsmarkt Berlin die Stadt selbst sowie die angrenzenden Kreise (ohne Oder-Spree) und die Stadt Brandenburg.“[31] Regionale Arbeitsmärkte erlauben eher als Verwaltungseinheiten eine zuverlässige Diagnose und Prognose des regionalen Entwicklungsstandes und die Berücksichtigung räumlicher Ausstrahlungseffekte regionalpolitischer Maßnahmen. Arbeitsmarktregionen werden über eine Erreichbarkeits- bzw. Verflechtungsanalyse definiert.[32] Als Zusammenfassung von Arbeitsmarktzentren mit ihrem jeweiligen Umland erlauben sie, unter Berücksichtigung von Pendlerverflechtungen[33] Arbeitskraftreserven zu berechnen, Arbeitslosigkeit im gesamten Verflechtungsraum und ihre Ursachen zu analysieren und Kennziffern zu Produktion, Produktivität und gesamtwirtschaftlicher Leistung (Bruttoinlandsprodukt) zu ermitteln. Seit 1997 ist das Gebiet der Bundesrepublik in 271 Arbeitsmarktregionen aufgeteilt.[34]

Die Auswahl, welche dieser Regionen Fördergebiete darstellen, erfolgt bundesweit nach einheitlichen Regeln[35], wobei die Indikatoren an die wirtschaftliche Prosperität

---

29 Vgl. Klemmer (1983), S. 21 f. Des Weiteren zur Abgrenzung: Tennagels (1980), S. 95 ff. Zur Abgrenzung der Arbeitsmarktregionen für die neuen Länder nach der Wiedervereinigung, vgl. BfLR (1991) und Eckey (1991), S. 50.

30 I.w.S. lassen sich auch Arbeitsmarktregionen gemeinde- bzw. kreisscharf abgrenzen und zwar als Zusammenfassungen von Verwaltungseinheiten. Die Abgrenzung der Arbeitsmarktregionen erfolgt i.d.R. kreisscharf. Eine Ausnahme ist die Arbeitsmarktregion Berlin, die gemeindescharf abgegrenzt wird.

31 Vgl. Eickelpasch/Pfeiffer (1998): Die wirtschaftliche Bedeutung Berlins für den Verflechtungsraum Berlin-Brandenburg, DIW Beiträge zur Strukturforschung Heft 178, S. 59.

32 Zur detaillierten Methode von Verflechtungs- und Erreichbarkeitsanalysen, vgl. auch Eckey/Horn/Klemmer (1990) und Eckey (1991), S. 50 ff.

33 „Pendlerströme zwischen verschiedenen Räumen sind ein weiterer Indikator für die wirtschaftliche Verflechtung von Regionen und werden daher auch als ein Baustein für die Abgrenzung funktionaler Arbeitsmärkte verwendet.“ Vgl. Eickelpasch/Pfeiffer (1998), S. 59. Die Arbeitsmarktregionenabgrenzung der alten Länder erfolgte auch nach der zumutbaren Pendelzeit von 45 Minuten pro Wegstrecke, was für den Verflechtungsraum Berlin auf Grund der Größe der Region kaum ein geeignetes Abgrenzungskriterium sein kann. Zur detaillierten Methode von Verflechtungs- und Erreichbarkeitsanalysen, vgl. auch Eckey/Horn/Klemmer (1990) und Eckey (1991), S. 50 ff.

34 Vgl. Benterbusch (1996): Gemeinschaftsaufgabe „Verbesserung der regionalen Wirtschaftsstruktur“ – Neuabgrenzung der Fördergebiete in Westdeutschland und Ausgestaltung der Förderung in Ostdeutschland für die Jahre 1997-1999, in: Informationen zur Raumentwicklung Heft 6/1996, S. 517 ff. und zur Neuabgrenzung der Arbeitsmarktregionen 1999 vgl. Hassold/Jung (2000): Die Neuabgrenzung der Fördergebiete der Gemeinschaftsaufgabe „Verbesserung der regionalen Wirtschaftsstruktur“, in: Informationen zur Raumentwicklung Heft 2/2000, S. 60 ff.

35 Vgl. die jeweiligen Rahmenpläne der GRW. Die Auswahl obliegt dem Planungsausschuss. Alle drei Jahre wird das abgegrenzte Fördergebiet auf seinen Zuschnitt überprüft.

der Regionen anknüpfen. „Zur Beurteilung wirtschaftlicher Förderbedürftigkeit werden ... Regionalindikatoren verwendet, mit denen Beschäftigungsprobleme und Arbeitsplatzentwicklung, Einkommenssituation sowie Infrastrukturausstattung in Arbeitsmarktregionen gemessen werden können. Auf dieser Grundlage werden die räumlichen Prioritäten für die regionale Wirtschaftsförderung festgelegt."[36] Abgrenzungskriterien für die Fördergebiete waren 1990[37] im gewichteten Maßstab:

- die regionale Bruttowertschöpfung zu Faktorkosten pro Kopf der Wohnbevölkerung 1982 (als wirtschaftliche Erfolgsgröße) zu 22,5 %,

- die regionale Bruttolohn- und -gehaltssume 1982 je abhängig Beschäftigten zu 22,5 %,

- die regionale durchschnittliche Arbeitslosenquote 1981-1985 zu 45 % (als quantitative und qualitative Arbeitsplatzausstattung) sowie

- ein komplexer Infrastrukturindikator[38] zu 10 %.

In den einzelnen Fördergebieten wurden wiederum Schwerpunktorte[39] gebildet, um einer undifferenzierten bzw. flächendeckenden Vergabe von knappen Fördermitteln (Ablehnung des sog. Gießkannenprinzips) entgegenzuwirken. „Erwünscht ist die räumlich konzentrierte Vergabe der Mittel der Gemeinschaftsaufgabe auf förderungsbedürftige Gebiete und innerhalb dieser Gebiete auf förderungswürdige Schwerpunkte. Zum anderen werden von der räumlichen Schwerpunktbildung, im

---

36 Vgl. Bundesministerium für Raumordnung und Städtebau (1993): Raumordnungsbericht 1993, S. 105. „Die Bestimmung einer Region als Teil des Fördergebietes erfolgt ... im Wesentlichen durch einen Gesamtindikator, der die jeweilige Förderbedürftigkeit der einzelnen Regionen widerspiegelt bzw. widerspiegeln soll." Vgl. Scharff (1993), S. 41 f. und auch Crome/Schwengler (2000), S. 71 ff.

37 Vgl. BT (1990): 19. Rahmenplan zur Gemeinschaftsaufgabe „Verbesserung der regionalen Wirtschaftsstruktur" für den Zeitraum 1990-1993 (1994), in: BT-Drs. 11/7501, S. 14.

38 Zur Bedeutung von Infrastruktur als Voraussetzung für die regionale Entwicklung, vgl. Zarth (1996): Die Bedeutung des Infrastrukturindikators für die Abgrenzung von Fördergebieten der regionalen Strukturpolitik, in: Informationen zur Raumentwicklung, Heft 6/1996, S. 597. "Infrastruktur ist unbestritten eine wichtige Determinante regionaler Entwicklungsprozesse." Mangelnde Infrastrukturausstattung spielte insbesondere bei den neuen Ländern eine entscheidende Rolle, so dass sich hier für die Gemeinschaftsaufgabe großer Förderbedarf ergab. Vgl. Zarth (1997), S. 204.

39 Die räumliche Schwerpunktbildung wurde nach dem 23. Rahmenplan nicht mehr berücksichtigt.

Zusammenhang mit den Überlegungen zur sektoralen bzw. regionalen Polarisation, Lenkungs- und Ausstrahlungseffekte („spill-over"-Effekte) erwartet.[40]

In der Folgezeit wurden die Abgrenzungskriterien für die Fördergebiete in den alten Bundesländern mehrfach geändert[41]. Mit dem 24. Rahmenplan galt für den Gesamtindikator:

- Bruttojahreslohn der sozialversicherungspflichtigen Beschäftigten pro Kopf 1992 zu 40 %,

- durchschnittliche Arbeitslosenquote im Zeitraum April 1989 - März 1993 zu 40 %,

- komplexer Infrastrukturindikator zu 10 % und

- Prognose der künftigen Arbeitsplatzentwicklung bis zum Jahr 2000 zu 10 %.[42]

Gleichzeitig wurden die Förderhöchstsätze nach zwei räumlichen Problemkategorien differenziert. A-Fördergebiete waren die neuen Länder und Ost-Berlin als Regionen mit „besonders schwerwiegenden Strukturproblemem". In die B-Kategorie fielen die GRW-Fördergebiete der alten Bundesländer als Regionen mit „schwerwiegenden Strukturproblemen".

Nach einer Neuabgrenzung der Fördergebiete im 26. Rahmenplan[43] wurde ab dem 1.1.1997 erstmals auch für die neuen Länder ein Gesamtindikator aufgestellt, bei dem der Teilindikator „Unterbeschäftigungsquote" sogar mit 50 % gewichtet wurde. Dafür wurde der für die alten Bundesländer verwendete Teilindikator „Infrastrukturausstattung" nicht berücksichtigt. Gleichzeitig hatte der Planungsausschuss eine dritte räumliche Problemkategorie eingeführt, so dass jetzt auch für die neuen Län-

---

40 Vgl. Scharff (1993), S. 42.

41 Das Gesamtgebiet der ehemaligen DDR war nach der Wiedervereinigung zunächst bis Ende 1994 flächendeckend ohne regionale Differenzierungen in die GRW aufgenommen worden.

42 Vgl. BT (1995): 24. Rahmenplan der Gemeinschaftsaufgaben „Verbesserung der regionalen Wirtschaftsstruktur" für den Zeitraum1995-1998 (1999), in: BT-Drs.13/1376, S. 9. Die Ausweisung der 169 kreisscharf abgegrenzten Arbeitsmarktregionen (alte Bundesländer inkl. West-Berlin) erfolgte auf der Basis des 1990 verwandten Abgrenzungsmodells.

43 26. Rahmenplan (1997).

der ein abgestuftes Präferenzsystem für Förderhöchstsätze galt.[44] Für die alten Bundesländer wurde die Gewichtung beibehalten, der Gesamtindikator allerdings auf eine aktuellere Datenbasis umgestellt.

West-Berlin war ursprünglich nicht in die GRW einbezogen. Dazu kam es erst, allerdings noch nicht flächendeckend, ab 1994.[45] Ab dem 26. Rahmenplan (1997) wurde Berlin dann als Ganzes erstmals dem ostdeutschen Fördergebiet zugeordnet. „Der Planungsausschuss hat damit die Voraussetzungen geschaffen, dass in der Arbeitsmarktregion Berlin eine einheitliche Wirtschaftsförderung betrieben werden kann.“[46]

Die Ausweisung der Fördergebiete, die sog. Fördergebietskulisse, muss von der Europäischen Kommission im Zuge der jährlichen Rahmenplangenehmigung beihilferechtlich gebilligt werden.[47] Dabei ist es in der Vergangenheit immer wieder zu Unstimmigkeiten zwischen der Bundesregierung und der Kommission gekommen. Diese bezogen sich i.d.R. auf den Umfang der ausgewiesenen Förderflächen (Förderplafonds). Während auf nationaler Ebene der politische Druck groß ist, möglichst viele Regionen in die Förderung einzubeziehen, besteht die Europäische Gemeinschaft auf einer Reduzierung der Fördergebietskulisse.[48]

3.2. Europäische Regionalpolitik

Die Europäische Wirtschaftsgemeinschaft (EWG) hat sich seit ihrer Gründung 1957 nicht nur als ökonomische und politische, sondern auch als Solidargemeinschaft verstanden. Dazu gehört auch, vorhandene regionale, wirtschaftliche und soziale Disparitäten innerhalb der Europäischen Gemeinschaft abzubauen. Ziel ist dabei ein stärkerer wirtschaftlicher und sozialer Zusammenhalt innerhalb Europas durch geringe-

---

44 Die Bezeichnungen der Fördergebietskategorien des neuen Präferenzsystems lauteten jetzt für A-Fördergebiete: ausgeprägter Entwicklungsrückstand, strukturschwächste ostdeutsche Regionen; für B-Fördergebiete: besonders schwerwiegende Strukturprobleme, strukturstärkere ostdeutsche Regionen. Die neue Fördergebietskategorie C beinhaltete ausschließlich westdeutsche Fördergbiete als Regionen mit schwerwiegenden Strukturproblemem. Vgl. BT (2000): 29. Rahmenplan der Gemeinschaftsaufgabe „Verbesserung der regionalen Wirtschaftsstruktur“ für den Zeitraum 2000-2003 (2004), in BT-Drs. 14/3250, S. 17.

45 Näheres dazu in Kapitel 5 und 6.

46 Vgl. 26. Rahmenplan (1997), S. 14.

47 Durch die Beihilfenkontrolle der EU soll sichergestellt werden, dass innerhalb der Europäischen Gemeinschaft wettbewerbsverzerrende Entwicklungen unterbunden werden.

48 Vgl. zu dieser Problematik Ridinger (1996): EG-Regionalpolitik: Konzeption und Instrumente, in: Eberstein/Karl (Hrsg.): Handbuch der regionalen Wirtschaftsförderung, A VII 1 Rz 67, außerdem Nägele (1996), S. 130 ff.

res Wohlstandsgefälle zwischen den Regionen und die „Hebung der Lebenshaltung" durch die Schaffung eines gemeinsamen Marktes.[49]

Schon in der Präambel der Römischen Verträge finden sich erste Überlegungen hinsichtlich einer europäischen Regionalpolitik. Dort geben die Unterzeichnerstaaten ihrem Bestreben Ausdruck, „ihre Volkswirtschaften zu einigen und deren harmonische Entwicklung zu fördern, indem sie den Abstand zwischen den einzelnen Gebieten und den Rückstand weniger begünstigter Gebiete verringern"[50]. Eine erste eigenständige und verbindliche Form erhielten die regionalpolitischen Bestrebungen der Gemeinschaft aber erst 1975 mit der Einführung des Fonds für regionale Entwicklung (EFRE).[51] Mit der Einheitlichen Europäischen Akte (EEA) wurde der EFRE 1986 erstmals explizit in das Vertragsrecht aufgenommen und damit rechtsverbindlich geregelt, mit dem ausdrücklichen Ziel, die regionalen Ungleichgewichte in der Gemeinschaft zu verringern.[52]

Der Politikbereich der regionalen Wirtschaftsförderung hat auf europäischer Ebene in den letzten Jahrzehnten verstärkt an finanziellem und politischem Gewicht gewonnen. Dies gilt sowohl innerhalb der Politik der Gemeinschaft als auch in Bezug auf die Mitgliedsstaaten. Die Strukturfonds sind zum zweitgrößten Haushaltsposten der Gemeinschaft avanciert,[53] während sich die Bedeutung des größten Haushaltspostens, der Agrarausgaben, verringerte. Hier lässt sich eine gegenläufige Entwicklung bei der Ausgabenpriorität innerhalb der Europäischen Gemeinschaft beobachten. Gegenwärtig stellt die Europäische Gemeinschaft zur Modernisierung der Wirt-

49 Vgl. Klodt et al. (1992), S. 1. Zur Kritik an der Ziel-Formulierung und Begründung der Regionalpolitik, vgl. Klemmer (1998a), S. 490 f.

50 EWG-Vertrag, Präambel und Art. 2 EWG-Vertrag in Bezug auf die schrittweise Annäherung der Wirtschaftspolitiken der einzelnen Mitgliedsstaaten.

51 EG (1975): Verordnung des Rates vom 18.3.1875, in: ABl. Nr. L 73/1.

52 Die Einheitliche Europäische Akte wurde 1986 von allen Mitgliedsstaaten unterschrieben. Vgl. EG (1987): Einheitliche Europäische Akte, in: ABl. der EG 1987 Nr. L 169/1 vom 29.6.1987, in Kraft seit dem 1.7.1987. Die EEA selbst beinhaltet keine genauen Aussagen über die Art und Weise der geforderten Reformen. Sie enthält lediglich die Verpflichtung zur Reform der Instrumente und die Aufforderung an die Europäische Kommission, den Abstand zwischen wirtschaftsstarken und leistungsschwachen Regionen und Bevölkerungsgruppen zu verringern und den wirtschaftlichen und sozialen Zusammenhalt in der Gemeinschaft zu stärken. Dies führte dann zur Strukturfondsreform von 1988, die 1989 in Kraft trat.

53 Zur Ausweisung und Aufstockung des EFRE-Mittelanteils insgesamt und innerhalb der Strukturfonds, vgl. Klodt et al. (1992), S. 59.

schaftsstruktur und zur Verbesserung der sozialen Lage von benachteiligten Bevölkerungsgruppen jährlich rund 1/3 ihres Haushaltsvolumens im Rahmen der Strukturfondsförderung zur Verfügung.[54]

Nachstehend wird vorwiegend auf die für die Region Berlin untersuchungsrelevanten europäischen Strukturfonds, speziell den Europäischen Fonds für Regionale Entwicklung, eingegangen. Darüber hinaus beinhaltet die europäische Regionalpolitik aber noch weitere Fonds und Finanzierungsinstrumente und vor allem die Möglichkeiten der regionalpolitischen Einflussnahme auf die nationale Regionalpolitik über die Beihilfenkontrolle.[55] Die Beihilfenkontrolle soll „die Funktionsfähigkeit des Wettbewerbs als Ordnungsprinzip auch in räumlicher Hinsicht sicherstellen und wettbewerbsverzerrende Beihilfenpolitiken der Mitglieder vermeiden."[56]

3.2.1. Ziele und Entwicklung der europäischen Regionalpolitik

Der Beginn der europäischen Regionalpolitik wird üblicherweise mit der Schaffung des EFRE und der Einrichtung einer eigenen Generaldirektion für Regionalpolitik im Jahre 1975 verbunden.[57] Im Zuge der Beitrittsverhandlungen mit Großbritannien wurde mit der Errichtung des EFRE die Möglichkeit geschaffen, das potenzielle und finanzstarke, aber nicht landwirtschaftlich dominierte Neumitglied in das bisherige System der Finanzausgleichszahlungen innerhalb der Gemeinschaft zu integrieren.[58] Die Einrichtung des Fonds gewährleistete, dass angesichts bestehender regionaler Disparitäten innerhalb Großbritanniens die Nettozahlerposition dieses finanzstarken Neumitglieds reduziert werden konnte.

---

54 Dokumentiert im EU-Haushalt.

55 Die Beihilfenkompetenz der Europäischen Gemeinschaft ist in den Artikeln 92-94 EWG-Vertrag geregelt. Vgl. zur Bedeutung und Besonderheit der Beihilfenkontrolle Nägele (1996), S. 28 ff. und Rosenstock (1995): Die Kontrolle und Harmonisierung nationaler Beihilfen durch die Kommission der Europäischen Gemeinschaft.

56 Vgl. Toepel (1997), S. 152.

57 Zur zeitlich weiteren Fassung des Beginns europäischer Regionalpolitik, der Initiative des Wirtschafts- und Finanzausschusses des Europäischen Parlaments zur Errichtung eines Europäischen Fonds für Regionalentwicklung von 1966, vgl. Klemmer (1998a), S. 466 und die dort angegebene Literatur. Außerdem zu den „Vorformen" regionalpolitischen Eingreifens der Europäischen Gemeinschaft vgl. Franzmeyer et al. (1975): Einflüsse der Europäischen Gemeinschaft auf die Regionalpolitik in der Bundesrepublik Deutschland, S. 68 ff. und 125. Eine abweichende Position wird vertreten bei Fechtner (1996): Die deutschen Länder in der Europäischen Union, S. 174.

58 Großbritannien war weniger durch Agrarstrukturprobleme belastet als vielmehr durch Strukturprobleme in den alten Industrieregionen. Die Erweiterung der Gemeinschaft um Großbritannien, Irland und Dänemark erfolgte 1973.

„Insofern standen bei der Gründung der EG-Regionalpolitik Finanzausgleichsüberlegungen mit im Vordergrund.“[59]

Über die Jahre erfuhr die europäische Regionalpolitik verschiedene Änderungen und Reformen. Oft standen die notwendigen Veränderungen im Zusammenhang mit einer Erweiterung der Gemeinschaft und den neu hinzugekommenen Problemlagen und/oder ihrer Dimension.[60] Die Entwicklung der bisherigen europäischen Regionalpolitik lässt sich demzufolge in mehrere Phasen einteilen:[61]

Beteiligungsphase 1975-1979: Die erste Phase der europäischen Regionalpolitik beginnt mit der Errichtung des EFRE und wird als „Komplementärphase nationaler Regionalpolitik“ bezeichnet. In erster Linie wurden nationale Vorhaben und regionalpolitische Aktivitäten der einzelnen Mitgliedsstaaten unterstützt. „Um dem Finanzausgleichsinteresse Rechnung zu tragen und bei den Mitgliedern Interesse für die regionalpolitischen Aktivitäten der EG-Ebene zu wecken, bot die Kommission aus dem neuen Regionalfonds quoten- und projektbezogene Mittel an.“[62] Die Mittelzuweisung orientierte sich dabei an der jeweiligen nationalen Fördergebietskulisse und die Mittelverteilung erfolgte im Rahmen fester Länderquoten. Als problematisch erwies sich, dass die europäischen Mittel vielfach nicht – wie gewünscht – additiv, sondern als Ersatz nationaler Mittel verwendet wurden (Refinanzierung/Substitution).[63]

Abkopplungsphase 1980-1984: Es folgte eine erste Abkopplung der europäischen von der nationalen Regionalpolitik. Ihr ging eine Reform der Fondsverordnung 1979 voraus.[64] Darin wurden die potenziellen Gesamtmittel der europäischen Regionalpolitik in quoten- und nicht-quotengebundene Mittel unterteilt. Die quotengebundenen Mittel unterlagen weiterhin festen Länderquoten, so dass alle Mitgliedsstaaten

59 Vgl. Klemmer (1998a), S. 467 und Toepel (1997): „Im Gegensatz zur nationalen Regionalpolitik beschränkt sich die europäische Regionalpolitik grundsätzlich auf eine explizit ausgleichspolitische Zielstellung ...“, S. 141 und zum „System von Ausgleichszahlungen“ vgl. Marks (1996) S. 316.

60 Süderweiterung der Gemeinschaft: Griechenland 1981, Spanien und Portugal 1986, Norderweiterung um Finnland und Schweden 1995.

61 Zu mehr Details über die einzelnen Phasen vgl. Klemmer (1998a), S. 467 ff. und Klodt et al. (1992), S. 55 ff.

62 Vgl. Klemmer (1998a), S. 467.

63 Vgl. Pintarits (1996), S. 102 und Klodt et al. (1992), S. 55, Kritik S. 56.

64 EG (1979): Entschließung des Rates vom 6.2.1979 betreffend den Orientierungsrahmen für die Regionalpolitik der Gemeinschaft, in: ABl. C 36 vom 9.2.1979.

an der Vergabe der Regionalfondsmittel beteiligt wurden. Der nichtquotengebundene Teil der Mittel betrug 1980 erst 5 Prozent, ermöglichte aber der Kommission erstmals, eigene Vorstellungen über den regionalen Handlungsbedarf, auch außerhalb der nationalen Fördergebietskulisse, zu verwirklichen.

In diese Phase fällt auch der Beginn der periodischen Berichterstattung über die sozio-ökonomische Lage in der Gemeinschaft, „um auf der Basis einer flächendekkenden Diagnose eigene Vorstellungen vom Disparitätenbild innerhalb der Gemeinschaft und damit von den räumlichen Problemschwerpunkten zu erhalten.“[65] Darüber hinaus diente die periodische Berichterstattung auch zur Kontrolle der eingesetzten Mittel und zur Rechtfertigung der Politik und des Eingriffs.

Übergangsphase zur Eigenständigkeit 1985-1988: Dieser Phase der Regionalpolitik ging die Erweiterung der Gemeinschaft um Griechenland voraus, und das Hinzukommen von Spanien und Portugal war absehbar. Im Zuge dessen hatten sich die regionalen Disparitäten innerhalb der Gemeinschaft verschärft. Das erforderte eine Verstärkung der Finanzmittel zu Gunsten der neuen Mitgliedsstaaten. Die Phase begann mit einer Reform der Fondsverordnung, die 1985 in Kraft trat.[66] Darin wurde eine Abkehr von dem bisherigen System der fixen Vergabequoten eingeleitet und gleichzeitig mit der Einführung eines Artikels über die Koordinierung der Regionalpolitik auf ein stärkeres Zusammenwirken des EFRE mit dem Europäischen Sozialfonds (ESF) und dem Europäischen Fonds für die Landwirtschaft, Abt. Ausrichtung (EAGFL) hingearbeitet. Die starren Quotenregelungen für die Mitgliedsstaaten wurden durch flexiblere Spannen mit Ober- und Untergrenzen für die Mittelverteilung ersetzt. Auch die Beschränkung bei der quotenfreien Abteilung wurde aufgegeben. Damit gewann die Europäische Kommission verstärkt regionalpolitischen Gestaltungsspielraum und Handlungsfreiheit bei der Wahl der förderfähigen Schwerpunkte[67]. Eine weitere wichtige Änderung erfolgte mit der schrittweisen Abkehr von der projektorientierten Förderung hin zum sog. Programm-Ansatz. „Damit wollte die Kommission die Gemeinschaft aus der Rolle eines bloßen Mitfinanzierers herausführen und ihr die Möglichkeit der inhaltlichen Mitwirkung geben“, ohne die formale Autonomie der Mitgliedsstaaten zu berühren.[68]

---

65 Vgl. Klemmer (1998a), S. 469.

66 Neufassung der Verordnung über den Europäischen Regionalfonds (EFRE) vom 19.6.1984, vgl. EG (1984): Verordnung (EWG) Nr. 1787/84 in ABl. L 169, S. 1-15, auch als Anhang N im BT (1985): 14. Rahmenplan der Gemeinschaftsaufgabe „Verbesserung der regionalen Wirtschaftsstruktur“ für den Zeitraum 1985-1988 (1989), in: BT-Drs. 10/3562.

67 Die Kommission nutzte dies für Gemeinschaftsprogramme bzw. Nationale Programme im gemeinschaftlichen Interesse (NIPG) und die Integrierten Mittelmeerprogramme (IMP), vgl. Klodt et al. (1992), S. 58.

68 Vgl. Klemmer (1998a), S. 470.

1989-1999 Verselbstständigungsphase: Diese Phase ist für den Untersuchungszeitraum der Arbeit und damit für die EFRE-Förderung in der Region Berlin ausschlaggebend. Sie stellte den Status Quo bei der Wiedervereinigung Deutschlands dar und lieferte die Rahmenbedingungen bei der Integration der neuen Länder und dem Entstehen der Region Berlin. Die neue Phase wurde 1988 durch eine Reform mit grundlegenden Änderungen in der europäischen Regionalpolitik eingeleitet. Dies erfolgte im Rahmen der Verabschiedung der Einheitlichen Europäischen Akte (1986), die Reformen im Bereich der Regionalpolitik forderte und deren neue Regeln 1989 in Kraft traten. In diesem Zusammenhang wurde „die Rolle der Europäischen Gemeinschaft bzw. später der Europäischen Union bei der Förderung des wirtschaftlichen und sozialen Zusammenhalts explizit anerkannt.“[69] Die europäische Regionalpolitik wurde mit dem Einfügen der Art. 130a-130e im EWGV erstmals eigenständig vertraglich fixiert.[70]

Neben der vertraglichen Festigung bzw. Fixierung ging die stärkere Betonung der Bedeutung einer eigenständigen europäischen Regionalpolitik auch mit einer massiven Erhöhung der bereitgestellten Haushaltsmittel einher. Das Volumen des Regionalfonds wurde von 1987 bis 1993 real verdoppelt. Neben der oben angesprochenen großen Reform von 1988, die die Grundlage für die europäische Regionalpolitik in der heutigen Form legte (Bestandteil des Delors I-Paketes), kam es 1993 zu einer weiteren kleineren Reform (Bestandteil des Delors II-Paketes), die im wesentlichen die Vorgaben von 1988 verstärkte und einige kleinere Veränderungen hinzufügte sowie eine weitere Aufstockung der Mittel brachte.[71]

Die wichtigsten Änderungen der großen Reform von 1988[72] betrafen die Umstellung auf die Programmförderung anstelle der bisherigen Projektfinanzierung sowie

69 Vgl. ebenda.

70 Art. 130a EWGV legt die Ziele fest, in Art. 130c wurden die Aufgaben des Regionalfonds definiert und Art. 130b, 130d und 130e EWGV enthalten die rechtlichen Grundlagen für die Abstimmung zwischen den gemeinschaftlichen Strukturfonds. Vgl. auch Klemmer (1998a), S. 470.

71 Vgl. KOM (1996c): inforegio news Nr. 25, 2/1996, S. 2, Toepel (1997), S. 144 speziell im Hinblick auf die Erweiterung des EFRE-Spielraums; Gegenüberstellungen finden sich auch bei Staeck (1996): Die europäische Strukturfondsförderung – Entwicklung und Funktionsweise, in: Heinelt (Hrsg.) (1996): Politiknetzwerke und europäische Strukturfondsförderung, S. 38 ff. und Nägele (1996), S. 40. Ein kritische Auseinandersetzung mit der Reform von 1993 findet sich auch bei Waniek (1994): EG-Regionalpolitik für die Jahre 1994-1999, in: Wirtschaftsdienst I/1994, S. 43 ff.

72 Im Rahmen der Agenda 2000 wurden die europäische Strukturfondsförderung für die Zeit ab 2000 erneut reformiert. Vgl. dazu die Ausführungen im Schlusskapitel dieser Arbeit.

das Bestreben, den Einsatz der Strukturfonds stärker zu koordinieren. Darüber hinaus wurden fünf Förderprinzipien formuliert:[73]

1. Konzentration der Mittel und Maßnahmen auf fünf, später dann sechs vorrangige Ziele,[74]

2. Partnerschaft auf sämtlichen Stufen der Programmplanung zwischen der Kommission und den Mitgliedsstaaten sowie verstärkte Einbeziehung der regionalen Akteure und zuständigen Behörden, seit 1994 außerdem ausgedehnt auf die Wirtschafts- und Sozialpartner,

3. Zusätzlichkeit der Mittel (Additionalität), d.h. grundsätzlich erfordern alle europäischen Strukturfondsmittel eine nationale Kofinanzierung, wodurch verhindert werden soll, dass die Mittel lediglich anstelle der nationalen Fördermittel (Refinanzierung) eingesetzt werden,

4. effizientere Verwaltung der Strukturfonds (Programmplanung) sowie Vereinfachung, Monitoring und Flexibilisierung der Strukturfondsförderung.

3.2.2. Instrumente der europäischen Regionalpolitik

Hauptinstrumente der europäischen Regionalpolitik sind die europäischen Strukturfonds: Der Europäische Fonds für regionale Entwicklung, der Europäische Sozialfonds und der Europäische Ausrichtungs- und Garantiefonds für die Landwirtschaft, Abteilung Ausrichtung. Ihr Ziel ist es, in den Mitgliedsstaaten durch Mitfinanzierung von entwicklungsspezifischen Maßnahmen wirtschaftliche und soziale Unterschiede zwischen den Regionen zu verringern. Zu diesem Zweck werden Zuschüsse aus den Europäischen Strukturfonds bereitgestellt.

Darüber hinaus gibt es in der Europäischen Gemeinschaft neben den Strukturfonds noch weitere Fonds und finanzielle Instrumente. Hinzu kommt die Möglichkeit, durch die Beihilfenkontrolle Einfluss auf die regionale Wirtschaftspolitik in den Mitgliedsstaaten zu nehmen. Während Ersteres gemeinhin als *direkte* oder *aktive*

---

73 Vgl. KOM (1989): Leitfaden zur Reform der Strukturfonds der Gemeinschaft, S. 13 ff. Außerdem Staeck (1996), S. 36 ff. Zu den Veränderungen der Reform von 1988 und ihren Auswirkungen für die bundesdeutsche Regionalpolitik und Förderlandschaft, vgl. Nägele (1996), S. 48 ff.

74 Faktisch sind es sechs bzw. sieben Ziele, da das Ziel 5 aus den Zielen 5a (Entwicklung und strukturelle Anpassung des ländlichen Raums durch beschleunigte Anpassung der Agrar- und Fischereistrukturen) und 5b (Entwicklung und Anpassung des ländlichen Raums durch Erleichterung und Strukturanpassung der ländlichen Gebiete) besteht.

Regionalpolitik bezeichnet wird, wird die Beihilfenkontrolle als *indirekte* Einflussnahme bzw. *passive* Regionalpolitik bezeichnet.[75]

Die Strukturfonds im einzelnen sind:

– Europäischer Fonds für Regionale Entwicklung (EFRE) –

Mit der Einrichtung des EFRE 1975 wurde ein explizit regionalpolitisch orientiertes Förderinstrumentarium geschaffen[76] und auf die bestehenden regionalen Ungleichgewichte innerhalb der Gemeinschaft reagiert, die „ein wesentliches Hemmnis darstellen könnten bei der schrittweisen Annäherung der Wirtschaftspolitiken und der Hinwendung zur Wirtschafts- und Währungsunion".[77] Damit erfüllt der EFRE gleichzeitig zwei Anforderungen: 1. Einen ausgleichspolitischen Anspruch (z.B. bei Erweiterungen der Gemeinschaft) und 2. als gezieltes Instrument der Gemeinschaft beizutragen zur Verringerung der regionalen Disparitäten in der Gemeinschaft bei gleichzeitiger Einflussnahme auf die regionale Wirtschaftspolitik der Mitgliedsstaaten.

– Europäischer Sozialfonds (ESF) –

Der Europäische Sozialfonds besteht seit Beginn der Europäischen Gemeinschaft.[78] Mit Hilfe des ESF sollen die Beschäftigungsmöglichkeiten der Arbeitskräfte im Binnenmarkt verbessert werden. Sein primäres Ziel ist die Förderung der beruflichen Verwendbarkeit sowie die räumliche und berufliche Mobilität der Arbeitskräfte innerhalb der Gemeinschaft (Art. 123-125 EWGV). Insbesondere durch berufliche Bildung und Umschulung fördert der ESF die Anpassung an die industriellen Wandlungsprozesse und an Veränderungen der Produktionssysteme. Sein Einsatz wird häufig mit dem des Regionalfonds kombiniert. Seine Maßnahmen werden flankierend eingesetzt, um arbeitsmarktpolitische Begleitmaßnahmen zu unterstützen.[79] ESF-Mittel werden in Deutschland über Landesprogramme und im Rahmen von bundesweiten Programmen über die Bundesanstalt für Arbeit vergeben.

---

75 Zur Bedeutung der Beihilfenkontrolle vgl. weiterführend Eser (1989): Die Kontrolle regionaler Beihilfen im Rahmen der Wettbewerbspolitik der Europäischen Gemeinschaften, in: Raumforschung und Raumordnung, Heft 4/1989, S. 202 ff. und Rosenstock (1995). Außerdem zur Unterscheidung von indirekter und direkter Regionalpolitik vgl. Klemmer (1998a), S. 492 ff.

76 EG (1975).

77 Neupert (1986), S. 378.

78 Bereits im EWG-Vertrag festgelegt und seit 1960 umgesetzt.

79 Vgl. weiterführend: Staeck (1996), S. 34.

– Europäischer Ausrichtungs- und Garantiefonds für die Landwirtschaft, Abteilung Ausrichtung (EAGFL) –

Der EAGFL besteht seit Anfang der 60er Jahre und gliedert sich in zwei Abteilungen: Abteilung Garantie und Abteilung Ausrichtung.[80] Die Abteilung Ausrichtung unterstützt vor allem in landwirtschaftlich geprägten Regionen der Gemeinschaft Maßnahmen zur Verbesserung der landwirtschaftlichen Betriebe, der ländlichen Infrastruktur und der Verarbeitung- und Vermarktungsstruktur im

Agrarbereich. Die Vergabe der Mittel aus dem EAGFL, Abt. Ausrichtung, war in der Bundesrepublik weitgehend an die nationale Gemeinschaftsaufgabe „Verbesserung der Agrarstruktur und des Küstenschutzes" gebunden.

Die Strukturfonds werden ergänzt durch sog. **Gemeinschaftsinitiativen (GI)**. Gemeinschaftsinitiativen werden von der Europäischen Kommission initiiert und in Zusammenarbeit mit den Mitgliedsstaaten beschlossen und durchgeführt. Sie sind auf thematische Schwerpunkte ausgerichtet und haben einen Sonderprogrammcharakter. Mit den Initiativen kann die Kommission auf neuartige und spezielle Problemstellungen eingehen, wobei bei den Gemeinschaftsinitiativen die inhaltliche Einflussnahme der Kommission (Kompetenzen bei der Politikformulierung) höher ist als bei der übrigen Förderung, so dass hier europäische Zielvorstellungen und Interessen verstärkt verfolgt werden können.[81]

Diese Hauptinstrumente der regionalen Wirtschaftsförderung der Gemeinschaft werden flankiert durch das **Finanzierungsinstrument für die Ausrichtung der Fischerei (FIAF)** und den **Kohäsionsfonds.** Das FIAF besteht seit 1994 und fördert die Anpassung der Strukturen im Bereich der Fischerei. Der Kohäsionsfonds wurde 1994 im Zusammenhang mit dem Vertrag von Maastricht geschaffen, um den

---

80 Vgl. auch EG (1993b): Verordnung (EWG) Nr. 2085/93 des Rates vom 20. Juli 1993, in: ABl. Nr. L 193/44 und EG (1988): Verordnung (EWG) Nr. 2052/88 des Rates vom 24. Juni 1988, in: ABl. Nr. L 185 vom 15.7.1988. Die Abteilung Garantie ist für die Strukturfonds nicht relevant. Sie spielt aber im Haushalt der Europäischen Gemeinschaft eine ganz wesentliche Rolle. Anfangs wurden ca. 2/3 der Haushaltsverpflichtungen der Gemeinschaft für die Landwirtschaft zur Verfügung gestellt. Dieser Anteil verringerte sich im Laufe der Jahre zu Gunsten der Strukturfonds, speziell aber zu Gunsten des Regionalfonds, der seit seinem Bestehen auf eine Haushaltsgröße von mehr als 1/3 anstieg. Weiterführend für den EAGFL und die Landwirtschaftsproblematik vgl. Schwertfeger (1992): Die Reform der Strukturfonds in der Europäischen Gemeinschaft: Ländliche Entwicklungsplanung im Spannungsfeld von Agrar- und Regionalpolitik unter besonderer Berücksichtigung der neuen Bundesländer, und Rolfes (1991), S. 50.

81 Für die Gemeinschaftsinitiativen standen bis zu 9 % der europäischen Strukturfondsmittel zur Verfügung. Zu den einzelnen Gemeinschaftsinitiativen und im Hinblick auf die Probleme bei den GI hinsichtlich Aufwand und Ertrag, vgl. Klemmer (1998a), S. 501 ff.

Problemlagen in den Ländern Spanien, Portugal, Irland und Griechenland zu entsprechen und sie bei der Erfüllung der Konvergenzkriterien im Hinblick auf die Wirtschafts- und Währungsunion zu unterstützen.[82]

Darüber hinaus gibt es noch weitere Instrumente, mit denen die Europäische Gemeinschaft ihre regionalpolitischen Aktivitäten flankiert und Entwicklungsmaßnahmen unterstützt. Dazu zählen die Kredite der **Europäischen Investitionsbank** (EIB)[83] und zinsverbilligte Darlehen bzw. nicht rückzahlbare Beihilfen der **Europäischen Gemeinschaft für Kohle und Stahl** (EGKS)[84]. FIAF, Kohäsionsfonds, die Kredite der EIB sowie die Hilfen der EGKS haben für die Untersuchungsregion Berlin geringe Bedeutung, weshalb im Rahmen dieser Arbeit auf sie nicht näher eingegangen wird.

3.2.3. Förderziele und -maßnahmen des EFRE

Im Mittelpunkt der Europäischen Strukturfonds steht der Europäische Fonds für regionale Entwicklung. Er ist Hauptinstrument der europäischen Regionalpolitik. Der EFRE wurde mit dem ausdrücklichen Ziel eingerichtet, die regionalen Ungleichgewichte in der Gemeinschaft zu verringern. Gleichzeitig dient er dem Ziel, Einfluss auf die regionalen Wirtschaftspolitik der Mitgliedsstaaten zu nehmen. Der EFRE, wie auch der ESF, EAGFL und FIAF konzentrieren sich bei ihren Interventionen auf sechs vorrangige Ziele.[85] Da der EFRE nicht zur Erreichung aller Ziele tätig wird, werden bei der nachfolgenden Aufstellung die jeweiligen zuständigen Fonds in Klammern kursiv aufgeführt:

Ziel 1: Förderung der Entwicklung und strukturellen Anpassung der Regionen mit Entwicklungsrückstand *(EFRE, ESF, EAGFL)*,

82 Vgl. zur Funktionsweise des Kohäsionsfonds: KOM (1996): Strukturfonds und Kohäsionsfonds 1994-1999, und EG (1993d): Verordnungen (EWG) Nr. 792/93 des Rates vom 30. März 1993 zur Errichtung eines Kohäsions-Finanzinstruments, in: ABl. Nr. L 79 vom 1.4.1993, und EG (1994): Verordnung (EWG) Nr. 1164/94 des Rates vom 16. Mai 1994 zur Errichtung des Kohäsionsfonds, in: ABl. Nr. L 130 vom 25.5.1994.

83 Art. 129 und 130 EWGV. Weiterführend vgl. Klodt et al. (1992), S. 64 ff. und EIB-Tätigkeitsberichte.

84 Art. 54 und 56 EGKS-Vertrag, außerdem KOM (1995): Beihilfen und Darlehen der Europäischen Union.

85 Mit der Erweiterung der Gemeinschaft um die nordischen Länder und Österreich kam Ziel 6 hinzu, um auf die besonderen Problemlagen der neu hinzugekommen Staaten Rücksicht zu nehmen. Vgl. zu den Zielen ausführlich Ridinger (1996), A VII 1 Rz. 1-2. Mit der Agenda 2000 ist eine neue Phase in der europäischen Regionalpolitik eingeleitet worden. Da sie den Untersuchungszeitraum dieser Arbeit nicht mehr betrifft, wird darauf lediglich im Kapitel „Fazit und Ausblick" eingegangen.

Ziel 2: Umstellung der Regionen oder Teilregionen (einschließlich städtischer Verdichtungsräume), die von rückläufiger industrieller Entwicklung schwer betroffen sind *(EFRE, ESF)*,

Ziel 3: Bekämpfung der Langzeitarbeitslosigkeit, Erleichterung der Eingliederung der Jugendlichen in das Erwerbsleben und Erleichterung der Eingliederung der vom Ausschluss aus dem Arbeitsmarkt bedrohten Personen in das Erwerbsleben *(ESF)*,

Ziel 4: Erleichterung der Anpassung der Arbeitskräfte an die industriellen Wandlungsprozesse und an Veränderungen der Produktionssysteme *(ESF)*,

Ziel 5a: Entwicklung und strukturelle Anpassung des ländlichen Raums durch beschleunigte Anpassung der Agrar- und Fischereistrukturen *(EAGFL, FIAF)* und

Ziel 5b: Entwicklung und strukturelle Anpassung des ländlichen Raums durch Erleichterung der Entwicklung und der Strukturanpassung der ländlichen Gebiete *(EFRE, ESF, EAGFL)* sowie

Ziel 6: Unterstützung der strukturellen Anpassung extrem dünn besiedelter Regionen *(EFRE, ESF, EAGFL)*.

Die Ziele 3, 4 und 5a decken als sog. „horizontale" Maßnahmen das gesamte Gebiet der Gemeinschaft ab, sind insofern regionenunabhängig. Die Ziele 1, 2, 5b und 6 sind dagegen regional ausgerichtet. Sie beinhalten Maßnahmen, die auf bestimmte Regionen oder Teilregionen begrenzt sind. Für diese Ziele stehen 85 % der Strukturfondsmittel bereit.[86] Für die im europäischen Maßstab relativ wohlhabende Bundesrepublik Deutschland erlangte der EFRE erst mit der Wiedervereinigung größere Bedeutung, da es mit dem Hinzukommen der neuen Länder und Ost-Berlins erstmals Ziel-1-Förderregionen in Deutschland gab.

Zum Anwendungsbereich des EFRE zählen Fördermaßnahmen für die nachfolgenden Schwerpunkte:[87]

86 Klemmer (1998a), S. 501.

87 Vgl. KOM (1996), S. 19.

- produktive Investitionen zur Schaffung oder Erhaltung dauerhafter Arbeitsplätze, Infrastrukturinvestitionen mit je nach Ziel unterschiedlichen Anwendungsbereichen einschließlich der Infrastruktur für die transeuropäischen Netze in den Ziel-1-Regionen,
- Investitionen im Gesundheits- und Bildungswesen in den Ziel-1-Regionen,
- Erschließung des endogenen Potenzials[88]; lokale Entwicklung und KMU,
- Maßnahmen im Bereich der Forschung und technologischen Entwicklung und
- den Umweltbereich betreffende Investitionen.

Das Förderspektrum des EFRE geht damit über die Anwendungsbereiche der GRW hinaus, die sich auf produktive Investitionen und auf Infrastrukturmaßnahmen, soweit diese für die Entwicklung der gewerblichen Wirtschaft erforderlich sind, beschränkt.

Alle Maßnahmen des EFRE erfordern eine nationale oder regionale Kofinanzierung. Erfolgt dies durch eine Kopplung an die Gemeinschaftsaufgabe „Verbesserung der regionalen Wirtschaftsstruktur", so sind auch die Förderkriterien der GRW zu beachten. Auf die sich daraus ergebenden Restriktionen wird weiter unten (Abschnitt 3.3) näher eingegangen. Erfolgt die Kofinanzierung hingegen im Rahmen länderspezifischer Förderprogramme, müssen neben den europäischen Förderkriterien nur die länderspezifischen Verfahrensanforderungen beachtet werden, wodurch sich für die Regionen eine größere Flexibilität ergibt.

Das Verfahren der europäischen Strukturfondsförderung sowie der Einfluss der einzelnen Politikebenen war im Rahmen der großen Reform von 1988 neu geregelt worden. Der Ablauf der Förderung wurde in Form der nachstehend aufgeführten Stufen formal festgelegt:[89]

1. Für die ausgewählten und ausgewiesenen Fördergebiete sind von den jeweiligen Empfängerländern bzw. -regionen zunächst regionale oder nationale **Entwicklungspläne**, die eine sozio-ökonomische Grundanalyse und Entwicklungsstrate-

88 Zur Auseinandersetzung mit dem Begriff „endogenes Potenzial" und seiner Verwendung bei der europäischen Regionalpolitik vgl. Toepel (1997), S. 145 f.

89 Zum Ablauf der einzelnen Phasen und den unterschiedlichen Einfluss der einzelnen beteiligten Politikebenen vgl. Marks (1996), S. 322, und Klemmer (1998a), S. 503. Für den Verfahrensablauf, beispielhaft an der Ziel-2-Region West-Berlin für den Zeitraum 1989-1993 aufgezeigt, vgl. auch Fleischhauer/Theissen (1997): West-Berlin in der Regionalpolitik der EG, in: RaumPlanung 78, S. 189 ff.

gien enthalten müssen, zu erarbeiten und für einen Zeitraum von bis zu sechs Jahren aufzustellen.

2. Die Entwicklungspläne sind der Kommission vorzulegen und mit ihr abzustimmen. Dabei werden Prioritäten zur Umstrukturierung, auf die sich die Gemeinschaftshilfen konzentrieren sollen, vereinbart. Als Ergebnis entstehen rechtlich verbindliche **Gemeinschaftliche Förderkonzepte** (GFK). Diese enthalten zwar eher allgemein formulierte Entwicklungsziele, bilden aber den Rahmen für die weitere Gestaltung und legen die Vergabe der Finanzmittel fest. GFK's stellen eine indikative Finanzzusage seitens der Gemeinschaft dar und bilden damit für die gesamte Förderperiode eine solide Planungsgrundlage. Die GFK's werden im Gegensatz zu den regionalen Entwicklungsplänen veröffentlicht.[90]

3. Auf der Grundlage der GFK's werden **Operationelle Programme** (OP) für die einzelnen Fonds vereinbart, die die einzelnen Entwicklungsmaßnahmen enthalten (detaillierte Angaben über Ziele, Ablauf und Finanzen). Bei der Erstellung ist der Partnerschaft mit den Akteuren vor Ort und Einbeziehung ihrer Kenntnisse Rechnung zu tragen.[91]

4. **Realisierung und Bewertung**: Die Umsetzung der OP's erfolgt regional. Sie wird begleitend überwacht und evaluiert (Begleitausschüsse, ex-ante- und ex-post-Evaluierungen).

Seit der Förderperiode 1994 besteht alternativ die Möglichkeit, das oben geschilderte Verfahren zu verkürzen und statt Regionalentwicklungsplan, GFK und OP ein sog. Einheitliches Programmplanungsdokument (EPPD) einzureichen. Insbesondere für kleinere Fördergebiete, wie z.B. in West-Berlin, wurde von diesem verkürzten Verfahren Gebrauch gemacht.

3.2.4. Europäische Fördergebietsabgrenzung

Voraussetzungen für den Einsatz der europäischen Strukturfonds sind entsprechend der Praxis bei nationalen regionalpolitischen Interventionen die Festlegung von Indikatoren und die Ausweisung von Fördergebieten.[92] Auf europäischer Ebene er-

---

90 Die Veröffentlichung der GFK erfolgt sowohl im europäischen Amtsblatt als auch in den offiziellen Publikationen auf nationaler und Länderebene.

91 Seit 1994 werden auch zunehmend die OP's von den zuständigen Ressorts veröffentlicht.

92 Vgl. für die methodischen Aspekte Klemmer (1998a), S. 481 ff.

folgt dies mit Hilfe der NUTS-Systematik[93], die das gesamte Gebiet der Europäischen Gemeinschaft flächendeckend in regionale Gebietseinheiten einteilt. Diese Einteilung basiert auf den in den 15 Mitgliedsstaaten vorhandenen administrativen und politischen Verwaltungseinheiten, was dazu führt, dass die einzelnen Gebiete oft recht unterschiedlich dimensioniert sind.[94] In der Bundesrepublik entsprechen die Bundesländer einschließlich der Stadtstaaten der NUTS-I-Ebene. Als NUTS-II-Regionen dienen die Regierungsbezirke. Die NUTS-III-Ebene bezieht sich auf Kreise und kreisfreie Städte.

Bei der Bewertung der sozio-ökonomischen Lage der Regionen der Gemeinschaft und der Wahl der Indikatoren zur Fördergebietsermittlung „konzentrierte sich (die Kommission) bei der Disparitätenmessung vor allem auf die Analyse der Einkommen (BIP pro Kopf), der Produktivität (BIP pro Beschäftigten) und der Arbeitslosigkeit (in vH der Erwerbsbevölkerung)"[95].

Nach einem festgelegten Verfahren bestimmt die Europäische Kommission je Mitgliedstaat und für jedes der Ziele Richtgrößen für die Aufteilung der Verpflichtungsermächtigungen der Strukturfonds. Die Ziele 3, 4 und 5a werden, wie bereits aufgeführt, zielgruppenorientiert auf überregionaler Ebene verfolgt.[96] Für die Ziele 1, 2, 5b und 6 erfolgt die Auswahl der Förderregionen in Abhängigkeit der nachfolgenden

93 NUTS steht für „Nomenclature des Unités Territorials Statistiques". Diese Nomenklatur statistischer Raumeinheiten wurde von EUROSTAT, dem Statistischen Amt der Europäischen Gemeinschaft, als einheitliche und konsistente Klassifikation zur Erstellung regionaler Statistiken für die Gemeinschaft geschaffen. Sie ist seit 1988 in den Rechtsvorschriften der EG zu finden. Derzeit wird das Gebiet der Gemeinschaft in 78 Regionen auf NUTS-I-Level, 211 Regionen auf NUTS-II-Level und 1093 Regionen auf NUTS-III-Level unterteilt. Vgl. auch KOM (2000a): Regionen. Systematik der Gebietseinheiten für die Statistik, NUTS.

94 Kritisiert wird an dieser Form der regionalen Abgrenzung, dass es hierbei zu diagnostischen Verzerrungseffekten kommen kann. Insbesondere von deutscher Seite wird auf die Vorteile einer Abgrenzung nach Arbeitsmarktregionen verwiesen. Vergleiche diesbezüglich stellvertretend Klemmer (1998a), S. 483 ff. und die dort zitierte Literatur. „Gerade bei Stadtstaaten wird das Problem der Fehleinstufung auf Grund problematischen Regionenzuschnitts besonders deutlich", da das BIP eines Stadtstaates „in beträchtlicher Weise von Erwerbspersonen des Umlandes, die täglich einpendeln, mit erarbeitet worden" ist. Vgl. Klemmer (1998a), S. 484.

95 Klemmer (1998a), S. 482 und EG (1993): Verordnung (EWG) Nr. 2081/93 des Rates vom 20. Juli 1993, in: ABl. L 193 vom 31.7.1993, Art. 12 Abs. 4.

96 Gebiete können gleichzeitig z.B. nach Ziel 2 und 3 förderfähig sein. Jedoch kann dieselbe Region gleichzeitig nur nach einem der drei bzw. vier regional ausgerichteten Ziele gefördert werden.

Indikatoren, wobei in Abhängigkeit von den regionalen Förderzielen unterschiedliche NUTS-Ebenen zur Anwendung kommen:[97]

Ziel-1: **Regionen mit Entwicklungsrückstand** = NUTS-II-Gebiete,

- deren BIP pro Einwohner in den letzten drei Jahren in der Regel unter 75 % des EG-Durchschnitts lag;

Ziel-2: **Industrieregionen mit rückläufiger Entwicklung** = NUTS-III-Gebiete,

- deren Arbeitslosenquote im Schnitt der letzten drei Jahre deutlich über dem EG-Durchschnitt lag,
- die eine rückläufige Beschäftigung in der Industrie aufweisen und
- deren Anteil industrieller Erwerbstätiger über dem Gemeinschaftsdurchschnitt liegt;

Ziel-5b: **ländliche Regionen** = NUTS-III-Gebiete,

- die einen generell niedrigen wirtschaftlichen und sozialen Entwicklungsstand aufweisen (gemessen in BIP pro Kopf) und
- mindestens zwei der folgenden drei Kriterien erfüllen: hoher Anteil von in der Landwirtschaft Beschäftigten, niedriges Agrareinkommen und geringe Bevölkerungsdichte und/oder starke Tendenz zur Entvölkerung sowie

Ziel-6: **Regionen mit extrem niedriger Bevölkerungsdichte** = NUTS-II-Gebiete,

- die eine Bevölkerungsdichte von acht Einwohnern je Quadratkilometer oder weniger aufweisen und
- deren BIP pro Einwohner in den letzten drei Jahren unter 75 % des EG-Durchschnitts lag.

---

97 Vgl. KOM (1996), S. 12 ff. und Ridinger (1996), A VII 1 Rz. 25-35.

Für Berlin (West-Berlin als Ziel-2 und Ost-Berlin als Ziel-1-Region) musste auf Grund der NUTS-Abgrenzungskriterien eine Sonderlösung[98] gewählt werden, auf die im Kapitel 5 näher eingegangen wird. Während Ziel-1-Regionen von der Kommission festgelegt werden, besteht in Bezug auf Ziel-2-Regionen generell ein Vorschlagsrecht der Mitgliedsstaaten. Darüber hinaus sehen die Regelungen sekundäre Kriterien vor, die es zum einen erlauben, auch ausgewählte Stadtbezirke in die Fördergebietskulisse aufzunehmen, was eine flexiblere Fördergebietsabgrenzung, die sich nicht strikt an den politisch-administrativen Abgrenzungen der Ebene III orientiert, ermöglicht.[99] Und zum anderen besteht bei der Ausweisung von Ziel-2-Förderregionen politischer (Verhandlungs)Spielraum.[100] Für West-Berlin wurde dieser genutzt. Darauf wird ebenfalls im Kapitel 5 näher eingegangen.

3.3. Zusammenwirken von nationaler und europäischer Regionalpolitik

Nachfolgend wird auf das Zusammenwirken nationaler und europäischer Regionalpolitik und ihrer Instrumente GRW und EFRE eingegangen. Erst ihr Zusammenwirken erhellt den Rahmen für den Einsatz des Europäischen Regionalfonds in der Region Berlin und bietet damit die Grundlage für eine Beurteilung seines Einsatzes. Auf Grund der bestehenden Verflechtungen und Interdependenzen wäre eine isolierte Betrachtung der europäischen Regionalpolitik, bedingt vor allem durch die Verpflichtung zur Zusätzlichkeit, d.h. der Kofinanzierung des EFRE durch nationale bzw. regionale Mittel, nicht sinnvoll.

Bei der Betrachtung der nationalen und europäischen Regionalpolitik und der Förderstruktur wird deutlich, dass z.T. schon in der grundsätzlichen Struktur des Instrumentariums Konfliktpotenziale angelegt sind. Um dies erkennbar zu machen, wird erst auf die beteiligten Politikebenen und ihre Verflechtungen (Mehrebenensystem) und dann auf Ziele, Gemeinsamkeiten und Unterschiede bzw. Interessendifferenzen eingegangen. Anschließend werden die Regelungen für ein Zusammenwirken der Politiken und Instrumente dargestellt und auftretende Probleme angesprochen, wobei die Spezifika der Regionalförderung in den neuen Ländern berücksichtigt werden. Die Ausführungen liefern eine Grundlage für die Beantwortung der Frage, ob, und wenn ja, welche dieser eher grundsätzlichen strukturellen Schwierigkeiten und

---

98 Insofern gibt es bei Ziel 1-Einstufungen über die „objektiven Kriterien“ bzw. politischen Ziele hinaus Möglichkeiten der Relativierung und auch bei Ziel-2 besteht Ermessensspielraum bei den Fördermöglichkeiten. Vgl. Nägele (1996), S. 41 f.

99 Diese Möglichkeit ist für städtische Ballungsräume interessant, vorausgesetzt, sie befinden sich in demselben Bundesland. Für die Region Berlin liegt hierin noch die Beschränkung.

100 „Vieles hängt auch vom Verhandlungsgeschick ab, wobei sich in Deutschland auch Länder, Regionen und Kommunen an den Verhandlungen mit der Kommission beteiligen können. Insofern besteht hier ein beachtlicher Gestaltungs- und Manipulationsspielraum, der in der Praxis auch genutzt wird.“ Vgl. Klemmer (1998a), S. 499.

„kritischen" Aspekte einen Einfluss auf die Fördersituation des EFRE in der Region Berlin gehabt haben und möglicherweise die Kommunikation und Kooperation zwischen Berlin und Brandenburg beeinflussten.

3.3.1. Mehrebenensystem

Da die regionale Wirtschaftspolitik eines EU-Mitgliedstaates in das übergeordnete Zielsystem der Europäischen Gemeinschaft eingebettet ist, führt dies faktisch auch zur Übertragung nationaler regionalpolitischer Kompetenzen auf die Gemeinschaft, konkret auf die Europäische Kommission. Dies hat zwangsläufig Einfluss auf den eigenen nationalen Handlungsspielraum. So muss die nationale Regionalpolitik bei der Konzeption und Durchführung auf die bestehenden Gemeinschaftsregeln Rücksicht nehmen.[101]

Es wurde bereits ausgeführt, dass auf Grund der Integration in die Europäische Gemeinschaft und des föderativen Aufbaus der Bundesrepublik Deutschland nationale, supranationale und subnationale Akteure (Europäische Gemeinschaft, Bund, Länder und kommunale Ebene) gemeinsam Verantwortung für die Gestaltung der Strukturpolitik tragen, wobei sich die Gewichtung des Einflusses der einzelnen Akteure je nach Phase des Politikprozesses und des institutionellen Kontextes der Entscheidungsfindung verschiebt.[102] Zwar liegt die originäre Zuständigkeit für die regionale Wirtschaftsförderung in Deutschland bei den Ländern, aber bei der Planung und Finanzierung der GRW und auch bei der Vorbereitung der EG-Förderung ist der Bund maßgeblich beteiligt. Mit fortschreitender Integration und Vertiefung innerhalb der Europäischen Union haben inzwischen allerdings Kompetenzen und Einfluss der supranationalen Ebene im Bereich der regionalen Wirtschaftsförderung stetig zugenommen,[103] wodurch die Frage des Zusammenwirkens der Politiken zunehmend an Bedeutung gewinnt.

Neben dem Kompetenzzuwachs der supranationalen Ebene in Bezug auf die nationale Regionalpolitik wurde in den letzten Jahren auch ein Bedeutungsverlust des Bundes im Verhältnis zu den Ländern bei der Implementation der europäischen Regionalpolitik konstatiert. In der Konsequenz zeigt sich dies in einer direkten Abstimmung bei Auswahl und Durchführung der Förderung zwischen den Bundesländern und der Europäischen Kommission. Insofern hat sich der Spielraum der Landesverwaltungen vergrößert. Sie wirken im Politikfeld der regionalen Wirtschaftspolitik nicht nur bei der Vorbereitung und Implementation der GRW-Förderung mit,

101 § 2 GRWG, in: BGBl. (1969). Vgl. außerdem Franzmeyer et al. (1975), S. 172.

102 Vgl. dazu Marks (1996), S. 338.

103 Vgl. zur Entwicklung und der zunehmenden Bedeutung der europäischen Regionalpolitik, Ridinger (1996), A VII 1 Rz 9 und Nägele (1996), S. 46 ff.

sondern zunehmend auch bei der Planung der EG-Förderpolitik. Zum anderen verfolgen sie mit eigenen Förderprogrammen noch spezielle landesspezifische Ziele.[104]

3.3.2. Ziele der beteiligten Politikebenen

Die regionale Entwicklungspolitik kann als das gemeinsame Werk der Region, des Mitgliedstaates und der Europäischen Union nur wirksam sein, wenn die Politiken dieser drei Komponenten kohärent und damit in starkem Maße koordiniert sind. Die beteiligten Politikebenen verfolgen jedoch in der Regionalpolitik jeweils ihre eigenen Ziele. Dabei gibt es in grundsätzlichen Fragen weitgehend Übereinstimmung, in der Festsetzung und konkreten Ausgestaltung der Handlungsspielräume, aber oft unterschiedliche Interessen. Übereinstimmung herrscht beim europäischen und deutschen regionalpolitischen Ansatz hinsichtlich ihres Anspruchs zum Ausgleich regionaler Disparitäten innerhalb ihres jeweiligen Gebiets (Ausgleichsziel und Kohäsion[105]). Die Dimensionen der auszugleichenden regionalen Disparitäten und die zur Verfügung stehenden nationalen und europäischen Haushaltsmittel sind hierbei allerdings verschieden: „Bei der europäischen Regionalpolitik geht es um die Angleichung des Entwicklungsstandes im europaweiten Maßstab, bei der deutschen Regionalpolitik dagegen wird die nationale Messlatte angelegt."[106] Um den verschiedenen Wohlstandsniveaus der einzelnen Mitgliedsstaaten bei den jeweils nationalen Regionalpolitiken Rechnung zu tragen, arbeitet die Kommission deshalb mit sog. „modifizierten Schwellenwerten". Dadurch ist es den Mitgliedsstaaten möglich, Regionalpolitik in Bezug auf den eigenen Mittelwert zu betreiben. Die EG-Regionalpolitik steht hier im Spannungsverhältnis zwischen der Notwendigkeit von nationalem und europaweitem Ausgleich.[107]

Bei der jeweiligen Zielverfolgung ist ferner zu berücksichtigen, dass für jede der beteiligten Politikebenen Legitimationsdruck besteht. Dieser existiert zum einen, wie im vorherigen Kapitel ausgeführt, grundsätzlich bei regionalpolitischen Eingrif-

---

104 Vgl. ausführlich zur regionalen Wirtschaftspolitik und zu den Spielräumen der Länder, Nägele (1996), S. 127 ff. und 139. *Nägele* spricht in diesem Zusammenhang von einer „Sandwich-Theorie", S. 47.

105 Zum Begriff Kohäsion vgl. Toepel (1997), S. 11 f., in Anlehnung an Begg/Meyes (1991): A New Strategy for Social and Economic Cohesion after 1992: European Parliament – Directorate-General for Research, Research and Documentation Papers, Regional and Transport Series No. 19.

106 Vgl. Toepel (1997), S. 157.

107 „Mit diesen Modifikationen möchte man vor allem dem Tatbestand Rechnung tragen, dass jedes Mitgliedsland bezogen auf seinen Mittelwert Regionalpolitik betreiben darf." Klemmer (1998a), S. 494, dort außerdem Kritik in Bezug auf dieses Verfahren. Zum Spannungsverhältnis vgl. „EG-Strukturfonds. Reformchance genutzt?" in: DIW WB 34/93, S. 472. Außerdem: Rolfes (1991), S. 61 und Rosenstock (1995), S. 105.

fen in die Marktwirtschaft. Zum anderen fordert der Grundgedanke des Subsidiaritätsprinzips, dass nur dann Kompetenzen auf die europäische Ebene verlagert werden dürfen, wenn eine öffentliche Aufgabenerfüllung auf der regionalen und nationalen Ebene nicht ausreichend bewältigt und auf Gemeinschaftsebene besser erfüllt werden kann.[108] Darüber hinaus ist über die Verwendung der Haushaltsmittel sowohl auf europäischer als auch auf nationaler Ebene Rechenschaft abzulegen (knappe Mittel/Haushaltsrestriktionen). Insofern besteht „Erfolgszwang" auf allen beteiligten Ebenen, um definierte regionalpolitische Ziele, den Mitteleinsatz sowie die gewählte Verteilung von Fördermitteln zu legitimieren.

Auch in Bezug auf die Ziele, die mit dem Einsatz europäischer Fördermittel in Berlin und Brandenburg angestrebt wurden, gilt, dass sich europäische und landespolitische Ziele vereinbaren lassen müssen, um die zweckdienliche und erfolgreiche Mittelverwendung sowohl gegenüber den Landesparlamenten als auch gegenüber der Europäischen Kommission zu belegen. Dass die Ziele auf Landesebene zweier benachbarter Bundesländer nicht immer deckungsgleich sind, zeigt sich gerade in der Region Berlin. Die Landesregierungen in Berlin und Brandenburg sind nicht nur ihren jeweiligen Parlamenten und diese ihren jeweiligen Wählern gegenüber rechenschaftspflichtig, sondern sie sind auch mit ganz unterschiedlichen regionalen Herausforderungen konfrontiert. Berlin als Stadtstaat droht die Gefahr, Einwohner und Betriebe an das Umland zu verlieren. In dem eher ländlich geprägten Flächenland Brandenburg gilt es zu verhindern, dass sich alle wirtschaftlichen Aktivitäten auf den „Speckgürtel" um Berlin herum konzentrieren. Andererseits ist in beiden Ländern unstrittig, dass im Wettbewerb der Regionen hinsichtlich Schaffung neuer Arbeitsplätze, Erhöhung der Steuereinnahmen und Verbesserung des regionalen Wohlstandes ein einheitliches Auftreten Voraussetzung für eine optimale Entwicklung beider Länder ist. Dies gilt im Prinzip auch dann, wenn ein Land von diesen Vorteilen stärker profitiert als das andere. Die Sicht der Verantwortlichen ist oft jedoch eine andere. Für politische Funktionen gilt, dass für die Wiederwahl eine „Politik der Nutzenmaximierung für ihren unmittelbaren Zuständigkeitsbereich" Voraussetzung ist.[109]

3.3.3. Regelungen des Zusammenwirkens

Als Folge der Reform von 1988 und der damit einhergehenden veränderten Kompetenzen der Kommission entstanden beim Zusammenwirken von nationaler und europäischer Regionalpolitik in Deutschland einige kritische Punkte für den Förder-

108 Speziell zur Legitimation einer europäischen Regionalpolitik, vgl. auch Klemmer (1998a), S. 478 f., sowie zum Subsidiaritätsprinzip: Döring (1993): Subsidiaritätsprinzip und EG-Regionalpolitik, Schriftenreihe der Gesellschaft für Regionale Strukturentwicklung, Bd. 19 und Döring (1996): Das Subsidiaritätsprinzip in der Europäischen Gemeinschaft, S. 293 ff.

109 Döring et al. (1995), S. 23.

zeitraum 1989-1999. Probleme ergaben sich vor allem deshalb, weil die europäischen Strukturfondsmittel über den Kofinanzierungsmechanismus immer an nationale oder regionale Mittel gekoppelt sind. Die jeweiligen Verfahrensabläufe (wer mit wem, wann, was) sind in den detaillierten (Durchführungs-) Verordnungen festgeschrieben.[110] Durch die „funktionale und regionale Spezifizierung der EG-Regionalpolitik mit Hilfe von Ziel-Kategorien“[111] stimmen die europäischen Fördergebiete teilweise nicht mehr mit der nationalen Fördergebietskulisse überein.[112] Unter anderem deshalb gibt es in den alten Bundesländern nicht mehr die automatische Kopplung von GRW und EFRE.[113] Schließlich erlauben die Fondsverordnungen einen wesentlich breiteren Einsatz europäischer Fördermittel als die GRW. Formalisiert wurde auch die Genehmigungspflicht für die Fördergebietskulisse und das Einreichen von regionalen Entwicklungsplänen. Der Mitgliedstaat legt sich damit bereits im Vorfeld der Strukturfondsförderperiode für die gesamte kommende Periode auf bestimmte Förderschwerpunkte und -ziele fest, wobei dies bis hin zur indikativen Finanzplanung und damit auch der Bindung der eigenen Haushaltsmittel reicht.

Für die Regionalpolitik in Deutschland haben sich dadurch Vor- und Nachteile ergeben:

Die Vorteile sind

- zusätzliche europäische Mittel auf nationaler und regionaler Ebene, die explizit für die Förderung der regionalen Wirtschaft bereitstehen,

- ein erweitertes Förderspektrum,

---

110 EG (1984), S. 1-15; EG (1988), S. 9-20; EG (1988a): Verordnung (EWG) Nr. 4254/88 des Rates zur Durchführung der VO (EWG) Nr. 2052/88 betreffend den Europäischen Fonds für regionale Entwicklung [EFRE-Verordnung 1988], in: ABl. Nr. L. 374, S. 15-20; EG (1990): Verordnung (EWG) Nr. 3575/90 des Rates über die Interventionen des Strukturfonds im Gebiet der ehemaligen DDR, in ABL. Nr. L 353; EG (1993), S. 5-19, sowie EG (1993a) Verordnung (EWG) Nr. 2083/93 des Rates zur Änderung der VO (EWG) Nr. 4254/88 zur Durchführung der VO (EWG) 2052/88 in Bezug auf den Europäischen Fonds für regionale Entwicklung [EFRE-Verordnung 1993], in ABl. Nr. L 193, S. 34-38.

111 Vgl. Nägele (1996), S. 48 f.

112 Die in den Rahmenplänen enthaltenen Fördergebietskarten der GRW und der europäischen Strukturfondsförderung veranschaulichen sehr eindrucksvoll die Unterschiede in den Fördergebietskulissen. Die Abweichungen und die Veränderungen in Bezug auf die Region Berlin zeigen, sich .besonders deutlich im Vergleich der Übersichtskarten des 20. und 26. Rahmenplans sowie aktuell im 30. Rahmenplan.

113 Anders bei den neuen Ländern und Ost-Berlin, wo der EFRE zunächst vollständig an die GRW gekoppelt wurde. Vgl. Kapitel 4.

- ein Mehr an Flexibilität bei der Förderung in den Regionen, welche sich durch den EFRE-Maßnahmenkatalog eröffnet[114] sowie
- Planungssicherheit für mehrere Jahre.[115]

Die Nachteile dabei sind

- die grundsätzliche Verpflichtung zur Orientierung an der europäischen Politikrichtung, d.h. keine komplette nationale Unabhängigkeit mehr bei der Auswahl von Förderschwerpunkten und -regionen[116], sofern europäische Mittel in Anspruch genommen werden und
- eine damit einhergehende eingeschränkte Verwendungsmöglichkeit der nationalen Mittel, die nicht mehr zur freien Verfügung stehen, sondern für die Kofinanzierung bereitgestellt werden müssen.

3.3.4. Probleme in der praktischen Kooperation

Unabhängig von den formalen Differenzen bei den Förderkriterien und Verfahren entstehen auch Komplikationen bei der konkreten Umsetzung der gemeinschaftlichen Förderung durch die Anbindung an die nationale Förderung, und zwar bei folgenden Punkten, die sich teilweise gegenseitig beeinflussen bzw. bedingen:

1. Auf Grund der Notwendigkeit der **Kofinanzierung** der europäischen Fördermittel und der damit einher gehenden reduzierten Möglichkeit für eine eigenständige nationale Förderpolitik kommt es zu einem Spannungsverhältnis zwischen den regionalpolitischen Zielen der Bundes- und Landesförderung einerseits und der europäischen Förderung andererseits. Der Konflikt vergrößert sich noch, wenn Engpässe der öffentlichen Haushalte zunehmen.

2. Da **Maßnahmenkataloge** von nationaler GRW und Europäischem Regionalfonds nicht identisch sind, kann das breitere Förderspektrum des EFRE so lange nicht ausgeschöpft werden, wie die Kofinanzierung über die GRW erfolgt. Das führt

114 Der Vorteil hierbei ist, dass das breitere Spektrum der förderfähigen Maßnahmen des EFRE eine stärkere Ausrichtung der förderfähigen Maßnahmen auf die spezifischen Engpassfaktoren der einzelnen Regionen bei der Regionalentwicklung zulässt.

115 Während des Untersuchungszeitraumes betrugen die Förderperioden bis zu sechs Jahren, ab der Förderperiode 2000 beträgt der Planungszeitraum sogar sieben Jahre.

116 Vgl. dazu Überlegungen, die bereits 1975 zur „Notwendigkeit der Konzentration" der Förderung in Regionen angestellt wurden, „die sowohl nach den nationalen als auch den gemeinschaftlichen Kriterien als Förderregionen anerkannt sind", in: Franzmeyer et al. (1975), S. 185.

dazu, dass sich entweder die Nutzung der angebotenen europäischen Mittel auf die Förderschwerpunkte von GRW beschränken muss[117] oder aber die Kofinanzierung nur aus Länderprogrammen möglich ist. Letzteres führt dazu, dass sich die Regionalpolitik tendenziell stärker nach den europäischen als den nationalen Förderschwerpunkten ausrichtet, ein Effekt, der als „Politik des goldenen Zügels" bezeichnet wird.[118]

3. Ein weiterer Problemverursacher ist das unterschiedliche **Verfahren zur Abgrenzung** und Einstufung von Fördergebieten. Die jeweilige Festlegung der förderfähigen Gebiete führt zu Differenzen in der Fördergebietskulisse für die europäische und nationale Förderung. Auf Grund der unterschiedlichen Auswahlverfahren (in Deutschland Arbeitsmarktregionen und auf europäischer Ebene administrative Einheiten) und der unterschiedlich bewerteten regionalen Disparitäten auf nationaler und europäischer Ebene ist die europäische Förderkulisse nicht zwangsläufig deckungsgleich mit den nationalen Fördergebieten der GRW,[119] wodurch sich Inkonsistenzen im Hinblick auf die angestrebte Fördermittelkonzentration ergeben und die „Lenkungseffizienz" der Regionalpolitik leidet.[120]

4. Die **europäische Beihilfenkontrolle** hat einen nicht unerheblichen Einfluss auf die Wahl der nationalen Fördergebietskulisse und auf die Höhe der zulässigen nationalen Beihilfen in Deutschland.[121] Die europäischen Wettbewerbsregeln[122]

---

117 Dies gilt für die anfangs festgelegte strikte Kopplung des EFRE an die GRW bei der Förderung in den neuen Ländern. Vgl. dazu Kapitel 4.

118 In Verbindung mit der europäischen Beihilfenkontrolle gibt es neben der Bezeichnung „goldener Zügel" auch noch den Begriff „sticks and carrots": 'carrots' = Fördergelder und 'sticks' = Beihilfenkontrolle. „Neben den `carrots´ der EG-Strukturfonds hat die Kommission als weltweit einzige übergeordnete Ebene in einem supranationalen oder förderalen Verbund die Kompetenz der Beihilfenkontrolle und kann diese als `sticks´ bei der Durchsetzung einer eigenständigen Politik einsetzen." Nägele (1996), S. 140. Vgl. auch Toepel (1997), S. 190.

119 Im 22. Rahmenplan heißt es dazu: „... gibt es Regionen, die zwar den Förderstatus des EFRE haben, die aber auf nationaler Ebene nicht als regionale Fördergebiete ausgewiesen sind. Eine Harmonisierung dieser verschiedenen Fördergebietskategorien wäre wünschenswert. Dabei sollte dem Subsidiaritätsprinzip verstärkt Rechnung getragen werden." Vgl. 22. Rahmenplan der Gemeinschaftsaufgabe „Verbesserung der regionalen Wirtschaftsstruktur" für den Zeitraum 1993-1996 (1997), in: BT-Drs. 12/4850, S. 50. Diese Problematik ist allerdings nicht neu bzw. sie ist genauso alt wie die EU-Förderung, vgl. Franzmeyer et al. (1975).

120 Vgl. Staeck (1996), S. 52.

121 Zur Methode und Kritik am Verfahren, zu den politischen Handlungsrestriktionen auf mitgliedsstaatlicher und regionaler Ebene durch das europäische Beihilfenkontrollsystem vgl. Nägele (1996), S. 31 ff.

limitieren die nationale Förderung sowohl in der Höhe der Beihilfen als auch in der Größe des nationalen Fördergebiets.[123]

Darüber hinaus gibt es Kritik an der Kooperationspraxis in Bezug auf folgende Punkte:[124]

- Die große Anzahl bzw. Vielzahl europäischer Förderprogramme erfordert einen hohen Koordinierungsaufwand und trägt damit zur geringen Transparenz des gemeinschaftlichen Fördersystems bei.

- Bei der Implementation der Programme und Projekte kommt es zu Problemen verwaltungstechnischer Art durch ein komplexes, aufwändiges und langwieriges Prozedere. Kritisiert werden insbesondere die hohe Regelungsdichte und ein hoher Verwaltungsaufwand bei Antragstellung und Programmdurchführung[125] sowie ein time-lag bei der Bestätigung der Programme.

- Dies gilt verstärkt für die Gemeinschaftsinitiativen, wo der Verwaltungsaufwand letztendlich in einem noch ungünstigeren Verhältnis zu den eingeworbenen europäischen Mitteln und erreichbaren Fördereffekten steht.

Durch die Tatsache, dass in Deutschland Arbeitsmarktregionen Grundlage der Fördergebietsabgrenzung sind, während die europäische Regionalförderung auf der (an administrativen Gebietseinheiten ausgerichteten) NUTS-Systematik basiert, entstehen nicht nur grundsätzliche Interessendifferenzen, sondern auch praktische Umsetzungsprobleme beim Zusammenwirken von nationaler und europäischer Regionalförderung.[126] Dieser Umstand führte insbesondere in der Region Berlin zu Problemen, auf die in den Kapiteln 5 und 6 näher eingegangen wird.

---

122 Zur Beihilfenkontrolle nach Art. 130 b EWGV vgl. Erlbacher/Lageard (1996): Regionalförderung und EG-Wettbewerbsrecht, in: Eberstein/Karl (Hrsg.): Handbuch der regionalen Wirtschaftsförderung, A VII 4. Die jeweiligen Schwellenwerte für die zulässigen nationalen Beihilfen finden sich im Amtsblatt der Gemeinschaft.

123 Vgl. für die „indirekte" Regionalpolitik, Klemmer (1998a), S. 492 ff. Außerdem Toepel (1997), S. 158; Art. 92 EWGV beinhaltet die „Regulative Politiksteuerung über Beihilfenaufsicht im Rahmen der Wettbewerbskontrolle", regionale Ausnahmen sind in Art. 92 Abs. 3. EWGV geregelt. Weiterführend dazu Rosenstock (1995) und Rolfes (1991).

124 Vgl. Toepel (1997), S. 160 ff. und die dort angegebene Literatur, außerdem Ridinger (1996), A II Rz. 73.

125 Zusätzlich zu den nationalen Verwaltungsbestimmungen müssen auch noch sehr detaillierte europäische Durchführungsbestimmungen beachtet werden, vgl. Staeck (1996), S. 51.

126 Es gibt vielfältige Verbesserungsvorschläge für eine Weiterentwicklung der Verfahren bei der europäischen Förderung, die allerdings auf den dieser Untersuchung zu Grunde liegenden Förderzeitraum 1989-1999 keinen Einfluss mehr hatten. Vgl. dazu die Ausführungen im Schlusskapitel dieser Arbeit.

3.4. Zusammenfassung

Während im vorherigen Kapitel die theoretischen Grundlagen der regionalen Wirtschaftspolitik und Aspekte der Politikverflechtung auf Grund der verschiedenen beteiligten politischen Ebenen behandelt wurden, befasst sich dieses Kapitel über „Regionalpolitik in der Bundesrepublik" mit den konkreten Ausprägungen nationaler und europäischer Regionalpolitik. Als zentrale Instrumente wurden dafür auf nationaler Ebene die Gemeinschaftsaufgabe „Verbesserung der regionalen Wirtschaftsstruktur" (GRW) und auf europäischer Ebene der Fonds für regionale Entwicklung (EFRE) behandelt.

Mit Hilfe der GRW soll die Verteilung ökonomischer Aktivitäten in der Bundesrepublik beeinflusst werden. Die GRW, für deren Planung und Finanzierung Bund und Länder gemeinsam zuständig sind, hat darüber hinaus eine Koordinierungsfunktion gegenüber anderen raumwirksamen Politikbereichen. Das gilt auch in Bezug auf die europäische Regionalpolitik, zumal EFRE-Interventionen stets eine Kofinanzierung durch nationale oder regionale Fördermittel voraussetzen.

Die konkrete Förderpraxis auf europäischer und nationaler Ebene weist jedoch Unterschiede auf. Die Abgrenzung der Fördergebiete für die GRW erfolgt nach Arbeitsmarktregionen, für den EFRE jedoch nach administrativen Gebietseinheiten entsprechend der NUTS-Systematik. Innerhalb der europäischen Fördergebietskulisse erfolgt darüber hinaus eine Unterteilung nach Zielkategorien. Ost-Berlin und Brandenburg gehören zu Ziel 1 (Regionen mit Entwicklungsrückstand) und West-Berlin zu Ziel 2 (Industrieregionen mit rückläufiger Entwicklung). Auch das Förderspektrum ist unterschiedlich, wobei das EFRE-Förderspektrum über das der GRW hinausgeht.

Durch die Unterschiede in den Förderkriterien existiert auf Grund der Politikverflechtungen der beteiligten verschiedenen Ebenen ein latentes Spannungsverhältnis zwischen den beteiligten Akteuren. Sofern europäische Mittel in Anspruch genommen werden, führt z.B. die grundsätzliche Verpflichtung zur Orientierung an der europäischen Politikrichtung zu Einschränkungen in der nationaler Unabhängigkeit (Politik des „goldenen Zügels"). Dies gilt insbesondere auf Grund der Beihilfenkontrolle, durch die die Europäische Kommission verstärkt Einfluss auf die regionale Wirtschaftsförderung in den Mitgliedsstaaten nimmt.

Vor der Wiedervereinigung war die EG-Regionalpolitik und damit auch das Zusammenwirken von nationaler und europäischer Förderung in Deutschland kaum ein Thema. Seit die neuen Bundesländer jedoch als prioritäres Fördergebiet der Europäischen Union klassifiziert und für sie umfangreiche Fördergelder bereit gestellt wurden, hat sich dies geändert. Die neue Situation der Regionalpolitik nach der

Wiedervereinigung wird im folgenden Kapitel behandelt, da sie die Basis für die EFRE-Förderung in der Region Berlin bildet.

4. Neue Länder

Nachdem im vorangegangenen Kapitel Ziele und Instrumente der nationalen und europäischen Regionalpolitik dargestellt wurden und untersucht wurde, welche Gemeinsamkeiten bestehen und wo Zielkonflikte bzw. Konfliktpotenziale liegen, wird in diesem Kapitel näher darauf eingegangen, wie Bundesregierung und Europäische Gemeinschaft auf die Umbruchsituation in Deutschland reagiert haben und welche Entscheidungen und Maßnahmen zur wirtschaftlichen und sozialen Integration der neuen Länder getroffen wurden. Im Vordergrund des Interesses stehen dabei die regionalpolitisch relevanten wirtschaftsbezogenen Förderhilfen, da zum einen der Regionalpolitik und ihren Instrumenten bei dem Umstrukturierungs- und Anpassungsprozess in den neuen Ländern und Ost-Berlin eine besondere Bedeutung zukam und zum anderen die Regionalpolitik nach der Wiedervereinigung ihre Prioritäten für das neue Gesamtgebiet sowohl auf nationaler als auch auf europäischer Ebene neu setzen musste.[1]

Zunächst wird auf die Ausgangslage 1989/90 und die Rahmenbedingungen für die Wirtschafts-, Währungs- und Sozialunion (WWS)[2] und die Wiedervereinigung eingegangen sowie auf den politischen Handlungsbedarf und die damalige Datengrundlage, die zu spezifischen Regelungen für die regionale Wirtschaftspolitik in den neuen Ländern führte. Anschließend werden die nationalen und europäischen Hilfen für das Beitrittsgebiet und damit auch für die Region Berlin behandelt sowie Rückwirkungen der Interventionen auf die alten Bundesländer, den neuen Gesamtraum und die Gemeinschaft aufgezeigt.

4.1. Ausgangslage

Nach dem Beitritt der DDR gemäß Art. 23 GG und der Wiedervereinigung am 3.10.1990 nach Art. 28 I 1 Einigungsvertrag[3] hatte die ehemalige DDR gemäß Art. 23 GG sämtliche Rahmenbedingungen und Regelungen des marktwirtschaftlichen und politischen Systems der Bundesrepublik – von wenigen Ausnahmen abgese-

---

1 Vgl. SVR JG (1990), Z. 342 ff. und Z. 551. Zur besonderen Stellung der Regionalpolitik im Einigungsvertrag vgl. Schümann (1993), S. 102. Für eine ausführliche Darstellung des politischen Entscheidungsprozesses zur Herstellung und Unterstützung der deutschen Einheit, die zahlreichen damit verbundenen Verhandlungen und weiterführende Literatur vgl. auch EP (1990b): Europäisches Parlament und deutsche Einheit.

2 BGBl. (1990): Gesetz zu dem Vertrag vom 18. Mai 1990 über die Schaffung einer Wirtschafts-, Währungs- und Sozialunion zwischen der Bundesrepublik Deutschland und der Deutschen Demokratischen Republik, in: BGBl. II 1990, S. 518.

3 BGBl. (1990a), S. 890.

hen – übernommen. Sie war mit der Wirtschafts-, Währungs- und Sozialunion[4] und der nachfolgenden Wiedervereinigung nicht nur Teil der Bundesrepublik Deutschland, sondern zugleich auch Teil der Europäischen Gemeinschaft geworden. Die neuen Länder und Ost-Berlin wurden so in den Binnenmarkt einbezogen[5] und unterlagen seitdem, anfangs mit Übergangsregelungen, auch dem Rechtssystem („acquis communautaire") der Europäischen Gemeinschaft im Allgemeinen und dem europäischen Wirtschaftsrecht im Besonderen.[6]

Die durch Wirtschafts-, Währungs- und Sozialunion und Wiedervereinigung hervorgerufene abrupte Öffnung des ostdeutschen Marktes führte dazu, dass die Wirtschaft der ehemaligen DDR schlagartig dem Wettbewerbsdruck der gesamten internationalen Konkurrenz ausgesetzt wurde.[7] Der Verlust der Wettbewerbsfähigkeit[8], der Zusammenbruch der Handelsbeziehungen im Rat für Gegenseitige Wirtschaftshilfe (RGW)[9] und die folgende Auflösung des RGW hatten seit Mitte 1990 für die ehemalige DDR durch den Einbruch des traditionellen Osthandels Absatzprobleme und einen steilen Rückgang in der Produktion und Beschäftigung zur Folge.[10] Die zentrale staatliche Planwirtschaft der DDR brach zusammen.

---

4 Bereits am 13. Februar 1990 hatte die Bundesregierung der DDR das Angebot einer deutsch-deutschen Währungsunion unterbreitet.

5 Durch die am 1. Juni 1990 eingeführte WWS bestand de facto eine Zollunion der DDR mit der EG.

6 Einigungsvertrag Art. 10 „Recht der Europäischen Gemeinschaften" und Art. 28 „Wirtschaftsförderung".

7 Offiziell ist der gemeinsame Binnenmarkt am 1.1.1993 vollendet worden, womit eine erneute Wettbewerbsverschärfung für ostdeutsche Betriebe einherging. Schutzklauseln und Übergangsregeln für die ostdeutsche Wirtschaft, wie sie sonst bei EG-Beitritten üblich sind, gab es für die neuen Länder nur vergleichsweise wenige. Zu den außergewöhnlichen Beitrittsbedingungen für Ostdeutschland vgl. Wegner (Hrsg.) (1993): Die neuen Bundesländer in der EG, Gutachten für das BMWi, S. 63 f.

8 Vgl. Horn/Zwiener (1995): Die Deutsche Vereinigung – Stimulus für die Weltwirtschaft, in: DIW Vierteljahresheft zur Wirtschaftsforschung 3/95, S. 419; Wegner (1993), S. 21 f.

9 Zur Geschichte und den Aufgaben der Wirtschaftsorganisation RGW vgl. Bethkenhagen/Machowski (1976): Integration im Rat für Gegenseitige Wirtschaftshilfe. Entwicklungen, Organisation, Erfolge und Grenzen. Die endgültige Auflösung des RGW erfolgte Ende Juni 1991, vgl. Abschließende Sitzung der 46. Tagungsperiode des Rates für Gegenseitige Wirtschaftshilfe (RGW) in Budapest am 28. Juni 1991, Protokoll der abschließenden Sitzung in: Europa-Archiv (1991), Jg. 46, Folge 22, S. D 575 f.

10 Vgl. SVR JG (1991): Jahresgutachten 1991/1992 „Die wirtschaftliche Integration in Deutschland, Perspektiven – Wege – Risiken", Z. 3*, Z. 91 ff.

4.1.1. Handlungsbedarf

Die Bundesrepublik stand seit der Maueröffnung unter großem Handlungsdruck, da es zu erheblichen Übersiedlungen aus dem Gebiet der ehemaligen DDR in die Bundesrepublik gekommen war. Bis zur deutschen Einheit im Oktober 1990 hatten fast 650 000 Personen die ehemalige DDR in Richtung Westdeutschland verlassen, was nicht ohne Folgen für den Arbeitsmarkt blieb und vor allem in Ostdeutschland zu einer starken Schwächung des Arbeitskräftepotenzials führte.[11] Überproportional viele jüngere und gut ausgebildete Erwerbspersonen verließen die DDR. Diese zum großen Teil ökonomisch induzierte Bevölkerungsabwanderung konnte nur durch Zusagen der Bundesregierung zum Abbau des Wohlstandsgefälles zwischen Ost- und Westdeutschland und durch wirtschaftliches Wachstum im Osten Deutschlands gestoppt werden.[12] WWS und Einigungsvertrag waren deshalb nötige politische Signale für die zu erwartende Hilfe und den Aufschwung für die neuen Länder und Ost-Berlin. Erst sie schufen die erforderlichen gesetzlichen Grundlagen für die wirtschaftliche und soziale Integration.

Die Bundesregierung erklärte ihre grundsätzliche Bereitschaft, für eine längere Übergangsperiode im Rahmen innerdeutscher Finanztransfers von West nach Ost die sozialen Anpassungskosten, die dringend erforderlichen Infrastrukturinvestitionen[13] und die finanziellen Anreize für private Investitionen in Ostdeutschland zu finanzieren. Um den weiteren Bevölkerungsabwanderungen aus den neuen Bundesländern entgegenzuwirken, spielte dabei das Ziel der Wohlstandsangleichung (bzw. die schnelle Zielverkündung) eine nicht unwesentliche Rolle.

---

11 Vgl. Schulz (1995): Auswirkungen des Bevölkerungsrückganges in den neuen Bundesländern auf ausgewählte Infrastrukturbereiche, in: DIW Vierteljahresheft 3/95, S. 493 und 496; und „Reform der Wirtschaftsordnung in der DDR und die Aufgaben der Bundesrepublik“, in: DIW WB 6/90a, S. 66 ff, wo schon 1990 auf das Problem der starken Übersiedlungswelle eingegangen wird. Zur Problematik der "passiven Sanierung" außerdem Gerstenberger (1990): Das zukünftige Produktionspotenzial der DDR – ein Versuch zur Reduzierung von Unsicherheiten, in: ifo-schnelldienst 7/90, S. 17.

12 Vgl. SVR JG (1990): Sondergutachten vom 20. Januar 1990, Z. 47; Schulz (1995), S. 493 und Necker (1990): Ein Fünf-Stufen-Plan für die Wirtschafts- und Währungsgemeinschaft, in: Wirtschaftsdienst II/1990, S. 65 ff.

13 Für die neuen Länder war die Theorie der öffentlichen Güter, die zwischen den Gegensätzen von Polarisationstheorie und neoklassischer Wachstumstheorie anzusiedeln ist, bedeutsam. Sie unterstellt, dass sich eine nicht ausreichende Versorgung von öffentlichen Gütern bzw. Infrastrukturausstattung als Engpassfaktor für die wirtschaftliche Entwicklung rückständiger Regionen erweist. Vgl. Krieger-Boden (1995), S. 200 und Biehl/Ungar (1991), S. 237 ff.

Die deutsche Wiedervereinigung war zwar grundsätzlich erwünscht[14], ist in ihrer Art und Schnelligkeit jedoch zum damaligen Zeitpunkt weder von der Bundesregierung noch von der EG vorhergesehen worden. 1989/90 gab es deshalb keine fertigen Konzepte für eine problemadäquate Hilfe für das Gebiet der DDR. Durch die Einmaligkeit der politischen Ereignisse konnte auch nicht auf Präzedenzfälle als Lösungshilfe zurückgegriffen werden.[15]

Zur grundsätzlichen Bereitschaft der Bundesregierung, erhebliche Finanztransfers zur Angleichung des Wohlstandsniveaus zu leisten, also der Frage nach dem *ob*, kam die Frage nach dem *wie,* nach der geeigneten wirtschaftspolitischen Strategie.[16] Der regionalen Strukturpolitik kam hierbei als Teilbereich einer wachstumsorientierten Politik[17] mit der Wahl eines problemadäquaten regionalpolitischen Konzepts – speziell nach den geeigneten regionalen Förderinstrumenten – besondere Bedeutung zu. Die in Auftrag gegebenen Untersuchungen hatten einen großen Handlungsbedarf in den neuen Ländern aufgezeigt und die Übertragbarkeit bestehender nationaler und europäischer Förderinstrumente auf Ostdeutschland geprüft.

Angesichts der drängenden Probleme, der unsicheren Datengrundlage, dem Ziel, Zeitverluste zu vermeiden und sowohl nationale als auch europäische Mittel so schnell wie möglich bereitzustellen, wurden die schon bestehenden nationalen und europäischen Instrumente der regionalen Wirtschaftsförderung eins zu eins auf die neuen Bundesländer übertragen und damit auf ein speziell für das Beitrittsgebiet zugeschnittenes Instrumentarium verzichtet. Um zusätzliche Erschwernisse für die im Aufbau befindliche Verwaltung in den neuen Bundesländern zu vermeiden, wurden die europäischen Förderhilfen vollständig an die vorhandenen nationalen Förderin-

---

14 Präambel und Art. 23 GG in der Fassung bis 1990. Mit dem Einigungsvertragsgesetz vom 31.8.1990 wurden die Präambel, Art. 51 Abs. 2, Art. 135 a und 146 geändert, Art. 23 aufgehoben und Art. 143 eingefügt. Vgl. außerdem: Bundesministerium für innerdeutsche Beziehungen (1970): Materialien der Bundesregierung zum Bericht zur Lage der Nation vom 11. Januar 1970, in: Texte zur Deutschlandpolitik Bd. IV, S. 149 ff.

15 Deutlich wird diese Problematik in einem Zitat des langjährigen Staatssekretärs im BMWi Otto Schlecht: „Einen fertigen Masterplan gab es in Deutschland für die plötzlich kommende und schnelle Systemangleichung nicht. Sie vollzog sich nach der Politik des `learning by doing und making mistakes´." in: Schlecht (1995): Wohlstand für ganz Europa, S. 53.

16 Klemmer (1991): Übertragbarkeit regionalpolitischer Konzepte auf die neuen Bundesländer, in: Informationen zur Raumentwicklung, Heft 9-10/1991, S. 611.

17 Für die neuen Länder galt, dass im Rahmen der regionalen Strukturpolitik dem Wachstumsziel Priorität vor dem Ausgleichsziel eingeräumt werden mußte. Vgl. SVR JG (1990), Z. 342. Zur Differenzierung zwischen wachstums- und ausgleichspolitisch motivierter Konzeption der Regionalpolitik und den Folgen für die neuen Länder, vgl. auch SVR JG (1991), Z. 519 ff.

strumente gekoppelt.[18] Die schnelle Einbeziehung der neuen Länder in die Regionalförderung GRW[19] und damit die Übertragung eines schon in der alten Bundesrepublik nicht unumstrittenen Instrumentariums wurde auf Grund der drängenden Probleme als problematisch, aber vertretbar angesehen.[20]

Unter dem bestehenden Handlungsdruck sind mit dem Einigungsvertrag und der Übernahme der bestehenden Förderkonzepte Grundlagen und Rahmenbedingungen für die wirtschaftliche und politische Integration der neuen Länder und Ost-Berlins geschaffen worden. Die Funktionsfähigkeit des Systems von Verwaltung und Rechtspflege war damit hingegen noch nicht gewährleistet. Das Unsicherheitspotenzial durch den Verwaltungsum- bzw. -aufbau und durch das fehlende Know-how wurde im Zusammenhang mit der Regionalpolitik und speziell im Hinblick auf die Implementation der Regionalförderung in Ostdeutschland immer wieder als erschwerender Faktor genannt.[21] Auf diesen Punkt wird für die untersuchte Region Berlin in den beiden nächsten Kapiteln näher eingegangen.

4.1.2. Datengrundlage

Mit Einführung der WWS und der Wiedervereinigung waren zwischen den alten und neuen Bundesländern erhebliche Wohlstandsunterschiede sichtbar geworden, die sehr viel stärker ausgeprägt waren als vorher von westlichen Wirtschaftsforschern angenommen worden war. Der schlechte Zustand der Wirtschaft in der ehemaligen DDR übertraf nicht nur alle pessimistischen Erwartungen, sondern zeigte auch, dass eine realistische Einschätzung der Situation auf Grund von manipulierten Informationen und einer insgesamt problematischen Datenbasis bis dato kaum möglich war.[22] Insbesondere für den Aufgabenbereich der amtlichen Statistik wurde schnell deutlich, dass es erheblicher Anstrengungen bedurfte, Statistiken entspre-

---

18 Der EFRE an die GRW, der ESF an die Fördermaßnahmen der Bundesanstalt für Arbeit und der EAGFL an die Gemeinschaftsaufgabe zur "Verbesserung der Agrarstruktur und des Küstenschutzes". Zu den Erfahrungen mit der GRW in den neuen Ländern und der Kopplung der Mittel, vgl. insbesondere Toepel (1997), S. 110.

19 Beschlossen im Januar 1991.

20 Vgl. Klemmer (1991), S. 617.

21 Vgl. Budde et al. (1991), S. 4 f. und S. 285; Fritsch/Wagner/Eckhardt (1991): Regionalpolitik in Ostdeutschland, in: Wirtschaftsdienst XII/1991, S. 360. Außerdem SVR JG (1990), Z. 72* (Verwaltungsaufbau) und Z. 546 (Verwaltungsstruktur und -potenzial), und Wegner (1993), S. 12.

22 Zur schwierigen Datengrundlage und Vergleichbarkeit siehe auch SVR JG (1990): Sondergutachten vom 20. Januar 1990, Z. 11. Und Budde et al. (1991), S. 274. Über die vorhandene Datenkenntnis und das Ausmaß der Probleme in der ehemaligen DDR gab es geteilte Ansichten. Deutlich wurde dies besonders bei Hübler (1993): Quo vadis Brandenburg-Berlin, in: Raumforschung und Raumordnung, Heft 2-3/1993, S. 72.

chend westlichen Standards zu erstellen, um aussagekräftige Daten zu erhalten und damit Vergleichbarkeit mit westlichen Industrienationen herzustellen. Bis dahin blieben Analysen der bestehenden Situation und der wirtschaftlichen Entwicklung nur mit Einschränkungen möglich.[23]

Nachträgliche Betrachtungen stimmen weitgehend darin überein, dass die damalige Einschätzung der ökonomischen Lage der DDR zu positiv war.[24] Die Europäische Kommission kommentierte später die Haltung in der Bundesrepublik von 1990 wie folgt: „In den frühen Phasen des Vereinigungsprozesses ging man von offizieller Seite davon aus, dass die finanziellen Auswirkungen der Vereinigung begrenzt sein würden. Steuererhöhungen wurden nicht für nötig gehalten. Diese Einschätzung war Ausdruck der optimistischen Erwartungen der Bundesregierung hinsichtlich der Verfassung der DDR-Wirtschaft und ihrer Aussichten in einem vereinten Deutschland. Dieser Optimismus gründete sich auf scheinbar ermutigende wirtschaftliche Eckdaten. ... Zwar würde es auch zu erheblichen Übergangsschwierigkeiten kommen, doch sollten die hochqualifizierten und motivierten ostdeutschen Arbeitskräfte zusammen mit dem neuen rechtlichen und volkswirtschaftlichen Rahmen eine solide Grundlage für einen raschen Aufschwung in Ostdeutschland schaffen. Diese Vorstellungen und die Auffassung, dass die DDR-Wirtschaft insgesamt einen erheblichen Aktivposten darstellte, beherrschten die amtlichen Äußerungen und hatten auch Einfluss auf den Vereinigungsvertrag. So wurden die ersten Transferleistungen für Ostdeutschland noch als `Anschubfinanzierung´ bezeichnet."[25] Die Dynamik und das Ausmaß des Zusammenbruchs, speziell die Verflechtungen von politischen, wirtschaftlichen und sozialen Faktoren wurden unterschätzt, die stabilisierende Funktion des Osthandels wurde hingegen überschätzt und ein weitgehender Ausfall der osteuropäischen Absatzmärkte in den Bewertungen nicht berücksichtigt.[26]

Die damalige Fehleinschätzung bezüglich des Problemausmaßes kam durch das Zusammenwirken verschiedenen Einflussfaktoren zustande, die sich sowohl zeitlich als auch inhaltlich überlappten. Auf der einen Seite standen der akute Mangel an verlässlichen Daten sowie das Bewusstsein, dass es sich bei der DDR um ein wirt-

---

23 Vgl. SVR JG (1990), S. 258 Erläuterungen.

24 KOM (1994): Europäische Wirtschaft, Nr. 2, S. 37. Vgl. auch „Gesamtwirtschaftliche und unternehmerische Anpassungsfortschritte in Ostdeutschland" in: DIW WB 23/99, S. 420, Klodt (1990): Wirtschaftshilfen für die neuen Bundesländer, in: Wirtschaftsdienst 1990/XII, S. 617 f. und Schlecht (1995), S. 52 f.

25 KOM (1994), S. 37.

26 Vgl. BT (1994): 23. Rahmenplan der Gemeinschaftsaufgabe „Verbesserung der regionalen Wirtschaftsstruktur" für den Zeitraum 1994-1997 (1998), in: BT.-Drs.12/7175, S. 37 und Wegner (1993), S. 54.

schaftlich leistungsschwaches, problembeladenes Gebiet handelte.[27] Auf der anderen Seite wurden die Überlegungen zur Wiedervereinigung von dem Wunsch beherrscht, eine schnelle und komplikationslose Zusammenführung beider deutscher Staaten und Ökonomien zu ermöglichen. Dieses Wunschdenken war auch nötiger „Zweckoptimismus“, da politisch in der Umbruchphase keine Zweifel aufkommen oder laut werden durften, die die Wiedervereinigung gefährdet hätten.[28]

Die unsichere Datenlage von 1990 erschwerte die Initiierung wirtschaftspolitischer Maßnahmen auf dem Gebiet der ehemaligen DDR. Es bedurfte einerseits konkreter und umfassender Daten über die ökonomische und soziale Lage, um die nötigen regionalpolitischen Entscheidungen zu Gunsten bestimmter Förderschwerpunkte treffen und die notwendigen Maßnahmen einleiten zu können, damit das vorhandene Wohlstandsgefälle zwischen den alten und neuen Bundesländern abgebaut, wirtschaftliches Wachstum induziert und die Umstrukturierung der neuen Länder gezielt eingeleitet werden konnten. Andererseits hatten die Klagen über dieses Informationsdefizit auch legitimierenden Charakter. Die Ergebnisse einer vom Bundesministerium für Wirtschaft in Auftrag gegebene Studie, die den Modernisierungs- und Umstrukturierungsbedarf der ostdeutschen Wirtschaft untersuchen und die Zweckmäßigkeit der Übertragung des vorhandenen regionalpolitischen Instrumentariums auf Ostdeutschland prüfen sollte, „lagen .. im März 1991 vor, als im Rahmen des Gemeinschaftswerkes „Aufschwung Ost“ bereits die Mittel für die GRW massiv aufgestockt wurden. Vollendete Tatsachen waren also geschaffen."[29]

Da sich die deutsche Einheit parallel zur europäischen Integration vollzog, gab es zusätzlichen Informations- und Analysebedarf über die Auswirkungen der deutschen

---

27 Vgl. „Gesamtwirtschaftliche und unternehmerische Anpassungsfortschritte in Ostdeutschland“, in: DIW WB 3/95, S. 75 f.; „Die Lage der DDR-Wirtschaft zur Jahreswende 1989/90“, in: DIW WB 6/90, S. 72 ff. und DIW WB 6/90a, S. 65 ff.; „Zum Produktionsvergleich Bundesrepublik – DDR“ in: DIW WB 14/90, S. 172 ff; Neubäumer (1996): Erfolg und Probleme im deutschen Vereinigungsprozess, in: Wirtschaftsdienst XI/1996, S. 574 und 579; Gerstenberger (1990), S. 14 ff.; Bundesministerium für innerdeutsche Beziehungen (1990): Bericht des DDR-Ministerrats zur Lage der DDR-Volkswirtschaft vom 29. Januar 1990, in: Texte zur Deutschlandpolitik Reihe III, Bd. 8a, S. 27 ff.

28 Vgl. Bundesministerium für innerdeutsche Beziehungen (1990a): DDR-Ministerpräsident Lothar de Maizière (1990): Regierungserklärung zum demokratischen Neuanfang in der DDR-Gesellschaft und zur deutschen Einheit vom 19. April 1990, in: Texte zur Deutschlandpolitik Reihe III, Bd. 8a, S. 167 ff. und Weidenfeld/Korte (1996): Handbuch zur deutschen Einheit, S. 297. Es gab auch kritische Stimmen. So warnte der damalige Kanzlerkanditat der SPD, Oskar Lafontaine, vor den erheblichen Kosten einer überhasteten Wiedervereinigung.

29 Rheinisch-Westfälisches Institut für Wirtschaftsforschung (1991): Übertragung regionalpolitischer Konzepte auf Ost-Deutschland. Gutachten für das BMWi, abgeschlossen im Februar 1991, veröffentlicht unter Budde et al. (1991). Vgl. Nägele (1996), S. 201.

Vereinigung auf den Prozess der europäischen Integration.[30] Im Auftrag des Bundesministeriums für Wirtschaft wurden die Folgen der Integration der neuen Länder in die Europäische Gemeinschaft untersucht.[31] Im Vordergrund standen dabei ökonomische Fragestellungen, regionale und sektorale Aspekte und mögliche Wechselwirkungen der deutschen Einheit für den Fortgang des europäischen Integrationsprozesses.

4.2. Nationale Hilfen für die neuen Länder und Ost-Berlin

Mit der WWS und der nachfolgenden Wiedervereinigung hatten sich nicht nur die Rahmenbedingungen für die Wirtschaftspolitik in der Bundesrepublik verändert, sondern auch die Anforderungen an die regionale Strukturpolitik erhöht.[32] Der 1990 eingeleitete Transformationsprozess in den neuen Ländern von einer zentralen Planwirtschaft zu einer sozialen Marktwirtschaft im Gefüge der Europäischen Gemeinschaft wurde auf nationaler Ebene von der Bundesregierung in vielfältiger Weise unterstützt.[33] Das Kernstück der Förderung bzw. der Transferleistungen bildeten das Gemeinschaftswerk „Aufschwung-Ost“ und, bis zur Regelung des ersten gesamtdeutschen Länderfinanzausgleichs, der Fonds „Deutsche Einheit“. Hinzu kamen direkte Finanzhilfen, steuerliche Erleichterungen (z.B. Investitionszulagen und Sonderabschreibungen) und mittelstandspolitische Hilfen[34] sowie Maßnahmen im Arbeitsmarkt- und Bildungsbereich.[35] Für den Aufgabenbereich der Regionalpolitik wurde die Gemeinschaftsaufgabe „Verbesserung der regionalen Wirtschaftsstruktur“ auf die neuen Länder ausgedehnt und ihr Volumen in erheblichem Maße ausgeweitet. Nachstehend wird auf diesen Aspekt der Förderhilfen für die neuen Bundesländer konkreter eingegangen.[36]

---

30 Vgl. zur Problematik der unsicheren Datengrundlage: Stremmel/Wedderkopf (1990): EG-Regionalpolitik und deutsche Einheit, in: Zeitschrift für Rechtspolitik, Heft 10/1990, S. 369 ff.

31 Vgl. Wegner (1993). Das für das BMWi erstellte Gutachten wurde im Sommer 1992 abgeschlossen.

32 „Ein Regionalproblem von bis dahin in der Bundesrepublik unbekanntem Ausmaß ...“ vgl. Krieger-Boden (1995), S. 193. Vgl. weiterführend auch Biehl/Ungar (1991), S. 237ff.

33 Vgl. Art. 28 Einigungsvertrag, in: BGBl. (1990a), S. 889.

34 Bspw. durch ERP-Programme.

35 Vgl. weiterführend: Geppert/Seidel/Toepel (1993): Strukturelle Anpassungsprobleme in der Region Berlin-Brandenburg, DIW Beiträge zur Strukturforschung, Heft 142, S. 42 ff.

36 Für eine vollständige Auflistung aller Förderhilfen, vgl. SVR JG (1990), S. 241 Tab. 69 und BMWi (1997): Bilanz der Wirtschaftsförderung des Bundes in Ostdeutschland bis Ende 1996, Dok. 419, BMWi (1999): Bilanz der Wirtschaftsförderung des Bundes in Ostdeutschland bis Ende 1998, Dok. 458.

4.2.1. Gemeinschaftswerk „Aufschwung-Ost“

Zur Beschleunigung des Aufschwungs bzw. der Transformation in den neuen Bundesländern verabschiedete das Bundeskabinett am 8. März 1991 das Gemeinschaftswerk „Aufschwung-Ost“. Die Finanzhilfen für die neuen Länder hatten für 1991 und 1992 ein Finanzvolumen von je 12 Mrd. DM.[37] Das auf zwei Jahre angelegte Gemeinschaftswerk „Aufschwung-Ost“ kombinierte arbeitsmarktpolitische mit strukturpolitischen Maßnahmen. Dafür hatte der Bund den neuen Ländern verschiedene Zuschuss- und Sonderprogramme zur Verfügung gestellt.[38] Im Mittelpunkt der Förderung standen Investitionen im Schienen- und Straßenverkehr, die Finanzierung von Arbeitsbeschaffungsmaßnahmen, kommunale Investitionsprogramme[39] und die Förderung des Wohnungs- und Städtebaus.[40] Die öffentliche Nachfrage sollte mit dem Gemeinschaftswerk „Aufschwung-Ost“ im Sinne eines keynesianischen Nachfrageprogrammes in den neuen Bundesländern verstärkt forciert werden, um so eine „Beschäftigungsbrücke“ zu schlagen.[41]

4.2.2. Fonds „Deutsche Einheit“

Die Wiedervereinigung machte auch eine Einbeziehung der neuen Länder in das bestehende System des staatlichen föderalen Finanzausgleichs der Bundesrepublik nach Art. 107 Abs. 2 GG nötig, was aber 1990 auf Grund der unsicheren Finanz- und Haushaltslage der neuen Länder nicht sofort möglich war. Mit dem Gesetz zum Vertrag über die Schaffung einer Wirtschafts-, Währungs- und Sozialunion zwi-

---

37 Vgl. BPA (1991): Gemeinschaftswerk „Aufschwung-Ost“, in: Bulletin der Bundesregierung vom 12.3.1991, S. 177 ff; SVR JG (1990): Sondergutachten vom 13.4.1991, Z. 31 und SVR JG (1991), S. 147 Tab. 41; außerdem Brandt/Hermann/Sabathil (1992): Förderhilfen für die neuen Länder, S. V.

38 Zur Aufschlüsselung im Einzelnen vgl. BPA (1991), S. 17 ff (Tab. S. 35). In einem Sonderprogramm sollten sog. „Aufbaustäbe“, bestehend aus erfahrenen Mitarbeitern der Arbeitsverwaltung, der örtlichen Wirtschaft, von Kammern und Gewerkschaften unter der Leitung des jeweiligen Landrates oder Bürgermeisters dafür Sorge tragen, dass die Finanzmittel den Bedürfnissen entsprechend eingesetzt wurden. Vgl. auch Baumheier (1991): Regionale Strukturpolitik in den neuen Ländern, Verwaltungsrundschau 11/91, S. 357; BPA (1991), S. 178 und Nägele (1996), S. 193.

39 Insbesondere für Schulen, Krankenhäuser und Altenheime.

40 Vgl. Ziegler (1992a): Gemeinschaftswerk „Aufschwung-Ost“, in: WSI-Informationsdienst Arbeit 2/1992, S. 4 f.; BMWi (1991): Wirtschaftliche Förderung in den neuen Bundesländern, S. 108 und 111; Auch Grünberg (1992): Die Finanzierungshilfen des Bundes und der Länder an die gewerbliche Wirtschaft, Zeitschrift für das gesamte Kreditwesen, Sonderausgabe 1991/92, S. 2.

41 Vgl. BMF (1991a): Gemeinschaftswerk „Aufschwung-Ost“, in: BMF (1991): Finanzhilfen der Bundesregierung 1991, S. 114; Vgl. auch Nolte/Ziegler (1994): Regionen in der Krise, WSI-Mitteilungen 1/1994, S. 59.

schen der Bundesrepublik Deutschland und der Deutschen Demokratischen Republik vom 18. Mai 1990 wurde mit Art. 31 die Errichtung eines Fonds „Deutsche Einheit“ beschlossen.[42] Damit war eine Interimslösung bis zur Reform des Finanzausgleichs geschaffen, mit der die Finanzausstattung der ostdeutschen Länder und Kommunen übergangsweise sichergestellt wurde. Eine vollständige und gleichberechtigte Einbeziehung der neuen Länder in den bundesstaatlichen Finanzausgleich erfolgte dann ab 1995.

Der Fonds „Deutsche Einheit“ wurde als Sondervermögen mit Bundes- und Ländermitteln (alte Bundesländer) und nicht als Teil des Bundeshaushaltes konzipiert. Ziel und Aufgabe des Fonds war es, die Finanzierung des Auf- und Ausbaus von öffentlicher Verwaltung und Infrastruktur in Ostdeutschland auf eine solide Grundlage zu stellen.[43]

Tab. 4.1: Fördervolumen des Fonds „Deutsche Einheit“ [44]

in Mrd. DM

	1990	1991	1992	1993	1994	90-94
Ursprünglicher Ansatz	22,0	35,0	28,0	20,0	10,0	115,0
1. Aufstockung	-	-	+ 5,9	+ 11,5	+ 13,9	+ 31,3
2. Aufstockung	-	-	-	+ 3,7	+ 9,7	+ 13,4
Endgültiger Ansatz	22,0	35,0	33,9	35,2	33,6	160,7

Quelle: SVR JG (1993), S. 152

42 Vgl. Gesetz zum Vertrag der Schaffung einer Wirtschafts-, Währungs- und Sozialunion, Art. 31 §§ 1-10, in: BGBl. (1990), S. 517 ff; BMF (1990): Finanznachrichten 29/90 vom 25.5.1990, S. 4 und BGBl (1990a): Artikel 7 Abs. 5 EV, S. 889

43 Vgl. „Sind die Finanzprobleme in Ostdeutschland durch die Neuordnung des Finanzausgleichs gelöst?“, in: DIW WB 17/96, S. 267; Meinhardt et al. (1995): Transferleistungen in die neuen Bundesländer und deren wirtschaftliche Konsequenzen, DIW Sonderheft 154, S. 37 f. (Tab. S. 24); SVR JG (1990), Z. 223; SVR JG (1991) Z. 323; Berlinspezifisch vgl. Weinzen (1995): Berlin und seine Finanzen, S. 27 ff. Brandenburgspezifisch vgl. Padberg (1994): Finanzpolitische Probleme und Perspektiven des Landes Brandenburg, in: Balderjahn/Gloede (Hrsg.): Der Wirtschaftsraum Brandenburg: Eine Wirtschaftsregion im Umbruch, S. 22 f.

44 BGBl. (1992a): 1. Aufstockung gemäß Gesetz zur Aufhebung des Strukturhilfegesetzes und zur Aufstockung des Fonds „Deutsche Einheit“ vom 16. März 1992, in: BGBl. I 1992, S. 674, und BGBl. (1993a): 2. Aufstockung gemäß Gesetz zur Umsetzung des Föderalen Konsolidierungsprogramms vom 26. Juni 1993, in: BGBl. I 1993, S. 983.

Ursprünglich war für den Zeitraum von 1990 bis 1994 ein Gesamtvolumen des Fonds von 115 Mrd. DM geplant. Das endgültige Volumen betrug 160,7 Mrd. DM. Durch die nachträglichen Mittelaufstockungen wurde die Ausgabenhöhe des Fonds von 1991 bis 1994 jährlich fast konstant gehalten. Finanziert wurden 49,6 Mrd. DM durch den Bund, 16,1 Mrd. DM durch die alten Bundesländer und 95 Mrd. DM aus Kapitalmarktkrediten. Für die erforderlichen Zins- und Tilgungsleistungen war für den Fonds insgesamt eine Laufzeit von 20-30 Jahren festgelegt worden.[45]

4.2.3. Gemeinschaftsaufgabe „Verbesserung der regionale Wirtschaftsstruktur"

Neben der Sicherstellung der Finanzausstattung der neuen Länder durch den Fonds „Deutsche Einheit" und der kurzfristig angelegten Anschubfinanzierung durch das Gemeinschaftswerk „Aufschwung-Ost" war die Übertragung der regionalen Wirtschaftspolitik, insbesondere des Förderinstruments der Gemeinschaftsaufgabe „Verbesserung der regionalen Wirtschaftsstruktur" entscheidend für den gezielten und längerfristigen Aufbau der Wirtschaft in den neuen Ländern. Gleichzeitig wurde auf diese Weise die Grundlage für die Interventionen der europäischen Strukturfonds, speziell des EFRE, geschaffen.[46]

Die Ausdehnung der Gemeinschaftsaufgabe auf die neuen Bundesländer und Ost-Berlin war in Art. 28 des Einigungsvertrages geregelt worden. Ganz Ostdeutschland wurde dabei für die nächsten fünf Jahre mit Verlängerungsmöglichkeit[47] und Sonderkonditionen[48] als Fördergebiet i.S. von § 1 Abs. 1 GRW ausgewiesen. Wie bereits ausgeführt wurde aus Zeitgründen und wegen der unsicheren Datenlage auf ein speziell für die Probleme des Beitrittsgebiets zugeschnittenes Förderinstrumentarium verzichtet. Die Mittelverteilung erfolgte pragmatisch nach Bevölkerungsanteilen. Es gab zudem keine Vorgabe von räumlichen Schwerpunkten oder Förderregionen, da

45 Vgl. BT (2000a): Finanzplan des Bundes 1999-2003, in: BT-Drs. 14/1401, S. 45 f. und Bundesrat (1995): Unterrichtung durch die Bundesregierung, Materialien zur Deutschen Einheit und zum Aufbau in den neuen Bundesländern, Anlage zur Drucksache 584/95 vom 13.09.1995, Aufteilung für Brandenburg und Ost-Berlin, S. 114 f.

46 Gemäß dem Grundsatz der Kofinanzierung setzte die Beteiligung der EU-Strukturfonds die Existenz und gleichhohe Finanzierung von nationalen Fördermaßnahmen und -programmen voraus.

47 Die Einstufung der neuen Länder als GRW-Fördergebiet wurde von der EU Kommission für die Jahre 1991-1993 genehmigt, und dann verlängert für die Jahre 1994 bis 1996 und 1997 bis 1999. Seit 1997 differieren die Fördersätze regional.

48 Zu den Sonderkonditionen und der besonderen Maßgabe der Mittelverteilung und –verwendung in den neuen Ländern, vgl. 20. Rahmenplan (1991), Anhang 4; Toepel (1997), S. 113 f und Nägele (1996), S. 202 f.

die Arbeitsmarkt- und Einkommensdaten noch zu ungenau waren.[49] Der Verzicht auf die regionale Differenzierung der Fördergebiete führte zu einem größeren Gestaltungsspielraum in den neuen Bundesländern, allerdings auch zu einer deutlich unterschiedlichen Ausgestaltung der GRW.[50]

Der zum damaligen Zeitpunkt gültige 19. Rahmenplan der Gemeinschaftsaufgabe wurde im Januar 1991 um die neuen Länder erweitert.[51] Der darauffolgende 20. Rahmenplan bestimmte dann die besonderen Maßgaben, mit denen die GRW in den neuen Ländern und Ost-Berlin Anwendung fand.[52] Bund und alte Bundesländer (einschließlich Berlin[53]) stellten für fünf Jahre je zur Hälfte Haushaltsmittel in Höhe von drei Milliarden DM jährlich zur Verfügung.[54] Die Sonderkonditionen galten bis einschließlich 23. Rahmenplan und ab dem 24. nur noch eingeschränkt.

4.3. Europäische Hilfen für die neuen Länder und Ost-Berlin

Mit der deutschen Wiedervereinigung waren die neuen Bundesländer auch Teil der Europäischen Gemeinschaft geworden. Das heißt, Regelwerk, politische Absichten und Ziele sowie der damit einher gehende Anspruch auf wirtschaftliche Hilfen der Gemeinschaft galten seitdem auch für Ostdeutschland. Die wirtschaftlichen, sozialen und ökologischen Gegebenheiten sowie die enorme Strukturschwäche der neuen Bundesländer zogen nach den bestehenden Regeln für die Vergabe von Strukturfondsmitteln einen sofortigen Anspruch auf Fördermittel nach sich.[55] Wie und in

49 Eckey/Klemmer (1991): Neuabgrenzung von Arbeitsmarktregionen für die Zwecke der regionalen Wirtschaftspolitik, in: Informationen zur Raumentwicklung, Heft 9-10/1991, S. 569 ff.

50 Vgl. zum politischen Prozess der Übertragung der GRW auf die neuen Länder, den Sonderregeln und zur unterschiedlichen Ausgestaltung, Nägele (1996), S. 198 ff und 278.

51 19. Rahmenplan (1990).

52 Der 20. Rahmenplan war der erste gesamtdeutsche Rahmenplan der GRW. Er enthielt für die neuen Länder und Ost-Berlin eine Reihe von Sonderkonditionen. Vgl. 20. Rahmenplan (1990) und Geppert/Seidel/Toepel (1993), S. 43 ff.

53 Berlin ist als „altes“ Bundesland ebenfalls an der Finanzierung beteiligt, profitiert aber andererseits für Ost-Berlin von den Fördermitteln.

54 Weitere Informationen dazu bei: Zarth (1991): Neuordnung der Regionalförderung im Rahmen der Gemeinschaftsaufgabe „Verbesserung der regionaler Wirtschaftsstruktur“, in: Informationen zur Raumentwicklung, Heft 9-10/1991, S. 552 ff. Zu der Entscheidung für die GRW und ihren Implementationsphasen: Nägele (1996), S. 198 ff.

55 Vgl. Schütz (1994): Die Eingliederung der ehemaligen DDR in die Europäische Gemeinschaft unter dem Aspekt der staatlichen Beihilfen, S. 31 und 40.

welcher Form die Europäische Gemeinschaft auf das Hinzukommen der neuen Länder, ihre Strukturschwäche sowie ihren Anspruch auf Fördermittel reagiert hat, wird nachfolgend dargestellt.

4.3.1. Europäische Gemeinschaft und deutsche Wiedervereinigung

Die Europäische Kommission und das Europäische Parlament begrüßten die politischen Entwicklungen in der ehemaligen DDR und erklärten, dass sie an den Arbeiten zum innerdeutschen Einigungsprozess teilnehmen und ihn in Bezug auf die Vereinbarkeit mit dem EG-Recht kritisch begleiten würden. Bereits Ende 1989/Anfang 1990 signalisierten Europäisches Parlament und Kommission die Bereitschaft zur Hilfe bei dem strukturellen und wirtschaftlichen Um- und Aufbau sowie dem Integrationsprozess, wenn nötig auch mit Übergangsregelungen.[56]

Um die Auswirkungen der Integration der neuen Länder auf die Europäische Gemeinschaft trotz der mangelhaften Datenlage einschätzen zu können, hatte das Europäische Parlament 1990 eine Studie über die soziale und ökonomische Situation in Ostdeutschland erstellen lassen.[57] Diese Studie diente vor allem als Arbeitsdokument für den „Nichtständigen Ausschuss zur Prüfung der Auswirkungen des Prozesses der Vereinigung Deutschlands auf die Europäische Gemeinschaft".[58] Hierbei galt es, die Auswirkungen einer Einbeziehung des Gebietes der ehemaligen DDR in die Gemeinschaftsförderung abzuschätzen und speziell für die Europäischen Strukturfonds Folgen und Handlungsbedarf zu ermitteln. Auf Grund der Studienergebnisse wurde dann davon ausgegangen, dass zum Zeitpunkt der Wiedervereinigung das

---

56 Im November 1989 wurde in einer Entschließung des EP der Wunsch der DDR-Bevölkerung dokumentiert, „Teil eines vereinigten Deutschlands und eines vereinigten Europas zu sein", vgl. EG (1989): Entschließung zur jüngsten Entwicklung in Mittel- und Osteuropa, Sitzung des Europäischen Parlaments vom 23. November 1989, in: ABl. Nr. C 523, S. 109 f. Zu den konkreten europäischen Hilfen vgl. EG (1990), BPA (1990): Erklärung zum Dubliner EG-Gipfel, in: Bulletin der Bundesregierung vom 4.5.1990. Mehr Informationen zu den Überlegungen und Schwierigkeiten bei dem Prozess der Einbeziehung der DDR in die EG (auch in Bezug auf das Phare-Programm) vgl.: Schwerdtfeger (1992), S. 155 ff, außerdem Wiehler (1994): Die bisherigen Aktivitäten des Europäischen Parlamentes auf die neuen Bundesländer, in: EP (1994.): E-R-T für Berlin, S. 17 f. Zu Ausnahmen und Übergangsregelungen im Bereich der Regionalpolitik vgl. Budde et al. (1991), S. 267.

57 EP (1990): „Die Auswirkungen der Erweiterung auf die Strukturfonds der Gemeinschaft", Dokument ausgearbeitet von der Generaldirektion Wissenschaft des EP in Zusammenarbeit mit dem Zentralinstitut für Wirtschaftswissenschaften der Akademie der Wissenschaften der DDR in Ost-Berlin.

58 Die Einsetzung dieses Ausschusses wurde vom Europäischen Parlament am 15. Februar 1990 beschlossen. Er umfasste 18 Mitglieder. Den Vorsitz hatte der spanische Abgeordnete Fernandez-Albor, der britische Abgeordnete Donnelly war Berichterstatter. Der Ausschuss wurde im Dezember 1990 aufgelöst.

gesamte Territorium der ehemaligen DDR ein strukturschwaches Gebiet mit erheblichem ökonomischen, sozialen und ökologischen Problempotenzial war und damit als Ziel-1 Förderregion im Sinne der EG-Strukturfonds betrachtet werden konnte bzw. mußte.[59]

Regionale Disparitäten waren beim Beitritt neuer Gebiete bzw. Mitgliedstaaten in die Europäische Gemeinschaft kein neues Phänomen. Im Gegensatz zu bisherigen Erweiterungen der Europäischen Gemeinschaft, denen eine Phase der politischen und ökonomischen Vorbereitung und Annäherung vorausging, kam die Erweiterung der Gemeinschaft um die neuen Länder durch die Wiedervereinigung Deutschlands auch für die Europäische Gemeinschaft schnell und unvorbereitet. Eine Vorbereitung auf die Herausforderungen und eine Einbeziehung in die gegenwärtigen Politikaktionen der Gemeinschaft waren deshalb wie auch auf nationaler Ebene nur ad hoc und unter Zeitdruck möglich.

Neu war für die Europäische Gemeinschaft auch, dass ein Gebiet als Ganzes mit dem Beitritt im Rahmen der Strukturfonds nicht nur förderfähig war, sondern gleichzeitig auch in dem betroffenen Mitgliedsland die Bereitschaft und die Möglichkeit bestand, die Regionen massiv finanziell sowie konzeptionell sofort und über einen längeren Zeitraum zu unterstützen, um so zu einer Verstärkung der wirtschaftlichen Dynamik beizutragen. Darüber hinaus stellten die neuen Bundesländer und Ost-Berlin in der EG-Regionalförderung zunächst einen Sonderfall dar, weil sie nach der deutschen Vereinigung in eine bereits laufende Förderrunde der EG-Strukturfonds integriert werden mussten.

Auch standen nicht alle Mitgliedsstaaten der Europäischen Gemeinschaft der deutschen Wiedervereinigung uneingeschränkt positiv gegenüber. Zum einem gab es in der Gemeinschaft Misstrauen hinsichtlich eines politisch und geographisch größeren, vereinten Deutschlands. Zum anderen bestand die Sorge vor allem der südlichen Mitgliedsstaaten, dass Strukturfondsfördermittel für das Beitrittsgebiet ihren bereits zugesagten Anteil an den Strukturfondsfördermitteln für die laufende Förderperiode 1989-1993 verringern könnten.[60] Erschwerend kam hinzu, dass die laufende Förderperiode die erste nach der großen Strukturfondsreform 1988 war, in der der gesamte Strukturfondsbereich nach neuen Regeln ausgerichtet worden war. Mitgliedsstaaten und Kommission waren auch ohne die Herausforderungen durch die neuen Länder genug gefordert, die neuen Regelungen in die Praxis umzusetzen. Vor diesem Hintergrund und um den deutschen Wiedervereinigungsprozess politisch nicht zu gefährden, verzichtete die Bundesregierung auf dem Dubliner EG-Gipfel

59 Vgl. EP (1990), S. 201; auch Stremmel/Wedderkopf (1990), S. 371/2.

60 Vgl. Schwerdtfeger (1992), S. 158; EP (1990), S. 199.

der Regierungschefs im April 1990 auf sofortige und reguläre Mittelzuweisungen aus den Europäischen Strukturfonds für das Beitrittsgebiet.

4.3.2. Vereinfachter Verfahrensweg für die europäische Strukturfondsförderung

Um die neuen Bundesländer trotzdem zügig in die europäische Strukturfondsförderung zu integrieren, wurden im Dezember 1990 auf Initiative von Mitgliedern des Europäischen Parlaments die Rahmenbedingungen für „die Interventionen der Strukturfonds im Gebiet der ehemaligen DDR“ geschaffen.[61] Für den Zeitraum 1991-1993 wurden für die neuen Länder und Ost-Berlin im Rahmen der Strukturfonds 3 Mrd. ECU zu Preisen von 1991 bewilligt. Für diese Mittel war eine zusätzliche Haushaltslinie bereitgestellt worden. Durch diese Aufstockung der Mittel wurde die Integration Ostdeutschlands in die schon laufende Förderrunde möglich und gleichzeitig der Sorge der bisherigen Empfängerländer entgegengetreten, die Finanzierung würde zu Lasten der ihnen schon zugesagten Mittelzuwendungen gehen.

Eine sofortige regelgerechte Förderung nach Ziel-1 wäre zum damaligen Zeitpunkt nicht möglich gewesen. Sie hätte nicht nur genaue Kenntnisse der Kommission über die ökonomische Lage im Beitrittsgebiet, sondern auch erheblichen zusätzlichen Finanzbedarf erfordert. Die Höhe der finanziellen Förderung und die Einigung auf einen Sonderfonds, d. h. auf zusätzlich bereitgestellte Mittel, die zwar weit unter dem lagen, was dem Gebiet der ehemaligen DDR auf Grund seiner ökonomischen Situation im Rahmen einer regulären Ziel-1-Förderung zugestanden hätte,[62] konnten (aber) als tragbarer, durchsetzungsfähiger politischer Kompromiss, als Ausdruck der Solidarität und als positives Signal zur Unterstützung der deutschen Einheit durch die Europäische Gemeinschaft gelten.[63]

Um den neuen Ländern und Ost-Berlin eine möglichst rasche Nutzung der gemeinschaftlichen Fördergelder zu ermöglichen, war die Europäische Gemeinschaft von ihrem üblichen Auswahlverfahren für die Strukturfondsförderung abgewichen. Es wurde ein vereinfachtes Verfahren gewählt, da eine Abgrenzung potenzieller För-

---

61 EG (1990) und auch EP (1990a): Brok/Donnelly-Bericht, EP/PE 204.199/A und B.

62 Das Volumen und der Verteilerschlüssel für die Strukturfondsmittel waren für die Förderperiode 1989-1993 bereits 1989 festgelegt worden. Vgl.: EP (1993): Die sozio-ökonomische Lage der fünf neuen Bundesländer und die Maßnahmen der Kommission, S. 10: Während regulär für Ziel-1-Regionen im EG-Durchschnitt pro Kopf zwischen 1989-1993 jährlich 127 ECU (in Preisen von 1992) bewilligt waren, erhielten die neue Länder und Ost-Berlin pro Kopf zwischen 1991-1993 jährlich 65 ECU. Derartige Modellrechnungen zur Ziel-1-Förderung der neuen Bundesländer durch die EG finden sich bei Schwerdtfeger (1992), S. 158 ff. und EP (1990), S.201.

63 Vgl. Schwertfeger (1992), S. 161, Wegner (1993), S. 77 und EP (1993), S. 9.

derregionen nach den in der Durchführungsverordnung enthaltenen Kriterien auf Grund der mangelhaften Datengrundlage zum damaligen Zeitpunkt nicht möglich war. Vereinfacht wurde das Verfahren, indem u. a. Entwicklungspläne und Operationelle Programme zusammengefasst wurden.[64] Auch auf eine Einordnung der Regionen nach den sonst üblichen Zielen 1 bis 5b wurde verzichtet, ebenso auf eine differenziertere Gebietsgliederung nach der „Systematik der Gebietseinheiten für die Statistik" (NUTS). Ostdeutschland wurde als gesamtförderfähiges Gebiet ausgewiesen und lediglich in Bundesländer (NUTS I-Ebene) unterteilt.[65] Auf die Sonderbehandlung Ost-Berlins wird im nächsten Kapitel näher eingegangen.

Entsprechend den Strukturfondsverordnungen unterbreitete die Bundesregierung der Europäischen Kommission am 19.12.1990 den Regionalentwicklungsplan für die neuen Länder und Ost-Berlin, der sowohl Schwerpunkte und Aktionen für Gemeinschaftsinterventionen als auch Angaben über die Verwendung der Fördermittel enthielt. Auf Grundlage dieser Vorschläge hatte die Kommission im Einvernehmen mit der Bundesregierung und den Bundesländern das Gemeinschaftliche Förderkonzept für die Strukturfondsinterventionen mit erleichterten Anspruchsvoraussetzungen für die Jahre 1991-1993 erarbeitet. Am 13. März 1991 wurde das GFK für die neuen Bundesländer und Ost-Berlin genehmigt. Vierzehn Tage später wurde dem ersten Operationellen Programm zugestimmt.[66]

4.3.3. Förderperiode 1991-1993

In der ersten Förderphase war das globale Ziel der Europäischen Kommission, dass die Interventionen der europäischen Strukturfonds „zur reibungslosen Einbeziehung des Gebiets der ehemaligen DDR in die Gemeinschaft beitragen". Die Hilfen sollten deshalb „vor allem in Ergänzung der nationalen Bemühungen um einen raschen Übergang von der Planwirtschaft zur freien Marktwirtschaft" gewährt werden.[67] Das Gemeinschaftliche Förderkonzept für die neuen Länder und Ost-Berlin für den Zeitraum 1991-1993 sah dafür folgende **Förderschwerpunkte** vor:

---

64 Vgl. John (1992): Die Umsetzung der EG-Strukturfonds in der Bundesrepublik Deutschland, in: BBJ (Hrsg.): Handbuch der EG-Strukturförderung, Berlin, S. B. II. 1.1.

65 EG (1990) und Schwertfeger (1992), S. 157.

66 Vgl. EG (1991): Entscheidung der Kommission (91/241/EWG) vom 13. März 1991 zur Erstellung des Gemeinschaftlichen Förderkonzeptes für die Strukturfondsinterventionen der Gemeinschaft in den fünf neuen Bundesländern und Ost-Berlin in der Bundesrepublik Deutschland. In: ABl. L 114 vom 7.5.1991. Genehmigung der OP für den EFRE 27.3.1991, Ende Mai für den ESF, 21.6.1991 für den EAGFL.

67 Vgl. KOM (1991): Gemeinschaftliches Förderkonzept 1991-1993 für die Gebiete Ost-Berlin, Mecklenburg-Vorpommern, Brandenburg, Sachsen-Anhalt, Thüringen und Sachsen, S. 17.

1. Förderung der wirtschaftsnahen Infrastruktur

2. Unterstützung produktiver Investitionen

3. Maßnahmen zur Erschließung des Humankapitals

4. Bekämpfung der Langzeitarbeitslosigkeit

5. Erleichterung der beruflichen Eingliederung von Jugendlichen

6. Maßnahmen zur Entwicklung der Landwirtschaft, der Forstwirtschaft und der Fischerei sowie zur Umstrukturierung der Lebensmittelindustrie

7. Verbesserung der Lebens- und Arbeitsbedingungen im ländlichen Raum, einschließlich Dorferneuerung und ländliche Infrastruktur

8. Verbesserung der Landwirtschaft, der Forstwirtschaft und Umwelt

\+ Technische Hilfe

Tab. 4.2: Gemeinschaftsbeihilfen für die neuen Bundesländer und Ost-Berlin 1991-1993 nach Fonds und Schwerpunkten

in Mio. ECU

Schwerpunkte	EFRE	ESF	EAGFL	Insgesamt
1. Wirtschaftsnahe Infrastruktur	590	95	-	685
2. Produktive Investitionen	640	35	15	690
3. Entwicklung des Humankapitals	110	360	-	470
4. Bekämpfung der Langzeitarbeitslosigkeit	-	90	-	90
5. Jugendarbeitslosigkeit	-	225	-	225
6. Landwirtschaft und Fischerei	-	-	354	354
7. Verbesserung ländlicher Gebiete	-	-	-	-
8. Verbesserung Landwirtschaft und Umwelt	115	50	231	396
Technische Hilfe	1) 45	45	3) -	90
Insgesamt	**1 500**	2) **900**	**600**	**3 000**

Quelle: KOM (1991), S.31; 1) Hiervon 10 Mio. Ecu noch nicht zugeordnet. 2) 225 Mio. ECU werden überregional verwaltet. 3) Bis zu 2,5 % unter den Schwerpunkten 2,6,7 und 8.

Tabelle 4.2 zeigt, wie die Aufteilung der Mittel erfolgte. Auf den Europäischen Fonds für regionale Entwicklung entfielen 50 % der bereitgestellten Strukturfondsmittel. Die Hauptaufgabenschwerpunkte des EFRE lagen in der Förderung produktiver Investitionen und im Aufbau wirtschaftsnaher Infrastruktur.

Da einerseits das gesamte Beitrittsgebiet als Sonderfördergebiet eingestuft war und andererseits eine regional differenzierte Beurteilung der Förderbedürftigkeit einzelner Gebiete wegen der fehlenden Datenbasis nicht möglich war, wurden die Fördermittel entsprechend der jeweiligen Bevölkerungszahl auf die fünf neuen Länder und Ost-Berlin aufgeteilt. Tabelle 4.3 zeigt die anteiligen Beträge.

Tab. 4.3: Gemeinschaftsbeihilfen für die neuen Bundesländer und Ost-Berlin 1991-1993 nach Fonds und Ländern

in Mio. ECU

Länder	EFRE	ESF	EAGFL	Insgesamt
Mecklenburg-Vorpommern	177,3	80,1	151,8	409,2
Brandenburg	239,9	103,7	132,2	475,8
Sachsen-Anhalt	268,2	114,9	122,3	505,4
Sachsen	444,0	182,8	105,9	732,7
Thüringen	244,4	102,3	86,0	432,7
Ost-Berlin	116,2	46,2	1,8	164,2
Technische Hilfe	10,0	45,0	-	55,0
Bundesprogramm[1)]	-	225,0	-	225,0
Insgesamt	**1 500,0**	**900,0**	**600,0**	**3 000,0**

Quelle: KOM (1991), S. 32; 1) Die Mittel des Bundesprogramms wurden länderübergreifend und hauptsächlich durch die Bundesanstalt für Arbeit eingesetzt.

Von den verschiedenen Gemeinschaftsinitiativen der Europäischen Gemeinschaft konnten die neuen Länder und Ost-Berlin in dieser Förderphase noch nicht direkt profitieren. Die Ziele der Gemeinschaftsinitiativen wurden jedoch im Rahmen der Förderschwerpunkte mitverfolgt.[68] Eine Ausnahme bildete hier die Gemeinschaftsinitiative PERIFRA (später KONVER) zur Unterstützung des Konversionsprozesses auf Grund der speziellen Problemlage im Beitrittsgebiet mit ihren großen militärisch genutzten Flächen.[69]

Zu den Hilfen aus den europäischen Strukturfonds kam die Unterstützung durch die Europäische Investitionsbank mit Darlehen für Investitionen bis zu 1,5 Mrd. ECU,

68 Vgl. KOM (1991), S. 26.

69 Vgl. 23. Rahmenplan (1994), S. 17.

d.h. 500 Mio. ECU jährlich[70] und der Europäischen Gemeinschaft für Kohle und Stahl (EGKS) mit Darlehen von ca. 1,1 Mrd. ECU für den Zeitraum 1991-1993[71].

Spezielle Schwierigkeiten im Zusammenwirken von nationaler und europäischer regionaler Förderung ergaben sich in den neuen Ländern insbesondere in der Anfangsphase der Durchführung der Förderung. Diese Probleme standen in engem Zusammenhang mit dem Aufbau der Verwaltung und mit einer mangelnden Erfahrung von Behörden und Mitarbeitern in Bezug auf die Förderinstrumente: „Das komplizierte Förderinstrumentarium der EG traf auf eine im Aufbau befindliche Verwaltung, in der, abgesehen von den ‚Leihbeamten' aus den alten Bundesländern, keinerlei Erfahrungen mit der Konstruktion der Wirtschaftsförderung in einer Marktwirtschaft, geschweige denn im europäischen Kontext, vorlagen. Wissen über die Europäische Gemeinschaft war in der DDR eine Sache für Spezialisten."[72] Neben den verwaltungstechnischen Anlaufschwierigkeiten kam hinzu, dass ungeklärte Eigentumsfragen Investitionen generell und damit auch die Umsetzung und Implementation von Förderprojekten belasteten.[73]

4.3.4. Förderperiode 1994-1999

Für die Förderperiode 1994-1999 hatten sich die Voraussetzungen für die Einbeziehung der neuen Länder und Ost-Berlins in die europäische Strukturfondsförderung in zweifacher Hinsicht verändert. Zum einen hatte sich die Datengrundlage in Ostdeutschland verbessert. Zum anderen wurden die Strukturfondsmittel gemeinschaftsweit neu zugeordnet und verteilt. Ab dem 1.1.1994 wurde das gesamte Beitrittsgebiet Teil der regulären Strukturfondsförderung und als Ziel-1-Region mit höchster Förderpriorität ausgewiesen. Die jetzt zur Verfügung gestellten Mittel bis 1999 wurden gegenüber der Förderperiode 1991-1993 erheblich aufgestockt (auf 13,6 Mrd. ECU zu Preisen von 1994, davon erneut 50 % für den EFRE), und die Zahl der einsetzbaren Instrumente war um das Finanzinstrument für die Fischerei (FIAF) und die Gemeinschaftsinitiativen (GI) erweitert worden.

Im Gegensatz zum Beginn der ersten Förderperiode waren die Verhandlungen zwischen der Bundesregierung und der Kommission diesmal schwierig und langwierig. Obwohl die Förderperiode offiziell am 1.1.1994 begonnen hatte, lag das GFK für die neuen Länder und Ost-Berlin erst Mitte 1994 vor und beendete damit die bis

70 Wegner (1993), S. 57 und KOM (1991), S. 27.

71 Wegner (1993), S. 57; KOM (1995a): Deutschland - Neue Länder, Gemeinschaftliches Förderkonzept für die neuen Länder 1994-1999: Förderung der Entwicklung und der strukturellen Anpassung der Regionen mit Entwicklungsrückstand (Ziel 1), S. 132.

72 Vgl. Toepel (1997), S. 187.

73 Vgl. KOM (1995a).

dahin bestehende Planungsunsicherheit für die begonnene Förderperiode. Der Hauptgrund für die Verzögerungen lag an der Kopplung des Europäischen Regionalfonds an die nationale Gemeinschaftsaufgabe „Verbesserung der regionalen Wirtschaftsstruktur“. Diese Kopplung war 1991 aus Zeit- und Praktikabilitätsgründen für die neuen Länder erfolgt. Da diese Regelung schon in der ersten Förderperiode nicht unumstritten war, stand sie für die zweite Förderperiode zur Disposition. Hauptkritikpunkt waren die Beschränkungen bei den Förderzielen des EFRE durch die Kopplung, da letztere mehr Förderschwerpunkte zuließ als die GRW.[74] Um den Bedürfnissen der neuen Länder entsprechen zu können, wurde für die neue Förderperiode als Kompromiss eine sog. „Flexibilitätsklausel“ vereinbart. Dieser Entkopplungskompromiss ermöglichte einen Interessenausgleich auf Länder- und EU-Seite einerseits und dem Bundeswirtschaftsministerium als Kopplungsbefürworter andererseits.[75]

Im Gemeinschaftlichen Förderkonzept für die neuen Bundesländer und Ost-Berlin waren für die Periode 1994-1999 die **Förderschwerpunkte** modifiziert und wie folgt festgelegt worden:[76]

1. Unterstützung produktiver Investitionen und ergänzender Investitionen in der wirtschaftsnahen Infrastruktur

2. Maßnahmen zur Unterstützung kleinerer und mittlerer Unternehmen

3. Maßnahmen zur Unterstützung von Forschung, technologischer Entwicklung und Innovation

4. Maßnahmen zum Schutz und zur Verbesserung der Umwelt

5. Maßnahmen zur Bekämpfung der Arbeitslosigkeit sowie zur Förderung des Arbeitskräftepotenzials, der beruflichen Aus- und Weiterbildung und der Beschäftigung

6. Maßnahmen zur Förderung der Landwirtschaft, der ländlichen Entwicklung und der Fischerei

+ Technische Hilfe

---

74 Vgl. EP (1993), S. 12 f.

75 Vgl. KOM (1995a), S. 52. Auf die sog. „Sandwich-Theorie“ wurde bereits in Kapitel 3 im Zusammenhang mit den Interessengegensätzen der politischen Akteure hingewiesen. Zur Anatomie des Konflikts, vgl. Nägele (1996), S. 208 ff, Toepel (1997), S. 190 f. und 208 f.

76 KOM (1995a), S. 56.

Tabelle 4.4 zeigt die Aufteilung der Mittel auf die einzelnen Förderschwerpunkte. Erneut entfielen 50 % der Mittel auf den EFRE.

Tab. 4.4: Gemeinschaftsbeihilfen für die neuen Bundesländer und Ost-Berlin 1994-1999 nach Fonds und Schwerpunkten

in Mio. ECU

Schwerpunkte	EFRE	ESF	EAGFL	FIAF	Insgesamt
1. Produktive Investitionen, ergänzende Infrastruktur	2 375,2	55,4	-	-	2 430,6
2. Förderung der KMU	2 064,7	253,2	-	-	2 317,9
3. FuE, Innovation	485,0	128,1	-	-	613,1
4. Umwelt	805,7	300,0	-	-	1 105,7
5. Humanressourcen, Bildung [1)]	584,1	3 064,1	-	-	3 648,2
6. Landwirtschaft, ländlicher Raum, Fischerei [2)]	425,3	107,3	2 608,2	83,5	3 224,3
Technische Hilfe	80,0	183,9	36,3	-	300,2
Insgesamt	**6 820,0**	**4 092,0**	**2 644,5**	**83,5**	**13 640,0**

Quelle: KOM (1995a), S. 130; 1) Einschl. nicht regionalisierter Bundesprogramme des ESF, 2) Einschl. nicht regionalisierter FIAF-Programme

Auch wenn in der Zwischenzeit differenzierte Daten über die wirtschaftliche Situation in den neuen Ländern vorlagen, wurden die Mittel auf Grund der Tatsache, dass das Beitrittsgebiet insgesamt jetzt als Ziel-1-Region anerkannt worden war, erneut schematisch entsprechend dem jeweiligen Bevölkerungsanteil aufgeteilt. Tabelle 4.5 zeigt die auf die Länder entfallenen Beträge in der Differenzierung nach den einzelnen Fonds. Durch die nicht regionalisierten Programme des FIAF (83,5 Mio. ECU) und des ESF (1 076,9 Mio. ECU) waren die den Ländern insgesamt zur Verfügung gestellten Mittel geringer ausgewiesen als die Summe der indikativ bewilligten Beträge in Tabelle 4.4.

Die Hilfen aus den Strukturfonds wurden wie schon in der ersten Förderphase erneut um Darlehen der Europäischen Investitionsbank und der EGKS ergänzt und zwar in Höhe von 4 300 bzw. 5 400 Mio. ECU.[77]

77 Vgl. KOM (1994a): inforegio news 11/1994, S. 4.

Tab. 4.5: Gemeinschaftsbeihilfen für die neuen Bundesländer und Ost-Berlin 1994-1999 nach Fonds und Ländern

in Mio. ECU

Länder	EFRE	ESF	EAGFL	FIAF	Insgesamt
M-V	824,0	383,4	622,0	-	1 829,4
BB	1 075,0	496,3	597,5	-	2 168,8
S-A	1 263,9	549,9	553,5	-	2 367,2
Sachsen	2 014,1	874,8	477,7	-	3 366,4
Thüringen	1 127,1	489,6	386,2	-	2 002,9
Ost-Berlin	515,9	221,1	7,6	-	744,6
Insgesamt 1)	**6 820,0**	**3 015,1**	**2 644,2**	-	**12 479,6**

Quelle: KOM (1995a); 1) Angaben ohne die nicht regionalisierten Programme des FIAF (83,5 Mio. ECU) und des ESF (1 076,9 Mio. ECU).

Als letzte Auszahlungsfrist für die Förderperiode 1994-1999 war Ende 2001 vorgesehen. Daten über die tatsächlich geflossenen Mittel liegen daher zum Zeitpunkt Frühjahr 2002 noch nicht vor. Offiziell konnten aber noch nicht alle Maßnahmen abgeschlossen werden. Die obigen Tabellen zeigen deshalb die Verteilung der indikativen geplanten Mittel. Eine Zwischenevaluierung der Förderperiode der Strukturfonds erfolgte auf Länder- und Bundesebene 1997. Auf die EFRE-Mittelverwendung in den Ländern Berlin und Brandenburg wird in Kapitel 6 eingegangen.

4.4. Rückwirkungen auf die alten Bundesländer und die EG

Die mit der Wiedervereinigung Deutschlands entstandene neue Situation hatte nicht nur akuten Handlungsdruck für Politik und Wirtschaft erzeugt, sondern auch Rückwirkungen auf das bisherige Bundesgebiet, den neuen Gesamtraum Deutschlands und die Europäische Gemeinschaft. Diese Rückwirkungen waren sowohl allgemeiner Natur als auch spezieller Art in Bezug auf das bestehende Regionalgefüge sowie die nationale und europäische Regionalpolitik bzw. -förderung. In der Regionalpolitik mussten nach der deutschen Vereinigung die Prioritäten für die regionale Förderung und andere regional wirksame Subventionen für das Gesamtgebiet neu gesetzt werden, da sich das bis 1990 bestehende Standortgefüge in der Bundesrepublik durch das Hinzukommen der neuen strukturschwachen Länder stark verändert hatte.

4.4.1. Vereinigungsbedingter Nachfrageboom 1990-1992

Zunächst hatte die Integration Ostdeutschlands in den alten Bundesländern und der Europäischen Gemeinschaft eine deutliche Zusatznachfrage nach westlichen Gütern, insbesondere Konsumgütern, ausgelöst. Dieser sprunghafte Anstieg der Nachfrage machte sich insbesondere in West-Berlin bemerkbar. In den Jahren 1990 und 1991 wuchs das reale Bruttoinlandsprodukt in West-Berlin um die Hälfte stärker als in den übrigen alten Bundesländern.[78] Die Nachfrageeffekte kamen einem riesigen keynesianischen Konjunkturprogramm gleich. Ermöglicht bzw. finanziert wurde diese Nachfrage durch die erheblichen staatlichen Transfers von West- nach Ostdeutschland und die Auflösung von privaten Ersparnissen in den neuen Bundesländern.[79] Der vereinigungsbedingte Nachfrageboom führte bis 1992 zu einem Beschäftigungszuwachs in den alten Bundesländern und verzögerte den Konjunkturabschwung in Deutschland um ca. zwei Jahre.[80]

4.4.2. Sinkende Durchschnittswerte

Mit der Wiedervereinigung wurde auch – neben den unmittelbaren konjunkturellen Auswirkungen – das bis 1990 bestehende Standortgefüge in der Bundesrepublik Deutschland durch die hinzugekommenen strukturschwachen neuen Länder stark verändert. Bis dahin bestehende strukturelle und regionale Probleme der alten Bundesländer wurden durch die drastischen Strukturdefizite in Ostdeutschland überdeckt. Zu den vorhandenen regionalen Disparitäten und dem traditionellen Nord-Süd-Gefälle in der alten Bundesrepublik kam durch die Wiedervereinigung ein West-Ost-Gefälle hinzu. Die neuen Bundesländer (außer Ostberlin) zählten mit ihrer Infrastrukturausstattung im nationalen und europäischen Vergleich tendenziell zu den am schlechtesten ausgestatteten Regionen.[81] Ihre wirtschaftliche Leistungskraft, gemessen am BIP pro Kopf, war nicht nur im Vergleich mit den alten Bundesländern niedriger, sondern auch zum Durchschnitt der Europäischen Gemeinschaft.

Im europäischen Wohlstandsvergleich der Mitgliedsstaaten – gemessen in Wirtschaftskraft pro Kopf – hatte Deutschland durch die Wiedervereinigung seine Posi-

---

78 Vgl. Geppert/Seidel/Toepel (1993), S. 5.

79 Vgl. Eeckhoff (1994): Integration der neuen Bundesländer in die EG, in: IWVWWe.V. - Berichte, 4. Jhg., Nr. 23, S. 3 ff und Wegner (1993), S. 17. Außerdem: Horn/Zwiener (1995), S. 428; Meinhardt et al. (1995), S. 82 und 94; Geppert/Seidel/Toepel (1993), S. 41 ff.; SVR JG (1991), Z. 5* und KOM (1990b): Die Gemeinschaft und die deutsche Vereinigung, Bd. 1: Allgemeine Begründung, Begründung nach Sektoren, KOM (90) 400 endg. 1990, Bd. 1, S. 14.

80 Vgl. KOM (1994), S. 5 und 93.

81 Vgl. Biehl/Ungar (1991), Budde et al. (1991) und Budde et al. (1991a).

tion verschlechtert. Es fiel vom zweiten auf den sechsten Platz zurück.[82] Die sinkenden Durchschnittswerte hatten in zweifacher Hinsicht Einfluss auf die regionale Wirtschaftsförderung: Zum einen erhöhte sich mit den hinzugekommenen strukturschwachen neuen Ländern der Anspruch Deutschlands auf europäische Strukturfondsmittel. Dies führte zunächst zu Mittelaufstockungen bestehender Ansätze des europäischen Haushalts und danach zu Umverteilungen und hatte damit direkten Einfluss auf andere Mitglieds- bzw. Empfängerländer von Strukturfondshilfen.

Zu dieser „Relativierung" der regionalen Probleme kam hinzu, dass das Ausmaß von Strukturproblemen zunahm, weil zu den Problemgebieten der alten Bundesländer weiterere Gebiete mit gleicher Problemlage (bspw. Gebiete mit Braunkohlebergbau) in den neuen Ländern hinzukamen.[83] Zudem fiel der dadurch gestiegene innerdeutsche Konkurrenzkampf strukturschwacher Regionen um Fördermittel in eine Phase, in der sich ohnehin durch die näherrückende Vollendung des EG-Binnenmarktes die europäische Standortkonkurrenz verstärkte.[84]

4.4.3. Neue Prioritäten

Auf Grund der veränderten Problemlage, der besonderen strukturpolitischen Erfordernisse in den neuen Ländern und im Hinblick auf die europäischen Auflagen wurde deshalb für die nationale Regionalpolitik eine neue Prioritätensetzung erforderlich.[85] Auf Grund des großen Investitions- und Transferbedarfs und mit dem Ziel, die Wirtschaft in Ostdeutschland zügig anzuschieben, um damit auch dem grundgesetzlich verankerten Anspruch nach gleichwertigen Lebensbedingungen zu entsprechen, mussten für die Wirtschaftsförderung in den neuen Ländern besonders günstige Bedingungen geschaffen werden. Dazu gehörten:

- Die Konzentration der Fördermittel auf die neuen Länder:

  Dies wurde deutlich bei der Entwicklung der Verteilung der GRW-Mittel zwischen 1991 und 1995. Während die Mittel für die neuen Länder kontinuierlich

82 Vgl. Wegner (1993), S. 52, Tab. 3.1. und Toepel (1997), S. 15.

83 Vgl. SVR JG (1991), Z. 512 und 24. Rahmenplan (1995), S. 6 und BT (1999): 28. Rahmenplan der Gemeinschaftsaufgabe „Verbesserung der regionalen Wirtschaftsstruktur" für den Zeitraum 1999-2002 (2003), in: BT-Drs. 14/776 vom 19.04.1999, S. 5 f.

84 Vgl. Franzmeyer (1991); Brenke et al. (1991): Berlin im Europäischen Binnenmarkt; Wegner (1993).

85 Vgl. KOM (1990b), S. 17; Budde et al. (1991), S. 3 und SVR JG (1990), Z. 551 2. Abs.; Zarth (1991), S. 553 und Bundesministerium für Raumordnung und Städtebau (1991): Raumordnungsbericht 1991, S. 13

stiegen, waren die Summen für die Fördergebiete in den alten Bundesländern rückläufig.[86]

- Der Präferenzvorsprung zu Gunsten der neuen Länder: [87]

  Die Differenz der Förderhöchstsätze zwischen alten und neuen Bundesländern betrug bis zu fünf Prozentpunkte (einheitlich in den neuen Ländern 23 % bei der GRW-Förderung, für die alten Länder wurden diese hingegen auf 18 % abgesenkt), um so höhere Anreize für Investitionen in den neuen Ländern zu schaffen.

- Die schrittweise Abschaffung eigenständiger Förderkategorien in den alten Bundesländern: Dazu gehörten z.B. die Zonenrand- und Berlinförderung, die durch die Veränderung der Fördergrundlage, d.h. dem Entfallen der spezifischen Standortnachteile, obsolet geworden waren.[88] Auf den Wegfall der Berlin-Förderung und die Auswirkungen auf die neue Region Berlin wird im nächsten Kapitel näher eingegangen.

4.4.4. Neuabgrenzung der GRW-Fördergebiete

Die neue Situation machte insbesondere unter dem Aspekt der europäischen Beihilfenkontrolle auch eine Überprüfung der nationalen GRW-Fördergebietskulisse nötig. Ausgehend von der Annahme, dass die Auswahl der Fördergebiete in den alten Bundesländern berechtigt war und die Erweiterung um strukturschwache Regionen den gesamtstaatlich berechneten Durchschnittswert nach unten senkte, hatte das automatisch zur Folge, dass ehemalige westdeutsche Fördergebiete aus der Förderung herausfallen mussten, wenn der Umfang der Förderungen und die beihilferechtlichen Bedingungen nicht verändert werden sollten. Die Wiedervereinigung bedeutete aber nur eine Relativierung der regionalen Probleme, nicht jedoch deren

86 Mittelverteilung GRW incl. EFRE für die neuen Länder: 1991: 4 Mrd. DM, 1995: 9 Mrd. DM, dazu im Vergleich die Fördergebiete in den alten Bundesländern: 1991: 1 Mrd. DM, 1995: 700 Mill. DM. Zur genauen Entwicklung vgl. Toepel (1997), S. 116.

87 Der Präferenzvorsprung wurde im Einigungsvertrag Art. 28 II tiret 1 festgeschrieben. „Auf längere Sicht wird die umfassende Förderung auch in den neuen Bundesländern abgebaut werden müssen. Damit aber für die neuen Bundesländer dennoch ein Präferenzvorsprung erhalten bleibt, müssen in Westdeutschland weitere Einschnitte in der Förderlandschaft vorgenommen werden." SVR JG (1991), Z. 525.

88 Die Abschaffung bestehender Förderkategorien wurde auch auf Grund der Beihilfenregelungen der Europäischen Kommission notwendig. Bis zur Wiedervereinigung waren bestimmte Beihilfeformen auf der Grundlage von Art. 92 Abs. 2 c EGV zum Ausgleich von teilungsbedingten wirtschaftlichen Nachteilen bestimmter Gebiete in der Bundesrepublik Deutschland genehmigt. Mit der Wiedervereinigung entfielen die Gründe für diese Ausnahmeregelungen.

Auflösung.[89] Im Gutachten des Sachverständigenrates 1990/1991 hieß es dazu: „Das schließt die Fortgewährung einer Förderung der bisherigen Problemregionen in Westdeutschland nicht von vornherein aus, sondern stellt diese vielmehr auf den Prüfstand der umfassenden Neubewertung. Die Neubewertung ist ohnehin längst überfällig, weil die Regionalförderung in sich voller Widersprüche, ihre Effizienz auch von daher fragwürdig ist und weil sie mittlerweile über 40vH der Fläche in Westdeutschland umfaßt. ... Unbestreitbar ist die sehr hohe gesamtwirtschaftliche Priorität von regionalen Fördermaßnahmen – vorerst – für das Gesamtgebiet der neuen Länder.“[90]

Die Einbeziehung der neuen Länder und Ost-Berlins in die nationale Gemeinschaftsaufgabe und die damit verbundene Ausweitung der Fördergebiete konnte allein schon auf Grund ihrer Genehmigungspflicht gegenüber der EU nicht ohne Folgen für die zukünftige Abgrenzung der Fördergebietskulisse der gesamten Bundesrepublik bleiben. Dies war um so weniger zu erwarten, da die Fördergebietskulisse der GRW, wie im vorherigen Kapitel bereits ausgeführt, schon seit längerem ein Auslöser für Unstimmigkeiten im Interessenkonflikt zwischen nationaler Förderung und europäischer Einflussnahme war. Die Kommission genehmigte deshalb die Ausweitung der Fördergebietskulisse durch Aufnahme der neuen Länder und Ost-Berlins als Fördergebiet der GRW zunächst nur befristet bis zum 31.12.1993. Im Januar 1994 kam es zur Verlängerung bis Ende 1996, und auch die weitere Genehmigung der neuen Bundesländer und Ost-Berlins als Fördergebiete der GRW von 1997 bis 1999 war unumstritten. Auch der flächendeckenden Einbeziehung West-Berlins in die nationale GRW-Förderung stand beihilferechtlich ab 1997 auf Grund der hohen Arbeitslosigkeit und der teilungsbedingten strukturellen Folgeprobleme nichts entgegen, dies auch angesichts des politischen Aspektes, dass West-Berlin als europäisches Ziel-2-Fördergebiet von Ziel-1-Gebieten umgeben und ab 1994 bereits, wenn auch nicht flächendeckend, in die GRW einbezogen worden war.

Galt die Genehmigung der GRW-Fördergebiete in den neuen Bundesländern als unproblematisch, war der Einigungsprozess für die Fördergebietskulisse in den alten

---

89 „Mit der Wiedervereinigung hat die Gemeinschaftsaufgabe ihre Bedeutung für die strukturschwachen Regionen in den alten Bundesländern nicht verloren. Die Strukturprobleme im Westen sind durch die Wiedervereinigung nicht verschwunden.“ BMWi (1994): Regionale Wirtschaftsförderung in der Bundesrepublik Deutschland, Dok. Nr. 345, S. 3. Vgl. auch Baumheier (1991), S. 359.

90 Vgl. SVR JG (1990), Z. 344.

Ländern ab 1997 um so schwieriger.[91] Noch im November 1996 bestand zwischen dem Bundeswirtschaftsministerium und der für Wettbewerbsfragen zuständigen EU-Kommission Uneinigkeit über den Umfang des westdeutschen Fördergebiets. Die Bundesländer hatten (ohne Absprache mit der Kommission) beschlossen, die Fördergebiete in den alten Bundesländern – ohne Westberlin – auszuweiten. Der dann in westdeutschen Fördergebieten lebende Bevölkerungsanteil hätte sich dadurch von 20,8 % auf 22 % erhöht. Während die EU weiterhin nur 20,8 % (ca. 13,25 Mio. Einwohner) der Bevölkerung zulassen wollte, was dem Status quo in den alten Bundesländern entsprach, bestand der Bundeswirtschaftsminister auf 22 % der westdeutschen Bevölkerung (ca. 14 Mio. Einwohner). Daraufhin drohte die Europäische Kommission, die aus prinzipiellen Gründen auf einer Reduzierung der GRW-Fördergebiete bestand, mit einem Wettbewerbsverfahren und gab dem Bundeswirtschaftsministerium 14 Tage Zeit, das Problem mit der Abgrenzung der Fördergebietskulisse zu lösen. Deutschland lenkte darauf hin ein und verzichtete auf die Erhöhung des Bevölkerungsanteils. Bei dem gefundenen Kompromiss fielen allerdings keine Arbeitsamtsbezirke vollständig aus der Förderung heraus, sondern lediglich Kurorte, florierende Tourismusorte und einzelne Gemeinden mit ländlicher Struktur.[92] Nachdem die Bundesländer dem Kompromiss zugestimmt und die Bundesregierung eine dementsprechende Neuordnung der Fördergebietskulisse in Brüssel bei der für Wettbewerbsfragen zuständigen Generaldirektion (DG IV) vorgelegt hatte, stimmte die Kommission am 17.12.1996 dem Neuentwurf zu.

4.5. Zusammenfassung

Die Region Berlin war geprägt durch die Teilung Deutschlands und deren Folgen. Dieses Kapitel über die „Neuen Länder" behandelt die ökonomische und politische Umbruchsituation nach der Überwindung der Teilung Deutschlands. Aufgezeigt wurden die Dringlichkeit politischen Handelns sowie Reaktionen und Maßnahmen der Bundesregierung sowie der Europäischen Gemeinschaft auf die neue Situation, da das Gebiet des ehemaligen DDR mit der Wiedervereinigung auch Bestandteil der Europäischen Gemeinschaft geworden war. Sowohl im nationalen als auch im europäischen Vergleich zählten die hinzugekommenen strukturschwachen Gebiete zu den am schlechtesten ausgestatteten Regionen. Daraus ergab sich nicht nur ein Anspruch auf nationale, sondern auch auf europäische Förderbeihilfen.

---

91 Der Entscheidungsprozess um die Fördergebietsabgrenzung ist heftig diskutiert worden. Vgl. dazu auch die Diskussion in der Presse: Tsp. vom 7.11.96 „Ost-Förderung für ganz Berlin" und 14.11.96 „Kompromiss über Regionalbeihilfen"; Handelsblatt vom 14.11.96 „Bonn und Brüssel über Regionalpolitik einig", KOM (1996b): EU*magazin* 12/1996; KOM (1997): Europartner, 1/1997 und Der Spiegel 44/1996.

92 Dabei handelte es sich vor allem um Gebietsteile, die auch im Rahmen der GRW nicht förderfähig waren.

Auf nationaler Ebene waren mit der Wirtschafts-, Währungs- und Sozialunion und dem Einigungsvertrag seitens der Bundesrepublik die rechtlichen Voraussetzungen zum Abbau des Wohlstandsgefälles zwischen Ost- und Westdeutschland geschaffen worden. Die Kosten der sozialen Anpassungen, der dringend erforderlichen Infrastrukturinvestitionen und der finanziellen Anreize für private Investitionen in Ostdeutschland sollten mit Hilfe des Gemeinschaftswerks „Aufschwung Ost" und des Fonds „Deutsche Einheit" finanziert werden.

Durch das Hinzukommen der neuen Länder erfuhr auch die Regionalpolitik eine erhebliche Aufwertung, insbesondere durch die Ausweisung der neuen Bundesländer als GRW-Fördergebiete. Von der Europäischen Gemeinschaft waren kurzfristig 3 Mrd. ECU als zusätzliche Fördermittel bereit gestellt worden, um die neuen Bundesländer schnell in eine bereits laufende Strukturfondsförderperiode integrieren zu können. Die Europäische Gemeinschaft verzichtete aus pragmatischen Gründen dabei auf die Einhaltung der europäischen Förderkriterien. Statt dessen wurde das gesamte Beitrittsgebiet für die Zeit von 1991-1993 als Fördergebiet sui generis und für die Förderperiode 1994-1999 als Ziel 1-Gebiet klassifiziert. Die Aufteilung der Fördermittel auf die fünf neuen Bundesländern und Ost-Berlin erfolgte entsprechend ihrem Bevölkerungsanteil.

Da die Kofinanzierung der europäischen Strukturfondsmittel anfangs vollständig und in der zweiten Förderperiode weitgehend aus den GRW-Mitteln erfolgte, konnte das breitere EFRE-Förderspektrum nicht ausgeschöpft werden. Dies wirkte sich negativ auf die Regionalpolitik in den neuen Ländern aus, insbesondere jedoch in der Region Berlin. Darauf, und auf weitere durch das Zusammenspiel von nationaler und europäischer Regionalpolitik verursachter Probleme in der Untersuchungsregion wird im folgenden Kapitel näher eingegangen.

5. Sonderfall Berlin

Anschließend an das Kapitel über die Situation der Gesamtheit der neuen Länder in Bezug auf Umbrüche, Anforderungen und Lösungsansätze für die Regionalpolitik in Deutschland konzentriert sich dieses Kapitel auf die Situation in der Region Berlin. Dargestellt wird das Besondere, das, was den Sonderfall Berlin ausmacht, um die komplexen Strukturen zu erkennen und so eine Grundlage zu haben für die reale Entwicklung der Regionalpolitik und Förderpraxis in der sich neu bildenden Region. Das Kapitel bildet zugleich den Rahmen für die im nächsten Kapitel vorgenommene Darstellung des konkreten EFRE-Einsatzes in der Region.

5.1. Situation bis 1989

Bedingt durch die geopolitische Lage war Berlin seit Kriegsende bis zur Wiedervereinigung, aber auch noch darüber hinaus, in einer einzigartigen Situation, zu der es in der Geschichte keine Parallelen gab, die Vergleiche ermöglichen und von denen Handlungsempfehlungen oder Problemlösungen abgeleitet werden konnten.

Bis 1989 war die Situation der Stadt Berlin durch die unterschiedlichen Anforderungen an die beiden Stadthälften, die durch die politische und wirtschaftliche Teilung bedingt waren, gekennzeichnet. Sowohl die DDR als auch die Bundesrepublik hatten versucht, die Stadt Berlin verfassungsrechtlich so eng wie möglich in ihren Geltungsbereich einzubeziehen.[1] Aber auch bei weitestgehend nationaler Einbeziehung und dem Versuch der „Normalität" blieben beide Stadthälften Berlins bis zur Wiedervereinigung in einer Sonderstellung. West- und Ost-Berlin werden deshalb im Folgenden zunächst getrennt und erst für die Zeit nach dem Mauerfall gemeinsam betrachtet.

---

1 Ein Problem dieses Kapitels ist die schwierige rechtliche Einordnung des Status der Stadt Berlin vor der Wiedervereinigung. Sowohl für den West- als auch für den Ostteil der Stadt gab es divergierende Ansichten, je nach Betrachterstandpunkt (Alliierte West, Sowjetunion, DDR und Bundesrepublik Deutschland), die keine allgemeingültigen Aussagen zulassen. Aus diesem Grund ist hier für West-Berlin die bundesdeutsche Sicht und für Ost-Berlin die Perspektive der DDR gewählt worden (Einschränkungen werden erwähnt). Berücksichtigt werden muss auch, dass sich gerade zu Beginn der Nachkriegszeit viele Aussagen auf Ganz-Berlin bzw. Groß-Berlin in den Grenzen von 1920 beziehen und sich sowohl die Aussagen der westlichen als auch die der östlichen Positionen ganz selbstverständlich (zumindest theoretisch und in dem Wunsch nach einer gemeinsamen Stadt) auf den jeweils anderen Berlinteil mit beziehen. Zu den Statusfragen Berlins, den entsprechenden Rechtsgrundlagen und Auffassungen vor dem Mauerfall, vgl. Diepgen (Hrsg.) (1989): Berlinpolitik: Rechtsgrundlagen, Risiken und Chancen, dabei insbesondere für West-Berlin die Aufsätze von Randelzhofer (1989): Staats- und völkerrechtliche Lage Berlins in unserer Zeit", Scholz (1989): Berlin - Status und nationale Aufgabe" und für Ost-Berlin: Lieser-Triebrigg (1989): Ost-Berlin - Status und Entwicklung".

5.1.1. Inselrolle West-Berlins

West-Berlin hatte seit Gründung der Bundesrepublik Deutschland im Mai 1949 durch die Rolle der Alliierten einen Sonderstatus in der Bundesrepublik und später auch in der Europäischen Gemeinschaft. Prägend für die Entwicklung der Stadt waren nach dem Krieg das rasche Abtreten der Hauptstadtfunktionen an Bonn[2], die Berlin-Blockade und der Wegzug von Firmenzentralen und des Finanzwesens auf Grund der geopolitischen Lage. Die anhaltenden politischen Spannungen und Restriktionen, der Mauerbau 1961 sowie die unsicheren Zukunftsaussichten in West-Berlin hatten besonders für die ökonomische Entwicklung der Stadt negative Folgen. Der Verlust von Regierungsfunktionen sowie der Wegzug von Firmenzentralen und Entwicklungsabteilungen ging einher mit dem Rückgang privater Investitionen. Im Gegensatz zu Ost-Berlin, wo Aufgaben, Funktionen und Mittel kumuliert wurden und die Bevölkerungszahl anstieg, war in West-Berlin eine Abwanderungstendenz zu verzeichnen, die zu einem Bevölkerungsrückgang führte.

West-Berlins rechtlicher Status wurde 1949 durch das Grundgesetz der Bundesrepublik Deutschland geregelt, das "Groß-Berlin" als Gliedstaat der Bundesrepublik auswies.[3] 1950 erhielt der Westteil Berlins eine eigene Verfassung[4] und damit den Status eines Bundeslandes[5], welches de facto zur Bundesrepublik zählte. Auf Grund

---

2 Die Stadt Bonn war als Provisorium bzw. vorläufiger Sitz der Bundesorgane gedacht, bis sich eine politische Lösung abzeichnen und Berlin die Hauptstadtfunktion wieder erfüllen würde. Die Entscheidung für Bonn fiel im Mai 1949 und wurde im November desselben Jahres bestätigt. In der Verfassung von Berlin von 1950 heißt es im Vorspruch: „... in dem Wunsche, die Hauptstadt eines neuen geeinten Deutschlands zu bleiben..." womit zum Ausdruck gebracht wurde, „dass Berlin seine zentrale Kraft als Deutschlands Hauptstadt nicht verloren hat, sondern nur in widernatürlicher Weise aufgespalten ist." Vgl. Pfennig/Neumann (1987): VvB Kommentar, S. 1.

3 Art. 23 Satz 1 GG vom 23.5.1949, eingeschränkt durch die Besatzungs- und Schutzhoheit der westlichen Alliierten (alliierte Vorbehaltsrechte), lt. Art. 144 Abs. 2 GG.

4 Die „Verfassung von Berlin" war für ganz Berlin konzipiert, konnte aber nur im Westteil der Stadt praktiziert werden. Sie wurde am 1.9.1950 beschlossen und trat am 1.10.1950 in Kraft. Sie war auf Grund von Art. 35 der „Vorläufigen Verfassung von Groß-Berlin" vom 19.8.1946 erstellt worden.

5 Art. 1 Abs. 2 VvB „Berlin ist ein Land der Bundesrepublik Deutschland". Art. 87 I VvB stellt klar, dass die Vorschriften noch nicht gelten: Artikel 1 Abs. 2 und 3 treten in Kraft, sobald die Anwendung des Grundgesetzes für die Bundesrepublik Deutschland keinen Beschränkungen mehr unterliegt, das heißt, bis dahin ist Berlin kein Land (oder nur eingeschränkt) der Bundesrepublik Deutschland. Zur Diskussion vgl. Pestalozza (1991): Verfassungsprozessrecht, S. 466. Im Original: Schreiben der Alliierten Kommandantura Berlin betreffend der Genehmigung der Verfassung von Berlin vom 29. August 1950 und Beschluss des Bundesverfassungsgerichts betreffend der Geltung des Grundgesetzes für Berlin vom 21. Mai 1957, in: Münch (1968): Dokumente des geteilten Deutschland, Bd. 1, S. 172, bzw. S. 183.

alliierter Vorbehaltsrechte wurde West-Berlin aber nicht bzw. nur eingeschränkt vom Bund regiert.

Die Beziehungen zwischen dem Bund und Berlin wurden 1952 mit dem Deutschlandvertrag gefestigt und von den West-Alliierten gebilligt. Der Bund verpflichtete sich damit einerseits zu umfangreichen Hilfsmaßnahmen für West-Berlin und übernahm andererseits auch die Vertretung Berlins und der Berliner Bevölkerung nach außen. Außerdem ermöglichte der Vertrag eine Einbeziehung Berlins in internationale Verträge der Bundesrepublik Deutschland.[6]

Die Frage nach dem rechtlichen Status sowie der Zugehörigkeit und Zuständigkeit der Stadt Berlin, insbesondere West-Berlins, hatte in der Nachkriegszeit immer wieder zu Spannungen und Konflikten zwischen Ost und West sowie zwischen der DDR und der Bundesrepublik Deutschland geführt. Im Zuge der Entspannungspolitik erzielten die Alliierten mit dem Viermächte-Abkommen Anfang der 70er Jahre eine Übereinkunft, die maßgeblich zur Entspannung der politischen Situation beitrug und damit auch für die Entwicklung West-Berlins eine verlässliche Basis schuf.[7] Ohne dass das Viermächte-Abkommen den Status von Berlin veränderte[8], regelte es die Einbeziehung Berlins in internationale Verträge des Bundes und schrieb die Einbeziehung Berlins in die Europäische Gemeinschaft fest.[9] Außerdem ermöglichte es praktische innerdeutsche Regelungen[10]. Der Grundlagenvertrag[11] von 1972 zwi-

6 Vgl. Mahnke (1990): Vom Londoner Protokoll zum Viermächte-Abkommen, in: Langguth (Hrsg.): Berlin: Vom Brennpunkt der Teilung zur Brücke der Einheit, S. 96.

7 Der Status von Berlin wurde im Viermächte-Abkommen wie folgt definiert: „... dass die Bindungen zwischen den Westsektoren Berlins und der Bundesrepublik Deutschland aufrechterhalten und entwickelt werden“, gleichzeitig wurde aber betont, „... dass die Sektoren so wie bisher kein Bestandteil (konstitutiver Teil) der Bundesrepublik Deutschland sind und auch weiterhin nicht von ihr regiert werden“. Vgl. Viermächte-Abkommen 1971, in Kraft getreten am 3. September 1971, in Schramm (1986): Die Einbeziehung Berlins in die Europäischen Gemeinschaften, unter besonderer Berücksichtigung des Viermächteabkommens, Anhang S. 3.

8 Grund dafür waren die weiterhin bestehenden Unterschiede in der Rechtsauffassung, aber auch der Wunsch, zur praktischen Verbesserung der Lage beizutragen. Deshalb wurde im Abkommen statt von „Berlin“ nur von dem „betroffenen Gebiet“ gesprochen und so Raum zur Begriffsauslegung gegeben. Vgl. auch Pestalozza (1991), S. 464 § 24 I 4 c.

9 Vgl. Schramm (1986), S. 168. Aus Sicht der UdSSR und der DDR war die Anerkennung West-Berlins als Teil der Bundesrepublik Deutschland und die Einbeziehung in die Europäische Gemeinschaft problematisch.

10 Zum Beispiel das Transitabkommen (17.12.1971) und die Reise- und Besuchsvereinbarungen (20.12.1971).

11 Vgl. BPA (1972): Vertrag über die Grundlagen der Beziehung zwischen der Bundesrepublik Deutschland und der Deutschen Demokratischen Republik vom 21.12.1972, Bulletin der Bundesregierung Nr. 155, S. 1841.

schen der DDR und der Bundesrepublik Deutschland, der die besonderen Beziehungen zwischen den beiden deutschen Staaten formalisierte, gab den Weg frei zur Anerkennung der DDR durch andere westliche Staaten.[12]

Die Rahmenbedingungen, die die politische und wirtschaftliche Stabilität und damit die Existenz West-Berlins während der Zeit der Teilung sicherten, beruhten im Wesentlichen auf drei "Standbeinen": der Schutzpräsenz der West-Alliierten, der Zugehörigkeit zum Rechts-, Wirtschafts- und Finanzsystem der Bundesrepublik Deutschland und der Einbeziehung in die Europäische Gemeinschaft.

Ohne konstitutiver Bestandteil der Bundesrepublik Deutschland zu sein, war die Einbeziehung in die Europäische Gemeinschaft eine der Besonderheiten West-Berlins.[13] Die rechtliche Lage West-Berlins in der Gemeinschaft stützte sich auf die Berlin-Erklärung[14] der Bundesregierung bei der Hinterlegung der Ratifizierungsurkunde zu den Römischen Verträgen von 1957 und der "Gemeinsamen Erklärung betreffend Berlin" der unterzeichnenden Regierungen für die Römischen Verträge.[15]

Besonders drei Aspekte waren bei der komplexen rechtlichen und politischen Stellung der Stadt West-Berlin als Teil der Europäischen Gemeinschaft und ihrer Einbeziehung in den fortschreitenden Integrationsprozess hervorzuheben:

1. Die politische Bedeutung: Die demonstrative Einbeziehung West-Berlins in die Europäische Gemeinschaft freier demokratischer Staaten trug zur Bewahrung ihrer freiheitlichen Ordnung bei und bremste die Möglichkeiten von Pressionen von östlicher Seite. Durch die Integration West-Berlins in die Europäische Gemeinschaft als Wirtschaftsmacht wäre eine eventuelle Konfrontation nicht mehr auf die Bundesrepublik Deutschland und die West-Alliierten beschränkt gewesen.

---

12 Vgl. Bundeszentrale für politische Bildung (1996): „Hauptstadt Berlin", Informationen zur politischen Bildung, 240, S. 16 f., im Folgenden zitiert als „Hauptstadt Berlin" (1996).

13 Auch hier gilt, dass nach bundesdeutscher Rechtsauffassung Ganz-Berlin Gebiet der Bundesrepublik Deutschland ist und damit auch die Verträge für Ganz-Berlin bzw. für das Land Berlin gelten. Vgl. Schramm (1986), S. 10 und Pfennig/Neumann (1987), S. 80 ff.

14 Vgl. BGBl. (1957): Berlin-Erklärung, in: BGBl. II 1957 S. 760 und S. 764. Zu den Sonderfragen der deutschen Teilung, der Stellung Berlins und den Folgen für die Einbeziehung in die Gemeinschaft vgl. EP (1990), S. 168; Pfennig/Neumann (1987), S. 80 und Schramm (1986), S. 11 ff. Außerdem: Burghardt (1990): Berlin in der Europäischen Gemeinschaft, in: Langguth (Hrsg): Berlin: Vom Brennpunkt der Teilung zur Brücke der Einheit, S. 258 ff; Ipsen (1972): Europäisches Gemeinschaftsrecht, S. 96 ff und RBm (1987): „Berlin in der EG - EG in Berlin", S. 6 ff.

15 Hier erklärten die Unterzeichnenden ihre Bereitschaft, alle erforderlichen Maßnahmen zu treffen, um die wirtschaftliche und soziale Lage Berlins zu erleichtern.

2. Die rechtliche Bedeutung: Durch die Einbeziehung West-Berlins in die Gemeinschaft wurde die Rechtseinheit zwischen der Bundesrepublik Deutschland und West-Berlin im Bereich des europäischen Gemeinschaftsrechts gewahrt. Dies war bei fortschreitender Integration der Gemeinschaft und Ausweitung der europäischen Rechtsregelungen, die immer mehr Einfluss auf die nationalen Regelungen bekamen, vorteilhaft.

3. Die wirtschaftliche Bedeutung: Die Einbeziehung verschaffte West-Berlin zum einen den ungehinderten Zugang zum Gemeinsamen Markt bei zunehmenden wirtschaftlichen Verflechtungen West-Berlins mit den anderen EG-Staaten[16]. Zum anderen eröffnete es die Möglichkeit, an finanziellen Hilfen der Gemeinschaft zu partizipieren.[17]

Neben den oben genannten Aspekten ergaben sich durch die besondere politische Situation der Stadt zusätzliche Begünstigungen für West-Berlin in der Gemeinschaft bei der europäischen Beihilfenregelung[18] sowie beim innerdeutschen Handel[19]. Außerdem eröffnete die Europäische Kommission als besondere politische Geste der Solidarität mit der Stadt im Juni 1968 ein Verbindungsbüro in West-Berlin, auch um die rechtliche, politische und wirtschaftliche Zugehörigkeit Berlins zur Gemeinschaft zu demonstrieren.[20]

Die Wirtschaftsstruktur in Berlin war nach Beendigung des zweiten Weltkrieges durch das hohe Ausmaß der Kriegszerstörung und der Demontage von Industrieanlagen geprägt. Im Gegensatz zur übrigen Bundesrepublik Deutschland wurden der Wiederaufbau und die wirtschaftliche Entwicklung durch die Teilung der Stadt, den

16 1988 gingen über 50 % der Auslandsexporte West-Berlins in EG-Länder, die Importe betrugen etwa 46 %. Vgl. Burghardt (1990), S. 257.

17 Zum Beispiel aus den europäischen Strukturfonds, europäischen Forschungsprogrammen und den Darlehen der Europäischen Investitionsbank. Vgl. Burghardt (1990), S. 266 ff.

18 Art. 92 II Abs. c EWGV stellt klar, dass die besondere Begünstigung Berlins durch das Berlin-Fördergesetz nicht den grundsätzlichen Wettbewerbsverzerrungsverboten der Art. 92 I EWGV zuwider läuft. Vgl. auch EP (1990), S. 168, Punkt 211.

19 Vgl. RBm (1987), S. 8 f.

20 Verbindungsbüros der Kommission waren zu der Zeit außerhalb von Hauptstädten unüblich, was die Bedeutung dieser Geste erhöhte. 1977 kam mit dem Europäischen Zentrum für die Förderung der Berufsbildung (CEDEFOP) eine offizielle EG-Institution hinzu. Zur besonderen Bedeutung und dem hohen Stellenwert, der dem engen Kontakt zwischen West-Berlin und der Europäischen Kommission in Brüssel beigemessen wurde, vgl. RBm (1987), und Burghardt (1990), S. 262.

Verlust des Hauptstadtstatus und den Wegzug von Unternehmen erschwert.[21] Die wirtschaftliche Isolation West-Berlins, die fehlenden Verflechtungen zu seinem Umland und die unsicheren politischen Rahmenbedingungen[22] waren auch in der Folgezeit ein Entwicklungshemmnis. Vor diesem Hintergrund wurde die Einbeziehung West-Berlins in das politische und wirtschaftliche System der Bundesrepublik Deutschland betrieben, flankiert durch massive finanzielle Hilfen des Bundes. Doch trotz dieser Bemühungen entwickelten sich Wirtschaft und Leistungskraft West-Berlins nicht parallel zur übrigen Bundesrepublik. Noch vor der endgültigen Teilung Berlins durch den Mauerbau zeichnete sich ab, dass West-Berlin nicht aus eigener Kraft überlebensfähig war. Die politische Entscheidung[23], West-Berlin lebensfähig zu halten und die wirtschaftlichen und sozialen Nachteile abzufedern, führte im Wesentlichen zu zwei Formen der Unterstützung: der Bundeshilfe und der Berlinförderung.[24] Zusätzlich kamen als Vergünstigungen für die Wirtschaft in West-Berlin auch noch der niedrige Gewerbesteuerhebesatz und zinsgünstige ERP-Kredite hinzu.

Die Bundeshilfe bestand aus Zuschüssen und Darlehen des Bundes, die massiv zum West-Berliner Haushalt beitrugen und damit die Strukturschwäche des West-Berliner Haushalts ausglichen[25]. Mit Hilfe dieser Mittelausstattung konnte der Senat von Berlin seine Aufgaben erfüllen und darüber hinaus ein außergewöhnlich großes Angebot in den Bereichen Kultur und Hochschulen bereitstellen.[26] Hinzu kam, dass

---

21 Hinzu kam, dass auf Grund alliierter Gesetzgebung rüstungsnahe Industrieproduktion in Berlin verboten war. Dies führte zusätzlich zu Abwanderungen von Entwicklungsabteilungen, z.B. bei Siemens.

22 Wie bereits ausgeführt setzte ab 1971 mit dem Viermächte-Abkommen eine gewisse Stabilisierung der politischen Lage ein, die zu mehr Rechtssicherheit auch für den Wirtschaftssektor der Stadt führte.

23 Vgl. BGBl. (1952): „Gesetz über die Stellung des Landes Berlins im Finanzsystem des Bundes“, Drittes Überleitungsgesetz vom 4.1.1952, insbesondere § 16 in: BGBl. I 1952 S. 1, und bedingt, Römische Verträge von 1957. Zur genauen Entwicklung der einzelnen Hilfen vgl. Weinzen (1995), S. 17 ff.

24 West-Berlin war während der Teilung Deutschlands nicht in das System des bundesstaatlichen Finanzausgleichs, den Länderfinanzausgleich, einbezogen. Bundeshilfe und Berlinförderung waren deshalb alternative Finanzierungsinstrumente, um die Standortnachteile Berlins auszugleichen und der Finanzschwäche des Berliner Haushalts entgegen zuwirken.

25 Die Bundeshilfe betrug bis zur Hälfte der jährlichen Einnahmen des West-Berliner Landeshaushaltes. Die Höhe der Finanzhilfen wurde jährlich zwischen dem Bundesfinanzminister und dem Senator für Finanzen ausgehandelt. Sie ist dokumentiert in den jährlichen Haushaltsgesetzen des Bundes und Berlins.

26 Vgl. Moser (1996): Auf dem Weg zu einer Dienstleistungsmetropole, in: Süß (Hrsg.): Hauptstadt Berlin. Bd. 3, S. 80, auch: Vesper (1993): Finanzielle und finanzpolitische Konsequenzen eines gemeinsamen Bundeslandes Berlin-Brandenburg, DIW Beiträge zur Strukturforschung Heft 147, S. 16.

in West-Berlin der Staatssektor (öffentliche Dienstleistungen) ein enormes Gewicht bekam, allerdings nicht – wie im Ostteil Berlins – aus Hauptstadtgründen, sondern zum einen als Hilfe für die wirtschaftliche Leistungskraft der isolierten Stadt und zum anderen, um die Zugehörigkeit Berlins zum Bund zu stärken. Zu diesem Zweck wurden nachgeordnete Bundesbehörden[27] und wissenschaftliche Institute in West-Berlin angesiedelt bzw. ausgebaut.

Aus der besonderen geopolitischen Lage West-Berlins resultierten für die Wirtschaft insbesondere folgende Standortnachteile:

- Erschwerte Bedingungen und Einschränkungen auf Grund der Distanz zu den Bezugs- und Absatzmärkten (erhöhte Transportkosten[28], Kundendistanz, etc.),

- geringe regionale Vorleistungsverflechtungen durch die Insellage auf Grund des fehlenden Umlandes,

- erhöhte Grundstückspreise auf Grund des begrenzten Platzangebotes im Stadtgebiet,

- Erschwernisse bei "normalen" Ausgleichsmechanismen in Ballungsräumen in Bezug auf Ver- und Entsorgung.

Um diese spezifischen Standortnachteile für Wirtschaft und Betriebe sowie für die Arbeitnehmer, die sich auf Grund der politischen Restriktionen in West-Berlin ergaben, auszugleichen, gab es als zweites Instrument der regionalen Förderung das Berlinförderungsgesetz (BFG)[29]. Die wesentlichen Instrumente in Form von Sonderabschreibungen, Investitionszuschüssen und Umsatzsteuerpräferenzen für die Unternehmen und einer abgabenfreien Zulage für die Arbeitnehmer (sog. „Zitterprämie) bildeten besondere ökonomische Anreize für kapitalintensive Produktionen. Damit zog die Berlinförderung Betriebe mit hoher Kapitalintensität, niedriger Wertschöpfung und geringer Fertigungstiefe an, wie z.B. die Zigaretten-, Textil- sowie Nahrungs- und Genussmittelindustrie. Dies waren im wesentlichen Produktionen,

---

27 Ca. 50 Bundesbehörden waren in West-Berlin vertreten, zum Teil mit Außenstellen und Vertretungen oder mit Hauptsitz, wie zum Beispiel das Umweltbundesamt, das Bundesverwaltungsgericht, die Bundesversicherungsanstalt für Angestellte und das Bundesaufsichtsamt für das Kreditwesen. Vgl. auch Geppert/Seidel/Toepel (1993), S. 20.

28 Für den Fernabsatz musste immer das Gebiet der DDR überbrückt werden und der Nahabsatz war durch Mauer und Unterschiede in den politischen Systemen eingeschränkt.

29 Zur Kritik am BFG vgl. Rosenschon (1990): Berlinförderung auf dem Prüfstand, in: Die Weltwirtschaft, Heft 2/1990, S. 71 ff und „Wird das Berlinförderungsgesetz noch gebraucht?“, in: DIW WB 29/90, S. 393.

bei denen durch das Ersetzen menschlicher Arbeitskraft, durch Automatisierung bzw. Rationalisierung und durch einen hohen Anteil niedrigqualifizierter Arbeitsplätze wenig positive Einflüsse auf den Berliner Arbeitsmarkt ausgingen. Diese Förderpolitik führte dazu, dass strukturelle Probleme der Berliner Wirtschaft durch die Fördermaßnahmen nicht behoben, sondern zum Teil sogar verstärkt wurden.[30]

Der mit dem Berlinförderungsgesetz im Zusammenhang stehende Verzicht auf Steuereinnahmen führte zusätzlich zu einer Steuerschwächung des West-Berliner Haushalts und minimierte damit die Fähigkeit zur eigenen Leistungs- und Überlebensfähigkeit der Stadt. Die als Folge der besonderen Situation West-Berlins entstandene Subventionsnotwendigkeit und auch Subventionsmentalität bescherte der Stadt vor dem Mauerfall die höchste Förderintensität in Deutschland und finanziell eine extreme Abhängigkeit vom Bund.

Zu den nationalen Hilfen für den Standort West-Berlin kamen Hilfen der Europäischen Gemeinschaft. Über die oben erwähnte explizite Einbeziehung West-Berlins in ihren Geltungsbereich und die damit verbundenen Vorteile hinausgehend, unterstützte die Europäischen Gemeinschaft die Insel-Stadt West-Berlin durch die Integration in zahlreiche Förderprogramme und die Strukturfonds.

5.1.2. Hauptstadtrolle Ost-Berlins

Der Ostteil Berlins wurde im Oktober 1949 nach Gründung der zentralstaatlichen sozialistischen Deutschen Demokratischen Republik Hauptstadt der DDR[31]. Auf Grund der alliierten Bestimmungen[32] behielt Ost-Berlin aber immer einen rechtlichen Sonderstatus in der DDR. Mit der Verwaltungsgliederung 1952 wurde das

---

30 Zu der Wirtschaftsstruktur im Einzelnen, vgl. Seidel (1991): Sonderfall Berlin, in: Franzmeyer (Hrsg.): Die Auswirkungen des Binnenmarktes auf die Entwicklung der Regionen in der Europäischen Gemeinschaft, S. 119 ff; „Großraum Berlin" in: DIW WB 22/90 und Geppert/Seidel/Toepel (1993), S. 18 ff. Außerdem: Brenke/Geppert (1995): Die Wirtschaft im Raum Berlin, in: Moser (Hrsg.): Berlin-Report, S. 47 ff.

31 Die Gründung der DDR erfolgte am 7.10.1949. Die erste Verfassung der DDR von 1949 galt nach dem damaligen alliierten Recht formell nicht für das Gebiet Berlin. Trotzdem wurde in Artikel 2 Abs. 2 Berlin als Hauptstadt der Republik festgeschrieben. In der nachfolgenden Verfassung der DDR von 1968 heißt es dann in Artikel 1 Abs. 2: „Die Hauptstadt der Deutschen Demokratischen Republik ist Berlin." wobei auch hier theoretisch ganz Berlin gemeint ist, dieser Anspruch sich praktisch wegen der alliierten Bestimmungen aber nur für den Ostsektor durchsetzen ließ. Vgl. o.V. (1969): Verfassung der DDR, Dokumente, Kommentare, Bd. 1, Berlin. Vgl. auch Rexin (1990): Ost-Berlin als DDR-Hauptstadt, in: Langguth (Hrsg.): Berlin: Vom Brennpunkt der Teilung zur Brücke der Einheit, S. 70 ff. und S. 98 sowie Mahnke (1990), S. 88 f.

32 Viermächte-Abkommen und Potsdamer Abkommen, vgl. Pfennig/Neumann (Hrsg.) (1987), S. 15 und Lieser-Triebnigg (1989), S. 115 ff.

Gebiet der DDR administrativ neu gegliedert und zwar in 14 Bezirke und die Hauptstadt Berlin (Ost).[33] Seit 1961 übte die Hauptstadt der DDR "die Funktion eines Bezirkes aus" und seit 1973 war Ost-Berlin einem Bezirk der DDR gleichgestellt.[34]

Bis 1977 hatte Ost-Berlin auf einer Fläche von 403 km^2 acht Stadtbezirke. Durch einen Bezirksneuschnitt kamen innerhalb des bestehenden Stadtgebietes mit Marzahn (1979), Hohenschönhausen (1985) und Hellersdorf (1986) drei neue Bezirke hinzu. Seine Sonderrolle gegenüber den übrigen Bezirken der DDR behielt Ost-Berlin hingegen bis zur Wiedervereinigung. Ausdruck dieser Sonderrolle war auch der freie Zugang der West-Alliierten und die räumliche Nähe zum „kapitalistischen Klassenfeind" in West-Berlin. Dies schuf die Möglichkeiten des Vergleichs von Lebensqualität und Wohlstand zwischen Ost und West und erzeugte Konkurrenzdruck zwischen den Stadthälften.

Auf Grund seiner Hauptstadtfunktionen oblagen Ost-Berlin Repräsentationspflichten gegenüber dem In- und Ausland, was auch die städtebauliche und wirtschaftliche Entwicklung bestimmte. In Ost-Berlin konzentrierten sich die Sitze der Ministerien[35], vieler nachgeordneter Behörden und Institutionen sowie der Zentralen von Partei- und Massenorganisationen. Außerdem bildete sich hier das wissenschaftliche und kulturelle Zentrum der DDR heraus.[36] Diese Vorrangstellung Ost-Berlins vor anderen Städten der DDR und die Konzentration von Aufmerksamkeit und Mitteln auf die Hauptstadt war eine bewusste Aufwertung Ost-Berlins. Schon 1961 unter Walter Ulbricht gab es mit dem Beschluss der Ost-Berliner-Stadtverordnetenversammlung „über den Aufbau des Zentrums der Hauptstadt der DDR" den ersten Ansatz zur Stärkung Ost-Berlins. Den nächsten Impuls setzte Erich Honecker Mitte

---

33 Vgl. Lieser-Triebnigg (1989), S.101. Nach dem Krieg gab es bis 1952 in der DDR fünf Länder und eine provisorische Länderkammer. Mit dem Gesetz über die weitere Demokratisierung des Aufbaus und der Arbeitsweise der staatlichen Organe in den Ländern der Deutschen Demokratischen Republik vom 23. Juli 1952, in: GBl. der DDR (1952), Nr. 99, S. 613, erfolgte die Auflösung der Länder und die Neugliederung in Bezirke. Auf die DDR-typische Schreibweise für Ost-Berlin als Hauptstadt der DDR wird im Folgenden der Einheitlichkeit wegen verzichtet.

34 Vgl. GBl. der DDR (1961): Erlass des Staatsrates der DDR zu den Ordnungen über die Aufgaben und die Arbeitsweisen der Stadtverordnetenversammlungen und der Stadtbezirksversammlungen und ihrer Organe in der Hauptstadt der Deutschen Demokratischen Republik, Berlin, und den Stadtkreisen und Stadtbezirken vom 7.9.1961, in: GBl. der DDR I 1961, S. 169 und GBl. der DDR (1973): Gesetz über die örtlichen Volksvertretungen und ihre Organe in der DDR vom 12.7.1973, in: GBl.der DDR I 1973, § 1Abs. 2, S. 314.

35 Mit Ausnahme des DDR-Verteidigungsministeriums, welches sich in Strausberg, also außerhalb Berlins, befand.

36 Vgl. Moser (1996), S. 80 und Geppert/Seidel/Toepel (1993), S. 22.

der 70er Jahre. Ost-Berlins städtebauliches Bild sollte die Stärke der DDR angemessen widerspiegeln.[37] Durch die politischen Umwälzungen 1989 verlor Ost-Berlin seine zentrale politische Funktion als Hauptstadt und den damit verbundenen großen staatlichen Aufgabenbereich, den es in der zentralistisch strukturierten DDR inne hatte.

5.2. Situation ab 1989

Mit den politischen Umwälzungen in der DDR und mit der Maueröffnung im November 1989 ergaben sich für die bis dahin geteilte Stadt Berlin quasi über Nacht völlig veränderte Rahmenbedingungen. West-Berlin, Stadtstaat und über 40 Jahre lang wirtschaftliche Exklave und in seiner ökonomischen Lage extrem abhängig von den Subventionen der Bundes, hatte bis zum Mauerfall kaum Verflechtungen mit seinem Umland. Ost-Berlin als Hauptstadt der DDR war dem Rest der Republik gegenüber besonders bevorzugt worden und lebte in ständiger Konkurrenz mit dem Westteil der Stadt. Die östliche Stadthälfte hatte zudem Stadt-Umland-Verflechtungen zu Brandenburg, die aber nach Westen hin durch die „Insel" West-Berlin eingeschränkt waren und darüber hinaus politisch auch nicht gewünscht bzw. gefördert wurden.

Die neuen politischen Rahmenbedingungen schufen neue Perspektiven und Möglichkeiten für die Stadt, erforderten aber auch neue Entscheidungen und Ziele, sowohl auf nationaler als auch auf regionaler Ebene. Die Hauptstadtentscheidung für Berlin, das Zusammenwachsen der beiden Stadthälften und die entstehenden Verflechtungen zwischen Berlin und Brandenburg waren neue Aufgabenfelder für Politik und Wirtschaft. Während bis 1989/90 die Situation Berlins durch die mit der Mauer einhergehenden Restriktionen und unterschiedlichen Anforderungen an die Stadthälften im Zusammenhang mit ihrem Status und ihrer Nationalstaatlichkeit geprägt war, wurde die Lage ab 1990 bei nun gleicher nationaler Zugehörigkeit besonders durch die unterschiedlichen wirtschaftlichen Strukturen und den Heranführungsprozess an eine „gemeinsame" Stadt bestimmt. Eine komplexe Aufgabe, die nicht von heute auf morgen zu lösen war, da „Pläne", was im Falle der Wiedervereinigung zu tun sei, nicht bereit lagen, weder für die Bundesrepublik Deutschland insgesamt noch für Berlin.

Die veränderten Rahmenbedingungen und die verschiedenen Wirtschaftsstrukturen in Ost- und West-Berlin prägten die folgenden Jahre der Stadt: Im Ostteil die Umstrukturierungen und die Transformation hin zur Marktwirtschaft und im Westteil

37 Vgl. „Hauptstadt Berlin" (1996), S. 12 und 19.

die Strukturveränderung durch den Subventionsabbau. Dazu kamen unterschiedliche Ansprüche und Anrechte auf Hilfen sowohl auf nationaler als auch auf europäischer Ebene.

Nach der Maueröffnung galt es in Berlin zunächst praktische Probleme zu lösen, für die grenzüberschreitende Absprachen zwischen dem Ost-Berliner Oberbürgermeister Krack und dem West-Berliner Regierenden Bürgermeister Momper nötig waren. Dazu zählten die Bewältigung des angewachsenen Kraftfahrzeugverkehrs und damit verbunden die Wiederherstellung der bis dahin durch die Mauer getrennten Verkehrswege für private und öffentliche Nutzer (u.a. die Instandsetzung und Öffnung von stillgelegten U-Bahnhöfen und -linien). Seit Juni 1990 tagten die beiden Stadtregierungen meist gemeinsam, um die Einheit Berlins einvernehmlich zu planen, gemeinsame Strukturen zu schaffen und durchzusetzen. Außerdem bildeten die Stadtparlamente seit dem 14. Juni 1990 einen paritätisch besetzten „Ausschuss Einheit Berlins". Die Angleichung der Rechtsvorschriften erfolgte am 11. Juli 1990 mit der Verabschiedung einer eigenen Ost-Berliner Verfassung, die sich im wesentlichen an der West-Berliner Verfassung von 1948 orientierte und bis zum Inkrafttreten einer gemeinsamen Verfassung für Berlin bestand.[38] Übergangsweise gab es somit zwei Verfassungen und zwei Bürgermeister (Oberbürgermeister und Regierender Bürgermeister). Diese Übergangsregelung wurde Mitte Januar 1991 nach der Gesamtberliner Wahl 1990 mit Bildung des neuen Berliner Senats und einer einheitlichen Verwaltungsstruktur auf Landesebene beendet.

Neben den Notwendigkeiten der Annäherung der beiden Stadthälften ergaben sich nach Wegfall der teilungsbedingten Restriktionen auch neue Herausforderungen durch die Perspektiven jetzt wieder möglicher Stadt-Umland-Verflechtungen. Zur Lösung der damit verbundenen Probleme wurde im Dezember 1989 ein provisorischer Regionalausschuss für Berlin und sein Umland eingerichtet.[39] Ihm gehörten Vertreter beider Teile Berlins und der benachbarten Bezirke sowie beider deutschen Regierungen an. Ziel des Ausschusses war es, die Probleme des „neuen" Ballungsraumes gemeinsam zu lösen und Empfehlungen für die jeweils zuständigen Verwaltungen auszuarbeiten.

---

38 Die gemeinsame Verfassung trat am 11. Januar 1991 in Kraft, wobei es sich hierbei um die bis dahin de facto nur im Westteil der Stadt geltenden Verfassung handelte. Eine gemeinsame und überarbeitete neue Verfassung konnte erst Ende Juni 1995 vom Abgeordnetenhaus beschlossen werden.

39 Der Ausschuss konstituierte sich am 22. Dezember 1989 und tagte bis zum 4.10.1990 insgesamt zwölfmal. Er bestand aus je sieben Vertretern aus Ost und West und hatte thematische Arbeitsgruppen gebildet. Vgl. Momper (1990): Berlin ist keine Insel mehr, in: Langguth (Hrsg.): Berlin: Vom Brennpunkt der Teilung zur Brücke der Einheit, S. 345.

Berlin war jedoch nicht nur während der Teilung Deutschlands ein „Sonderfall“, sondern behielt diese Sonderrolle auch noch nach 1989. Fortschritte im Einigungsprozess und Probleme beim Zusammenwachsen bisher unterschiedlichen politischen Systemen zugehöriger Gebiete wurden nirgends so gebündelt sichtbar wie in der wiedervereinigten Stadt mit ihrem neuen Umland. Ganz besonders zeigte sich diese Sonderrolle auch bei den Unterschieden in der regionalen Förderpolitik. Erst langfristig dürfte Berlin diese Sonderrolle durch die Normalisierung der politischen Situation und die Angleichung der wirtschaftlichen Strukturen verlieren. Um so wichtiger war es, Voraussetzungen zu schaffen, um sich im Rahmen der regionalen Arbeitsteilung auf europäischer Ebene als dynamische Wachstumsregion mit besonderen Qualitäten zu behaupteten. Bedeutsam im Hinblick auf die künftige Entwicklung der Region waren dafür vier Aspekte: Die veränderte geopolitische Lage der Stadt, die Hauptstadtentscheidung und ihre Auswirkungen für Berlin, die finanziellen Auswirkungen der Wiedervereinigung auf die Stadt sowie die neu entstandene Stadt-Umland-Problematik zwischen Berlin und Brandenburg.

5.2.1. Geopolitische Lage

„Bis 1989 war Berlin eine weltpolitische Einzigartigkeit, ein exotisches Territorium, das wirtschaftlich keine relevante Rolle spielte, nicht in Deutschland und schon gar nicht in Europa. Berlin besetzte keine wirklich wichtige Funktion, bezog seine Rolle vielmehr aus seiner symbolischen Rolle in der Nachkriegsgeschichte. Berlin verkörperte das deutsche Schicksal. Reduziert auf diese Funktion, verlor es mehr und mehr den Anschluss an die ökonomische Entwicklung der anderen deutschen Regionen, war Testmarkt für die Wirtschaft und Subventionsoase, Ort der politischen Bekenntnisse und Symbol der Freiheit.“[40] Dieses Zitat zeigt deutlich, welche Attribute und Aufgaben vor 1989 mit Berlin, speziell West-Berlin, in Verbindung gebracht wurden.

Mit der Wiedervereinigung Deutschlands und den Umbrüchen in Osteuropa hatte sich die geopolitische Lage Berlins verändert.[41] Zur Zeit der Teilung befand sich West-Berlin als Exklave vom Gebiet der DDR umgeben und in geographischer Randlage zur Europäischen Gemeinschaft. Und im Bewusstsein der westlichen/ westeuropäischen Welt lag es sogar hinter dem Eisernen Vorhang und damit „im

40 Rosenthal (1994): Berlin im Prozess der westeuropäischen Integration, in: Süß (Hrsg.): Hauptstadt Berlin, Bd. 1, S. 247.

41 Berlins *geografische* Lage bzw. Koordinaten haben sich durch die politischen Veränderungen natürlich nicht verändert, auch wenn dies fälschlicherweise gelegentlich vermutet wird. Geopolitisch ist abgeleitet von Geopolitik, der Lehre vom Einfluss des geografischen Raumes auf den Staat und die politischen Vorgänge. Vgl. Weyl (1993): Geopolitische und raumstrukturelle Veränderungen in Europa durch die Metropole Berlin, in: RuR Heft 2-3/1993.

tiefen Osten". Nach dem Wegfall der politisch-geographischen Sonderstellung der Stadt und den veränderten politischen Rahmenbedingungen hatte sich dies gewandelt, sowohl hinsichtlich der Bedeutung Berlins als auch in Bezug auf die damit in Verbindung gebrachten Möglichkeiten und Chancen für die Zukunft der Stadt. In der allgemeinen Wahrnehmung war Berlin weiter in die Mitte Europas gerückt. Die Stadt befand sich jetzt – umgeben vom Gemeinschaftsgebiet – zwar geographisch immer noch am östlichen Rand der Europäischen Gemeinschaft. Die angestrebte Erweiterung der Gemeinschaft nach Osten rückte Berlin aber weiter ins Zentrum Europas und des Gemeinschaftsgebietes. Berlin nahm damit im erweiterten Europa abermals eine Position ein, die die Stadt früher schon einmal inne hatte.[42] Als erstarkendes politisches Zentrum wurde Berlin im Hinblick auf eine mögliche Osterweiterung der Gemeinschaft als westlicher Vorposten angesehen.

Zu dieser *neuen* Position schrieb der Berlin-Korrespondent der ZEIT, Nawrocki: „Berlin sei Grenze und Mitte zugleich. (...) Die Mitte: das ist die Zukunft. Die europäische Mitte Berlin kann und wird aus der Randlage herausfinden zu eigenen Beiträgen, zu einer Mitgestaltung beim Wandlungsprozess, sie wird vom Objekt zum Subjekt europäischer Politik werden."[43] Nawrocki warnte jedoch davor, diesen Ausblick mit der Realität zu verwechseln. Berlin müsste diese Aufgabe bewusst angehen und sich um die Mitte bemühen.

Die politische Neuordnung hatte die Bedeutung der Stadt Berlin verändert. Durch die wiedergewonnene Hauptstadtfunktion und den gemeinsamen Ballungsraum Berlin-Brandenburg hatte der Standort trotz des Wegfalls seiner „weltpolitischen Einzigartigkeit" an Attraktivität gewonnen. Neue Aufgaben und Chancen gingen mit der neuen geopolitischen Position Berlins einher. Auf Grund seiner Lage und seines Potenzials[44] wurden Berlin jetzt Brücken- und Scharnierfunktionen nach Mittel- und Osteuropa zugeschrieben, denn die Stadt war die östlichste Stadt des Westens und die westlichste Stadt des Ostens. Berlin liegt geographisch wie strategisch günstig, sowohl für Ost-West- als auch für Süd-Nord Verbindungen. Von Berlin war es nach

---

42 Diese Aussage ist allerdings einzuschränken, denn eine Rückgewinnung von früheren Funktionen der Stadt, z. B. in den Bereichen Finanzen und Handel ist in absehbarer Zeit nicht zu erwarten.

43 Vgl. Nawrocki (1990): Berlin ist eine Stadt mit Zukunft - aber welche? in: Langguth (Hrsg.): Berlin: Vom Brennpunkt der Teilung zur Brücke der Einheit, S. 461.

44 Hierzu wurden insbesondere das Bevölkerungspotenzial, Wissenschaftler und Fachleute mit relevanten Sprachkenntnissen und mit Kenntnissen und Verbindungen über bzw. zu den mittel- und osteuropäischen Staaten gezählt. Diese Vorteile erwiesen sich allerdings als relativ, wenn man an den schnellen Zusammenbruch des RGW und die folgende politische Neuordnung Osteuropas denkt. Vgl. Franzmeyer (1991), S. 137 (Drehscheibenfunktion).

Warschau (500 km) fast genauso weit wie nach Brüssel (660 km). Außerdem lag Berlin im Schnittpunkt der beiden Achsen Madrid-Moskau und Rom-Stockholm.[45]

Diese Position wurde in Wissenschaft und Politik zum Teil als echte Chance gesehen, aber auch ebenso kritisch wie skeptisch kommentiert: „Das Klischee eines europäischen Faden- oder Achsenkreuzes, in dessen exakter Mitte eine Stadt liegt, die deshalb der ideale Standort für strategische Aktivitäten sein soll, erfreut sich großer Beliebtheit bei Planern und Wirtschaftsförderern in Berlin. Das Wegfallen oder Durchlässigwerden bisheriger Grenzen nach Osten fördert die Spekulation über geostrategische Positionen.“[46]

Neben der oben angesprochenen neuen Position und den Aufgaben bzw. Chancen darf nicht übersehen werden, dass durch den Wegfall der geopolitischen Sonderstellung die Region Berlin zum zweitgrößten deutschen Ballungsraum nach dem Rhein-Ruhr-Gebiet geworden war.[47] Schon vor der Wiedervereinigung waren beide Stadthälften Berlins jeweils die größten Städte ihrer Republik, jetzt war das wiedervereinigte Berlin die größte deutsche Stadt mit einer Ausdehnung von knapp 890 km^2.

5.2.2. Hauptstadtbeschluss

Im Einigungsvertrag vereinbarten beide deutsche Regierungen: "Hauptstadt Deutschlands ist Berlin."[48] Die Frage nach dem Sitz von Regierung und Parlament sollte hingegen erst nach der Herstellung der Wiedervereinigung entschieden werden.[49] Die Unterscheidung zwischen Berlin als *Hauptstadt* und als *Regierungssitz* zeigte die Schwierigkeiten der Situation, bis 1989 geäußerte Absichtserklärungen auch konsequent und ohne Zeitverzögerung umzusetzen.[50] Nicht im Oktober 1990, sondern erst im Juni 1991 wurde nach langwierigen und kontroversen Debatten mit

---

45 Vgl. Schlecht (1995), S. 43. Dass Wunsch und Realität nicht immer übereinstimmen, zeigt sich insbesondere bei der erhofften Drehscheibenfunktion. Im Flugverkehr wird dies heute besonders deutlich: Berlin hat kaum non-stop-Flüge mit Zielen außerhalb Europas. Bemühungen, dies zu ändern, scheiterten bisher immer noch an der mangelhaften Auslastung der Flüge.

46 Vgl. Sinz (1994): Vom Rand in die Mitte - Europäische Einflüsse auf die Position Berlins, in: Süß (Hrsg.): Hauptstadt Berlin, Bd. 1, S. 219

47 Vgl. Heuer (1992): Der Großraum Berlin, in: Moser (Hrsg.): Berlin-Report, S. 21.

48 Vgl. BGBl. (1990a): Einigungsvertrag Kap. I Art. 2 (1).

49 Vgl. BGBl. (1990a): Einigungsvertrag Kap. I Art. 2 (2): „Die Frage des Sitzes von Parlament und Regierung wird nach der Herstellung der Einheit Deutschlands entschieden.“

50 Vgl. Süß (1995a): Die „Vollendung der Einheit“. Die Rolle der Hauptstadt zwischen Anspruch und Wirklichkeit, in: Süß (Hrsg.): Hauptstadt Berlin, Bd. 2, S. 15.

dem sog. Hauptstadtbeschluss des Deutschen Bundestages[51] die noch offene Frage nach der Verlegung von Parlament und Regierung nach Berlin mit knapper Mehrheit beschlossen. Ein Jahr später, im August 1992, wurde der Hauptstadtvertrag[52] unterzeichnet. Er bildete den Rahmen für die Umsetzung dieses Bundestagsbeschlusses. Der Vertrag legte fest, dass zur Sicherstellung der Funktionsfähigkeit der Bundeshauptstadt sich die Zusammenarbeit von Bund, Berlin und soweit erforderlich auch Brandenburg auf *alle* hauptstädtischen Aufgabenfelder zu erstrecken hatte.[53] Insbesondere die Pläne für Stadtgebiete mit Hauptstadtfunktionen und die Bauleitplanungen seien abzustimmen. Zu diesem Zweck wurden zwischen der Bundesregierung und dem Senat von Berlin ein Gemeinsamer Ausschuss und zwischen der Bundesregierung und der Regierung des Landes Brandenburg ein Kooperationsausschuss eingerichtet.[54]

Die Hauptstadtentscheidung für Berlin hatte einen hohen symbolischen Wert. War Berlin bisher Symbol für die Teilung Deutschlands, wurde es jetzt als „neue" Hauptstadt eines wiedervereinigten Deutschlands das Symbol für die Überwindung der Teilung, für die Chance eines Neubeginns und für deutsches Miteinander.[55] Darüber hinaus berücksichtigte die Entscheidung für Berlin in besonderer Weise die Interessen der neuen Länder.

Um in der Region Bonn nicht durch den Abzug aller Hauptstadtfunktionen eine Strukturkrise auszulösen, hatte die Bundesregierung eine Lösung gesucht, die einen Interessenausgleich zwischen alter und neuer Hauptstadt vorsah. Der Bonn-Berlin-

---

51 Entscheidung vom 20. Juni 1991 (Beschluss zur Vollendung der deutschen Einheit, „Sitz des Deutschen Bundestages ist Berlin.") in: BT (1991a): BT-Drs 12/815; Antrag und Begründung für den Antrag zur Vollendung der deutschen Einheit und der Verlegung der Regierung nach Berlin. Für die Abstimmung bestand kein Fraktionszwang und im Ergebnis erhielt der Antrag für die „Vollendung der Einheit Deutschlands" gegenüber dem Antrag, in Bonn zu bleiben, mit 337:320 Stimmen die Mehrheit. Vgl. „Hauptstadt Berlin" (1996), S. 33 und Busse (1995): Umzugsplanung Berlin/Bonn aus staatsorganisatorischer Sicht, in: Süß (Hrsg.): Hauptstadt Berlin, Bd. 2, S. 95.

52 Unterzeichnet am 25. August 1992 (Bundeskanzler Kohl, Regierender Bürgermeister Diepgen und Ministerpräsident Stolpe). Vgl. „Hauptstadt Berlin" (1996), S. 34 und Bundesministerium für Raumordnung und Städtebau (1993), S. 91.

53 Vgl. zur Ausführung § 5 des Gesetzes zur Umsetzung des Beschlusses des Deutschen Bundestages vom 20. Juni 1991 zur Vollendung der Deutschen Einheit (Berlin/Bonn-Gesetz) vom 26.4.1994 in: BGBl. (1994): BGBl. I 1994, S. 918. Zu der Art und Weise der Einbeziehung Brandenburgs bzw. der Zusammenarbeit von Bund, Berlin und Brandenburg heißt es in § 5 Abs. 3: „Die nähere Ausgestaltung bleibt vertraglichen Vereinbarungen zwischen dem Bund einerseits und den Ländern Berlin und Brandenburg andererseits vorbehalten."

54 Vgl. Busse (1995), S. 107 und 112.

55 Vgl. Süß (1995a): Vorbemerkung, in: Süß (Hrsg.): Hauptstadt Berlin, Bd. 2, S. 5.

Kompromiss[56] regelte, dass von den insgesamt 16 Ministerien sieben Ministerien und – vorläufig – der Sitz des Bundesrates in Bonn bleiben.[57] Bonn behielt damit Hauptstadtaufgaben und blieb Verwaltungszentrum.[58]

Auf der Grundlage des Kombinationsmodells wurde im Frühjahr 1994 das Gesetz zur Umsetzung des Beschlusses zur Vollendung der Deutschen Einheit vom 20.6.1991 beschlossen (Berlin/Bonn-Gesetz)[59]. Dieses Gesetz gab hinsichtlich der weiteren Entwicklung Planungssicherheit für die Regionen Bonn und Berlin. Neben der endgültigen Sitzentscheidung für die einzelnen Bundesministerien und nachgeordneten Institutionen enthielt der Beschluss auch eine Zeitvorgabe von zehn bis zwölf Jahren, in der der Umzug nach Berlin und die volle Funktionsfähigkeit von Berlin als Regierungszentrum erfolgen sollte. Mit Blick auf die finanziellen Belastungen der Hauptstadtentscheidung für Berlin und der nötigen Neuregelung finanzpolitischer Konstrukte wurde für die Finanzierung hauptstadtbedingter Investitionen eine Zusatzregelung vereinbart.[60]

Im Vorfeld der Entscheidungsfindung in Bonn hatten Senat und Magistrat von Berlin bereits 1990 im Hinblick auf eine absehbare Wiedervereinigung eine gemeinsame Planung für die Stadt Berlin und für die potenzielle neue Hauptstadt begonnen.

---

56 Das "Kombinationsmodell" wurde am 11.12.1991 vom Bundeskabinett beschlossen und legt die Aufteilung der Bundesressorts zwischen Bonn und Berlin fest. Zu weiteren Aufteilungsmodellen und -überlegungen vgl. Kroppenstedt (1995): Organisation und Kommunikation zwischen Berlin und Bonn, in: Süß (Hrsg.): Hauptstadt Berlin, Bd.2, S. 19 ff.

57 Neben dem Bundeskanzleramt und dem Presse- und Informationsamt der Bundesregierung sollten die folgenden neun Ministerien mit erstem Dienstsitz nach Berlin umziehen: Auswärtiges Amt (AA), Bundesinnenministerium (BMI), Bundesjustizministerium (BMJ), Bundesministerium für Finanzen (BMF), Bundesministerium für Wirtschaft (BMWi), Bundesministerium für Arbeit und Sozialordnung (BMAS), Bundesministerium für Familie, Senioren, Frauen und Jugend (BMFSFJ), Bundesministerium für Raumordnung, Bauwesen und Städtebau (BMBau). In Bonn sollten die folgenden sechs Ministerien mit erstem Dienstsitz bleiben: Das Bundesministerium für Verteidigung (BMVg), Bundesministerium für Gesundheit (BMG), Bundesministerium für Ernährung, Landwirtschaft und Forsten (BMFL), Bundesministerium für Umwelt, Naturschutz und Reaktorsicherheit (BMU), Bundesministerium für Bildung, Wissenschaft, Forschung und Technologie (BMBF) und Bundesministerium für wirtschaftliche Zusammenarbeit und Entwicklung (BMZ). Das Bundesministerium für Post und Telekommunikation (BMPT) wurde zum 1.1.1998 aufgelöst. Der Bundesrat entschied sich 1996, seinen Sitz doch nach Berlin zu verlegen. Der Umzug erfolgte 2001.

58 Zu einer kritischen Diskussion über diese Entscheidung zur Arbeitsteilung zwischen Berlin und Bonn, vgl. Schröder (1995): Die Arbeitsteilung Berlin-Bonn: Geeinte Republik – zwei politische Zentren, in: Süß (Hrsg.): Hauptstadt Berlin, Bd. 2, S. 81 ff.

59 BGBl. (1994).

60 Zu den Details und Verträgen, vgl.: Busse (1995), S. 107 f.

In Bonn wurde für Berlin als Regierungssitz geworben. Die positive Entscheidung des Deutschen Bundestages für Berlin als Hauptstadt traf die Stadt damit nicht unvorbereitet.[61]

5.2.3. Finanzielle Folgen der Wiedervereinigung

Die Wiedervereinigung hatte für Berlins finanzpolitische und haushaltsrechtliche Lage einschneidende Folgen. Durch die neue politische Situation mussten für ganz Deutschland die Prioritäten in der Regionalpolitik und der Wirtschaftsförderung neu gesetzt werden. Mit der Vereinigung entfiel die Basis, auf der West-Berlin bis dato Förderhilfen und Zuschüsse gewährt wurden. Eine Fortführung dieser wäre bei gleichlautender Argumentation nicht vertretbar gewesen. Ihr standen die potenzielle Ungerechtigkeit gegenüber Ost-Berlin und Brandenburg, das angestrebte Fördergefälle zu Gunsten der neuen Länder sowie die europäische Beihilfenregelung (insbesondere Artikel 92 Abs. 2c EGV) entgegen.[62]

Während der Teilung Deutschlands hatte West-Berlin auf Grund seiner politischen Sonderrolle nicht am Länderfinanzausgleich teilgenommen. West-Berlins Landeshaushalt wurde maßgeblich durch die Berlinhilfe und das Berlinförderungsgesetz bestimmt.[63] Bereits 1990 – mit dem Wegfall der Berechtigungsgrundlage für diese speziellen Förderformen – fiel die Entscheidung, die Förderhilfen für West-Berlin binnen vier Jahren abzubauen.[64]

Wie bereits ausgeführt, waren West-Berlins Landeshaushalt und Wirtschaftsstruktur über 40 Jahre durch diese besonderen Förder- und Finanzierungsformen geprägt worden. Mit der Berlinhilfe wurde fast die Hälfte der Einnahmen des West-Berliner Landeshaushaltes bestritten. Die Belastung, die auf den neuen Gesamtberliner Haushalt zukam, war durch den mit dem Wegfall der Berlinhilfe des Bundes verbundenen Einnahmenrückgang bei gleichzeitig hohem Finanzierungsbedarf für den Ostteil Berlins hoch.[65]

---

61 Vgl. Daldrup (1995): Vier Jahre Berliner Hauptstadtplanung, in: Süß (Hrsg.): Hauptstadt Berlin, Bd.2, S. 419 ff.

62 Vgl. SVR JG (1990), Tz. 344; EP (1990), S. 187.

63 Zur Entwicklung der Finanzen von der Währungsreform bis zum Länderfinanzausgleich und den Beziehungen zwischen West-Berlin und dem Bund vgl. Weinzen (1995), S. 17 f.

64 Details dazu im Steueränderungsgesetz 1991, BGBl. (1991), in: BGBl. I 1991, S. 1322, insb. Änderung des BFG durch Art. 4, vgl. auch Eickelpasch/Schaperjahn (1992): Wirtschaftsförderung im Raum Berlin, in: Moser (Hrsg.): Berlin-Report, S. 153.

65 Der große Finanzbedarf ergab sich aus hohen Aufwendungen insbesondere für die öffentliche Infrastruktur im Osten Berlins, um innerhalb einer Stadt vergleichbare Zustände und Ausstattung zu schaffen. Vgl. Vesper (1993), S. 12 ff.

Neben der direkten Wirkung des Wegfalls der Berlinhilfe für den Landeshaushalt waren von dem Abbau des Berlinförderungsgesetzes (BFG) Wirtschaft und Arbeitnehmer im Westteil der Stadt stark betroffen. Wie bereits ausgeführt hatte das BFG die regionale Wirtschaftsstruktur West-Berlins zuvor entscheidend mitbestimmt und durch die Subventionen die mangelhafte Wettbewerbsfähigkeit einer Vielzahl von West-Berliner Unternehmen verschleiert. Der durch den Wegfall der Vergünstigungen entstandene Anpassungsdruck bzw. nötige Strukturwandel führte zu Unternehmensabwanderungen und Standortverlagerungen[66] und damit zu Arbeitsplatzverlusten. Dies wiederum hatte durch eine Minderung der Steuereinnahmen zusätzlich eine Schwächung des Landeshaushaltes zur Folge.

Der rasche Abbau der Berlinförderung, von jeher ein umstrittenes regionalpolitisches Förderinstrument, stieß in Politik und Wissenschaft auf ein geteiltes Echo. Wurde von der betroffenen Landespolitik über die abrupte Vorgehensweise und die damit einhergehenden negativen Auswirkungen bei gleichzeitig gestiegenen Anforderungen geklagt[67], so erachteten insbesondere die Vertreter der neoliberalen regionalökonomischen Theorie den schnellen Abbau als notwendig und als Chance: Durch die veränderten Rahmenbedingungen habe der Großraum Berlin neue Möglichkeiten, Strukturdefizite und Standortnachteile würden sich verringern und in diesem Zusammenhang würden die Steuereinnahmen und die Steuerkraft steigen.[68] Eine alternative Überlegung war, statt des Abbaus der Berlinförderung auch Ost-Berlin auf Grund seines Finanzbedarfs in dieses Förderinstrument einzubeziehen. Neben der grundsätzlichen Ablehnung des Instrumentariums wurde dieser Vorschlag auch mit der Begründung verworfen, dass es Ost-Berlin von jeher besser gegangen sei als dem Rest der Republik (DDR) und dass es jetzt durch die Anbindung an West-Berlin zusätzlich verbesserte Start- und Entwicklungschancen bekommen hatte. Außerdem war zu bedenken, dass das Berlinförderungsgesetz "in seinen Grundzügen darauf ausgerichtet war, die Exklave West-Berlin wirtschaftlich ins

66 Durch die günstigen Fördermöglichkeiten in den neuen Bundesländern waren Verlagerungen von Betrieben ins Berliner Umland lukrativ. Vgl. das Beispiel eines Finanzierungsschemas für Investitionsvorhaben bei Eickelpasch/Schaperjahn (1992), S. 161. Vgl. auch IHK Berlin (1995): Wirtschaftsentwicklung und Raumplanung in der Region Berlin-Brandenburg, S. 110; „Ökonomische und demografische Perspektiven der Wirtschaftsregion Berlin“ in: DIW WB 27/90 und Geppert/Seidel/Toepel (1993), S. 46.

67 Vgl. Pfarr (1990): Aktuelle Aufgaben der Berlinpolitik, in: Langguth (Hrsg.): Berlin: Vom Brennpunkt der Teilung zur Brücke der Einheit, S. 412.

68 Vgl. Rosenschon (1990), S. 71.

Bundesgebiet zu integrieren" und eine Ausdehnung auf Ost-Berlin oder ganz Ostdeutschland zu erheblichen Finanzproblemen geführt hätte.[69]

Schon im Jahr der Wiedervereinigung zeichnete sich ab, dass die ausgewählten Finanzierungsmodelle und -möglichkeiten für das Beitrittsgebiet lediglich Übergangscharakter haben würden und langfristig die Einbeziehung Berlins und der neuen Länder in den Länderfinanzausgleich anzustreben sei. 1995 wurden Berlin und die neuen Länder nach einer Reform des Länderfinanzausgleichs dann auch in diesen einbezogen. Bis dahin hätte allerdings der Bedarf Berlins und des Beitrittsgebietes dessen Budget überfordert.[70] Seit 1995 gleicht Berlins finanzpolitischer Status dem der Stadtstaaten Hamburg und Bremen.

Allerdings weist Berlin auch hier einige Besonderheiten auf, da es das einzige Bundesland ist, das sowohl ein altes als auch ein neues Bundesland repräsentiert. Durch diese Sonderrolle ergaben sich Abweichungen bei der traditionellen Einteilung und Behandlung in Geber- und Empfängerländer von finanzpolitischen Hilfen. Für den Ostteil der Stadt galten die Regelungen für die neuen Bundesländer; es war damit Empfänger des Gemeinschaftswerks „Aufschwung Ost“ und des „Fonds Deutsche Einheit“.[71] West-Berlin hingegen war als altes Bundesland als Geber und Schuldner an der Finanzierung beteiligt. Für den Gesamt-Berliner Haushalt hatte dies Einnahmen, aber auch längerfristige Verpflichtungen (Belastungen) zur Folge.

Insgesamt gesehen hatte sich die finanzielle Situation Berlins nach der Wiedervereinigung verschlechtert. Der Wegfall der Bundeshilfe und der Vergünstigungen im Rahmen des Berlinförderungsgesetzes konnte angesichts der oben beschriebenen Zwitterposition, nicht durch die Einbeziehung Ost-Berlins in den Fonds „Deutsche Einheit“, das Gemeinschaftswerk „Aufbau-Ost“ und ab 1995 in den Länderfinanzausgleich ausgeglichen werden.[72] Den zusätzlichen enormen vereinigungsbedingten Anforderungen und Verpflichtungen an den Landeshaushalt stand keine ausreichende Kompensation gegenüber. Dies führte zu einem Kontrast von Finanzbedarf und Finanzkraft. Schon im Zusammenhang mit der Entscheidung des Abbaus der Bun-

69 Burger/Jäckle (1990): Ist die Berlinförderung noch sinnvoll? in: Wirtschaftsdienst III/1990, S. 146 ff. Auch das DIW befürwortete auf Grund der veränderten Lage West-Berlins und der langfristig zu erwartenden günstigen wirtschaftlichen Perspektiven den Abbau der Berlinförderung. Allerdings plädierte es für einen „differenzierten“ und „stufenweisen“ Abbau der Vergünstigungen in einem Zeithorizont von ca. sechs Jahren. Vgl. DIW WB 29/90.

70 Vgl. Weinzen (1995), S. 26.

71 Wie und in welchen Umfang Berlin an der Finanzierung partizipierte, dazu Weinzen (1995), S. 26ff.

72 Vgl. „Länderfinanzausgleich: Neuer Verteilungsstreit zwischen Ost und West“, in: DIW WB 7/98.

deshilfe und der Berlinförderung wurde vor den Folgen gewarnt und prophezeit, dass dies im Extremfall zur Finanzkrise führen würde.[73] Dass diese Befürchtungen nicht unbegründet waren, zeigte sich daran, dass der Berliner Senat nicht zuletzt wegen der dramatischen Haushaltssituation im Sommer 2001 abgewählt und im Herbst 2001 Neuwahlen des Abgeordnetenhauses durchgeführt wurden.

5.2.4. Neue Stadt-Umland-Verflechtungen

Nach dem Wegfall der teilungsbedingten Restriktionen für Berlin entstanden neben der Notwendigkeit der Annäherung der beiden Stadthälften auch ein Bedarf an und die Möglichkeit für zunehmende Stadt-Umland-Verflechtungen. Nachfolgend wird auf die unmittelbaren Folgen der veränderten Situation für den neuen gemeinsamen Ballungsraum, die unverhofft entstandene Stadt-Umland-Problematik und die ersten Konsequenzen bzw. Handlungsansätze eingegangen.

Auch während der Zeit der deutschen Teilung war Berlin ein Ballungsraum, jedoch im Vergleich zu anderen (west)deutschen und europäischen Ballungsräumen mit teilungsbedingten Besonderheiten. Die im Normalfall bestehenden arbeitsteiligen Verflechtungen zwischen Stadt und Umland waren durch die besondere Situation eingeschränkt. Die Insel West-Berlin hatte mit ihrem Umland aus den bekannten politischen Gründen fast keine Verflechtungen. Ost-Berlin war während der DDR-Zeit ein Verdichtungsraum, allerdings mit Umlandverflechtungen unter spezifischen Rahmenbedingungen. Der Einzugsbereich, die Entwicklungsschwerpunkte und die Wachstumsgebiete waren nach Westen durch West-Berlin erschwert und deshalb hauptsächlich im östlichen Umland halbkreisförmig um die Hauptstadt der DDR angeordnet oder wie die neuen (Stadt-)Bezirke Marzahn, Hohenschönhausen und Hellersdorf in der Hauptstadt selbst gelegen. Die Stadtentwicklung bzw. Ausdehnung nach Osten erfolgte nach den Regeln der sozialistischen Planwirtschaft. Kriterien für Industrieansiedlungen waren hierbei eine Verkehrsanbindung an die Schiene und eine gute Erreichbarkeit für die Arbeitskräfte. Eine Ausnahme bildeten Teltow und die ehemalige Bezirkshauptstadt Potsdam im Südwesten des Ballungsraumes.[74]

---

73 Vgl. „Finanzpolitische Perspektiven Berlins“, in: DIW WB 11/91 und Vesper (1992): Die öffentlichen Finanzen in Berlin, in: Moser (Hrsg.): Berlin-Report, S. 175 ff. Zu den Posten und Volumina der Förderung für Berlin, die seit der deutschen Vereinigung bis Ende 1994 abgebaut wurden und den Folgen (Verlusten), die dem gesamten Berliner Landeshaushalt dadurch entstanden, vgl. im Einzelnen: Weinzen (1995), S. 25 und „Riesige Fehlbeträge im Berliner Landeshaushalt“ DIW WB 45/95, S. 771 ff.

74 Vgl. Heuer (1992), S. 19.

Neben der ungewöhnlichen Verflechtungsstruktur zwischen Berlin und seinem Umland war die Region zusätzlich durch ein hohes Siedlungsdichtegefälle zum ländlich geprägten Brandenburger Umland gekennzeichnet.[75]

Die besondere geopolitische Lage Berlins hatte dazu geführt, dass die Stadt 1989 prägnante Stadtkanten, große Freiflächen und klare räumliche Strukturen aufwies. Es zeichnete sich ab, dass der Ballungsraum Berlin in den nächsten Jahrzehnten einen Prozess nachholen würde, den andere westdeutsche und westeuropäische Ballungsräume als Suburbanisierungsprozess schon lange vollzogen hatten.[76] Dabei würden sich in der Region Berlin die „normalen“ Stadt-Umland-Beziehungen unter den besonders schwierigen Bedingungen der Transformation der gesellschaftlichen, wirtschaftlichen, politischen und administrativen Strukturen entwickeln.

Die Bundeslandgrenze von Berlin und Brandenburg durchschnitt de facto die neue Wirtschafts- und Arbeitsmarktregion. Damit fiel die Regionalpolitik in den Zuständigkeitsbereich von zwei Landesregierungen. Die Vermeidung einer ungeordneten Entwicklung durch den zu erwartenden Suburbanisierungsprozess in der Region, bei zum Teil unterschiedlichen Interessenlagen der betroffenen Bundesländer Berlin und Brandenburg, war eine Herausforderung für die Raumordnungs- und Regionalentwicklungspolitik. Für die ab 1989 einsetzende Entwicklung der Stadt-Umland-Beziehungen im Ballungsraum Berlin wirkte sich erschwerend aus, dass teilungsbedingt über 40 Jahre keine gemeinsamen administrativen Strukturen gewachsen waren. Ein institutioneller Lenkungs- und Ausgleichsmechanismus oder eine gemeinsame Bundeslandstruktur, die eine abgestimmte Entwicklung innerhalb des Ballungsraumes hätten ermöglichen bzw. erleichtern können, fehlten[77], um Nutzungskonflikte, Abhängigkeiten und Konkurrenz zwischen Stadt und Umland abzuschwächen oder zu überwinden. Geeignete Kommunikations-, Entscheidungs- und Organisationsformen mussten erst entwickelt werden, genauso wie tragfähige gemeinsame Leitbilder und verbindliche Ziele in der Regionalentwicklung.[78]

---

75 Vgl. zu der Siedlungsstruktur im Einzelnen und im Vergleich zu anderen westdeutschen Großstädten, Geppert/Seidel/Toepel (1993), S. 6; Bufalica/Röber (1996), S. 16 und DIW WB 22/90, S. 296 f

76 Bspw. die Abwanderung besserverdienender Städter und flächenintensiver Betriebe ins Umland, was häufig zur Zersiedelung des Umlandes führt. Vgl. DIW WB 22/90, S. 302 und Geppert/Seidel/Toepel (1993), S. 6.

77 In diesem Zusammenhang wurde stets auf die administrativen Probleme der Stadtstaaten Hamburg und Bremen und der angrenzenden Flächenländer verwiesen, die bei Analysezwekken zum Vergleich herangezogen wurden. Z.B. bei: Heuer/Stoll (1992): Konzepte zur räumlichen Entwicklung der Region Berlin-Brandenburg, in: Moser (Hrsg.): Berlin-Report, S. 237 ff; Bufalica/Röber (1996); Döring et al. (1995), S. 24 ff. und DIW WB 22/90, S. 296.

78 Vgl. Bufalica/Röber (1996).

Ein erster Schritt, um sich gemeinsam der anstehenden Probleme des Ballungsraumes anzunehmen und die kommenden Entwicklungen zu lenken, war im Dezember 1989 die Gründung des provisorischen Regionalausschusses. Auf Grund seiner personellen Zusammensetzung aus beiden Ländern sowie dem Bund ermöglichte dieser eine Abstimmung und Koordination von Bundes-, Landes- und Stadtinteressen bei der zukünftigen Entwicklung des Raumes. Die von diesem Ausschuss eingesetzte „Planungsgruppe Potsdam“ unterbreitete im Mai 1990 einen Vorschlag "Grundlagen und Zielvorstellungen für die Entwicklung der Region Berlin", der sich an der vorhandenen Siedlungsstruktur und einem sternförmigen Leitbild orientierte.[79]

Bei der Entwicklung der Siedlungs- bzw. Planungskonzepte hatte man sich, um Fehler zu vermeiden, an vergleichbaren Großstädten bzw. Ballungsräumen, insbesondere an Hamburg mit seinem Umland, orientiert. Ähnlich wie in Hamburg war die Schwachstelle der Planung im Raum Berlin – gerade zu Beginn der Zusammenarbeit –, dass die getroffenen Beschlüsse und Empfehlungen ohne rechtliche Bindung für die jeweiligen Landesregierungen waren. Sie hatten lediglich empfehlenden Charakter. Die notwendigen Instrumente oder Druckmittel, um die gemeinsame Planung und ihre Ziele, z.B. durch einen Staatsvertrag, zwingend umzusetzen, waren bis 1995 nicht gegeben.

Konsens bestand jedoch unter allen beteiligten Akteuren, dass sich der mit der Wiedervereinigung entstandene gemeinsame Ballungsraum Berlin-Brandenburg in absehbarer Zeit als gemeinsamer Wirtschaftsraum und Arbeitsmarkt herausbilden und etablieren[80] und die Stadt Berlin auf Grund ihrer Größe und der wiedergewonnenen Bedeutung als deutsche Hauptstadt dabei ihre Rolle als Zentrum erneut einnehmen würde. Der neue gemeinsame Ballungsraum und seine noch im Aufbau befindlichen und damit lenkbaren Stadt-Umland-Verflechtungen sollten als Chance für den Wirtschaftsraum begriffen werden. Um den ohnehin schon strukturschwachen und stark geforderten Raum Berlin-Brandenburg nicht zusätzlich zu schwächen und damit möglicherweise langfristig zu schädigen, wurde es als notwendig angesehen, die Wirtschaftspolitik, insbesondere die Regionalpolitik und die Wirtschaftsförderung, inhaltlich und organisatorisch auf Länderebene abzustimmen. Zum einen sollten damit unvermeidliche Konflikte und Konkurrenz innerhalb des gemeinsamen Raumes vermieden werden, und zum anderen könne so die Region gegenüber Dritten im europäischen Standortwettbewerb stärker geschlossen vertreten werden.[81]

79 Vgl. Heuer/Stoll (1992), S. 241

80 Dazu gehören auch die Zusammenschlüsse von Verbänden etc.

81 Berlin als wettbewerbsfähige Region, vgl. Vesper (1993), S. 11 ff; Franzmeyer (1991), S. 137.

5.3. Die Region Berlin

Auf Grund der absehbaren Zunahme an Verflechtungen des Ballungsraumes zeichnete sich ab, dass sich die Entwicklungen von Berlin und Brandenburg gegenseitig beeinflussen würden und zwar positiv wie negativ. Nach 1990 zeigte sich deshalb schnell, dass eine isolierte Betrachtung der Stadt Berlin auch in Bezug auf die europäische Regionalförderung als nicht sinnvoll angesehen wurde. Es war deshalb geboten, den engeren Verflechtungsraum Brandenburgs zusammen mit Berlin als einen Planungs-, Entwicklungs- und auch Untersuchungsraum anzusehen.[82] Während von Unternehmerseite relativ schnell bezüglich der Region von einem Standort ausgegangen wurde, wurde von offizieller Seite jedoch oft noch – möglicherweise aus egoistischen Landesinteressen – in politischen und administrativen Grenzen gedacht. Zwar existierte die nationale Grenze zwischen der DDR und West-Berlin als Bestandteil der Bundesrepublik Deutschland nicht mehr, aber Stadt und Umland waren jetzt administrativ durch die Bundeslandgrenze zwischen Berlin und Brandenburg getrennt. Darüber hinaus zeigten sich Unterschiede in der wirtschaftlichen Leistungskraft und in den Fördermöglichkeiten, die die regionale Wirtschaftsförderung bestimmten. Inwiefern dies die neue Region Berlin beeinflusste, soll nachstehend dargestellt werden.

5.3.1. Abgrenzung der Region

Die Begriffe *Großraum Berlin, Ballungsraum Berlin, Agglomeration Berlin-Brandenburg, Verdichtungsraum Berlin-Brandenburg, Region Berlin bzw. Berlin-Brandenburg* wurden und werden häufig synonym verwendet. Bezeichnet wurde und wird damit in der Fachliteratur überwiegend die Stadt Berlin mit ihrem engeren Verflechtungsraum, einem Gebiet, das in seiner heutigen Gestalt erst nach dem Mauerfall 1989 wieder entstehen konnte.[83] Nachfolgend werden zwei Definitionen

---

82 Vgl. IHK Berlin (1995a): Entwicklungsstrategien für die Region Berlin-Brandenburg, S. 175. Vgl. auch Döring et al. (1995), S. 23 und 273.

83 Der Begriff „Region Berlin“ nach dem Mauerfall ist zu unterscheiden vom Begriff „Stadtregion Berlin“. Dieser wurde zu DDR-Zeiten verwendet. Das damals so bezeichnete Gebiet bestand aus der Hauptstadt der DDR und den halbkreisförmig angrenzenden Umlandkreisen Oranienburg, Bernau, Strausberg, Fürstenwalde, Königs Wusterhausen und Zossen. Vgl. DIW WB 22/90, S. 297 bzw. Zimm (1988): Berlin (Ost) und sein Umland, S. 222. Zum Begriff "Region", zur Raum-Definition bzw. allgemeinen Abgrenzung und zu den damit verbundenen Problemen vgl. auch Kapitel 2.

bzw. Abgrenzungsmodelle für diesen Raum wiedergegeben, mit denen das Untersuchungsgebiet eingegrenzt sowie näher beschrieben wurde.[84]

Als „Großraum Berlin" wurde im Mai 1990 das Gebiet der Stadt Berlin, der Stadt Potsdam sowie der acht an Berlin angrenzenden Landkreise Oranienburg, Nauen, Potsdam/Land, Zossen, Königs Wusterhausen, Fürstenwalde, Strausberg und Bernau definiert (vgl. Abb. 1, s. S. 126).[85] Dieses Gebiet lag innerhalb eines 60-km-Radius, gemessen von der Stadtmitte Berlins. Der Großraum hatte mit der Stadt Berlin eine Fläche von 7 336 km^2 (ohne Berlin 6 453 km^2).

Bei dieser 1990 vom DIW vorgenommenen Definition handelte es sich um eine pragmatische Abgrenzung der Region, die sich in erster Linie an dem erwarteten Einzugsbereich der Stadt Berlin orientierte.[86] Das 60-km-Radius-Modell lieferte mit seiner Abgrenzung die Grundlage und den Bezugspunkt für diverse nachfolgende Untersuchungen.[87] Die vom DIW vorgenommene Abgrenzung „wurde von der Brandenburger Regionalplanung annähernd übernommen und als ‚engerer Verflechtungsraum' (EVR) – Berlin und die an Berlin angrenzenden Gebiete Brandenburgs nach Amts- bzw. Gemeindegrenzen – definiert".[88]

Nach der (Wieder-)Entstehung des Landes Brandenburg und einer vorläufigen regionalen Untergliederung führte Brandenburg am 1. Januar 1994 eine Kreisgebietsreform durch.[89] Diese folgte in ihrer regionalen Untergliederung dem raumordnerischen Leitbild der dezentralen Konzentration. Dabei wurde bewusst keine Rücksicht auf die neue Region Berlin mit dem engeren Verflechtungsraum genommen. Vielmehr wurden fünf Planungsregionen gebildet, die so geschnitten waren, dass sie „tortenstückähnlich" vom Rande Berlins an die äußere Grenze Brandenburgs reichten. Diese politische Entscheidung verschlechterte die Rahmenbedingungen für eine gezielte Wirtschaftsförderung der neuen Region Berlin. Eine der Definition von 1990 vergleichbare kreisscharfe Abgrenzung des engeren Verflechtungsraumes

---

84 Neben den beiden angeführten Hauptabgrenzungsverfahren gibt es noch weitere Definitionen für die Region Berlin. Dabei wird fast ausnahmslos – mit kleinen Abweichungen und Besonderheiten, je nach Perspektive und Zielsetzung der Untersuchungen – auf die beiden Hauptabgrenzungsmodelle Bezug genommen.

85 Vgl. DIW WB 22/90, S. 296; An das DIW-Modell angelehnt ist auch die Abgrenzung im Raumordnungsbericht 1991, vgl. Bundesministerium für Raumordnung und Städtebau (1991), S. 164 (Raumordungsregion Nr. 75), und BfLR (1991).

86 Sie stützte sich sowohl auf Daten des West-Berliner Statistischen Landesamtes als auch auf Daten der Statistischen Ämter Ost-Berlins und der DDR.

87 Bspw. Heuer (1992), S. 19, IHK Berlin (1995), S. 27, 77 und Abb. S. 78.

88 Vgl. Eickelpasch/Pfeiffer (1998), S. 21.

89 Für Brandenburg gibt es seitdem fünf Planungsregionen mit insgesamt 14 Kreisen und vier kreisfreien Städten.

Berlin war jetzt nicht mehr möglich, weil mit der Neuordnung der Kreise die statistische Basis für Aussagen über die wirtschaftliche Entwicklung des engeren Verflechtungsraumes entfallen war.[90] (Abb. 5.2, s. S. 127)

Abb. 5.1: Großraum Berlin: DIW-Abgrenzung von 1990 (60-km-Radius-Modell)

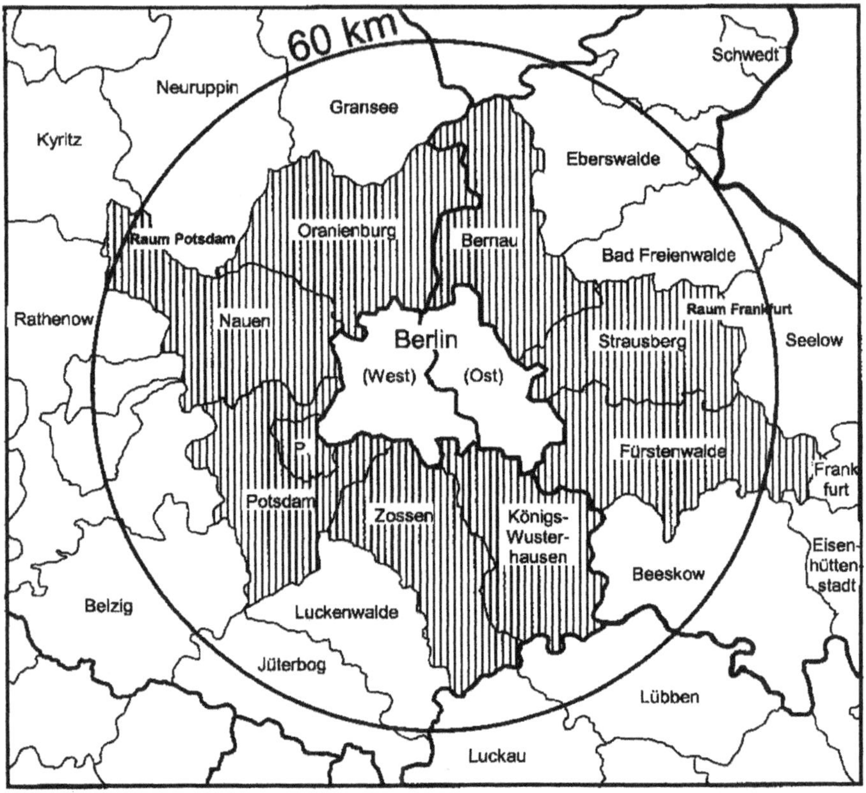

Quelle: DIW Wochenbericht 22/90

90 Insbesondere für Wirtschaftsstatistiken ist der Kreis die kleinste Berichtseinheit. Vgl. Eickelpasch/Pfeiffer (1998), S. 21.

Abb. 5.2: Region Berlin: Abgrenzung nach dem Landesplanungsvertrag 1995

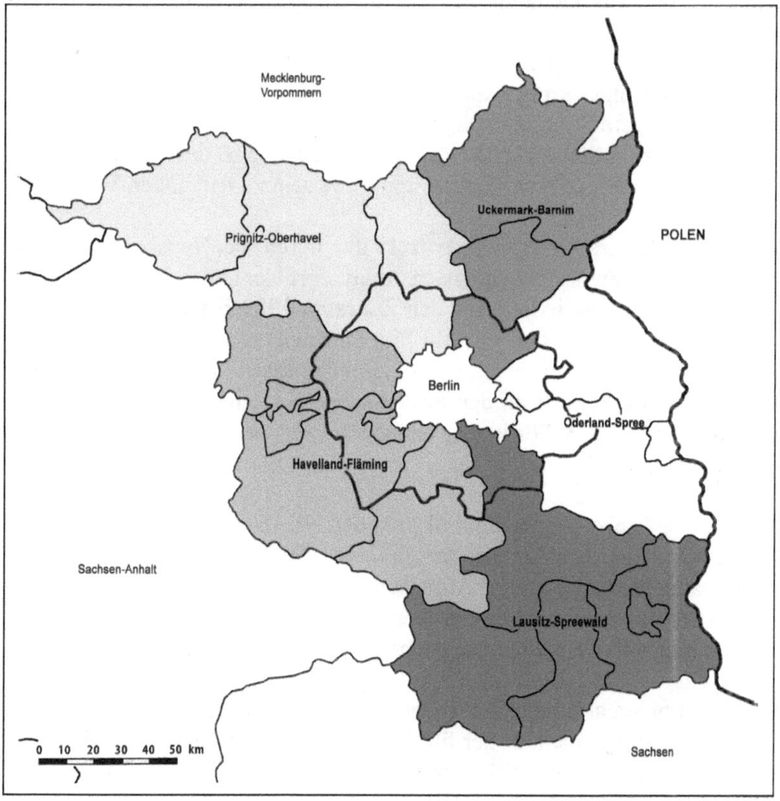

Quelle: Raumordnungsbericht 1998, Gemeinsame Landesplanung Berlin-Brandenburg

Erst 1995 wurde mit dem Landesplanungsvertrag[91] zwischen Berlin und Brandenburg im Rahmen der nötigen Abstimmungen für einen gemeinsamen Planungsraum beider Länder der engere Verflechtungsraum erneut – diesmal von amtlicher Seite – abgegrenzt. Dieser Planungsraum war jetzt nicht mehr kreisscharf abgegrenzt, sondern bestand aus der Stadt Berlin, der Stadt Potsdam, dann aber nur noch aus 275 Gemeinden aus den acht strukturell am engsten mit dem Land Berlin verbunden

91 GVBl. v. B. (1995a): Gesetz zum Staatsvertrag über Aufgaben und Trägerschaft sowie Grundlagen und Verfahren der gemeinsamen Landesplanung zwischen den Ländern Berlin und Brandenburg (Landesplanungsvertrag) vom 4.7.1995, in: GVBl. I v. B 1995, S. 407. Der engere Verflechtungsraum wird in Art. 8, Abs. 3 LPV definiert.

Landkreisen. Mit einer Fläche von 5 368 km^2 (ohne Berlin 4 477 km^2) war die definierte Fläche fast 2 000 km^2 kleiner als in der Abgrenzung von 1990.

Der ungefähre Radius betrug jetzt etwa 40 km.[92] Die 275 betroffenen Gemeinden wurden im Landesplanungsvertrag explizit genannt. Sie bilden seitdem den „Brandenburger Teil des engeren Verflechtungsraumes". Das Gebiet „engerer Verflechtungsraum" umfasste zum Stand 31.12.1997 neben Berlin 15 % der Fläche des Landes Brandenburg, 33 % seiner Bevölkerung und 17 % seiner Gemeinden.[93]

Für die vorliegende Untersuchung wurde trotz der durch die Neuabgrenzung des „engeren Verflechtungsraumes" ausgelösten Analyseprobleme der Begriff „Region Berlin" beibehalten. Dies ist jedoch für den Zeitraum 1989 bis 1999 nicht immer konsequent durchzuhalten, da sich sowohl die Erhebungen als auch der Verwendungszweck amtlicher statistischer Daten an administrativen Grenzen (hier Länder bzw. Kreise) orientiert und nicht an den tatsächlichen wirtschaftlichen Verflechtungen, wie sie dem in der GRW-Förderung benutzten Regionenbegriff zu Grunde liegen.

Da zudem die europäische Regionalpolitik mit der NUTS-Systematik auf administrativen Gebietseinheiten basiert und der Kreis als NUTS-III-Ebene die kleinste Analyseeinheit darstellt, sind explizite Aussagen für die Region Berlin einschließlich des engeren Verflechtungsraumes seit der Kreisgebietsreform wegen fehlender statistischer Aufbereitungsmöglichkeiten nur noch in seltenen Fällen machbar.[94]

Die Abgrenzungsproblematik hatte zur Folge, dass der Brandenburger Teil des engeren Verflechtungsraumes nicht in der für diese Untersuchung gewünschten Weise analysiert werden kann. Tabelle 5.1 verdeutlicht jedoch die Relationen zwischen West- und Ost-Berlin einerseits sowie dem engeren Verflechtungsraum und dem übrigen Brandenburg andererseits, da Bevölkerungsstatistiken gemeindescharf erstellt werden und sich so durch Zusammenfassungen der Gemeindeergebnisse zumindest die Einwohnerentwicklung in der Region Berlin ermitteln lässt.

---

92 Das Gesetz enthält keine Kilometer- bzw. Radiusangaben. Für die 40 km-Radius Angabe vgl. Kahlenborn (1995), S. 10 f.

93 Nach Angaben des Landesamtes für Datenverarbeitung und Statistik Brandenburg.

94 Differenziertere Auswertungen der Wirtschaftsstatistiken sind nur noch auf der Basis von Sonderaufbereitungen der Ämter möglich. Alternatives Hilfskonstrukt ist die regionale Abgrenzung der Arbeitsamtsbezirke, die in etwa den Kreisgliederungen von 1994 entspricht.

Tab. 5.1: Bevölkerung und Siedlungsdichte in der Region Berlin 1990-1998

Region	Bevölkerung 1)			Bevölkerungsdichte EW/km²			Gebiet in km²
	1990	1994	1998	1990	1994	1998	
Berlin	3 433 695	3 472 009	3 406 637	3 854	3 897	3 823	891
Ost-Berlin	1 275 726	1 307 011	1 277 798	3 150	3 212	3 155	405
West-Berlin	2 157 969	2 170 998	2 128 839	4 440	4 467	4 380	486
Brandenburg	2 578 312	2 536 747	2 586 269	87	86	88	29 476
Engerer Verflechtungsraum	787 038	789 660	878 017	176	176	196	4 477
Übriges Brandenburg	1 791 274	1 747 087	1 708 252	72	70	68	24 999
Region Berlin	**4 220 733**	**4 262 669**	**4 284 654**	**786**	**794**	**798**	**5 368**

Quelle: Statistisches Landesamt Berlin und Landesamt für Datenverarbeitung und Statistik Brandenburg; 1) Anzahl der Personen am Jahresende.

5.3.2. Charakteristika der Region

Entsprechend der regionalen Abgrenzung des Untersuchungsgebietes zeigten sich für eine gemeinsame regionale Wirtschaftsförderpolitik die folgenden Charakteristika und Ausgangspotenziale der Region Berlin:

- Wie alle neuen Länder war auch die Region Berlin seit der Wiedervereinigung durch strukturelle Anpassungsprozesse geprägt, zum einen bedingt durch die Transformation von der Plan- zur Marktwirtschaft und zum anderen durch die veränderten Bedingungen und neuen Chancen für Berlin (Umland, Zusammenwachsen der Stadthälften, Strukturumbrüche, Abbau der bisherigen Unterstützung für West-Berlin).

- Schon kurz nach der Wiedervereinigung zeichnete sich ab, dass der Ballungsraum Berlin eine Wirtschafts- und Arbeitsmarktregion sein würde. Standortentscheidungen privater und gewerblicher Natur würden sich nicht an den administrativen Grenzen orientieren, weshalb es für die Region einer gemeinsamen Planung bedurfte.

- Die Region Berlin setzte sich aus unterschiedlichen Teilen zusammen, die auf Grund ihrer geografischen Situation teils gezwungenermaßen, teils freiwillig zum Zwecke der Nutzenmaximierung nach Formen der Zusammenarbeit suchen mussten.

- Nach der Wiedervereinigung hatte die Region eine in Europa einmalige Raumstruktur. Berlin als hochverdichtetes, polyzentral gegliedertes und städtisches Gefüge war von dünn besiedelten Gebieten mit ländlichen Strukturen umgeben. Die Stadtkante war klar erkennbar, wobei die kontrastreiche Siedlungsstruktur nicht immer mit der administrativen Grenze zwischen Berlin und Brandenburg identisch war.

- Eine stärkere Verflechtung von Stadt und Umland war zu erwarten; der Suburbanisierungsprozess war möglichst mit entsprechenden politischen bzw. administrativen Vorgaben in die gewünschten Bahnen zu lenken.[95]

- Zwischen Stadt und Umland bestanden die grundsätzlichen Probleme eines Verdichtungsraumes (bezüglich Funktions- und Aufgabenteilung). In der Region Berlin kam jedoch erschwerend hinzu, dass der „normale" Ausgleichsmechanimus für klassische Stadt-Umland-Konflikte hier die Interessen zweier Länder berücksichtigen musste.

- Der Bedarf an Koordination und Kooperation für die Entwicklung in der Region bestand parallel zu den erheblichen Anstrengungen und Anforderungen hinsichtlich des Verwaltungsaufbaus sowie der Schaffung einer administrativen Infrastruktur in Brandenburg und teilweise auch in Ost-Berlin. Eine leistungsfähige Verwaltungsstruktur auf allen Ebenen war jedoch Voraussetzung für eine geordnete regionale Entwicklung und eine effiziente Umsetzung regionaler Förderpolitik vor Ort.[96]

- Hilfe für den Verwaltungsaufbau kam in Ost-Berlin aus West-Berlin und für Brandenburg aus Nordrhein-Westfalen (sog. Länderpatenschaften, auch mit Personaltransfers). Dies führte zur Entwicklung unterschiedlicher institutioneller Strukturen in den Nachbarländern.

- Die Region war gekennzeichnet durch die unterschiedlichen intraregionalen Möglichkeiten in der Wirtschaftsförderung. Der Brandenburger Teil des engeren Verflechtungsraums und Ost-Berlin wurden wie die übrigen neuen Länder als GRW-Fördergebiet ausgewiesen und von der EU als Ziel-1-Gebiet gefördert. West-Berlin war europäisches Ziel-2 Fördergebiet und erst seit 1994 in die GRW einbezogen.

---

95 Die Stadt-Umland-Wanderung betraf sowohl Betriebe als auch die Bevölkerung, hier bevorzugt mittlere und höhere Einkommensschichten, vgl. Brenke et al. (1997), S. 33.

96 Vgl. Eckey (1991) und Gatzweiler/Mehlwald (1991): Einführung: Raumordnung in Deutschland, in: BfLR (Hrsg.): Raumordnung in Deutschland, Teil 1: Konzepte, Instrumente, Organisation und Raumordnung, MzR Heft 39/2001, S. 9.

5.3.3. Rechtliche Grundlagen der Kooperation von Berlin und Brandenburg

Eingebettet in nationales[97] und europäisches Regelwerk[98], wurden Regionalplanung und Förderpolitik in der Region Berlin durch die jeweiligen rechtlichen und organisatorischen Voraussetzungen der Länder Berlin und Brandenburg maßgeblich mitbestimmt.[99] Beide Länder besaßen bzw. erließen Gesetze und Verordnungen, in denen ihre jeweiligen Landesinteressen explizit Ausdruck fanden. Entscheidend für eine erfolgreiche gemeinsame Politik der Stärkung der Wirtschaftsregion Berlin war aber, inwieweit die jeweiligen Länderinteressen und Gesetze in Einklang gebracht werden konnten und darüber hinaus neue gemeinsame, verbindliche (Rechts-) Instrumente geschaffen wurden, um eine einheitliche Regionalpolitik zu ermöglichen und Interessenkonflikte zu berücksichtigen bzw. auszugleichen.

In kleinen Schritten, mit rechtlichen Grundlagen und Arbeitsinstrumenten versehen, begannen Berlin und Brandenburg schon im Dezember 1989 den Prozess der Zusammenarbeit.[100] Im Februar 1992 entschied eine gemeinsame Regierungskonferenz von Berlin und Brandenburg, ein gemeinsames Landesentwicklungsprogramm (LEPro)[101] und – auf Grund des dringenden Regelungsbedarfs für die Entwicklung des Ballungsraumes – einen Landesentwicklungsplan für den engeren Verflechtungsraum Brandenburg-Berlin (LEPeV)[102] zu erstellen. Schon im ersten Brandenburger „Gesetz zur Einführung der Regionalpolitik" wurde die Zusammenarbeit mit Berlin „auf Grund der besonderen Strukturen und der weiträumigen Verflechtungen mit

---

97 Vgl. BGBl. (1969).

98 Europäisches Gemeinschaftsrecht, insbesondere Art. 6, 103, 105, 130 EWGV und die Verordnungen zu den Strukturfonds.

99 Grundsätzlich finden sich in den Landesverfassungen keine expliziten Regelungen über den Umgang mit europäischen Strukturfondsmitteln. Lediglich Brandenburg hat mit Art. 44 LV zur „Strukturförderung" eine eher allgemeine, aber auch einmalige Regelung. Ausdrückliche Hinweise auf die europäische Strukturfondsförderung gibt es jedoch nicht.

100 Gründung des Provisorischen Regionalausschusses, vgl. auch AH-Drs. 11/896, 11/1306, 12/184.

101 Unterzeichnet wurde der Staatsvertrag über das Gemeinsame Landesentwicklungsprogramm der Länder Berlin und Brandenburg am 7.8.1997, in: GVBl. I v. BB (1998): Gemeinsames Landesentwicklungsprogramm der Länder Berlin und Brandenburg, als Anlage 1 des Staatsvertrages über das Landesentwicklungsprogramm der Länder Berlin und Brandenburg (Landesentwicklungsprogramm), in: GVBl. I v. BB v. 9.2.1998, S. 15.

102 GVBl. v. B (1998a): Gemeinsamer Landesentwicklungsplan für den engeren Verflechtungsraum Brandenburg-Berlin (LEPeV), als Anlage zur Verordnung über den gemeinsamen Landesentwicklungsplan für den engeren Verflechtungsraum Brandenburg-Berlin v. 2.3.1998, in: GVBl. I v. B. 1998, S. 39. Mit dem LEPeV wurde auf die besondere Lagegunst in der Region Berlin reagiert. Dem mit der Entwicklung verbundenen erwarteten Druck beim Flächenverbrauch sowohl privater als auch gewerblicher Bedürfnisse wurde so ein Planungsrahmen entgegen gestellt.

dem Land Berlin und zur bestmöglichen Verwirklichung der Abstimmungsgebote" nach § 11 ROG festgeschrieben.[103] Zwei Jahre später (1995) unterzeichneten das Brandenburger Kabinett und der Berliner Senat einen gemeinsamen Landesplanungsvertrag.[104]

Mit dem Landesplanungsvertrag verpflichteten sich beide Länder, „eine auf Dauer angelegte gemeinsame Raum- und Landesplanung" zu betreiben und „alle damit zusammenhängenden Aufgaben nach Maßgabe dieses Vertrags für das Gesamtgebiet beider Länder (gemeinsame Planungsregion) gemeinsam wahr(zunehmen)" (Art. 1 Abs. 1). Desweiteren verpflichteten sie sich zur „engen Zusammenarbeit in der Regionalplanung" (Art. 1 Abs. 3), zur Gründung einer Landesplanungsabteilung (Art. 2 Abs. 1), zur Bildung einer gemeinsamen Landesplanungskonferenz (Art. 6 Abs. 1), zur Aufstellung von gemeinsamen Landesentwicklungsprogrammen (Art. 7 Abs. 1) und Landesentwicklungsplänen (Art. 8 Abs. 1), zur Abstimmung von Bauleitplanungen (Art. 12 u. 13) und zur Erstellung eines gemeinsamen Raumordnungsberichts (Art. 19).

Über die zweckmäßigste Form der verbindlichen Zusammenarbeit der Länder Berlin und Brandenburg und dem davon betroffenen Raum hatte es nach der Wiedervereinigung vielfältige Überlegungen gegeben. Ein ganz zentraler Aspekt bei der Suche nach der geeigneten Kooperationsform war die Anforderung, dass das ausgewählte Modell auch bei einer Länderfusion, möglicherweise mit Übergangsregelungen, Bestand haben sollte. Neben der jetzt gewählten Form der gemeinsamen Landesplanungsabteilung (plus diversen Staatsverträgen) wurde auch ein regionaler Zweckverband für den engeren Verflechtungsraum als Koordinierungsinstrument erwogen.[105] Das für Berlin und Brandenburg vorgeschlagene Modell wurde jedoch von Brandenburg verworfen.

Mit der gemeinsamen Landesplanungsabteilung als der von Berlin und Brandenburg gewählten Form der verbindlichen Zusammenarbeit haben die Länder statt dessen Neuland in der bundesdeutschen Raumordnungspolitik betreten. Raumordnungsge-

---

103 GVBl. v. BB (1993): Gesetz zur Einführung der Regionalplanung und der Braunkohlen- und Sanierungsplanung im Land Brandenburg v. 13.5.1993, in: GVBl. I v. BB 1993, S. 170, geändert am 20.7.1995, in: GVBl. I v. BB 1995, S. 210. Die Änderung betraf explizit den § 11, der jetzt statt „Zusammenarbeit mit Berlin" eine Regelung für die Datenverarbeitung zum Inhalt erhielt.

104 GVBl. v. BB (1998), S. 15.

105 Stadt-Umland-Verbände gelten als bewährte und leistungsfähige Instrumente der Aufgabenwahrnehmung in Ballungsräumen. Zu den Vorteilen eines Zweckverbands für den engeren Verflechtungsraum vgl. Gutachten von Sauberzweig/Schmidt-Eichstaedt von 1992: Die rechtlichen und organisatorischen Voraussetzungen einer gemeinsamen verbindlichen Landes- und Regionalplanung für Berlin und Brandenburg, in: AH-Drs. 12/2357.

setz und Bau-Gesetzbuch schreiben zwar für benachbarte Regionen und Gemeinden eine Abstimmung in der Planung vor. Auf Grund des föderalen Aufbaus der Bundesrepublik Deutschland ist eine derart weitgehende Zusammenarbeit (ein verbindlicher Planungsraum) von zwei eigenständigen Ländern aber nicht vorgeschrieben.[106]

Im gemeinsamen Vertragswerk wird den unterschiedlichen Voraussetzungen und Interessen bei der Zusammenarbeit der Länder Berlin und Brandenburg, aber auch den vorgeschriebenen Bundeszielen[107] Rechnung getragen: Nach den grundlegenden Aussagen des Landesplanungsvertrags konkretisieren das gemeinsame Landesentwicklungsprogramm und der gemeinsame Raumordnungsbericht von 1998[108] die Ziele und (Ausgleichs-) Mechanismen bei der Zusammenarbeit.

Das LEPro weist jedem der drei Teilräume des gemeinsamen Planungsraums (Berlin, engerer Verflechtungsraum und äußerer Entwicklungsraum) konkrete Funktionen zu. Es schreibt fest, dass die Länder Berlin und Brandenburg die auf Dauer angelegte gemeinsame Raumordnung und Landesplanung mit dem Ziel betreiben, „Voraussetzungen für eine ausgewogene Verteilung der Entwicklungschancen und - potenziale zwischen dem Verdichtungsraum Berlin und den übrigen ländlich geprägten Räumen Brandenburgs zu schaffen, und dadurch die Herstellung gleichwertiger Lebensverhältnisse in allen Teilräumen des gemeinsamen Planungsraumes zu ermöglichen" (§ 1). Auf einen „Abbau der Disparitäten zwischen den Landesteilen" und einer Förderung der Räume außerhalb des Verdichtungsraumes Berlins wird explizit Wert gelegt (§ 2). Dabei orientieren sich die Landesentwicklung und die Wirtschaftspolitik, wie weiter unten noch dargelegt wird, am raumordnerischen Leitbild der dezentralen Konzentration. „Das raumordnerische Leitbild soll einen Interessenausgleich zwischen Berlin, dem Brandenburger Teil des engeren Verflechtungsraumes sowie dem äußeren Entwicklungsraum schaffen" (§ 3 Abs. 1). Für Fördermaßnahmen und die Vergabe von Fördermitteln wurde festgeschrieben, dass „Entwicklungs- und Fördermaßnahmen .. sich an den Zielsetzungen dieses Leitbildes aus(richten)" und dass die „Vergabe der Fördermittel ... unter Beachtung der Zielsetzungen des raumordnerischen Leitbildes der dezentralen Konzentration" er-

106 BGBl. (1993): ROG § 4 Abs. 4 i.d.F.v. 28.4.1993, in: BGBl. III 2300-1 und BauGB § 1 IV, § 2 II i.d.F.v. 8.12.1986, in: BGBl. III 2/3. Zu den genauen Verfahrensabläufen in der gemeinsamen Landesplanung vgl. Ministerium für Umwelt, Naturschutz und Raumordnung Brandenburg und Senatsverwaltung für Stadtentwicklung, Umwelt und Technologie Berlin (Hrsg.) (1998a): „Gemeinsam Planen für Berlin und Brandenburg".

107 Art. 72 Abs. 2 GG „Herstellung gleichwertiger Lebensverhältnisse", Art. 91 a GG Gemeinschaftsaufgabe von Bund und Ländern „Verbesserung der regionalen Wirtschaftsstruktur" und Art. 104 Abs. 4 GG, vgl. auch Kap. 3.

108 Raumordnungsbericht Berlin und Brandenburg, Hrsg. Ministerium für Umwelt, Naturschutz und Raumordung des Landes Brandenburg und Senatsverwaltung für Stadtentwicklung, Umwelt und Technologie des Landes Berlin, (1998).

folgt (§ 3 Abs. 4). Mit dem Leitbild „als einer Strategie für die regionale Wirtschaftspolitik ist die Qualität von Standortfaktoren zu steigern, sind zukunftsorientierte Rahmenbedingungen zu schaffen und Anreize für ansiedlungs- und investitionswillige Unternehmen zu bieten" (§ 18 Abs. 2).

Die gewählten Formen der Kooperation und ihre rechtlichen Grundlagen – überwiegend der Regional- und Landesplanung – betrafen formal auch die Koordination der Wirtschaftsförderung in der Region Berlin. Die Regionalplanung wurde als Bindeglied zwischen der höherrangigen, politisch geprägten Landesentwicklungsplanung und der kommunalen Bauleitplanung angesehen. Während die Förderangebote von Bund und Europäischer Union als „regional wirksame Instrumente der Wirtschaftspolitik und Strukturentwicklung" galten, mit denen die gewünschten übergeordneten Ziele verfolgt werden sollten,[109] lag die Entscheidungsbefugnis im Bereich der Flächenausweisung und Ansiedlungspolitik (Standortwerbung und Standortkonkurrenz, Steuereinnahmen und Gewerbesteuerhebesatz) auf kommunaler Ebene. Zwar wäre die kommunale Bauleitplanung den Zielen der Landesplanung anzupassen, jedoch erwiesen sich die Interessen von Kommunen und Land nicht immer als deckungsgleich.[110]

Im Gegensatz zum Flächenland Brandenburg gab es für das Land Berlin der juristischen Form nach keine Regional- und Landesplanung[111]. Entsprechend der Ausnahmeregelung für Stadtstaaten nach § 5 Abs. 1 ROG ersetzt hier ein Flächennutzungsplan nach § 5 BauGB die Programme und Pläne der Landes- und Regionalplanung. Auch haben die Berliner Bezirke, anders als ihre benachbarten Brandenburger Kommunen (Verhandlungspartner), nicht die entsprechenden bzw. ausreichenden Befugnisse für selbständige Entscheidungen, z.B. bei der Flächenausweisung und der Aufstellung von Bebauungsplänen.[112] Diese Kompetenzasymmetrie erwies sich für die vereinbarte Kooperation als Erschwernis.

Inwieweit sich dies und die hier angesprochenen verbindlichen Regelungen der Zusammenarbeit in der Regional- und Landesplanung beim Einsatz des Europäischen Regionalfonds in der Region Berlin niedergeschlagen haben, wird in Kapitel 6 erörtert.

---

109 Vgl. Ministerium für Umwelt, Naturschutz und Raumordnung Brandenburg und der Senatsverwaltung für Stadtentwicklung, Umwelt und Technologie Berlin (Hrsg.) (1998a), S. 30.

110 Stichwort: Einkaufszentren auf der grünen Wiese.

111 Sauberzweig/Schmidt-Eichstedt (1992).

112 Vgl. die Untersuchung über die Verwaltungsbeziehungen und Verflechtungen von Berlin und Brandenburg von Bufalica/Röber (1995) und (1995a).

5.3.4. Option der Länderfusion

In den vorherigen Abschnitten wurde schon mehrfach auf den Abstimmungsbedarf zwischen den Ländern Berlin und Brandenburg, vor allem in den Bereichen Landesplanung und -entwicklung sowie regionaler Wirtschaftspolitik hingewiesen. Als Alternative zu einer Vielzahl bilateraler Verhandlungen mit nachfolgenden Verwaltungsvereinbarungen und Staatsverträgen bot sich eine Länderfusion an.[113] Mit einer Länderfusion erhielte das als notwendig erachtete gemeinsame Handeln (Kooperation) den nötigen rechtlichen Rahmen *eines* Landes.

Schon im Einigungsvertrag zwischen der Bundesrepublik Deutschland und der DDR wurde die Option einer Länderneugliederung bzw. -fusion zwischen Berlin und Brandenburg angesprochen. Art. 5 EV empfahl die Prüfung des Grundgesetzes hinsichtlich der Möglichkeit einer Neugliederung für den Raum Berlin und Brandenburg.[114] 1994 erfolgten diesbezüglich eine Grundgesetzänderung (Art. 118 a)[115], und das „Gesetz zur Regelung der finanziellen Voraussetzungen für die Neugliederung der Länder Berlin und Brandenburg" trat in Kraft.[116] Von Seiten des Bundes waren somit die rechtlichen und finanziellen Voraussetzungen für eine Länderfusion geschaffen. Mitte 1995 unterzeichneten Berlin und Brandenburg einen Staatsvertrag zur Länderneugliederung[117]. Begleitet wurde der Vorbereitungsprozess zur Länderfusion durch diverse wissenschaftliche Gutachten[118], die Einzelaspekte der möglichen Fusion untersuchten und Handlungsoptionen (bspw. bei Themen wie Landesplanung, Finanzen und europäische Strukturfondsförderung) aufzeigten.

---

113 Zu der Frage Staatsverträge versus Fusion, vgl. Hartmann/Herten (1996): Die Region Berlin Brandenburg: Potenziale und Blockaden der politischen Steuerung, in: Süß (Hrsg): Hauptstadt Berlin, Bd. 3, S. 365 ff.

114 Vgl. BGBl. (1990a).

115 BGBl. (1994a): Gesetz zur Änderung des Grundgesetzes vom 27.10.1994, in: BGBl. I 1994, S. 3146.

116 BGBl. (1994b): Gesetz zur Regelung der finanziellen Voraussetzungen für die Neugliederung der Länder Berlin und Brandenburg vom 9.8.1994, in: BGBl. I 1994, S. 2066. Allein der Wegfall des sog. Berliner Stadtstaatenprivilegs im Rahmen des Länderfinanzausgleichs hätte zu erheblichen finanziellen Einbußen für ein neues Land geführt. Um eine Fusion nicht aus finanziellen Gründen von vornherein scheitern zu lassen, hatte der Deutsche Bundestag Übergangsregelungen bis 2015 für die Länderfinanzierung geschaffen.

117 Der Neugliederungs-Vertrag wurde am 27.4.1995 unterzeichnet, in: GVBl. v. B (1995): Gesetz zum Staatsvertrag der Länder Berlin und Brandenburg über die Bildung eines gemeinsamen Bundeslandes (Neugliederungsvertrag) und zu dem Staatsvertrag zur Regelung der Volksabstimmung in den Ländern Berlin und Brandenburg über den Neugliederungsvertrag, in: GVBl. v. B. v. 29.7.1995, S. 490 ff. Für mehr Informationen zu den Schritten im Einzelnen, vgl. RBm (1995): „Berlin-Brandenburg: Ein Land für alle", S. 25.

118 Vesper (1993); Döring et al. (1995); Weinzen (1995), S. 41 f.; Eingeschränkt auch: Sauberzweig/Schmidt-Eichstedt (1992), S. 35 ff.

Der Neugliederungs-Vertrag legte fest, dass sowohl die Landesparlamente (Brandenburger Landtag und Berliner Abgeordnetenhaus) als auch die Bevölkerung (Volksentscheid der Wahlberechtigten der Länder Berlin und Brandenburg) dem Vertrag und damit der Fusion zustimmen mussten.[119] Neben der Schaffung der rechtlichen bzw. administrativen Voraussetzungen für eine Fusion bestand deshalb eine weitere Aufgabe für die Politik in der Informationspflicht und Überzeugungsarbeit gegenüber der Öffentlichkeit.

Die Vor- und Nachteile einer Länderfusion von Berlin und Brandenburg sind ausführlich an anderer Stelle diskutiert und dargestellt worden.[120] Der offizielle Werbeslogan für die Länderfusion lautete: „Gemeinsam sind wir stark – gemeinsam erreichen wir mehr.“ Die sieben „offiziellen“ Gründe pro Länderfusion und die Überlegungen, die dem Vorhaben zugrundelagen[121], waren:

1. Vorteile für die Wirtschaftsentwicklung und die Schaffung neuer Arbeitsplätze

Berlin und Brandenburg bildeten einen gemeinsamen Wirtschaftsraum und Arbeitsmarkt mit oft gleichen Zielen. Ein gemeinsames Land mit gemeinsamer politischer Führung würde die Rahmenbedingungen optimieren, für eine ausgeglichene Steuerung sorgen und beim Aufbau international wettbewerbsfähiger Strukturen somit erfolgreicher agieren können.

2. Höhere Leistungskraft durch Wegfall teurer Länderkonkurrenz

Mit einer gemeinsamen Administration könnten der Länderwettbewerb um Steuerkraft sowie Koordinationsdefizite und Kooperationsprobleme bei der nötigen Zusammenarbeit minimiert werden (unmittelbare Vorteile auch für den engeren Verflechtungsraum).

---

119 Vgl. GVBl. v. B. (1995), S. 493 und 520 ff.

120 Vgl. u.a. „Länderfusion begünstigt Entwicklungen – Wirtschaftliche und finanzpolitische Aspekte der Vereinigung von Berlin und Brandenburg“, in: DIW WB 10/95; Kahlenborn (1995); RBm (1995); Dittberner (1994): Berlin Brandenburg und die Vereinigung; Nawrocki (1996): Länderfusion – ein Reformprojekt von bundesweiter Bedeutung, in: Süß (Hrsg.): Hauptstadt Berlin, Bd. 3, S. 173 ff. Die offizielle Senatsbroschüre RBm (1995): „Berlin Brandenburg - Ein Land für alle“ setzte sich auch mit den Gegenargumenten auseinander. Zu den rechtlichen und organisatorischen Voraussetzungen einer gemeinsamen verbindlichen Landes- und Regionalplanung für Berlin und Brandenburg vgl. Sauberzweig/Schmidt-Eichstaedt (1992).

121 RBm (1995), S. 5 ff und AH-Drs. 12/2357.

3. *Eine gewichtige Stimme der Region im Bund und in Europa*

Das neue gemeinsame Bundesland wäre flächen- und bevölkerungsmäßig das fünftgrößte Bundesland. Mit einer Stimme gesprochen hätten die Vertreter beim Bund und auf europäischer Ebene größeres Gewicht als vorher.[122]

4. *Gemeinsame Raum- und Landesplanung*

Ein Land würde eine Planung aus einem Guss ermöglichen, mit Interessenausgleichen zwischen den unterschiedlichen Teilräumen des Landes (Dezentrale Konzentration contra „Speckgürtel-Egoismus").

5. *Moderne leistungsfähige und bürgernahe Verwaltung in Stadt und Land*

Ein Land böte größere Chancen für eine effiziente Verwaltung. Doppelarbeit und Reibungsverluste könnten vermieden werden. Durch die nötige Reform käme es zu einem Modernisierungsschub in der Verwaltung[123] bei gleichzeitiger Stärkung der kommunalen Ebene (Bürgernähe).

6. *Werkstatt der Einheit und Reformprojekt für den Bundesstaat*

Ein freiwilliger Zusammenschluss der Länder Berlin und Brandenburg wäre zum einen ein vorbildlicher Akt des Zusammenwachsens zwischen Ost und West und zum anderen ein Reformprojekt für den Föderalismus in Deutschland. Hier stand auch die Forderung nach einer eigenständig leistungsfähigen und „erfolgversprechenden" Bundeslandgröße dahinter, sowohl hinsichtlich „wirtschaftlicher Zweckmäßigkeit" als auch für die Region im internationalen Wettbewerb.[124]

7. *Historische Zusammengehörigkeit*

Die durch die Siegermächte nach dem 2. Weltkrieg hervorgerufene Trennung von Berlin und seinem Umland würde durch die Länderfusion wieder rückgängig gemacht. Berlin war nie ein traditioneller Stadtstaat wie Hamburg oder Bremen, sondern historisch und kulturell immer mit Brandenburg verbunden.

---

122 Diese Rechnung unterstellte, dass in Bezug auf den Bundesrat vorher auf Grund von unterschiedlichen Parteien- und Interessenkonstellationen unterschiedlich votiert wurde.

123 Eine Modernisierung der Verwaltung war unabhängig von der Fusion geboten.

124 Das DIW verwies in diesem Zusammenhang auf das in Art. 29 Abs. 1 GG geforderte Größenkriterium von ca. 5 Mio. Einwohnern für Länder. Vgl. Döring et al. (1995), S. 280 und DIW WB 10/95, S. 217.

5.3.5. Scheitern der Länderfusion

Während der Neugliederungs-Vertrag 1995 die Abstimmungshürde in den Landesparlamenten nahm, bekam er bei der Volksabstimmung am 5. Mai 1996 keine ausreichende Zustimmung. Auffällig am Ergebnis war die Diskrepanz der Befürwortung zwischen Berlin (ja: 53,6%) und Brandenburg (ja: 36,6%) und zwischen Ost- und West-Berlin. Im Westteil der Stadt votierten alle Bezirke mehrheitlich für die Fusion, im Ostteil nur Köpenick.

Damit erwies sich die Volksabstimmung als *der* Risikofaktor und Verhinderer der Länderfusion zum damaligen Zeitpunkt. Rückblickend lässt sich Kritik aufzeigen an Art und Umfang der Informations- bzw. Werbeaktionen der Regierungsseite. Die Ursachen für die Ablehnung blieben aber spekulativ.[125] Hauptkritikpunkte waren:

- Zu starke Konzentration auf die fiskalischen und planerischen Ziele, ohne der Bevölkerung eine Identifikationsmöglichkeit mit dem gemeinsamen Land bzw. Projekt gegeben zu haben (Vernachlässigung der emotionalen Komponente).

- Zu viele Veränderungen innerhalb zu kurzer Zeit für die Brandenburger und Ost-Berliner.

- Die Angst vor einer vorherrschenden Stellung Berlins im gemeinsamen Bundesland.

Für die zukünftige gemeinsame regionale Wirtschaftspolitik war das Abstimmungsergebnis eine Erschwernis. Hatte man mit der angestrebten Länderfusion auf klare, verbindliche Zielvorgaben, Absprachen und ein gemeinsames konstruktives Handeln gehofft, so waren Politik und Verwaltung jetzt zum Verharren gezwungen, ein Zustand, der mühselige bilaterale Absprachen für jedes Detail erforderte, verbunden mit langen administrativen Wegen. Keine gemeinsame politische Führung bedeutete aber auch, dass die verantwortlichen Politiker weiterhin in erster Linie ihrer jeweiligen Landesklientel verpflichtet waren, die sie wähl(t)en und legitimier(t)en. Daraus folgte, dass sie auch weiterhin eine Politik der Nutzenmaximierung für ihren unmittelbaren Zuständigkeitsbereich verfolgten und sich erst in zweiter Linie dem Gesamtwohl der Region verpflichtet fühlten.[126] Die angestrebten institutionalisierten

---

125 Vgl. „Hauptstadt Berlin" (1996), S. 32.

126 Vgl. Scharpf (1991), S. 10 f. und Benz/Scharpf/Zintl (1992), S. 14.

Ausgleichsmechanismen für die Interessenunterschiede zwischen Stadt und Umland fehlten weiter.[127]

Schon Anfang der 90er Jahre wurde darauf hingewiesen, dass sich mit zunehmenden weltwirtschaftlichen Verflechtungen, der europäischen Integration und der deutschen Wiedervereinigung der internationale Wettbewerb für die Regionen verstärken würde. Damit verbanden sich für die Regionen nicht nur neue Herausforderungen, „die sich nicht kleinräumig bewältigen lassen", sondern vor allem die Notwendigkeit, ihre jeweils regionale Wettbewerbsfähigkeit und Attraktivität zu steigern.[128] Dem Appell, Berlin und Brandenburg müssten „begreifen, dass sie sich nicht in einem Wettbewerb gegeneinander befinden, sondern dass sie gemeinsam diesen Wettbewerb mit den großen europäischen Regionen ... führen müssen"[129], war durch das negative Votum zur Fusion jetzt jedoch schwerer gerecht zu werden. Für den Bereich der Regionalpolitik mussten deshalb andere Wege der verbindlichen Absprachen und Zielverhandlungen für die nächsten Jahre bzw. Jahrzehnte gewählt werden, wollte man zumindest den als Zielen formulierten Vorteilen des Gemeinsamen[130] näherkommen und auch nicht an Glaubwürdigkeit verlieren. Darauf wird nachfolgend näher eingegangen.

5.3.6. Neuer Anlauf zur Zusammenarbeit

Ein halbes Jahr nach der gescheiteren Länderfusion trafen die Regierungschefs erstmalig wieder zusammen, um in einer gemeinsamen Kabinettsitzung das weitere gemeinsame Vorgehen festzulegen. Trotz des Scheiterns der Länderfusion betonten die politisch Verantwortlichen, ihre parallel zur den Bemühungen um eine Länderfusion erfolgte Koordinierung der Landesplanung fortsetzen und ihre regionale Zusammenarbeit intensivieren zu wollen. Auch war das Ziel der Länderfusion nicht aufgehoben, sondern lediglich fürs erste aufgeschoben.[131]

---

[127] Vgl. Döring et al. (1995), S. 273 und 281.

[128] Vgl. Scharpf/Benz (1991), S.54.

[129] Vgl. Benz/König (1996), S, 108. Vgl. zur interkommunalen Kooperation in Stadtregionen auch Heinz (2000a): „Die Notwendigkeit, sich diesem auf europäischer Ebene wie auch im weltweiten Maßstab ausgetragenen Wettbewerb mit regional vereinten (nicht mit kontrovers agierenden) Kräften zu stellen, wird von öffentlichen wie auch privaten Akteuren gleichermaßen betont." Ebenda, S. 43.

[130] Zum Gemeinwohl-Begriff vgl. Kapitel 2 und Holtmann (Hrsg.): Politik-Lexikon, 2. Aufl. (1994).

[131] Vgl. Tsp. vom 17.12.1996 „Nachbarschaftsprobleme bei Kerzenschein" und 18.12.1996 „Diepgen und Stolpe wollen regionale Vernetzung fördern" sowie „Wohlfeile Willensbekundungen".

Beide Länder gaben deshalb noch 1996 – wie im Landesplanungsvertrag vorgegeben – Kompetenzen an die neue gemeinsame Landesplanungsabteilung in Potsdam ab.[132] Sie war Teil der für Raumordnung und Landesplanung zuständigen obersten Behörden beider Länder. Außerdem entstand im November 1996 der gemeinsame „Koordinierungsrat", der als zweitbeste Lösung zur Fusion angesehen wurde und die Zusammenarbeit zwischen Berlin und Brandenburg sichern sollte. Der Koordinierungsrat setzte sich aus Regierungsvertretern Berlins und Brandenburgs zusammen und sollte Planungen, Maßnahmen und Rechtsetzungsvorhaben abstimmen und die gemeinsamen Interessen gegenüber Dritten wirksamer wahrnehmen.[133] Der Koordinierungsrat konnte und sollte sich zwar mit allen Themen der Zusammenarbeit befassen, hatte aber lediglich empfehlenden Charakter und keine Entscheidungsbefugnis. Dass es trotz Koordinierungsrat und Landesplanungsvertrag immer wieder zu Abstimmungs- bzw. Koordinierungsproblemen zwischen Berlin und Brandenburg kam, bewiesen Pressemeldungen, die in Bezug auf die Ziele und Absprachen im Landesplanungsvertrag die Beschränktheit des Instrumentes zeigten.[134]

Die Landtags- bzw.- Abgeordnetenhauswahlen 1999 in Berlin und Brandenburg weckten Hoffnungen für einen erneuten Anlauf einer Länderfusion.[135] Sowohl in Brandenburg als auch in Berlin gehörten CDU *und* SPD zu den grundsätzlichen Fusionsbefürwortern. Inzwischen gab auch die PDS ihre ablehnende Haltung zur Fusion auf. Unterstützt wurden die Fusionsbefürworter in ihren Bemühungen auch durch ein Gutachten des DIW von 1997[136]. Dieses hatte auf Verschwendung öffentlicher Mittel und erhebliche Koordinierungsdefizite durch die getrennten Länder hingewiesen, die zu einer suboptimalen Nutzung der Ressourcen für die Entwicklung der Re-

132 Zusammengesetzt aus 100 Mitarbeitern, davon 84 aus Brandenburg und 16 aus Berlin.

133 Der Koordinierungsrat konstituierte sich am 20. November 1996 in Potsdam. Er besteht aus den jeweiligen Regierungs- und Kanzleichefs sowie je vier weiteren Mitgliedern der Regierungen. Zwei Treffen pro Jahr sind vereinbart. Vgl. Berliner Wirtschaft 12/1996 „Koordinierungsrat konstituiert Berlin-Brandenburg", „Hauptstadt Berlin" (1996), S. 32 und Tsp. vom 10.10.1996 „Die Niederlage noch nicht verdaut", 1.11.1996 „Langer Weg nicht ohne Mühe", 13.11. 1996 „Koordinierungsrat Berlin-Brandenburg begründet"und 21.11.1996 „Berlin und Brandenburg gehen zweitbesten Weg".

134 Als Beispiel kann der Ausbau der Bahnstrecke Berlin-Dresden angeführt werden. Die Planung in Berlin enthält für die Anbindung einen Tunnel an der Berlin-Brandenburgischen Landesgrenze, die Planung in Brandenburg sieht eine oberirdische Anbindung vor. Tsp. vom 11.2.1999 „Anschluß nur mit Hebebühne: Schienen hier unterirdisch, da oberirdisch geplant", auch Wirtschafts Woche Nr. 50 vom 5.12.1996 „Kleinlicher Egoismus".

135 Schon im Vorfeld der Landtags- bzw. Abgeordnetenhauswahlen hatten sich führende Politiker von CDU und SPD beider Länder wiederholt für einen erneuten Anlauf der Fusion ausgesprochen. Vgl. Tsp. vom 19.1.1998 „Dreher verteidigt Wirtschaftspolitik" und 30.1.1998 „Landowsky für neuen Anlauf zur Fusion".

136 Brenke et al. (1997), S. 133f.

gion führten. In diesem Zusammenhang wurde vom DIW erneut auf die „Gefahr der Entscheidungsverzögerungen", der „gegenseitigen Blockaden" und der „verringerten Durchsetzungschancen im Wettbewerb mit anderen Regionen" hingewiesen. Das für die Region erforderliche hohe Maß an Politikkoordination sei auf Dauer nur durch eine Fusion zu erreichen.[137] Mit einer Fusion würde vor allem auf die nötigen längerfristigen Erfolge in der Entwicklung der Region abgezielt.

5.3.7. Länderfusion und europäische Strukturfonds

Neben den generell optimistischen Zielen einer Vereinigung der Länder Berlin und Brandenburg gab es im Vorfeld des Fusionsanlaufes Verunsicherung ob der zu erwartenden Veränderungen im Bereich der Wirtschafts- und Finanzpolitik. Unsicherheit bestand auch hinsichtlich der finanziellen Unterstützungen der Europäischen Gemeinschaft. Speziell betroffen waren Fördermittel wie die EG-Strukturfondsmittel auf Grund ihrer länderspezifischen Zuteilungskriterien. Von Interesse war deshalb – auch mit Blick auf einen möglichen neuen Fusionsanlauf – welche Konsequenzen die geplante Fusion auf die Gewinnung der EG-Strukturfondsmittel für das gemeinsame neue Bundesland gehabt hätte.[138]

Neben den finanziellen Übergangsregelungen des Bundes für das potenziell neue gemeinsame Bundesland hätte es auch im Bereich der Strukturfondsförderung der Europäischen Union Veränderungen bzw. Übergangsregelungen geben müssen, um unter damaligen Bedingungen einer massiven Schlechterstellung Berlin-Brandenburgs gegenüber den anderen neuen Bundesländern entgegen zu wirken. Brandenburg und Ost-Berlin waren in der Vorbereitungsphase zur Länderfusion Ziel-1-Regionen, während West-Berlin in der Europäischen Strukturfondsförderung als Ziel-2-Region eingestuft war.[139] Bei einer Veränderung der regionalen Bezugsgröße, z.B. durch eine Länderfusion, ist es in der Europäischen Gemeinschaft verfahrensüblich, die neue Region in ihrer Gesamtheit auf ihre Förderbedürftigkeit hin zu

---

137 Damit wiederholt bzw. bestätigt das DIW 1997 seine schon im Vorfeld des Fusionsanlaufs gemachten Aussagen, vgl. DIW WB 10/95, S. 219.

138 Konsequenzen gäbe es auch für die Zusammenführung der Brüsseler Verbindungsbüros, das Bündeln vorhandener personeller und sonstigen Ressourcen und die Sitzverteilung im EU-Ausschuss der Regionen.

139 Die offizielle Klassifizierung als Ziel-1-Region erfolgte erst 1994, was aber vorher schon absehbar und vor allem mit einer zu erwartenden höheren Mittelzuteilung verbunden war. Das in räumlicher Hinsicht relevante Prüfraster war für Ziel-1-Regionen die NUTS-II-Ebene, was in der Bundesrepublik Deutschland den Regierungsbezirken entspricht. Eine Einteilung nach dieser Verwaltungsgliederung war aber weder in Brandenburg noch in Berlin möglich, da es keine Regierungsbezirke gibt. Statt dessen wurde, wie im vorigen Kapitel aufgeführt, bei den neuen Ländern auf die NUTS-I-Ebene zurückgegriffen und für Berlin eine Sonderregelung gewählt.

überprüfen. Eine Bewertung des gemeinsamen Bundeslandes hätte bereits für 1995 ergeben, dass Berlin-Brandenburg die Kriterien für eine Ziel-1-Region nicht mehr erfüllt hätte.[140] Das durchschnittliche Bruttoinlandsprodukt pro Kopf in der Region wäre durch die West-Berliner Werte auf über 75 % des EU-Durchschnitts verschoben worden. Unabhängig von optimistischen oder weniger optimistischen Wachstumsprognosen für die Region wäre eine Eingruppierung des gesamten neuen Bundeslandes als Ziel-1-Region damit ausgeschlossen gewesen. In Frage gekommen wären lediglich Fördereinstufungen für Teilgebiete des gemeinsamen Bundeslandes nach Ziel-1, Ziel-2 oder 5b.

Um die Ziel-1-Einstufung und die damit verbundenen hohen Fördersummen pro Kopf insbesondere für Brandenburg noch für die zukünftigen Förderperioden zu erhalten[141], hätte auf alternative Abgrenzungsverfahren (auf der NUTS-II-Ebene) zurückgegriffen werden müssen. Sowohl die Gemeinsame Regierungskonferenz (1992) als auch das DIW (1995) sahen in dieser Frage jedoch politischen Handlungsspielraum, so dass es nicht zwingend zu finanziellen Nachteilen für ein gemeinsames Bundesland hätte kommen müssen. Brandenburg und Berlin bewerteten deshalb eine Fusion mit Blick auf die EG-Fördermittel-Gewinnung „im Ergebnis als entscheidungsneutral".[142] Allerdings „wäre ... möglichst noch im Vorfeld einer Vereinigung Brandenburgs und Berlins in Verhandlungen mit der EU-Kommission darauf zu drängen, dass Brandenburg als eigenständige Region im Rahmen der EU-Gebietsabgrenzung auf der NUTS-II-Ebene anerkannt wird. Unter diesen Bedingungen könnten die EU-Mittel, die aus der Ziel-1-Förderung fließen, auch in Zukunft gesichert werden."[143] Mit Blick auf die EG-Programme wurde eine Fusion bzw. die „Bündelung der Ressourcen" sogar als Chance gesehen.[144]

Für West-Berlin wurde 1995 davon ausgegangen, dass eine Länderfusion auf die Fördereinstufung nach Ziel-2 keinen Einfluss gehabt hätte, da davon ausgegangen wurde, dass West-Berlin nach 1996 die nötigen Kriterien für eine Förderung nach

140 Vgl. Döring et al. (1995), S. 245.

141 Ost-Berlin war zum damaligen Zeitpunkt schon ein Spezialfall, da es von der Kommission nicht im klassischen Sinne als eigenständiges Ziel-1-Gebiet anerkannt wurde. Auch hier war die politische Einflussnahme ausschlaggebender Faktor. Gleichzeitig war aber auch klar, dass Ost-Berlin seine Ziel-1-Einstufung nach 1999, wenn auch mit entsprechenden Übergangsregelungen, verlieren würde.

142 Vgl. AH Drs. 12/2357, S. 9 und 28.

143 Vgl. Döring et al. (1995), S. 247.

144 Für die EU-Programme besteht im Gegensatz zu den Strukturfonds keine feste Länderquote. Entscheidend für die Zuteilung der Gelder ist vor allem die Qualität der Anträge. Vgl. AH Drs. 12/2357, S. 28.

Ziel-2 nicht weiter erfüllen würde.[145] Tatsächlich wurde West-Berlin, trotz der anfänglichen Überschreitung der Kriterien, auf Grund der gestiegenen Arbeitslosenzahlen bis 1999 als Ziel-2-Gebiet eingestuft.

Eine abschließende Aussage zu den Auswirkungen einer Länderfusion auf die EG-Fördermittelgewinnung konnte jedoch damals auf Grund der ökonomischen Unsicherheiten einerseits und der noch relativ kurzen Planungszeiträume andererseits nicht verlässlich gemacht werden.[146]

5.4. Zusammenfassung

Dieses Kapitel über den „Sonderfall Berlin" hat verdeutlicht, warum die Region Berlin in der europäischen Förderpolitik einen Sonderfall darstellt. Mit dem Fall der Mauer ergaben sich unvermittelt völlig andere Rahmenbedingungen für die bis dahin geteilte Stadt. Das galt nicht nur für das Zusammenwachsen der beiden Stadthälften, sondern auch für die Perspektive, jetzt wieder normale Stadt-Umland-Verflechtungen mit dem Berliner Umland entwickeln zu können. Die Entwicklung „normaler" Stadt-Umland-Beziehungen fand in der Region allerdings unter besonders schwierigen Bedingungen statt.

Da die sich neu bildende Wirtschafts- und Arbeitsmarktregion Berlin durch die Bundeslandgrenze von Berlin und Brandenburg durchschnitten wurde, bestand die Herausforderung für die Politik darin, im Rahmen einer regionalen Arbeitsteilung zwischen Berlin und Brandenburg den neuen Ballungsraum als dynamische Wachstumsregion mit besonderen Qualitäten zu entwickeln. Eine koordinierte länderübergreifende Wirtschaftspolitik wurde jedoch aus verschiedenen Gründen erschwert. Probleme ergaben sich, weil die nationalen Förderhilfen für West-Berlin, dessen Landeshaushalt und Wirtschaftsstruktur über 40 Jahre durch die Berlin-Hilfe und das Berlinförderungsgesetz geprägt waren, binnen vier Jahren abgebaut wurden. Zudem ließ die Kreisgebietsreform von 1994 in Brandenburg keine kreisscharfe Abgrenzung des engeren Verflechtungsraumes und damit statistische Nachweise über die wirtschaftliche Situation der Region mehr zu.

Auf Grund des dringenden Regelungsbedarfs für die Entwicklung des Ballungsraumes verpflichteten sich beide Länder, in der Regionalplanung zusammenzuarbeiten, u.a. durch die Bildung gemeinsamer Planungsinstitutionen. Durch die Zielvorgabe, mit dem raumordnerischen Leitbild der dezentralen Konzentration eine ausgewoge-

---

145 Vgl. Döring et al. (1995), S. 146.

146 1992 war der Vertrag von Maastricht noch nicht von allen Mitgliedsländern ratifiziert, die Nord-Erweiterung der Gemeinschaft war absehbar und das Delors-II-Paket (Finanzrahmen für 1993-1997) war noch nicht verabschiedet.

ne Verteilung der Entwicklungschancen und -potenziale zwischen Berlin, dem Berliner Umland als engerem Verflechtungsraum sowie den äußeren (überwiegende ländlich geprägten) Entwicklungsraums Brandenburgs zu schaffen, wurde aber eine auf die Region bezogene Förderung erschwert. Das als notwendig erachtete koordinierte Handeln sollte mit der angestrebten Länderfusion den Rahmen eines gemeinsamen Landes erhalten. Die geplante Fusion scheiterte jedoch bei der Volksabstimmung 1996 am Votum der Brandenburger. Unter den Interessengegensätzen litt auch der koordinierte Einsatz von EG-Fördermitteln, worauf im nächsten Kapitel näher eingegangen wird.

6. Der Einsatz des Europäischen Regionalfonds (EFRE) in der Region Berlin 1989-1999

Der EFRE als Teil der europäischen Strukturfonds hat in der Region Berlin vor der Wiedervereinigung lediglich für den Westteil Berlins eine Rolle gespielt. Sein Einfluss blieb dabei gering und auf einzelne Projekte beschränkt. Erst mit der Reform der europäischen Strukturfonds 1988 und dem Hinzukommen der neuen Länder und Ost-Berlins 1990 erfolgte eine deutliche Ausweitung der Mittel, womit Bedeutung und Einfluss der europäischen Strukturfonds in der Region stiegen. In diesem Kapitel sollen Art und Umfang der EFRE-Fördermittelnutzung in der Region Berlin detailliert dargestellt werden.

Der Untersuchungszeitraum umfasst zwei Strukturfondsförderperioden, nämlich 1989-1993 und 1994-1999. Während Ost-Berlin und Brandenburg und damit die „Region Berlin" als Ganzes erst ab 1991 an den europäischen Fördermöglichkeiten teilhaben konnten, hat West-Berlin bereits vor der Wiedervereinigung davon profitiert. Um die institutionelle Verankerung der Förderung und die Erfahrungen der West-Berliner Verwaltung im Umgang mit den europäischen Strukturfondsgeldern aufzuzeigen, wird zunächst die EFRE-Nutzung für die Zeit vor 1989 untersucht, das heißt vor der großen Strukturfondsreform und vor dem Mauerfall. Daran anschließend wird in einem weiteren Abschnitt die Relation des EFRE-Volumens zu den Finanztransfers der Berlin-Vergünstigungen sowie „Aufbau Ost" und „Fonds Deutsche Einheit" problematisiert.

Ab 1990 sollten einheitliche Aussagen über die EFRE-Förderung der hier interessierenden Gesamtregion Berlin möglich sein. Einschränkungen ergeben sich jedoch auf Grund unterschiedlicher Fördermodalitäten. Während des Untersuchungszeitraumes war West-Berlin Ziel-2-Region, Ost-Berlin sowie der an Berlin angrenzende engere Verflechtungsraum Brandenburgs zählten jedoch, wenn auch zunächst als Sonderfördergebiet[1], zu den Ziel-1-Regionen. Für diese Untersuchung müssen deshalb die Teilräume West-Berlin, Ost-Berlin und der engere Verflechtungsraum getrennt behandelt werden. Eine weitere Einschränkung ergibt sich aus der Tatsache, dass für das Berliner Umland keine gesonderten Daten über EFRE-Fördermaßnahmen ausgewiesen werden. Dies ist auf die im vorherigen Kapitel aufgezeigten Probleme der Regionalabgrenzung in Brandenburg zurückzuführen. Hilfsweise musste deshalb in dieser Untersuchung auf die Angaben für Brandenburg insgesamt Bezug genommen werden.

---

1 Wie in Kapitel 4 ausgeführt, waren die neuen Länder und Ost-Berlin für den Zeitraum 1991-1993 als EU-Fördergebiet „sui generis" ausgewiesen. Da die Förderperiode bereits 1989 begonnen hatte, wurden von der Europäischen Gemeinschaft zusätzliche Strukturfondsmittel in Höhe von 3 Mrd. ECU bereitgestellt.

Für die Untersuchung erwies es sich als zweckmäßig, die beiden Förderperioden 1989-1993 und 1994-1999 getrennt zu behandeln, da sich so am ehesten Entwicklungen in der Förderpraxis der Region erkennen und beurteilen liessen. Als Quellen dienten die Gemeinschaftlichen Förderkonzepte, Operationellen Programme, Einheitlichen Programmplanungsdokumente, EFRE-Jahres- und -Abschlussberichte, Evaluierungen, soweit vorhanden und zugänglich, weitere Dokumente/Veröffentlichungen der Wirtschafts- und Finanzverwaltungen sowie der Europäischen Kommission und des Europäischen Parlaments.

Im Verlauf der Förderperioden sind die Mittelaufteilungen auf die einzelnen Schwerpunkte der EFRE-Förderung mehrfach modifiziert und den Bedürfnissen vor Ort angepasst worden. Die für die jeweiligen Förderschwerpunkte ursprünglich festgelegten Finanzmittel wurden während der Förderperioden nicht nur um den Inflationsausgleich aufgestockt (Indexierung/Deflator), sondern auch auf Grund von Prioritätenverschiebungen innerhalb der EFRE-Förderschwerpunkte mehrfach angepasst. In den verschiedenen für die Untersuchung herangezogenen Dokumenten stimmen deshalb die EFRE-Beträge in ihrer Aufteilung auf die einzelnen Förderschwerpunkte oft nicht überein. Ein Teil der Abweichungen kann auf die unterschiedliche Ausweisung der Mittel in ECU bzw. DM und den jeweils zu Grunde gelegten Umrechnungskursen zurückgeführt werden. Die aufgeführten Ursachen erklären jedoch nicht alle Differenzen. Die ungeklärt gebliebenen Abweichungen waren jedoch insgesamt nicht so gravierend, um die Ergebnisse der Untersuchung zu beeinträchtigen. Um trotz dieser Differenzen in den tabellarischen Übersichten in sich stimmige Aussagen machen zu können, wurde zweigeteilt vorgegangen. Als ursprünglich festgelegte Fördersummen wurden die jeweiligen indikativen Beträge der Gemeinschaftlichen Förderkonzepte oder Operationellen Programme ausgewiesen. Für Angaben nach diversen Programmanpassungen wurden die in den jeweils aktuellsten Unterlagen veröffentlichten Beträge übernommen.

6.1. Der Europäische Regionalfonds in Berlin vor 1989

Seit 1975 wurden in West-Berlin aus dem Europäischen Regionalfonds unterschiedliche Projekte gefördert und im Rahmen von Landesentwicklungsprogrammen kofinanziert.[2] Von dem damals noch quotengebundenen Teil des Europäischen Regionalfonds (6 % für Deutschland insgesamt) erhielt West-Berlin vorab 5 % der ge-

2 Vgl. dazu die EFRE-Jahresberichte und die Regionalen Entwicklungsprogramme für die Bundesrepublik einschließlich Berlin (West) ab 1975. Für die Förderungen aus dem ESF, dem EAGFL sowie weitere finanzielle Leistungen der Europäischen Gemeinschaft vgl. RBm (1987), S. 13 ff.

samten für die Bundesrepublik bewilligten EFRE-Mittel.[3] Die Kofinanzierung der EG-Programme für West-Berlin erfolgte ausschließlich durch Landesmittel, da West-Berlin nicht Teil der Gemeinschaftsaufgabe „Verbesserung der regionalen Wirtschaftsstruktur" war und somit keine Bundesmittel zur direkten Kofinanzierung zur Verfügung standen.

Der Einsatz europäischer Fördergelder in West-Berlin war durch die besondere Lage, den politischen Sonderstatus und auf Grund der Standortnachteile für die Wirtschaft in der geteilten Stadt legitimiert.[4] Der „beängstigende" Beschäftigungsrückgang in der Industrie begründete das wirtschaftspolitische Hauptziel der europäischen Hilfen: die „wirtschaftliche Lebensfähigkeit Berlins und die Konsolidierung der Erwerbspersonenzahl durch ein attraktives, breit gefächertes Arbeitsplatzangebot" zu sichern bzw. zu erhöhen.[5] Zu diesem Zweck wurden industrielle Projekte und Infrastrukturmaßnahmen gefördert bzw. unterstützt, die dazu beitrugen, die Attraktivität der Stadt und damit auch die wirtschaftliche Leistungskraft des Standortes Berlin zu verbessern. Interessant ist in diesem Zusammenhang, dass die Europäische Kommission schon 1979 vor einem „Ausbleiben oder einer Verringerung staatlicher Maßnahmen" warnte, denn ein Rückgang hätte die rückläufigen Beschäftigungstendenzen weiter verstärkt, wodurch „das wirtschaftliche Leistungsklima in Berlin ... nicht unerheblich gestört" worden wäre.[6] Die Gründe und die Entwicklungsziele in der Förderung haben sich nach 1979 nicht wesentlich geändert.

Für die EFRE-Förderung in Berlin war und blieb die Senatsverwaltung für Wirtschaft zuständig. Zudem wurden Mitte der 80er Jahre in den einzelnen Senatsverwaltungen eigene Europa-Referate und in der Senatskanzlei eine Koordinierungsstelle für die Abstimmung europapolitischer Positionen und Fragen geschaffen. Mit der Einrichtung von Europa-Referaten wurde so allgemein auf den immer stärker werdenden Einfluss der europäischen Regelungen auf nationaler und Landesebene reagiert, insbesondere im Hinblick auf den Europäischen Binnenmarkt. Speziell wurde damit aber auch der steigenden Bedeutung und Mittelerhöhung der Struktur-

---

3 Über die verbleibenden 95 % der Mittel wurde vom Planungsausschuss im Rahmen der Gemeinschaftsaufgabe „Verbesserung der regionalen Wirtschaftsstruktur" entschieden; sie wurden auf die Länder Schleswig-Holstein, Niedersachsen, Bremen, Nordrhein-Westfalen, Hessen, Rheinland-Pfalz, Baden-Württemberg und Bayern prozentual aufgeteilt. Vgl. KOM (1979): Regionale Entwicklungsprogramme, Bundesrepublik Deutschland einschließlich Berlin (West), 1979-1982, S. 21 und folgende Jahrgänge.

4 Neben ökonomischen Argumenten gab es auch politische Motive, vgl. Kapitel. 5.

5 Vgl. KOM (1979), S. 209.

6 Vgl. ebenda. Vgl. auch KOM (1990): Gemeinschaftliches Förderkonzept 1989-1991, Zur Umstellung der Regionen, die von der rückläufigen industriellen Entwicklung betroffen sind (Ziel 2), Bundesrepublik Deutschland.

fonds Rechnung getragen.[7] 1989 wurde ein „Verbindungsbüro" (Ländervertretung für Berlin) in Brüssel eingerichtet, um einen unkomplizierten und schnellen Informationsaustausch zwischen den europäischen Institutionen und dem Land zu gewährleisten.[8]

Zu den Entwicklungszielen der europäischen Regionalförderung in West-Berlin vor 1989 gehörten:

- Die Unterstützung der gewerblichen Wirtschaft, insbesondere im verarbeitenden Gewerbe und von KMU,

- die Steigerung der Produktivität wie auch der Vorstufen zur Produktivität, insbesondere in den Bereichen Planung und Organisation, sowie Forschung und Entwicklung und

- die Unterstützung beim Ausbau Berlins als Dienstleistungszentrum, wobei ein wichtiger Teilbereich die Stärkung des Messe- und Kongresswesens war.

- Aus dem Europäischen Regionalfonds wurden u.a. die folgenden Projekte gefördert:[9]

- 1976: Bau einer Müllverbrennungsanlage und einer Müllumladestation in Neukölln (15,1 Mio. DM),

- 1980: Neubau einer Messehalle am Funkturm (39,75 Mio. DM),

- 1985: Investitionen in das Industriegelände an der Brunnenstraße in Wedding (40,8 Mio. DM). Mit dem Berliner Innovations- und Gründerzentrum (BIG) und dem Technologie- und Innovationspark (TIP) sind dort zwei Einrichtungen geschaffen worden, die die schnelle Umsetzung von technologischen Forschungs-

---

7 Nach der Agrarpolitik entwickelte sich die Regionalpolitik mit steigender Bedeutung zum zweitgrößten Haushaltsposten in der Europäischen Gemeinschaft (vgl. Kapitel 3).

8 Derartige Informationsbüros hatten nach und nach alle Bundesländer eingerichtet. Sie dienten der Interessenvertretung der einzelnen Bundesländer. Zugleich waren sie für die Informationsbeschaffung über die Förderung und die Fördermöglichkeiten hilfreich. Zu den Vertretungen der Landesregierungen in Brüssel, ihren Aufgaben und ihrem politischen Stellenwert, vgl. Fechtner (1996), S. 134 ff. Nach dem Hinzukommen der neuen Länder haben auch diese entsprechende Interessenvertretungen in Brüssel eingerichtet. Ost-Berlin wurde in die bestehende Ländervertretung West-Berlins „integriert". Brandenburg eröffnete seine eigene Landesvertretung in Brüssel 1992.

9 Quellen: div. EFRE-Jahresberichte; RBm (1987) und Burkhardt (1990).

ergebnissen in die Produktion zum Ziel hatten. Für industrielle Investitionen auf diesem Gelände wurden weitere 12,5 Mio. DM zur Verfügung gestellt.

- 1987: Modernisierung der Berliner S-Bahn (45 Mio. DM).

- Darüber hinaus gab es Unterstützungen der Europäischen Gemeinschaft bei der:

- Aus- und Weiterbildung,

- Förderung der Beteiligung Berliner Unternehmen und Forschungseinrichtungen an gemeinschaftlichen Forschungsprogrammen wie z.B. RACE und ESPRIT[10] und

- Unterstützung des Messewesens in Berlin durch die Schaffung besonders günstiger Konditionen für die Messeteilnahme von Entwicklungsländern[11] an der „Internationalen Tourismusbörse", an der „Partner des Fortschritts" bzw. „Übersee-Import-Messe" und an der „Grünen Woche".

6.2. Verhältnis des EFRE zu anderen Förderinstrumenten

Grundsätzlich galt für die europäische Regionalförderung Berlins, dass „neben der allgemeinen wirtschaftlichen und politischen Stärkung Berlins durch die Zugehörigkeit zur EG ... auch die finanzielle Förderung von Projekten in der Stadt durch die Gemeinschaft von Bedeutung (ist), ... das Volumen dieser Förderung ... allerdings nicht mit den finanziellen Leistungen des Bundes für Berlin verglichen werden (darf). Das würde eine Fehleinschätzung der finanziellen Möglichkeiten der Gemeinschaft bedeuten, deren Jahresbudget nur etwas mehr als das Dreifache des Berliner Haushalts beträgt. Davon werden jedoch etwa zwei Drittel für die Agrarpolitik aufgewendet, an der die Großstadt Berlin kaum teilhaben kann."[12] Diese Aussage von 1987 für West-Berlin zeigt deutlich, welchen volumenmäßigen Stellenwert die wirtschaftlichen Hilfen der Gemeinschaft vor der Wende hatten.

Auch nach der Wiedervereinigung und der „kleinen" Strukturfondsreform von 1992, die nochmals zu einer erheblichen Mittelaufstockung der Strukturfonds führte,[13] hat sich die Relation der finanziellen Möglichkeiten des Gemeinschaftshaushalts zu den nationalen Finanztransfers für die Region und den Landeshaushalten von Berlin und Brandenburg nur unwesentlich geändert. Festzuhalten bleibt deshalb, dass die mas-

---

10 RACE: Research and Development in Advanced Communication Technology for Europe, ESPRIT: European Strategic Program for Research in Information Technologies.

11 Betrifft das Allgemeine Zollpräferenzsystem und finanzielle Teilnahmehilfen für Aussteller.

12 Vgl. RBm (1987), S. 12.

13 Zur Stärkung der Strukturfonds im Gemeinschaftsbudget, vgl. Art. 130 a EWGV.

siven Hilfen des Bundes in den ersten Jahren nach der deutschen Einheit für das Beitrittsgebiet allgemein und für die Region Berlin im Besonderen erheblich umfangreicher waren als die mit dem Beitritt zur Europäischen Gemeinschaft verbundenen Zuwendungen. Für die Europäische Kommission stand deshalb außer Frage, dass „die Interventionen der EG-Strukturfonds .. zwar aus Sicht der Gemeinschaft bedeutend, doch nur ein Teil eines viel umfassenderen Programms sind, was von der Bundesrepublik finanziert wird"[14]. Der EG-Beitritt erleichterte jedoch die Umstrukturierung der Wirtschaft in den neuen Ländern erheblich. Er bekam zunehmend Gewicht, „weil immer mehr Unternehmen in der Lage sein werden, die Marktchancen zu nutzen, und weil alle Unternehmen sich von vorne herein auf den internationalen Wettbewerb einstellen müssen."[15]

Die von der Kommission bewilligten Mittelzuwendungen hatten allerdings, unabhängig von dieser Relativierung, mittelfristig einen Bedeutungszuwachs bei der Mitsprache der Europäischen Gemeinschaft und ihren Zielvorstellungen für die regionale Strukturpolitik in der Region zur Folge. Der Einfluss der Europäischen Kommission wuchs vor allem dann, wenn Sparzwänge (bis hin zu Haushaltssperren) die Landesregierungen Berlin und Brandenburg vor die Wahl stellten, entweder die Mittel mangels Kofinanzierungsmöglichkeit verfallen zu lassen oder die Mitteleinwerbung und damit die europäischen Zielvorstellungen prioritär zu behandeln.[16] Das galt insbesondere für die europäischen EFRE-Ziele: Forschungs- und Entwicklungsförderung, Unterstützung von Umweltschutzmaßnahmen und Stärkung kleiner und mittlerer Unternehmen.

Die nachstehende Tabelle zeigt den Umfang der Gemeinschaftsbeihilfen für Berlin und Brandenburg im Rahmen der Strukturfonds in den beiden Förderperioden des Untersuchungszeitraums. Für West-Berlin waren als Ziel-2-Gebiet von 1989 bis 1993 132,7 Mio. ECU bewilligt worden, davon 65 % für den EFRE und 35 % für den Europäischen Sozialfonds. Für die folgende Periode 1994 bis 1999 (jetzt sechs Jahre) wurden die Mittel auf insgesamt 343,9 Mio. ECU aufgestockt. Die Relation EFRE zu ESF blieb mit 65,5 % zu 34,5 % praktisch konstant.

14 Vgl. KOM (1991), S. 25.

15 Vgl. Eekhoff (1994), S. 2.

16 In SenWiTech (2000a): Wirtschaftsbericht Berlin 1999, auf S. 106 heißt es dazu: „Damit stockt der EFRE alle wesentlichen Wirtschaftsförderinstrumente des Landes Berlin auf und ist daher eine wesentliche Finanzierungsquelle der regionalen Strukturpolitik." Diese Aussage galt und gilt angesichts der Haushaltssituation für Brandenburg gleichermaßen.

Tab. 6.1: Gemeinschaftsbeihilfen für Berlin und Brandenburg 1989-1999

	1989-1993 1)				1994-1999			
Region	**EFRE**	**ESF**	**EAGFL**	**Insg.**	**EFRE**	**ESF**	**EAGFL**	**Insg.**
	Mio. ECU							
West-Berlin	86,3	46,4	-	132,7	225,4	118,5	-	343,9
Ost-Berlin	116,2	46,2	1,8	164,2	515,9	221,1	7,6	744,6
Brandenburg	239,9	103,7	132,2	475,8	1075,0	496,3	597,5	2 168,8
	%							
West-Berlin	65,0	35,0	-	100,0	65,5	34,5	-	100,0
Ost-Berlin	70,8	28,1	1,1	100,0	69,2	29,7	0,1	100,0
Brandenburg	50,4	21,8	27,8	100,0	49,6	22,9	27,5	100,0

Quelle: KOM (1990a): OP für West-Berlin 1989-1991 und KOM (1992a): OP für West-Berlin 1992-1993; KOM (1991); KOM (1995a); 1) Für Ost-Berlin und Brandenburg erst ab 1991.

Auf die Sonderfördergebiete Ost-Berlin und Brandenburg entfielen 1991-1993 von den von der EU bewilligten 3 Mrd. ECU für das gesamte Beitrittsgebiet entsprechend ihrem jeweiligen Bevölkerungsanteil 164,2 Mio. ECU auf Ost-Berlin bzw. 475,8 Mio. ECU auf Brandenburg. In der Aufteilung auf die einzelnen Fonds macht sich hier allerdings der Unterschied zwischen dem Ballungsgebiet Ost-Berlin und dem Flächenland Brandenburg bemerkbar. Während in Ost-Berlin der EFRE-Anteil mit 70,8 % sogar noch höher lag als in West-Berlin, betrug der entsprechende Wert in Brandenburg gut 50 %. Zurückzuführen war dies auf die Beihilfen im Rahmen des Europäischen Ausrichtungs- und Garantiefonds für die Landwirtschaft, Abt. Ausrichtung, die in Brandenburg 27,8 % der Gemeinschaftsbeihilfen ausmachten. Auch Ost-Berlin erhielt aus dem EAGFL Zuschüsse, allerdings mit 1,8 Mio. ECU anteilmäßig nur 1,1 %. Beim ESF lag der Anteilswert Ost-Berlins bei 21,8 % und der Brandenburgs bei 28,1 %.

Für die Förderperiode 1994-1999 wurden die Mittel für Ost-Berlin und Brandenburg, jetzt offizielle Ziel-1-Fördergebiete, im Rahmen der regulären EU-Strukturfondsförderung erheblich aufgestockt, und zwar auf 744,6 Mio. ECU für Ost-Berlin und 2 168,8 Mio. ECU für Brandenburg. Das Verhältnis zwischen den einzelnen Fonds entsprach weiterhin etwa dem der Vorperiode. Der EFRE-Anteil in Ost-Berlin betrug jetzt 69,2 %, der Brandenburgs 49,6 %.

Neben den Strukturfondshilfen gab es in der zweiten Förderperiode 1994-1999 noch weitere EU-Gelder im Rahmen der Gemeinschaftsinitiativen.[17] Entsprechend dem Untersuchungsziel dieser Arbeit konzentriert sich die nachfolgende Detaillierung der Mittelnutzung in den drei Teilregionen jedoch auf den EFRE, wobei bei einigen Maßnahmen auch auf Verbindungen zum ESF hingewiesen werden muss.

Da die europäischen Strukturfondsmittel in den Ziel-1-Gebieten mindestens 50 % (in Ziel-2-Gebieten mindestens 25 %) der öffentlichen Ausgaben für die jeweilige Maßnahme betragen sollen, sind die in den Tabellen dieses Kapitels ausgewiesenen öffentlichen Zuschüsse in der Summe mindestens doppelt so hoch wie die EFRE-Mittel. Neben den EFRE-Mitteln handelt es sich entweder um Bundeszuschüsse, insbesondere aus der GRW, oder um Mittel aus Landesförderprogrammen. Im Falle West-Berlins erfolgte die Kofinanzierung bis 1993 ausschließlich aus Landesmitteln. Für Ost-Berlin und Brandenburg standen für die Kofinanzierung zunächst (bis 1993) ausschließlich Mittel der GRW zur Verfügung. Nach 1994 kamen auch für West-Berlin GRW-Mittel hinzu, während umgekehrt in Ost-Berlin und Brandenburg jetzt ein Teil der EFRE-Maßnahmen nach Inanspruchnahme der Flexibilitätsklausel auch aus Landesprogrammen kofinanziert wurde. Da sich die Untersuchung auf den EFRE-Einsatz konzentriert, wird im Verlauf der weiteren Untersuchung auf die Herkunft der für die Kofinanzierung hinzugezogenen Mittel nicht näher eingegangen.

6.3. Der Europäische Regionalfonds in der Region Berlin 1989-1993

Maueröffnung und Wiedervereinigung veränderten die Rahmenbedingungen für die EFRE-Förderung in Berlin. Kurz vor der Wiedervereinigung war West-Berlin - nach der Strukturfondsreform von 1988 – als europäisches Ziel-2-Fördergebiet eingestuft worden.[18] Durch das Hinzukommen Ost-Berlins und Brandenburgs stieg der Bedarf an Fördermitteln für den wirtschaftlichen Um- und Aufbau in der neu entstandenen Region Berlin sprunghaft an. Unter europäischer Klassifizierung und im europäischen Vergleich bestand die Region Berlin ausschließlich aus Problemgebieten: West-Berlin als Region mit „rückläufiger industrieller Entwicklung“ (Ziel-2), Ost-Berlin und der Brandenburger Teil der Region erst als Fördergebiet „sui generis“, ab 1994 dann als „Region mit Entwicklungsrückstand“ (Ziel-1). Damit zählte die Regi-

17 Z.B. Urban, Konver und Interreg, vgl. KOM (1994b): Leitfaden der Gemeinschaftsinitiativen 1994-1999 und Toepel (1994): Zwischenbilanz der Strukturfondsinterventionen und anderer EU-Programme in Berlin, in: EP (1994): E-R-T für Berlin, S. 32, im folgenden zitiert als E-R-T für Berlin (1994) und Toepel (1995): Zwischenbilanz der Strukturfondsinterventionen und anderer EU-Programme in Brandenburg, in: EP (1995): E-R-T für Brandenburg, S. 62, im folgenden zitiert als E-R-T für Brandenburg (1995).

18 Vgl. EG (1988): Art. 9 Abs. 5 (Fördergebiet sui generis).

on Berlin gleich zu Beginn ihres Bestehens zu den strukturschwächsten Regionen der Europäischen Gemeinschaft. Allerdings wurde ihr gleichzeitig ein sehr großes Entwicklungspotenzial auf Grund ihrer besonderen geopolitischen Lage zugeschrieben. Dem Ziel-2-Fördergebiet West-Berlin sollte dabei die Lokomotivfunktion zukommen.[19]

Die Förderperiode 1989-1993 war die erste nach der Reform der europäischen Strukturfonds 1988. Wie in Kapitel 3 ausgeführt, hatten sich im Zuge der Reform die Verfahrens- und Fördermodalitäten der Strukturfondsförderung grundlegend verändert. Erstmalig wurden Gemeinschaftliche Förderkonzepte (GFK's) für die Mitgliedsländer und Regionen sowie Operationelle Programme (OP's) für die einzelnen Fonds aufgestellt.[20]

Für Ziel-2-Regionen gab es in der Förderperiode 1989 bis 1993 zwei kurze Programmphasen: 1989-1991 und 1992/1993. Entsprechend existierte für West-Berlin, jeweils auf dem Gemeinschaftlichen Förderkonzept aufbauend, ein Operationelles Programm für den EFRE 1989-1991 und ein Folgeprogramm 1992/1993.[21] Den neuen Anforderungen der Strukturfondsreform 1988 entsprechend, wurde das Operationelle Programm 1989-1991 für West-Berlin am 6. November 1989 eingereicht. Drei Tage später hatten sich die Ausgangsbedingungen durch den Fall der Mauer „historisch überholt".

Auf die veränderten Anforderungen in der Regionalförderung West-Berlins wurde 1990 mit einer Änderung innerhalb des Gemeinschaftlichen Förderkonzeptes für 1989-1991 reagiert. Diese Änderung diente zur Mittelumschichtung von den bisherigen Förderschwerpunkten zu Gunsten der Wiederherstellung von Ost-West-Verkehrsverbindungen (Verkehrsinfrastruktur). Die vor 1990 geförderten Projekte und Initiativen wurden zwar auch nach der Wiedervereinigung weiterverfolgt, sie sollten jetzt jedoch Gesamt-Berlin und der Region zugute kommen, wie z.B. der Ausbau der Messe-Kapazitäten und die damit erzielte Erhöhung der Attraktivität des Messestandortes Berlin.

Die auf Grund der ungünstigen ökonomischen Lage in der Region Berlin seit 1989 von der Kommission bereitgestellten Mittel im Rahmen der Strukturfonds verscho-

---

19 Vgl. SenWiTech (2000): Abschlussbericht des EFRE 1994-1996 in den Ziel-2-Gebieten West-Berlins, S. 5.

20 Die Förderung ging von der einzelnen Projekt- hin zur umfassenden Programmförderung, bei stärkerer Betonung des Partnerschaftsaspekts. Vgl. zu der Reform und den Änderungen im Einzelnen Kapitel 3.

21 KOM (1990), Berlin-Teil ab S. 87 und KOM (1992): Gemeinschaftliches Förderkonzept für West-Berlin 1992/1993 vom 18.12.1991.

ben die Bedeutung der eingesetzten Mittel von „politisch präsent" zu „ökonomisch spürbar". Statt der Förderung einzelner Projekte im Westteil Berlins vor 1989 flossen jetzt umfangreiche finanzielle Hilfen für die gesamte neue Region Berlin.

Für die beiden anderen Teilregionen Ost-Berlin und Brandenburg gab es bis einschließlich 1993, wie für das gesamte Beitrittsgebiet, ein Gemeinschaftliches Förderkonzept (1991-1993) und je ein Operationelles Programm für den EFRE.[22] Es war 1990, wie in Kapitel 4 ausgeführt, unter dem herrschenden Zeit- und Entscheidungsdruck nicht möglich, allen Anforderungen der Reform von 1988 gerecht zu werden.[23] Das GFK und die Operationellen Programme für den EFRE waren deshalb für die neuen Länder und Ost-Berlin zentral vom Bundesministerium für Wirtschaft erstellt worden, wobei auf eine Mitarbeit der Länder und Regionen weitgehend verzichtet wurde.[24] Die Operationellen Programme des EFRE enthielten so auch keine konkreten Projekte, sondern steckten den Finanzrahmen für die Förderung ab. Dieses Vorgehen bot für den EFRE-Mitteleinsatz die nötige Flexibilität bei möglichen Veränderungen durch Strukturwandel und Aufbauproblemen der ostdeutschen Verwaltung.

Die Interventionen der europäischen Strukturfonds in Ost-Berlin und Brandenburg ab 1991 erleichterten die Einbeziehung des Gebiets in die Gemeinschaft und flankierten die nationalen Bemühungen für einen raschen Übergang von der Plan- zur Marktwirtschaft. Die Europäische Kommission unterstützte damit auch in der Region Berlin die in den neuen Ländern insgesamt durch das nationale Instrument der Gemeinschaftsaufgabe „Verbesserung der regionalen Wirtschaftsstruktur" verfolgte wachstumsorientierte Strategie der regionalen Wirtschaftsförderung. Das EFRE-Volumen umfasste 50 % der Gesamtfördermittel der europäischen Strukturfonds für die neuen Länder. Hauptschwerpunkte der EFRE-Förderung in der Region (ohne West-Berlin) waren die Förderung wirtschaftsnaher Infrastruktur und die Unterstützung produktiver Investitionen, die einen „direkten Beitrag zum wirtschaftlichen Wachstum und zur Verbesserung der Wettbewerbsfähigkeit" der Region leisten.[25]

Die Förderphase 1989-1993 bzw. 1991-1993 war in der Region Berlin durch die unterschiedlichen Fördermöglichkeiten der nationalen Gemeinschaftsaufgabe „Ver-

22 Die Genehmigung der GFK erfolgte am 13.3.1991, die beiden Operationellen Programme für den EFRE wurden am 27.3.1991 genehmigt. Vgl. KOM (1991).

23 Für die Erstellung der GFK's standen insgesamt nur vier Wochen zur Verfügung. Die Operationellen Programme wurden zeitgleich mit dem Entwicklungsplan eingereicht.

24 Vgl. Toepel/Weise (1995): Die Förderung von gewerblichen Investitionen in Ostdeutschland durch den Europäischen Fonds für regionale Entwicklung. DIW Diskussionspapier Nr. 108, S. 26.

25 Vgl. KOM (1995a), S. 53.

besserung der regionalen Wirtschaftsstruktur" und des EFRE in den einzelnen Teilgebieten gekennzeichnet. In West-Berlin intervenierte der EFRE, wie in anderen deutschen Ziel-2-Gebieten auch, getrennt von der GRW. Dies führte dazu, dass die Förderschwerpunkte unabhängig von den Zielen und der Kofinanzierung der GRW gesetzt werden konnten, da West-Berlin ohnehin nicht in die GRW einbezogen war. So war es z.B. möglich, dass Umweltschutzmaßnahmen in West-Berlin gefördert wurden, vergleichbare Maßnahmen in Ost-Berlin oder in Brandenburg aber nicht förderfähig waren, da hier der EFRE vollständig an den Maßnahmenkatalog und die Kofinanzierung der GRW gekoppelt war und die GRW-Regularien dies nicht zuließen. Diese unterschiedliche Regelung von EFRE und GRW in der Region stieß vielfach auf Kritik, der in der folgenden Förderperiode 1994-1999 Rechnung getragen wurde.[26]

Eine weitere Besonderheit der Region Berlin bei der EFRE-Förderung ist die regionale Abgrenzung der Förderräume in der Stadt Berlin. Die grundsätzliche Bedeutung einer problemadäquaten Abgrenzung von Förderregionen ist in Kapitel 2 behandelt worden. Im Kapitel 3wurde dann ausgeführt, dass die in der EU übliche und für die Förderung aus dem Regionalfonds nötige territoriale, d.h. administrative Abgrenzung und Einordnung der Bemessungsgrundlage für die Förderpriorität einer Region auf der Basis der EU-Gebietsklassifikation NUTS[27] erfolgt. Die Bundesländer Berlin und Brandenburg gehören danach jeweils zum NUTS-I-Level. Eine reguläre Ziel-2-Förderung erfolgt „normalerweise" auf NUTS-III-Level, was in Deutschland den Kreisen entspricht. Einer Ziel-1-Förderung in der Gemeinschaft liegt regulär die Ebene II (Regierungsbezirke) zu Grunde. In den neuen Ländern erfolgte die Ziel-1-Förderung jedoch auf NUTS-I-Level, ausgenommen Ost-Berlin. Obwohl Berlin als Stadtstaat eine Gemeinde[28] ist, erfolgte eine Unterteilung in Ost-Berlin und West-Berlin auf NUTS-III-Level, so dass getrennte Förderprioritäten, wie sie in den folgenden Abschnitten detaillierter dargestellt werden, zum Tragen kommen konnten.

26 Für eine Entkopplung plädierten die Länder sowie die Europäische Kommission und das Europäische Parlament, während das Bundeswirtschaftsministerium eine Beibehaltung der Kopplung befürwortete (Einfluss- und Machtverlust). Vgl. Kapitel 3 und Nägele (1996), S. 212 ff, speziell für die Region Berlin S. 218.

27 Vgl. Kapitel 3 für Fördergebietsabgrenzungen und Messgrundlagen für die europäische Förderung.

28 Berlins Bezirke besitzen weder rechtliche Selbständigkeit noch Finanzhoheit.

6.3.1. Teilregion West-Berlin

Die Einordnung West-Berlins als Ziel-2-Gebiet erfolgte nach der Reform der Strukturfonds 1988 als Entscheidung des Rates[29] auf Grund der besonderen politischen und geographischen Lage der Stadt Berlin. Die wirtschaftlichen Daten West-Berlins waren im europäischen Vergleich eher zu günstig, um die erforderlichen Kriterien für eine reguläre Ziel-2-Einordnung zu erfüllen.[30]

Den Anforderungen der Strukturfondsreform folgend, hatte die Bundesregierung der Europäischen Kommission am 31. März 1989 das Gemeinschaftliche Förderkonzept für West-Berlin vorgelegt.[31] Es enthielt eine Beschreibung der festgelegten Schwerpunkte sowie Angaben über die zur Durchführung des Plans vorgesehenen Beträge des EFRE und des ESF. Mit der Entscheidung der Kommission vom 20.12.1989 wurde das GFK 1989-1991 für die Ziel-2-Region West-Berlin verabschiedet.[32] Für West-Berlin verhandelte der Senat mit der Kommission. Die Verhandlungen erfolgten in enger Abstimmung mit den zuständigen Stellen der Bundesregierung. Die Durchführung, das heißt Verwaltung und Kofinanzierung der GFK und der OP, erfolgte ausschließlich auf Landesebene.[33] Das Fördergebiet West-Berlin umfasste alle 12 Bezirke West-Berlins mit insgesamt etwa 2,1 Mio. Einwohnern.

Sowohl das ursprüngliche West-Berliner GFK 1989-1991 als auch das OP 1989-1991 waren bei ihrer Erstellung und der Bestimmung der Förderschwerpunkte für den EFRE noch ganz auf die Problemlage und Bedürfnisse der Insel-Stadt West-Berlin zugeschnitten. Dazu zählten insbesondere Probleme im Umweltbereich und ein Mangel an Industrieflächen. Die vier originären Entwicklungsschwerpunkte trugen dem Rechnung (siehe Tab. 6.2, Spalte „Alt"). Eine grenzüberschreitende Zusammenarbeit mit Ost-Berlin und Brandenburg fand auf Grund der politischen Rah-

29 EG (1988), S. 9. Dass West-Berlins Förderfähigkeit bei der Reform schon sui generis in der Verordnung festgeschrieben worden war, wurde damit erklärt, dass die Förderotwendigkeit im Wesentlichen in der äußeren Situation der Stadt begründet lag und damit in absehbarer Zeit nicht zu verändernden Indikatoren unterlag. Vgl. KOM (1990a), S. 11.

30 Ziel 2: Umstellung von Regionen, Grenzregionen oder Teilregionen (einschließlich Arbeitsmarktregionen und städtischen Verdichtungsräumen), die von der rückläufigen industriellen Entwicklung schwer betroffen sind. Wie in Kapitel 3 ausgeführt, zählen als Auswahlkriterien hierzu eine im EU-Vergleich überdurchschnittlich hohe Arbeitslosenquote und eine stark rückläufige Beschäftigung im industriellen Sektor.

31 Vgl. EG (1988), förderfähig nach Ziel 2 gemäß Art. 9, Abs. 5. *Anmerkung*: Im GFK 1989-1991 wird hauptsächlich von „Berlin" gesprochen, selten von „Berlin (West)", obwohl immer nur der Westteil der Stadt gemeint ist. Auch im OP steht bei „Region": „Berlin", wobei auch hier ausschließlich der Westteil der Stadt gemeint ist.

32 Vgl. KOM (1990): Berlin-Teil ab S. 87 ff. und KOM (1990a), S. 6.

33 Vgl. KOM (1991a): Der EFRE im Jahre 1990, S. 51.

menbedingungen nicht statt, so dass es bei der Erstellung des Operationellen Programms 1989 auch keine Kommunikation oder Zusammenarbeit in der Region gegeben hatte. Für den Schwerpunkt „Verbesserung des Umweltschutzes" wurde ausschließlich auf kleine und mittlere Unternehmen in West-Berlin abgestellt.

Die mit der Wiedervereinigung Berlins einhergehenden Veränderungen für West-Berlin führten dann zu einer Änderung der im Gemeinschaftlichen Förderkonzept und im Operationellen Programm festgelegten Förderprioritäten des EFRE.

Tab. 6.2: EFRE-Förderung in West-Berlin vor und nach dem Mauerfall

in Mio. ECU

Schwerpunkte	1989-1991		1992/1993
	Alt	Neu	
1. Wiederherrichtung von Industrieflächen	16,0	4,3	11,5
2. Verbesserung des Umweltschutzes	11,7	11,6	8,2
3. Messe- und Konferenzstandort	11,2	15,8	8,9
4. Unternehmerische Initiativen, KMU	1,8	3,0	16,6
5. Ost-West-Verkehrsverbindungen 1)	-	6,0	-
Technische Hilfe	0,4	0,4	-
Insgesamt	**41,1**	**41,1**	**45,2**

Quelle: KOM (1990a), S. 4; KOM (1992a), S. 3, erstes integriertes OP (d.h. EFRE und ESF in einem OP); 1) im GFK 1992/1993 nicht mehr vorgesehen; Schwerpunkte 3 und 4 sind im Programm 1992/1993 getauscht.

Da die ursprüngliche Höhe der vorgesehenen Fördersumme nicht aufgestockt werden konnte, kam es zu einer Ausweitung der Anzahl der Entwicklungsschwerpunkte durch Umschichtung der Mittel (siehe Spalte „Neu" in Tabelle 6.2). Statt der ursprünglichen Aufteilung der Mittel auf die vier bisherigen Förderschwerpunkte wurde als fünfter Entwicklungsschwerpunkt die „Wiederherstellung der Ost-West-Verkehrsverbindungen" in das GFK und das Operationelle Programm aufgenommen. Gleichzeitig wurden die Schwerpunkte „Attraktivität Berlins als Konferenz- und Messeort" sowie die „Förderung unternehmerischer Initiativen" zu Lasten des Schwerpunktes „Wiederherrichtung von Industriegebieten" verstärkt.[34] Diese nachträgliche Änderung wurde von der Europäischen Kommission Ende Dezember 1990 gebilligt.[35] Infolge dieser einigungsbedingten Änderungen kam es zu einer fast ein-

34 Die Mittelumschichtung ging hauptsächlich zu Lasten des ersten Entwicklungsschwerpunktes „Wiederherrichtung von Industrieflächen", der insbesondere bei der bis dahin herrschenden Insellage West-Berlins Bedeutung hatte.

35 EG (1990a): Entscheidung der Europäischen Kommission vom 27.12.1990 Nr. SG (90) D) 91898 über das modifizierte Operationelle Programm Nr. K (89) 2266/8 vom 21.12.1989. Vgl. auch KOM (1991a), S. 52.

jährigen Verspätung beim Beginn der Förderung und zu Verzögerungen bei der Durchführung der meisten geplanten Aktionen.

Für die zweite Förderphase (1992-1993) galt die weitgehende Fortführung der Entwicklungsschwerpunkte. Einzige Ausnahme war hierbei die Förderung der Ost-West-Verkehrsverbindungen, für die jetzt keine Mittel mehr vorgesehen waren (siehe letzte Spalte von Tabelle 6.2.). Bei der Fortschreibung der Entwicklungsschwerpunkte für die Phase 1992-1993 wurde im GFK explizit darauf hingewiesen, dass jetzt „selbstverständlich alle Entwicklungsmaßnahmen (für West-Berlin) in den weiteren Zusammenhang des größeren Berlin und seiner neuen Aufgaben als zentraler Wirtschaftsstandort für ein erweitertes Umland und für ein der Stadt unvermittelt zugewachsenes Hinterland in den neuen Bundesländern zu erstellen“ sind.[36]

Während in der ersten Programmphase (1989-1991) in West-Berlin eher investive Großvorhaben mitfinanziert wurden lag in der zweiten Phase (1992/1993) der Schwerpunkt der Förderung verstärkt auf Maßnahmen zur Stärkung des endogenen Potenzials zu Gunsten kleiner und mittlerer Unternehmen. Förderungen für die gewerbliche Wirtschaft waren bis 1994 kein prioritäres Ziel des Regionalfonds, da sie noch weitgehend durch die Instrumente des Berlinförderungsgesetzes abgedeckt wurden. Tabelle 6.3 zeigt für die gesamte Förderperiode (1989-1993) die indikative Mittelaufteilung auf die einzelnen Schwerpunkte und die Verschiebungen, die sich nach den Anpassungen (Reprogrammierung[37]/Indexierung) während der Programmabwicklung ergeben hatten.

Nachdem es im Planungszeitraum 1989-1991 zu erheblichen Verzögerungen bei der Abwicklung der Programme kam, die Verfahrensanforderungen und -termine bezüglich der Mittelbindung letztlich aber eingehalten werden konnten, wurde für den Planungszeitraum 1992-1993 eine Auszahlungsverlängerung bis zum 31. Dezember 1996 vereinbart. Als Gründe für die Verzögerung wurden nicht vorhersehbare Schwierigkeiten in der Abschlussphase der Projekte (u.a. das Ausscheiden einiger privater Investoren in Berlin) genannt.[38]

36 KOM (1992), S. 5.

37 Reprogrammierung: Anpassung der Jahrestranchen des indikativen Finanzplans an den tatsächlich erfolgten Auszahlungsstand.

38 Vgl. KOM (1997a): Die Strukturfonds im Jahre 1996 (8. Jahresbericht der Strukturfonds), S. 203 und Interviews (SenWiTech, 2000).

Tab. 6.3: EFRE-Förderung in West-Berlin 1989-1993 nach Schwerpunkten

in Mio. ECU

	Öffentliche Zuschüsse		EFRE-Anteil			
Schwerpunkte	Ursprüngl.	n. Anp.	Ursprüngl.	% EFRE	n. Anp.	% EFRE
1. Wiederherstellung von Industrieflächen	32,2	30,6	15,8	18,3	13,4	14,7
2. Verbesserung des Umweltschutzes	47,5	52,7	19,8	22,9	21,1	23,2
3. Messe- und Konferenzstandort	165,8	129,6	24,7	28,5	32,1	35,3
4. Unternehmerische Initiativen / KMU	29,0	44,5	19,6	22,7	17,8	19,6
5. Ost-West-Verkehrs-verbindungen	25,0	25,0	6,0	7,1	6,0	6,6
Technische Hilfe	0,8	0,8	0,4	0,5	0,5	0,6
Insgesamt	**300,3**	**283,2**	**86,3**	**100,0**	**90,9**	**100,0**

Quelle: KOM (1990), KOM (1992), SenWiTech (1995): Abschlussbericht über die Umsetzung des Ziel-2-Programms 1989-1991 im Rahmen der EFRE-Förderung in West-Berlin, E-R-T für Berlin (1994), S. 47, Berechnungen des DIW.

Wie die Entwicklungsschwerpunkte realisiert wurden, wird nachfolgend aufgezeigt.

1. Wiederherrichtung von Industrieflächen:

Im Rahmen dieses Entwicklungsschwerpunktes wurden elf Vorhaben gefördert, die zur Ansiedlung neuer bzw. Erweiterung bestehender Unternehmen beitrugen. Davon erstreckten sich zwei Projekte über beide Förderphasen. Auf Grund von bauplanungsrechtlichen und haushaltswirtschaftlichen Schwierigkeiten konnte mit der Vergabe der EFRE-Mittel erst 1991 begonnen werden. Die ursprünglich veranschlagten Mittel in Höhe von 15,8 Mio. ECU wurden auf 13,4 Mio. ECU reduziert, so dass sich der Anteil dieses Entwicklungsschwerpunktes an den gesamten EFRE-Mitteln von 18,3 % auf 14,7 % verringerte.

2. Maßnahmen zur Verbesserung und des Schutzes der Umwelt:[39]

Das Umweltförderprogramm (UFP)[40] stieß bei den Unternehmen auf große Resonanz. Insgesamt wurden unter diesem Entwicklungsschwerpunkt 111 Vorhaben un-

39 Im Rahmen dieses Schwerpunktes gab es zusätzlich drei weitere Fördermaßnahmen, und zwar Qualifizierungsmaßnahmen, die im Rahmen der sozialen Begleitmaßnahmen aus dem Europäischen Sozialfonds gefördert worden sind.

40 Das Umweltförderprogramm hatte in West-Berlin mehrere Durchführungsphasen, die an die europäischen Förderphasen angelehnt waren: 1989-1991 (UFP I) und 1992-1993 (UFP II).

terstützt. Die Vergabe der EFRE-Mittel erfolgte vollständig und fristgerecht. Gefördert wurden:

- Gemeinsame Infrastrukturen für mehrere kleine und mittlere Unternehmen, vor allem die Anpassung bestehender Gewerbehöfe an die Erfordernisse des Umweltschutzes und die Errichtung zentraler Umweltentlastungstechniken für kleine und mittlere Unternehmen;

- Investitionsbeihilfen für kleine und mittlere Unternehmen zur umwelttechnischen Verbesserung betrieblicher Anlagen;

- Informations-, Demonstrations- und Beratungsmaßnahmen sowie Unterstützung von Pilotvorhaben für kleine und mittlere Unternehmen.

Insgesamt wurden hierfür 19,8 Mio. ECU vorgesehen, die im Rahmen der Indexierung um 1,3 Mio. ECU auf 21,1 Mio. ECU stiegen. Der Anteil an den gesamten Fördermitteln blieb so annähernd konstant (23 % gegenüber 22,9 %).

3. Stärkung der Attraktivität Berlins als internationaler Konferenz- und Messestandort:[41]

Mittel in Höhe von 32,1 Mio. ECU (ursprünglich 24,7 Mio. ECU) standen für Maßnahmen der Erweiterung und Modernisierung der Konferenz- und Messekapazität zur Verfügung. In der Zeit von 1989 bis 1993 konnten im Rahmen dieses Förderschwerpunktes insgesamt 23 500 m^2 Hallenfläche neu erstellt werden. Damit konnte die Hallenkapazität in West-Berlin an ein für internationale Messen nötiges Maß herangeführt werden.[42] Die EFRE-Mittel wurden komplett gebunden und betrugen schließlich ¼ der öffentlichen Zuschüsse, nachdem der EFRE-Anteil zuvor bei knapp 15 % gelegen hatte.

4. Förderung unternehmerischer Initiativen, insbesondere für KMU:

Förderziele dieses Schwerpunktes waren

- Schaffung und Ausbau unternehmensorientierter Dienstleistungen,

---

41 Entspricht Entwicklungsachse 4 im OP 1992/1993, vgl. KOM (1992a).

42 West-Berlin verfügte 1989 über 76 Tsd. m^2 Hallenfläche; für die Durchführung internationaler Messen ist eine Hallenkapazität von mind. 100 Tsd. m^2 erforderlich. Die Vergrößerung der Hallenkapazität unterstützte die Erweiterung bestehender Veranstaltungen und vor allem auch die Akquisition neuer Messen.

- Auf- und Ausbau von Gewerbehöfen,

- Aus- und Weiterbildung im Bereich Management und Anwendung neuer Technologien für in KMU Beschäftigte und

- Förderung von Ost-West-Wirtschaftskontakten.

Im Bereich Schaffung und Ausbau unternehmensorientierter Dienstleistungen konnten mit Hilfe der EFRE-Mittel sechs Gewerbehöfe gefördert werden. Die zweite Entwicklungsachse war die Gründung einer Ost-West-Wirtschaftsakademie als internationale Begegnungsstätte für Fach- und Führungskräfte aus Ost und West. Für die Förderung unternehmerischer Initiativen wurden von den ursprünglich davon vorgesehenen Mitteln in Höhe von 19,6 Mio. ECU 17,8 Mio. ECU ausgegeben. Der Anteil an den EFRE-Fördermitteln insgesamt reduzierte sich dadurch von 22,7 % auf 19,6 %.

5. Ost-West-Verkehrsinfrastruktur

In diesen Förderschwerpunkt fiel die Wiederherstellung, d.h. Ausbau und Sanierung der U-Bahnlinie 2 von Ruhleben bis nach Pankow, wobei die EFRE-Mittel im Abschnitt zwischen Wittenbergplatz und Bülowstraße eingesetzt wurden. Der Wiederherstellung dieser U-Bahnlinie wurde besondere Bedeutung beigemessen, da sie die Zentren von Ost- (Alexanderplatz) und West-Berlin (Wittenbergplatz) miteinander verbindet.[43] Die durch Umschichtungen dafür bereitgestellten 6 Mio. ECU wurden durch diese Maßnahme vollständig gebunden.

Technische Hilfe

Ein kleiner Betrag der gesamten EFRE-Mittel wurde für die Unterstützung vorbereitender und begleitender Evaluierungsmaßnahmen bereitgestellt.

Insgesamt konzentrierte sich die EFRE-Förderung in der Förderperiode 1989-1993, mit Ausnahme des UFP, im Wesentlichen auf die Realisierung von Projekten, die auf eine Verbesserung der wirtschaftsbezogenen städtischen Infrastruktur abstellten.

---

43 Das durchgehende Schienennetz der U-Bahnlinie 2 (Ruhleben-Pankow) wurde am 14.10.1993 eröffnet.

Ganz wesentliches Ziel des EFRE in West-Berlin war die Verbesserung der Rahmenbedingungen für kleine und mittlere Unternehmen. Dabei lagen die Schwerpunkte in der Bereitstellung von Gewerberäumen und von umweltverbessernden Maßnahmen.[44]

6.3.2 Teilregion Ost-Berlin

Mit der Verabschiedung des Gemeinschaftlichen Förderkonzepts für die neuen Länder waren auch die globalen Ziele des EFRE-Einsatzes in Ost-Berlin vorgegeben. Das Operationelle Programm 1991-1993 für Ost-Berlin wurde im März 1991 von der Kommission genehmigt.[45] Es enthielt eine für Ost-Berlin spezifische, unter Berücksichtigung der wirtschaftlichen Ausgangslage bedarfsorientierte Verteilung der Mittel auf die einzelnen Schwerpunkte. Wie in den fünf neuen Ländern erfolgte auch in Ost-Berlin die nationale Kofinanzierung des EFRE durch die vollständige Kopplung an die Gemeinschaftsaufgabe. Die Vergabe der EFRE-Mittel war somit an die Kriterien der nationalen Gemeinschaftsaufgabe (20. bis 22. Rahmenplan) gebunden.[46]

Für die Zeit von 1991-1993 standen Ost-Berlin aus dem EFRE (in Preisen von 1991) 116,2 Mio. ECU zur Verfügung. Mit Deflatormitteln erhöhte sich der Betrag später auf 121,4 Mio. ECU. Die Fördersumme berechnete sich aus der Bevölkerungszahl Ost-Berlins im Verhältnis zu den neuen Ländern insgesamt.

Die globalen Ziele des Gemeinschaftlichen Förderkonzepts sahen für die neuen Länder die Modernisierung der Industrie, des Dienstleistungssektors und der Landwirtschaft sowie die Erschließung des Humankapitals und Technische Hilfe vor.[47] Unter Berücksichtigung der wirtschaftlichen Ausgangslage in Berlin wurden die globalen Entwicklungsziele für Ost-Berlin für den Regionalfonds im Wesentlichen

---

44 Vgl. EG (1994b): EPPD für die Jahre 1994-1996 in den Ziel-2-Fördergebieten des Westteils von Berlin, in. ABl. Nr. L 384 vom 31.12,1994, S. 35. Ergänzt wurde das Förderspektrum 1989-1993 durch die flankierenden arbeitsmarktpolitischen Maßnahmen des Europäischen Sozialfonds für die Schwerpunkte KMU und Umwelt.

45 EG (1991a): Entscheidung der Kommission vom 26. März 1991, in: ABl. L Nr. 33 v. 12. Juli 1991.

46 Die damit verbundenen Einschränkungen sind in Kapitel 3 aufgezeigt worden.

47 KOM (1991), S. 25.

durch drei Entwicklungsschwerpunkte operationalisiert.[48] Dabei wurde den Besonderheiten des großstädtischen Ballungsraumes Berlin Rechnung getragen. Knappe Grundstücksflächen und hohe Grundstückspreise machten eine Wiederaufbereitung von Flächen erforderlich, um negative Effekte für die Ansiedlung und Erweiterung des produzierenden Gewerbes zu vermeiden. Wie Tabelle 6.4 zeigt, entfielen 43 % der indikativen EFRE-Mittel auf die Verbesserung der Infrastruktur und 47 % auf die gewerbliche Wirtschaft.

Tab.6.4: EFRE-Förderung in Ost-Berlin 1991-1993 nach Schwerpunkten

in Mio. ECU

	Öffentliche Zuschüsse		EFRE-Anteil			
Schwerpunkte	Ursprüngl.	n. Anp.	Ursprüngl.	% EFRE	n. Anp.	% EFRE
1. Infrastruktur	159,0	89,5	50,0	43,0	40,3	33,2
2. Gewerbliche Wirtschaft	115,0	109,2	54,6	47,0	54,6	45,0
3. Humanressourcen	62,0	52,2	8,6	7,4	23,5	19,4
7./8. Ländliche Gebiete /Umwelt	2,9	0,7	0,3	0,3	0,3	0,2
Technische Hilfe	3,5	3,6	2,7	2,3	2,7	2,2
Insgesamt	**342,4**	**255,2**	**116,2**	**100,0**	**121,4**	**100,0**

Quellen: KOM (1991), S. 38, BMWi (1994), S. 30, E-R-T für Berlin (1994), S. 39.

Die unerwartet andere Nachfrage bzw. Inanspruchnahme der Fördermittel und das relativ späte und zögerliche Anlaufen der Mittelbindung führte in der ersten Hälfte der Förderperiode dazu, dass im Frühjahr und Sommer 1992 Änderungsanträge zur Mittelumschichtung zu Gunsten des 3. Förderschwerpunktes vorgenommen wurden. Zusätzlich erfolgte im November 1993 eine Reprogrammierung, um alle noch verbleibenden Mittel für Ost-Berlin fristgerecht binden zu können. Die Auszahlungsfrist für die Mittel wurde außerdem um ein Jahr bis zum 31.12.1996 verlängert.

Verzögerungen bei der EFRE-Förderung kamen in Ost-Berlin auch durch das vorsichtige Auszahlungssystem in Berlin zustande. Berlin zahlte überwiegend erst nach Vorlage der Rechnungen durch die Endbegünstigten. Verzögerungen im Investitionsfortschritt schlugen sich so auf die Mittelabflüsse und den Auszahlungsstand nieder.

---

48 Zur Erinnerung: Insgesamt gab es für die Interventionen der Strukturfonds in den neuen Bundesländern und Ost-Berlin acht Entwicklungsschwerpunkte und die Technische Hilfe. Nicht alle Schwerpunkte waren relevant für den Einsatz der EFRE-Mittel. Seine Unterstützung konzentrierte sich auf die Schwerpunkte 1 bis 3. Bei den Schwerpunkten 7 und 8 war er flankierend tätig, die Schwerpunkte 4 und 5 fielen in den Zuständigkeitsbereich des Europäischen Sozialfonds und der Schwerpunkt 6 wurde ausschließlich über den EAGFL bedient. Vgl. Kapitel 4.

Wie die Entwicklungsschwerpunkte umgesetzt wurden, wird nachfolgend dargestellt.

1. Förderung wirtschaftsnaher Infrastruktur

Im Rahmen dieses Schwerpunktes gab es in der Zeit von 1991-1993 insgesamt 54 Vorhaben. Der Förderung von wirtschaftsnaher Infrastruktur wurde besondere Bedeutung beigemessen, da die Infrastrukturausstattung in Ost-Berlin defizitär war, diese aber eine wichtige Voraussetzung für zukünftige private Investitionen darstellte. Unterstützt wurden deshalb überwiegend infrastrukturelle Erschließungsmaßnahmen (Straßen und Hafeninfrastruktur), die Verbesserung der Anbindungen von Gewerbegebieten, die Errichtung von Technologieparks/-zentren sowie die Verbesserung touristischer Infrastruktur.

Bei der Bewilligung und Abwicklung der Fördermaßnahmen war es insbesondere in der Anfangsphase zu erheblichen Verzögerungen gekommen. Aus Sicht der Senatsverwaltung war in diesem Bereich auch die Nachfrage nach Fördermitteln zu gering und nicht befriedigend. So sank der Anteil an EFRE-Mitteln von den geplanten 43,0 % auf 33,2 % nach Anpassung, d.h. statt der indikativen Mittel in Höhe von 50,0 Mio. ECU wurden nur 40,3 Mio. ECU genutzt. Folgende Ursachen waren die Hauptgründe für die Probleme:[49]

- Unklare Eingentumsverhältnisse, die auf Grund eines hohen Anteils jüdischen Eigentums oft bis in die Vorkriegszeit zurückverfolgt werden mussten;

- die Komplexität von Infrastrukturvorhaben erforderte einen hohen Planungsaufwand, der zum damaligen Zeitpunkt von einer Verwaltung verlangt wurde, die auf Grund der Umstrukturierungen noch nicht voll arbeitsfähig war;

- die enge Kopplung des EFRE an die GRW-Rahmenpläne erschwerte eine im Ballungsraum Berlin angezeigte Förderung von Infrastruktureinrichtungen, da es im Verdichtungsraum nicht leicht möglich war, die erforderliche Nutzung derInfrastruktureinrichtungen von mehr als 50 % durch GRW-förderfähige Unternehmen nachzuweisen;[50]

---

49 Vgl. E-R-T für Berlin (1994), S. 37.

50 Die strikte Kopplung des EFRE an die GRW wurde noch während der Förderperiode etwas gelockert, was sich positiv auf das mögliche Förderspektrum auswirkte. Vgl. dazu Toepel (1997), S. 189 und Rahmenpläne.

- ein überdurchschnittlicher Beratungsbedarf durch die Senatsverwaltung bei den Antragstellern (i.d.R. die östlichen Stadtbezirke und Berliner Eigenbetriebe), um Projektvorschläge in bearbeitungsfähige Anträge zu überführen.

Als Reaktion auf die Schwierigkeiten und die unerwartet geringe Mittelinanspruchnahme bei diesem Förderschwerpunkt hatte die Senatsverwaltung für Wirtschaft 1992 zwei ressortübergreifende Arbeitsgruppen initiiert, die zu einer Verbesserung der Mittelbindungssituation beitrugen. Mit Hilfe der Arbeitsgruppen wurden förderfähige Projekte identifiziert und die Bezirke über das EFRE- und GRW-Förderinstrumentarium informiert. Gleichzeitig wurde die Projektakquisition intensiviert. Außerdem wurden im März und im Juli 1992 Mittelumschichtungen in Höhe von knapp 10 Mio. ECU zu Gunsten des Förderschwerpunktes „Erschließung des Humankapitals“ vorgenommen.

2. Gewerbliche Wirtschaft

Der zweite Förderschwerpunkt war mit ursprünglich 47 % (nach Anpassung 45 %) der größte Posten der EFRE-Mittel. Insgesamt wurden 108 Vorhaben mit einem Volumen von 54,6 Mio. ECU gefördert, wobei Projekte in den Bereichen Dienstleistung, Tourismus und Investitionsgütergewerbe (Elektrotechnik, Fahrzeugbau) überwogen.[51] Die Förderungen in diesem Schwerpunkt wurden über die Investitionsbank Berlin (IBB) abgewickelt.

Im Rahmen dieses Schwerpunktes kam es bei der Mittelbindung für die Unterstützung produktiver Investitionen zu Problemen auf Grund folgender Faktoren:

- Zu der bereits beschriebenen Berlin-spezifischen Bodenproblematik (knappe Flächen, hohe Preise) gab es jetzt eine Konkurrenzsituation mit dem Berliner Umland. Flächenintensive Betriebe wanderten verstärkt ins Umland ab und nutzten die dort angebotenen Fördermaßnahmen;

51 Zu der Verteilung der Mittel nach Wirtschaftsbereichen und Jahren im Einzelnen, vgl. E-R-T für Berlin (1994), S. 40 ff.

- In Ost-Berlin wurden überwiegend kleine und mittlere Unternehmen gefördert. Das geringe Investitionsvolumen der antragstellenden Unternehmen hatte eine geringe Inanspruchnahme von bereitgestellten Fördermitteln zur Folge.[52]

- Die Kapitalintensität der geförderten Investitionen war gering, was durch den hohen Förderanteil bei Dienstleistungen bedingt war;

- Auch hier kam es zu Verzögerungen durch die Unerfahrenheit der Antragsteller.

Letztendlich gelang es jedoch, die ursprünglich geplanten Mittel komplett zu binden.

3. Maßnahmen zur Erschließung des Humankapitals

Gefördert wurden unter diesem Entwicklungsschwerpunkt insgesamt 33 Maßnahmen zur Realisierung von Aus- und Weiterbildungseinrichtungen. Die Schaffung der Strukturen (Umbau- und Ausstattungsmaßnahmen) diente vor allem als Grundlage und Voraussetzung für den Einsatz von Maßnahmen und Mitteln des Europäischen Sozialfonds, der dann bei der Finanzierung der Qualifizierungsmaßnahmen unterstützend tätig war.

Schon bei der Erstellung des Operationellen Programms war man davon ausgegangen, dass Ost-Berlin einen hohen Nachholbedarf bei der Schaffung leistungsfähiger Qualifizierungsstrukturen hatte. Die Mittelnachfrage entwickelte sich hier, nach kurzer Überwindung von Anlaufschwierigkeiten, weit stärker als erwartet. Die Schwierigkeiten bei der Mittelnachfrage für den 1. Förderschwerpunkt „Wirtschaftsnahe Infrastruktur" ermöglichten eine Mittelumschichtung zu Gunsten der Aus- und Weiterbildungsstrukturen. Entgegen dem ursprünglichen Ansatz von 8,6 Mio. ECU konnten in der Zeit von 1991 bis 1993 die Mittel auf 23,5 Mio. ECU aufgestockt werden. Der EFRE-Anteil dieses Schwerpunktes wurde dadurch fast verdreifacht (19,4 % statt 7,4 %).

Schwierigkeiten bei der Abwicklung dieses Programmschwerpunktes ergaben sich in der Kooperation mit dem Europäischen Sozialfonds beziehungsweise in der Zusammenarbeit mit der zuständigen Senatsstelle in Berlin. Inoffiziell wurde hier als Grund ein mangelhafter Informationsfluss zwischen den beiden zuständigen Ressorts angegeben. In Interviews wurde diese Kritik offen angesprochen.

52 Im klaren Gegensatz dazu stehen die Größenstruktur der Investitionen und die Fördermittelinanspruchnahme in Brandenburg. War das Investitionsvolumen in Ost-Berlin unterdurchschnittlich im Vergleich der neuen Länder, hatte Brandenburg fast ausschließlich große Projekte gefördert mit hohen Zuschüssen je Antrag, so dass es dort schnell zu einer vollständigen Mittelbindung kam. Vgl. Toepel/Weise (1995), S. 19 f. und E-R-T für Berlin (1994), S. 41.

7./8. Verbesserung ländlicher Gebiete/Umwelt

Diese beiden Entwicklungsschwerpunkte hatten in Ost-Berlin als städtischem Ballungsraum nur marginale Bedeutung. Mit einem sehr geringen Mittelvolumen ausgestattet (0,3 %), wurde nur ein Vorhaben im Bereich Naherholung gefördert.

Technische Hilfe

Für Technische Hilfe standen in Ost-Berlin im Rahmen des EFRE Mittel in Höhe von 2,7 Mio. ECU zur Verfügung. Die Mittel wurden zur Vorbereitung, Begleitung bzw. Durchführung und Bewertung des EFRE-Programms in insg. 58 Maßnahmen eingesetzt. Hervorzuheben sind hierbei als konkrete Projekte die Schaffung von zwei zeitlich befristeten Mitarbeiterstellen in der Senatsverwaltung für Wirtschaft und Technologie, die für die Durchführung und Begleitung des Operationellen Programms und die Projektakquisition zuständig waren, sowie die Anschaffung von technischen Voraussetzungen, wie z.B. Hard- und Software zur Unterstützung der Projektabwicklung. Darüber hinaus wurden diverse Gutachten, eine Förderfibel für Ost-Berlin sowie gemeinsam mit Brandenburg eine Studie über die strukturellen Anpassungsprobleme in der Region Berlin-Brandenburg finanziert.[53]

Ein weiterer wichtiger Ausgabenposten der Technischen Hilfe war die Finanzierung der Bearbeitungsgebühren bei der Bank, die mit der finanziellen Abwicklung der EFRE-Mittel in Berlin beauftragt worden war.[54]

Insgesamt konnten für Ost-Berlin alle Mittel gebunden werden, nicht zuletzt durch Reprogrammierungen im November 1993. Zuvor hatte es 1992 bereits zwei Änderungsanträge zur Mittelumschichtung gegeben, um insbesondere der verstärkten Nachfrage im Schwerpunkt Humanressourcen entsprechen zu können.

6.3.3. Teilregion Brandenburg

In Brandenburg erfolgten Förderungen aus dem Europäischen Regionalfonds in der Periode 1991-1993 wie in Ost-Berlin und den anderen neuen Bundesländern auf der Grundlage des im März 1991 genehmigten Gemeinschaftlichen Förderkonzepts. Für Brandenburg standen im Rahmen der EFRE-Förderung 1991-1993 insgesamt 239,9 Mio. ECU (zu Preisen von 1991) zur Verfügung. Inklusive Inflationsausgleich erhöhte sich der Betrag auf 250,1 Mio. ECU bis 1993. Die Höhe der Fördersumme

---

53 SenWiTech (1992): Förderfibel: „Investieren in den östlichen Stadtbezirken", und Geppert/Seidel/Toepel (1993).

54 Die Auszahlung der Mittel des EFRE unterliegen den regulären kostenpflichtigen Abwicklungsmodi. Die Gebühr beträgt 1 % der tatsächlich ausgezahlten EFRE-Mittel.

berechnete sich wie für Ost-Berlin entsprechend dem Bevölkerungsanteil Brandenburgs an den neuen Ländern.

So wie in den anderen neuen Bundesländern war auch in Brandenburg die Kofinanzierung durch die Kopplung des EFRE an die nationale Gemeinschaftsaufgabe „Verbesserung der regionalen Wirtschaftsstruktur" gewährleistet. Die Vergabekriterien richteten sich wie in Ost-Berlin nach den Rahmenplänen Nr. 20 bis 22 der Gemeinschaftsaufgabe.

Tab. 6.5: EFRE-Förderung in Brandenburg 1991-1993 nach Schwerpunkten

in Mio. ECU

	Öffentliche Zuschüsse		EFRE-Anteil			
Schwerpunkte	Ursprüngl.	n. Anp.	Ursprüngl.	% EFRE	n. Anp.	% EFRE
1. Infrastruktur	291,4	246,5	91,7	38,2	85,0	34,0
2. Gewerbliche Wirtschaft	208,6	198,0	98,9	41,2	132,1	52,8
3. Humanressourcen	128,0	62,6	17,7	7,4	3,5	1,4
7./8. Ländliche Gebiete / Umwelt	254,1	187,9	26,0	10,9	26,0	10,4
Technische Hilfe	7,4	2,9	5,6	2,3	3,5	1,4
Insgesamt	**889,5**	**697,9**	1) **239,9**	**100,0**	**250,1**	**100,0**

Quelle: KOM (1991); 1) einschließlich einer Zuweisung für technische Hilfe, die ursprünglich nicht regional zugewiesen war. Vgl. auch zur Durchführung der OP EFRE Neue Länder und Ost-Berlin, BMWi (1994), S. 30.

Unter Berücksichtigung der globalen Förderziele für die neuen Länder und der speziellen wirtschaftlichen Ausgangslage in Brandenburg wurde ein Operationelles Programm für die Förderung im Rahmen des EFRE aufgestellt.[55] Die Zuständigkeit für die Förderungen aus dem EFRE lag beim Ministerium für Wirtschaft, Mittelstand und Technologie in Brandenburg. Kammern und regionale Wirtschaftsfördergesellschaften waren in beratender Funktion in die Förderung einbezogen.

Wie Tabelle 6.5 zeigt, gab es in Brandenburg vier Entwicklungsschwerpunkte plus die Technische Hilfe, auf die die EFRE-Mittel in Höhe von 239,9 Mio. ECU indikativ aufgeteilt wurden.

Wie die Schwerpunkte der Förderung umgesetzt wurden, wird nachstehend ausgeführt.

55 KOM (1991); die Genehmigung des OP erfolgte im März 1991.

1. Förderung wirtschaftsnaher Infrastruktur

Die Förderung wirtschaftsnaher Infrastruktur war zweitwichtigster Schwerpunkt mit 91,7 Mio. ECU, der allerdings trotz Preisanpassung auf 85,0 Mio. ECU reduziert wurde, so dass sich der Anteil des Schwerpunktes am Gesamtprogramm von ursprünglich 38,2 % auf 34 % reduzierte. Es wurden 52 Vorhaben gefördert. Die Mittel wurden für infrastrukturelle Erschließungsmaßnahmen, insbesondere zur Industrie- und Gewerbegeländeerschließung, verwendet. Darüber hinaus gab es Projekte für die Errichtung von Abwasser- und Abfallanlagen, Erschließungsmaßnahmen für Fremdenverkehrseinrichtungen und Förderungen bei der Errichtung und Erweiterung von Aus- und Fortbildungsstätten, die in unmittelbarem Zusammenhang mit den geplanten Maßnahmen für die gewerbliche Wirtschaft standen. Die gegenüber den ursprünglich veranschlagten Beträgen leicht reduzierten Mittel konnten weitgehend fristgerecht gebunden werden.

2. Gewerbliche Wirtschaft

Die Förderung der gewerblichen Wirtschaft beanspruchte mit 41,2 % bzw. 98,9 Mio. ECU den größten Anteil der EFRE-Mittel. Im Laufe der Förderperiode wurde dieser Betrag im Wesentlichen durch Mittelumschichtungen um 33,2 Mio. ECU auf 132,1 Mio. ECU aufgestockt, so dass dieser Schwerpunkt schließlich 52,8 % aller EFRE-Mittel band. Dieser Förderschwerpunkt hatte deshalb in Brandenburg ein noch stärkeres Gewicht als die Förderung der wirtschaftsnahen Infrastruktur. Den Unternehmensinvestitionen wurde für den Strukturwandel und die Stabilisierung des Arbeitsmarktes in Brandenburg ein hoher Stellenwert beigemessen. Insgesamt wurden 548 Vorhaben gefördert. Möglich wurde die große Anzahl der geförderten Vorhaben erst 1993 nach einer Mittelumschichtung in Höhe von 33,2 Mio. ECU zu Gunsten dieses Förderschwerpunktes. Insbesondere nicht ausgeschöpfte Fördermittel des dritten Entwicklungsschwerpunktes „Entwicklung menschlicher Ressourcen“ wurden für Projekte der gewerblichen Wirtschaft umgeleitet.

Es gab auch Probleme und Verzögerungen bei der Förderung von Vorhaben der gewerblichen Wirtschaft, hauptsächlich durch die anfängliche Unerfahrenheit der Antragsteller, was einen erhöhten Beratungsaufwand nötig machte. Erschwerend kam hinzu, dass sich die Klärung von Eigentumsfragen und die Erarbeitung und Erteilung von Baugenehmigungen auch hier komplex und langwierig gestalteten, was Verzögerungen beim Investitionsbeginn zur Folge hatte.

Wie schon in Ost-Berlin war auch das von der Bundesregierung aufgelegte GRW-Sonderprogramm für die neuen Länder ein Faktor für Verzögerungen in diesem Entwicklungsschwerpunkt. Dieses Programm musste 1991 auch in Brandenburg prioritär bedient werden, da GRW-Mittel im Gegensatz zu den EFRE-Mitteln nicht in das Folgejahr übertragbar waren.

3. Maßnahmen zur Erschließung des Humankapitals

Dieser Schwerpunkt entwickelte sich anders als erwartet. Statt der geplanten 17,7 Mio. ECU wurden nur Mittel in Höhe von 3,5 Mio. ECU für diesen Schwerpunkt in Anspruch genommen. Im Gegensatz zu Ost-Berlin, wo sich die Nachfrage überraschend positiv entwickelte, blieb in Brandenburg die Zahl der Anträge für diesen Entwicklungsschwerpunkt weit hinter den Erwartungen zurück. Eine Umschichtung fand daher 1993 zu Gunsten des stark genutzten Schwerpunktes 2 „Gewerbliche Wirtschaft" statt. Insgesamt konnten in dieser Förderperiode 18 Vorhaben finanziert werden. Gefördert wurden u.a. der Aus- und Umbau von Ausbildungs- und Schulungseinrichtungen in den Bereichen Industrie und Dienstleistungen sowie die Bereitstellung von Lehrmaterial. Wie auch schon in Ost-Berlin bot sich bei diesem Entwicklungsschwerpunkt eine Kooperation mit dem Europäischen Sozialfonds an. Diese war jedoch nur mäßig erfolgreich.[56]

7/8. Verbesserung ländlicher Gebiete / Umwelt

Der ländliche Raum spielte im Flächenland Brandenburg, wenn auch in erster Linie nicht im Berliner Umland, sondern im äußeren Entwicklungsraum, eine größere Rolle, so dass 26 Mio. ECU oder gut 10 % der EFRE-Mittel für die Förderung ländlicher Gebiete eingeplant und gebunden wurden. In diesem Entwicklungsschwerpunkt wurden 143 Vorhaben gefördert. Die EFRE-Mittel wurden in Abstimmung mit dem Ministerium für Landwirtschaft und dem EAGFL überwiegend für die integrierte ländliche Entwicklung eingesetzt, um u.a. Einkommensalternativen im ländlichen Bereich zu schaffen. Schwerpunkt war dabei das Gastgewerbe.

Technische Hilfe

Im Rahmen der Technischen Hilfe wurden 90 Vorhaben gefördert, drei Viertel davon erst 1993. Zu dieser späten Mittelbewilligung kam es auch erst nach einer personellen Verstärkung, die ihrerseits aus Mitteln der Technischen Hilfe finanziert und im März bzw. September 1993 realisiert wurde. Insgesamt wurden acht Personen zusätzlich eingestellt: zwei als EG-Koordinatoren im Ministerium für Wirtschaft, Mittelstand und Technologie und sechs weitere im September 1993 als sog. Regionalbetreuer, die den jeweiligen Regionalbeauftragten für die Unterstützung von Problemgebieten zugeordnet wurden. Die Personalverstärkung trug 1993 zu einer deutlichen Verbesserung der Mittelnutzung und des Mittelabflusses bei, da die neuen

56 Vgl. E-R-T für Brandenburg (1995), S. 54.

Mitarbeiter ausschließlich für die Betreuung und Verwendung der EFRE-Mittel eingestellt waren. Trotzdem gelang es nicht mehr, von den indikativ vorgesehenen 5,6 Mio. ECU für die Technische Hilfe alle Mittel fristgerecht zu binden, so dass Ende 1993 Mittel zu Gunsten anderer Entwicklungsschwerpunkte frei wurden.[57]

Aus den Mitteln der Technischen Hilfe wurden neben der personellen Verstärkung auch die technischen Voraussetzungen für die Abwicklung der EFRE-Förderung in Brandenburg finanziert. Dazu zählte eine entsprechende EDV-Ausstattung.

Darüber hinaus wurden Gutachten über Wirtschaftspotenziale, Machbarkeitsstudien für geplante Projekte, wie z.B. Gewerbeparks und Weiterbildungseinrichtungen, sowie gemeinsam mit Berlin die schon angesprochene DIW-Studie über strukturelle Anpassungsprozesse in der Region Berlin-Brandenburg finanziert. Außerdem wurden im Rahmen der Technischen Hilfe mit EFRE-Mitteln die Herstellung und Verbreitung von Informationsmaterial über Möglichkeiten und Vorhaben der EU-Förderung und Anschubfinanzierungen für regionale Wirtschaftsfördergesellschaften unterstützt. Auch der besonderen Bedeutung der Konversion im Land Brandenburg wurde Rechnung getragen, indem Projekte finanziert wurden, die im Zusammenhang mit der Gemeinschaftsinitiative KONVER[58] standen, wie z.B. das Konzept für die Abwicklung der Initiative. Durch Brandenburgs Nähe zu Polen und auf Grund der gemeinsamen Grenze wurden mit Mitteln der Technischen Hilfe auch Aktivitäten im grenzüberschreitenden Bereich zu Polen im Rahmen der Förderung von Euroregionen unterstützt und Maßnahmen zur Sicherstellung ihrer Arbeitsfähigkeit gefördert.

6.3.4. Probleme in der EFRE-Förderpraxis

Die Betrachtung der Europäischen Regionalfondsförderung in den einzelnen Teilgebieten der Region Berlin in der Zeit von 1989 bis 1993 offenbart, dass es bei einem Großteil der Förderschwerpunkte und in allen drei Teilgebieten der Region zu Anlaufschwierigkeiten und Verzögerungen gekommen ist. Trotzdem konnten mit Hilfe von Änderungsanträgen und Reprogrammierungen alle EFRE-Mittel fristgerecht gebunden werden. Lediglich die ursprüngliche Auszahlungsfrist der Mittel für diesen Programmzeitraum bis 31.12.1995 musste für alle drei Teilregionen bis Ende 1996 verlängert werden.[59]

---

57 Vgl. MWMT (1994): Jahresbericht des EFRE 1993 des Landes Brandenburg, S. 9 und E-R-T für Brandenburg (1995), S. 55.

58 KONVER: Strukturförderung in vom Rüstungssektor stark abhängigen Gebieten.

59 Die Verlängerung erfolgte im Dezember 1995. Vgl. KOM (1997a), S. 200.

In der EFRE-Förderung in der Region Berlin zeigten sich in der Zeit von 1989-1993 zwei grundlegende Problemtypen, und zwar einerseits allgemeine Implementationsprobleme und andererseits spezifische Schwierigkeiten der Region Berlin.[60] Diese bei der Kommentierung der einzelnen Schwerpunkte z.T. bereits angesprochenen Schwierigkeiten werden nachstehend noch einmal zusammengefasst.

Allgemeine Probleme bei der Implementation des Europäischen Fonds für regionale Entwicklung waren zum größten Teil auf die Umbruchsituation und Anfangsschwierigkeiten in Ost-Berlin und Brandenburg zurückzuführen[61] oder auf bestimmte konzeptionelle Eigenheiten des Instrumentariums.[62] Diese „Probleme" waren i.d.R. - wenn auch in unterschiedlich starker Ausprägung – in allen neuen Ländern zu beobachten. Im Untersuchungsraum waren sie zusätzlich verknüpft mit regionalspezifischen Besonderheiten der Region Berlin oder den einzelnen Teilgebieten West-Berlin, Ost-Berlin und Brandenburg, die aus der speziellen Konstellation der Fördergegebenheiten und den unterschiedlichen Ausgangsbedingungen für den Einsatz des Instrumentariums resultierten.

Im Einzelnen ließen sich die folgenden Schwierigkeiten ausmachen:

- *Administrative Engpässe und Bedeutung der Verwaltung*

Bei der Implementation und der Abwicklung der Förderung aus dem Europäischen Fonds für regionale Entwicklung spielt die Verwaltung, ihre Struktur und ihre Leistungsfähigkeit eine wesentliche Rolle.[63] Die Anfangszeit der Förderung lief parallel zum Neuaufbau bzw. Umbau der Verwaltung. Bedingt durch die Umbruchsituation in den neuen Ländern und Berlin wurden die westdeutschen Verwaltungsstrukturen und -vorschriften fast unverändert auf die neuen Länder übertragen. Insbesondere in

60 Eine 100 %ige Zuordnung der einzelnen Faktoren und Schwächen ist nicht immer möglich. Überschneidungen und Wechselbeziehungen führten dazu, dass einige Probleme sowohl dem „allgemeinen" als auch dem „speziellen" Bereich in der Region zuzuordnen sind. Ein Beispiel dafür sind die Konsequenzen der Kopplung der EFRE an das Instrument der GRW.

61 Vgl. Toepel/Weise (1995), S. 26 ff.

62 Vgl. Toepel (1997), S. 156 ff.

63 Vgl. Geppert/Seidel/Toepel (1993), S. 69, Pfeiffer/Naschold (1992): Zur Modernisierung des öffentlichen Sektors, in: SenWiTech (Hrsg.) (1992a): Auf dem Weg zur Wirtschaftsmetropole Berlin, Empfehlungen der Strukturpolitischen Expertenkommission, S. 178 und Richert (1995): Räumliche Ungleichgewichte in Deutschland, in: Holthus (Hrsg.): Elemente regionaler Wirtschaftspolitik in Deutschland, S. 26 f..

der Anfangszeit führten deshalb unzureichende Erfahrungen und ein Mangel an Fachpersonal zu Verzögerungen in der Förderung.[64]

Auch in West-Berlin befand sich die Verwaltung 1989/90 in einer neuen Situation. Galt sie schon damals als dringend modernisierungsbedürftig[65], kam jetzt noch die Verantwortung für den Umbau der Verwaltung im Ostteil der Stadt hinzu. Gleichzeitig veränderte sich infolge der neuen politischen Situation und ihrer wirtschaftlichen Konsequenzen[66] die traditionelle West-Berliner Wirtschaftsstruktur, was zusätzliche Anforderungen an die Verwaltung und die Förderstruktur im Westteil der Stadt stellte. Während die West-Berliner Verwaltung mit der europäischen Regionalförderung grundsätzlich schon Erfahrung hatte, waren die speziellen Anforderungen für die EFRE-Intervention nach der Strukturfondsreform 1988 auch für sie neu. Die nationale Gemeinschaftsaufgabe „Verbesserung der regionalen Wirtschaftsstruktur" und ihr Fördermodus war ihr völlig fremd, da West-Berlin nicht Teil der GRW war.

In Brandenburg wurde der Auf- und Umbau der Verwaltung von dem Partnerland Nordrhein-Westfalen unterstützt.[67] Die Verwaltungen in Nordrhein-Westfalen hatten sowohl mit dem Europäischen Regionalfonds als auch mit der Gemeinschaftsaufgabe Erfahrungen. Warum in Brandenburg von der Möglichkeit der Personalverstärkung im Rahmen der Technischen Hilfe erst 1993 Gebrauch gemacht wurde, konnte nicht geklärt werden.[68]

Insgesamt war die Erfahrung in der Region im Umgang mit dem Instrumentarium EFRE und der nationalen Gemeinschaftsaufgabe zu Beginn der ersten Förderphase – zwangsläufig – noch unzureichend. Zudem waren die für die EFRE-Aufgaben zuständigen Verwaltungsstellen in Berlin und Brandenburg personell unterbesetzt. Um den Anlaufschwierigkeiten und den personellen Engpässen bei der Abwicklung der Förderung entgegenzuwirken, hatte die Europäische Kommission im Rahmen der Technischen Hilfe des EFRE die finanziellen Möglichkeiten zur Personalverstär-

64 Vgl. Toepel (1997), S. 187; Budde et al. (1991a), S. 284 ff. Auch Toepel/Weise (1995), S. 26 ff, die auf einen hohen Qualifizierungsbedarf und eine hohe Personalfluktuation in den zuständigen Fondsverwaltungen hinweisen.

65 Vgl. Expertenrunde Pfeiffer/Naschold (1992), und Geppert/Seidel/Toepel (1993), S. 53 ff.

66 Abbau der Bundeshilfe, schrittweiser Wegfall der Berlinförderung, das Niveau der ERP-Kredite wurde auf westdeutsches Niveau abgesenkt.

67 Vgl. Bufalika/Röber (1993): Administrative Verflechtungen im Verdichtungsraum Berlin-Brandenburg, FfVR, Heft 30, S. 27 f.

68 An dieser Stelle kann nur spekuliert werden, dass möglicherweise in Brandenburg davon ausgegangen wurde, durch den Import von Leihbeamten aus Nordrhein-Westfalen sei ausreichend Kapazität und Know-how für den Einsatz der Förderinstrumente vorhanden.

kung gegeben.[69] Beide Länder machten von dem Angebot Gebrauch, wenn auch erst spät. Der EFRE hatte sich damit seine Voraussetzungen für die Implementation und die ordnungsgemäße Abwicklung selbst geschaffen bzw. sich an der Finanzierung beteiligt, was die Bedeutung der Mittel aus der Technischen Hilfe zeigt. Neben der Personalverstärkung und der Schaffung der technischen Voraussetzungen für die Abwicklung unterstützte die Technische Hilfe auch die Informations- und Öffentlichkeitsarbeit (wer kann was wie wo fördern?) und die Erstellung von Studien, Gutachten und Beratungsmaßnahmen, die einen schnelleren, gezielteren und problemadäquaten Einsatz der Mittel ermöglichten. Dies war insbesondere in der Anfangs- und Umbruchphase von großer Bedeutung.

- *Institutionelle Hindernisse, ungeklärte Rechtsfragen, spezielle Eigentumsverhältnisse*

Institutionelle Hindernisse, wie zum Beispiel fehlende Flächennutzungspläne, Bauleit- und Bebauungspläne für die Region und ungeklärte Eigentumsverhältnisse insbesondere auch durch den hohen Anteil jüdischen Eigentums[70] waren häufige Hindernisse für den Grundstückserwerb und für Investitionen und damit auch für die EFRE-Mittelbindung.[71] Speziell für die Region Berlin kam die neue Stadt-Umland-Situation hinzu. Sie erforderte nicht nur Pläne und Richtlinien für die einzelnen Teile der Region, sondern diese mussten möglichst auch im Hinblick auf den gemeinsamen Verflechtungsraum verbindliche Zielvorgaben beinhalten: Zielvorgaben, die erst entwickelt werden mussten und das noch bei verschiedener Interessenlage der beteiligten Länder (Stichwort: Dezentrale Konzentration und Fördersatzabstufung, Ausweisung von Siedlungs- bzw. Gewerbeflächen).

- *Kopplung des Europäischen Regionalfonds an die nationale Gemeinschaftsaufgabe und Existenz verschiedener Fördermodalitäten in der Region*

Die Kopplung des EFRE an die nationale Gemeinschaftsaufgabe galt in allen neuen Bundesländern. Während sie auf der einen Seite die vorgeschriebene Kofinanzie-

69 Die Anfangsschwierigkeiten bei der Förderung waren von der Europäischen Kommission schon im Vorfeld gesehen und dementsprechend im GFK für die neuen Länder berücksichtigt worden, vgl. KOM (1991), S. 62. Vgl dazu auch Budde et al. (1991a). Interessanterweise ist die Geschwindigkeit des Mittelabflusses rückwirkend sowohl von der Kommission als auch vom Europäischen Parlament im Vergleich zu anderen Ländern als positiv bewertet worden.

70 Das Problem der ungeklärten Eigentumsfragen traf auf alle größeren Städte in den neuen Ländern zu, verstärkt aber auf Berlin.

71 Vgl. KOM (1995a), S. 9. Als negative Einflussfaktoren werden außerdem die Komplexität der Verfahren, die hohe Verfahrensdauer, die ungeklärte Rechtssicherheit sowie ein zähes Bearbeitungstempo, was u.a. zum Ausscheiden privater Investoren führte, genannt. (Interview SenWiTech 2000).

rung sicherstellte und die Abwicklung beschleunigte, kam es auf der anderen Seite zu einer Einschränkung der Wirkungsmöglichkeiten des EFRE. Der Einsatzspielraum und das reibungslose Zusammenwirken der verschiedenen europäischen Strukturfonds wurden durch die Vorgaben in den Rahmenplänen beschränkt. Die Nachteile der Kopplung von EFRE und GRW waren in Berlin besonders groß, da durch die Nichteinbeziehung West-Berlins in das Fördergebiet der GRW keine einheitlichen Förderbedingungen in beiden Teilen der Stadt vorhanden waren. Die Auswirkungen wurden vor allem auf Grund des engen Nebeneinanders der unterschiedlichen Fördermodi in der Region Berlin deutlich sichtbar. Konnten in West-Berlin, ohne die GRW-Bindung, Projekte im Umweltbereich gefördert werden, waren derartige Förderungen im Ostteil der Stadt und in Brandenburg nicht möglich. Des Weiteren waren Förderungen im Bereich wirtschaftsnaher Infrastruktur in Ost-Berlin (Förderschwerpunkt 1) schwierig, da gerade in städtischen Bereichen schwer nachzuweisen war, dass die geplanten Infrastrukturmaßnahmen – insbesondere im Straßenbau – ausschließlich oder überwiegend von GRW-förderfähigen Unternehmen genutzt werden würden. Auch eine Förderung von Gewerbehöfen war in der nationalen Gemeinschaftsaufgabe nicht vorgesehen, im Rahmen der europäischen Förderung aber möglich und erwünscht.

Hinzu kam, dass in der Region Berlin ein Fördergefälle zu Gunsten von Ost-Berlin und dem Brandenburger Umland entstand. Dies hatte eine Abwanderung von Betrieben aus West-Berlin ins Umland zur Folge, erbrachte aber für die Region insgesamt keine positiven Beschäftigungsgewinne. Es kam zu Verlagerungseffekten anstatt zu realen Neuansiedlungen bzw. zur Akquisition neuer Unternehmen. Zur Reduzierung dieser Probleme wurde für eine Einbeziehung West-Berlins in das GRW-Fördergebiet plädiert.[72] Zudem veränderte sich 1992 die Situation in Bezug auf das Fördergefälle, da Brandenburg mit Beginn des 21. Rahmenplan die Fördersätze regional differenzierte. Dem Leitbild der dezentralen Konzentration folgend, nahm die Höhe der Fördersätze mit zunehmender Nähe zu Berlin ab. Für Ost-Berlin ergaben sich so komparative Vorteile gegenüber dem Westteil der Stadt einerseits und dem Brandenburger Umland andererseits.

6.4. Der Europäische Regionalfonds in der Region Berlin 1994-1999

Wie in der vorhergehenden Förderperiode waren auch in der Zeit von 1994-1999 alle Teilgebiete der Region in die Europäische Regionalförderung einbezogen. Die Fördermodalitäten waren allerdings weiterhin verschieden. Die neuen Länder und Ost-Berlin waren jetzt jedoch in die reguläre Förderung[73] des EFRE einbezogen,

---

72 Vgl. Nägele (1996), S. 274.

73 „Regulär" bezieht sich hier auf die Zieleinordnung der Fördergebiete und die entsprechenden Verfahrensabläufe für die Europäische Strukturfondsförderung.

und zwar als Ziel-1-Fördergebiete (Regionen mit Entwicklungsrückstand).[74] Am 13. Juli 1993 hatte die Bundesregierung der Europäischen Kommission den regionalen Entwicklungsplan mit den nationalen Vorstellungen über die Entwicklungsziele und Fördermaßnahmen für Ostdeutschland und den Entwürfen für die entsprechenden Operationellen Programme vorgelegt. Ungefähr ein Jahr später, am 14. Juni 1994, wurden nach langwierigen und schwierigen Verhandlungen zwischen der Europäischen Kommission, dem Bund und den Ländern das Gemeinschaftliche Förderkonzept und damit die Maßnahmen und der Finanzrahmen festgelegt und die damals herrschende Planungsunsicherheit beendet.[75] Die Genehmigung der Operationellen Programme für die Intervention des EFRE in Ost-Berlin und in Brandenburg folgten dann Anfang August 1994.[76]

Ausschlaggebend für die Verzögerungen bei den Verhandlungen für die neue Förderperiode war die Unzufriedenheit der Europäischen Kommission und der regionalen Akteure in den neuen Ländern mit dem eingeschränkten Wirkungsspielraum des EFRE-Instrumentariums durch die vollständige Kopplung des EFRE an das Förderinstrumentarium der nationalen Gemeinschaftsaufgabe „Verbesserung der regionalen Wirtschaftsstruktur" und ihrer Förderkriterien.[77] Mit Schaffung der sog. „Flexibilitätsklausel"[78] kam es schließlich zu einer Teilentkopplung von EFRE und GRW. Durch den erzielten Kompromiss und einer dementsprechend stärkeren Anbindung des EFRE an Landesprogramme konnte sowohl den regionalen Bedürfnissen als auch den europäischen Vorstellungen entsprochen werden. Dies schlug sich auch in den Operationellen Programmen für den EFRE nieder.

Die Europäische Kommission unterstützte weiterhin das globale Ziel von Bund und Ländern, die Wirtschaft in den neuen Ländern durch rasches Wachstum aufzubauen. Der Europäische Regionalfonds unterstützte dabei verstärkt produktive Investitionen und wirtschaftsnahe Infrastrukturmaßnahmen. Das besondere Augenmerk des Fonds lag gegenüber der vorhergehenden Förderperiode bei den Bedürfnissen kleiner und

74 Beschluss des Ministerrats auf Vorschlag der Kommission 1993.

75 KOM (1995a).

76 EG (1994a): Entscheidung der Kommission K(94)1939/2 vom 5.8.1994 über die Gewährung eines Beitrags des Europäischen Fonds für regionale Entwicklung (EFRE) und des Europäischen Sozialfonds (ESF) für ein Operationelles Programm im Land Brandenburg, das sich gemäß Ziel 1 in der Bundesrepublik einfügt.

77 Vgl. zu dem Konflikt auch: Voelzkow/Hoppe (1996): Druck von oben und von unten, in: Heinelt (Hrsg.): Politiknetzwerke und europäische Strukturfondsförderung, S. 108 ff.

78 Die sog. Flexibilitätsklausel ermöglichte, dass Höhe und Zeitpunkt der EFRE-Entkopplung von den jeweiligen Ländern bestimmt werden können. Trotz dieser Möglichkeit blieb aber auch in dieser Förderperiode der überwiegende Teil der EFRE-Mittel an die GRW gekoppelt. Eine ausführliche Darstellung des Konflikts zwischen den beteiligten Ebenen findet sich bei Nägele (1996), S. 216 ff.

mittlerer Unternehmen und bei Investitionen im Bereich Forschung und Entwicklung. Diese Ausrichtung des EFRE kam der Region Berlin entgegen. Denn insbesondere in Berlin erforderten die wirtschaftspolitischen Rahmenbedingungen und Zielvorstellungen eine Unterstützung der landeseigenen Wirtschaftspolitik bei der Förderung von KMU, der Gewerbehofförderung, im Forschungs- und Entwicklungsbereich, bei der Wiedernutzbarmachung von Industrie- und Gewerbeflächen sowie beim Umweltschutz.

Im Gegensatz zu Ost-Berlin und Brandenburg, die für die Förderphase 1994-1999 erstmalig reguläre Ziel-1-Regionen wurden, war West-Berlin wiederum als Ziel-2-Fördergebiet eingeordnet worden, und zwar zunächst für eine erste Förderphase von 1994-1996.[79] Diese Fördereinstufung wurde im Mai 1997 für eine zweite Förderphase von 1997-1999 verlängert. Für die nach 1993 erneut erfolgte Einstufung West-Berlins als Ziel-2-Region sprachen die drastisch gestiegenen Arbeitslosenzahlen in West-Berlin, was nicht zuletzt auf den Abbau der Berlinförderung und die damit einhergehenden strukturellen Veränderungen zurückzuführen war.[80]

Im Vergleich zu der vorhergehenden Förderperiode gab es für die Zeit von 1994-1999 die nachstehenden Veränderungen:

1. Ost-Berlin und Brandenburg waren jetzt reguläre europäische Ziel-1-Fördergebiete, womit sich der zu erwartende Mittelzufluss von der Europäischen Gemeinschaft für die Region erheblich erhöhte.

2. West-Berlin, weiterhin europäisches Ziel-2-Fördergebiet, wurde ab 1994 erstmals – wenn auch nicht von Beginn an flächendeckend – in die nationale Gemeinschaftsaufgabe „Verbesserung der regionalen Wirtschaftsstruktur" einbezogen. Eine flächendeckende Einbeziehung erfolgte 1997.

3. Die bisher in West-Berlin erfolgte Förderung der gewerblichen Wirtschaft durch das Instrument der Berlinförderung lief Ende 1993 endgültig aus und erforderte auf Grund der bestehenden Strukturschwäche und -umbrüche ein alternatives bzw. nachfolgendes Förderkonzept für den Westteil der Stadt.

---

79 EG (1993c): Entscheidung der KOM vom 20. Juni 1993 (Ziel-2 West-Berlin 1994-1996).

80 West-Berlin erfüllte für die Förderphasen 1994-1996 und 1997-1999 mit einer Arbeitslosenquote von über 12 % die harten/objektiven Kriterien für eine Ziel-2-Förderung, d.h. diesmal war die Ziel-2-Zuordnung weniger eine politische Entscheidung als für die Periode 1989-1993. Vgl. EG (1994b), S. 7.

4. Vier Jahre nach der Wiedervereinigung war davon auszugehen, dass die größten institutionellen Engpässe – bedingt durch den Verwaltungsum- und -aufbau in den neuen Ländern und Ost-Berlin – überwunden waren.

5. Für den Bereich der Regionalförderung lagen Anfang 1994 sowohl Erfahrungen der Akteure für den West-Berliner EFRE-Einsatz entsprechend den Anforderungen der Reform von 1988 als auch Erfahrungen der Akteure in Ost-Berlin und Brandenburg für die gekoppelte EFRE- und GRW-Nutzung vor. Dies ließ ein erleichtertes Anlaufen der neuen Förderperiode durch eine Vertrautheit mit dem Instrumentarium erwarten.

6. Die Erfahrungen der vorhergehenden Förderperiode hatten zu einer schwierigen Diskussion um die Kopplung der europäischen Regionalfondsmittel an die GRW geführt, was letztendlich zum Kompromiss über eine Teilentkopplung der beiden Förderinstrumente für die neuen Länder führte. Diese Entkopplungsmöglichkeit kam besonders Berlin zugute, da jetzt z.B. Umweltprogramme stadtweit zur Anwendung kommen konnten.[81]

7. Die Teilentkopplung stellte neue Anforderungen an die zur Kofinanzierung nötigen Landesprogramme und die beteiligten Akteure. Damit erhöhten sich sowohl die Anzahl und Vielfalt der Programme als auch die Zahl der zuständigen Stellen.

8. Durch den Verschmelzungsprozess von Stadt und Umland zur Region Berlin hatten sich für die regionale Wirtschaftsförderung veränderte Rahmenbedingungen ergeben. Es begann eine mit der Suburbanisierung einhergehende verstärkte Stadt-Umland-Wanderung von Bevölkerung und Betrieben, verbunden mit einem Verlust an Steuereinnahmen und Kaufkraft für die Stadt Berlin. Insbesondere diese veränderten Ausgangsbedingungen für die zweite gemeinsame Förderperiode ließen zumindest von Berliner Seite eine gemeinsame Planung in Bezug auf die Verwendung der europäischen Fördermittel geboten erscheinen.

9. Für die beiden Stadthälften Berlins war diesmal die Möglichkeit einer Koordinierung der Strukturfondsfördermaßnahmen schon im GFK bzw. OP und EPPD angelegt. Explizit wurde darauf verwiesen, dass „die Entwicklungs- und Umstrukturierungsmaßnahmen der EU-Strukturfonds im Lande Berlin unter Ziel-1 und Ziel-2 in den Dienst eines übergreifenden Konzepts zu stellen (sind), das zur Überwindung der erheblichen Anpassungsprobleme beim Zusammenwachsen der beiden Stadthälften beiträgt“.[82]

---

81 Vgl. zu den Möglichkeiten und Programmen: KOM (1995a), Ost-Berlin, S. 125.

82 Vgl. KOM (1995a), S. 55, 119 und 125.

Insgesamt war zu erwarten, dass sowohl die sich angleichenden Förderbedingungen in Bezug auf die GRW als auch die Erfahrungen im Umgang mit dem EFRE-Instrumentarium und der Abschluss der größten Verwaltungsauf- und –umbauarbeiten zu einer verstärkten Kooperation – im Hinblick auf die Verwendung der europäischen Regionalfondsmittel – der Länder Berlin und Brandenburg für die Region Berlin führen dürften. Trotzdem müssen wegen der nach wie vor getrennten Fördermodalitäten – die konkreten Maßnahmen der EFRE-Förderung im Folgenden erneut getrennt für die drei Teilregionen aufgezeigt werden.

6.4.1. Teilregion West-Berlin

Für den Zeitraum 1994-1996 war der Westteil von Berlin gemäß Artikel 9 Abs. 5 der Strukturfondsverordnung 2081/93 vom 20. Juli 1993 als förderungswürdig im Sinne von Ziel-2 anerkannt worden. Das Einheitliche-Programm-Planungs-Dokument (EPPD)[83] war im Dezember 1994 von der Europäischen Kommission gebilligt worden.[84] Die relativ späte Genehmigung des EPPD hatte eine fast einjährige Verzögerung des Programmstarts zur Folge. Die Fortschreibung des Ziel-2-Fördergebietes West-Berlin für den Programmzeitraum 1997-1999 durch die Europäische Kommission erfolgte im Juli 1996. Am 7. Mai 1997 entschied die Kommission positiv über das am 9. August 1996 von der deutschen Regierung eingereichte EPPD für die Förderphase 1997-1999.[85]

Eine der wesentlichen Änderungen für die Förderung West-Berlins aus dem Europäischen Regionalfonds in den Förderphasen 1994-1999 erfolgte durch die erstmalige Aufnahme von Teilen West-Berlins in das Fördergebiet der nationalen Gemeinschaftsaufgabe „Verbesserung der regionalen Wirtschaftsstruktur“ mit Wirkung zum

83 Das Einheitliche-Programm-Planungsdokument trat für die Ziel-2-Region West-Berlin ab 1994 an die Stelle des GFK und der Operationellen Programme. Diese Zusammenfassung der Arbeitsschritte sollte, wie in Kapitel 3 ausgeführt, zu einer Vereinfachung und Beschleunigung im Planungsprozess beitragen.

84 Vgl. EG (1994b).

85 EG (1996): Entscheidung der Kommission vom 26. Juli 1996 zur Aufstellung eines Verzeichnisses der Industriegebiete mit rückläufiger Entwicklung, die unter das in der Verordnung (EWG) Nr. 2052/88 des Rates festgelegte Ziel Nr. 2 fallen für den Programmzeitraum 1997-1999 und zur Änderung der Entscheidung 94/169/EG, (96/472/EG), in: ABl. Nr. L 193 vom 3.8.1996, S. 54. Und EG (1997): Entscheidung der KOM K(97)1119 vom 7.5.1997 zur Genehmigung der in einem Dokument zusammengefassten Programmplanungen für die Strukturfondsinterventionen der Gemeinschaft in den in der Bundesrepublik Deutschland unter das Ziel 2 fallenden Gebiete im Westteil Berlins. (97/694/EG), in: ABl. L 308 vom 12.11.1997 sowie SenWiTech (1997): Einheitliches Programmplanungsdokument für West-Berlin 1997-1999.

1. Januar 1994.[86] Damit hatte West-Berlin erstmals die Möglichkeit, den Bund im Rahmen der Gemeinschaftsaufgabe an der Finanzierung der Fördermaßnahmen zu beteiligen und die Mittel des EFRE nicht ausschließlich durch Landesmittel kofinanzieren zu müssen.

Durch den Abbau der Berlinförderung bis Ende 1993 war es im Westteil der Stadt verstärkt zu Betriebsschließungen und -verlagerungen mit der Folge einer zunehmenden Arbeitslosigkeit gekommen. Auf Grund der gestiegenen Arbeitslosenquote erfüllte West-Berlin deshalb sowohl die europäischen Ziel-2-Förderkriterien als auch die Kriterien für die Aufnahme West-Berlins in das Fördergebiet der nationalen Gemeinschaftsaufgabe.[87] Das Auslaufen der spezifischen Westberliner Wirtschaftsförderung, die sich noch an den Bedingungen und Erfordernissen West-Berlins als „Insel-Stadt" orientiert hatte, und die massiven Strukturumbrüche in der Stadt vier Jahre nach dem Mauerfall machten eine Fortsetzung der Wirtschaftsförderung im Westteil der Stadt erforderlich.[88] Lange und schwierige Diskussionen gingen der Einbeziehung West-Berlins in die GRW voraus.[89] Kritischer Punkt bei der Einbeziehung West-Berlins in die GRW war die damit einhergehende Ausweitung der nationalen Fördergebietskulisse insgesamt, was den europäischen Interessen an einer generellen Reduzierung der deutschen Fördergebiete entgegenstand. 1997 kam es dann zur flächendeckenden Einbeziehung West-Berlins in die GRW-Fördergebietskulisse.

Das EFRE-Fördergebiet umfasste zwar die gesamte Arbeitsmarktregion des ehemaligen West-Berlin mit seinen 12 Bezirken, die aktive Fördergebietskulisse wurde jedoch, in Abstimmung zwischen Bundesministerien, Ländern und der Senatsverwaltung für Wirtschaft und Technologie, auf Problemregionen im Westteil der Stadt beschränkt.[90] Von den gut 2,1 Mio. Einwohnern West-Berlins lebten so „nur" insgesamt 1,627 Mio. Einwohner im aktiven Fördergebiet, was etwa einem Anteil von 77 % der Westberliner Bevölkerung entsprach.

86 Nach Beschluss des Planungsausschusses der GRW vom 1. Juli 1993 wurden Teile der West-Berliner Arbeitsmarktregion GRW-Fördergebiet. Vgl. 23. Rahmenplan (1994), S. 8 und 36. Ab 1997 war das gesamte Stadtgebiet West-Berlins als GRW-Fördergebiet eingestuft. Vgl. 26. Rahmenplan (1997).

87 Für die Kriterien vgl. 24. Rahmenplan (1995), S. 46.

88 Vgl. zur Bewertung der sozio-ökonomischen Lage West-Berlins SenWiTech (1997), S. 2 f. und 24. Rahmenplan (1995), S. 47 f.

89 Eine ausführliche Darstellung des Diskussionsverlaufs findet sich bei Nägele (1996).

90 Die Abstimmung erfolgte zwischen den Ressorts und den Bezirken am 22. November 1993, vgl. EG (1994b), S. 2 und Anlage 1 (Liste der Stadtgebiete).

Insgesamt standen West-Berlin in der Zeit von 1994-1999 225,4 Mio. ECU (zu Preisen von 1994) aus dem Europäischen Regionalfonds zur Verfügung. Der EFRE-Anteil an den europäischen Strukturfondsmitteln für West-Berlin für die Zeit von 1994-1999 betrug insgesamt 65,5 %.

Die Entwicklungsschwerpunkte der europäischen Förderprogramme für West-Berlin waren unter Berücksichtigung der Probleme in den westlichen Bezirken, den erforderlichen Maßnahmen zum Zusammenwachsen der beiden Stadthälften und der für die Ziel-1-Region Ost-Berlin vorgesehenen Maßnahmen festgelegt worden. Um ein höchstmögliches Maß an Kontinuität in der Förderung zu gewährleisten, wurden die Entwicklungsschwerpunkte der ersten Phase (1994-1996) auch in der zweiten Phase (1997-1999) fortgeführt. Zudem wurde, wenn auch nur ansatzweise, die Region Berlin berücksichtigt, konkret das Brandenburger Umland, und zwar explizit beim Schwerpunkt 4 (Informations- und Kommunikationstechnologie) und eingeschränkt auch beim Schwerpunkt 1 (Verbesserung der regionalen Infrastruktur).

Tab. 6.6: EFRE-Förderung in West-Berlin 1994-1999 nach Schwerpunkten

in Mio. ECU

	Öffentliche Zuschüsse		EFRE-Anteil			
Schwerpunkte	Ursprüngl.	n. Anp.	Ursprüngl.	% EFRE	n. Anp.	% EFRE
1. Verbesserung d. regionalen Infrastruktur	141,9	161,8	63,2	28,0	78,0	33,8
1.1. Flächenvorsorge	*64,2*	*90,9*	*40,6*	*18,0*	*51,4*	*22,3*
1.2. Gewerbehöfe	*77,7*	*70,9*	*22,6*	*10,0*	*26,6*	*11,5*
2. Gewerbliche Wirtschaft	52,1	105,1	27,1	12,0	43,7	19,0
3. Umweltverbessernde Maßnahmen	112,8	84,0	58.9	26,1	39,3	17,1
3.1. UFP IV/V	*74,8*	*59,6*	*33,8*	*15,0*	*26,6*	*11,6*
3.2. ZÖW I/II	*38,0*	*24,4*	*25,2*	*11,1*	*12,7*	*5,5*
4. Förderung des technologischen Potenzials	135,1	124,6	63,6	28,2	*57,5*	24,9
4.1. FuE	*109,2*	*105,3*	*47,9*	*21,3*	*45,9*	*19,9*
4.2. IuK	*25,9*	*19,3*	*15,7*	*6,9*	*11,6*	*5,0*
5. KMU-Förderung und überregionale Dienstleistungen	34,1	35,4	11,0	4,9	11,5	5,0
Technische Hilfe	3,2	0,9	1,6	0,8	0,5	0,2
Insgesamt	**479,2**	**511,8**	**225,4**	**100,0**	**230,5**	**100,0**

Quelle: KOM (1994c): EPPD 1994-1996 für West-Berlin, S. 107; SenWiTech (2000), S. 17, 36 f.; SenWiTech (1997); Toepel et al. (2001): Ex-post Bewertung der Interventionen des EFRE im Land Berlin für den Förderzeitraum 1994-1999, Bd.1: Evaluierung der Ziel-1 und Ziel-2-Förderung.

Tabelle 6.6 zeigt, dass in dieser Förderperiode 225,4 Mio. ECU zu Preisen von 1994 bewilligt wurden, die sich nach Indexierung auf 230,5 Mio. ECU erhöhten. Es gab diesmal fünf Entwicklungsschwerpunkte: Mit über einem Drittel des EFRE-Volumens (ursprünglich 28,0 %) waren die Fördermaßnahmen zur Verbesserung der regionalen Wirtschaftsstruktur mit der Flächenvorsorge und der Schaffung von Gewerbehöfen der größte Posten. Zweitgrößter Schwerpunkt war die Förderung des technologischen Potenzials mit knapp einem Viertel (24,9 %) aller EFRE-Mittel. Geplant waren hier allerdings 28,2 %. Stärker reduziert wurde das Fördervolumen für umweltverbessernde Maßnahmen, und zwar von 58,9 Mio. ECU auf 39,3 Mio. ECU. Dies erfolgte zu Gunsten der gewerblichen Wirtschaft, deren Mittel von 27,1 Mio. ECU auf 43,7 Mio. ECU aufgestockt wurden. 5 % der EFRE-Mittel waren für die KMU-Förderung vorgesehen und auch gebunden worden.

Wie die Entwicklungsschwerpunkte umgesetzt wurden, wird nachstehend dargestellt.

1. Verbesserung regionaler Infrastruktur

Ziel dieses Schwerpunktes war die Verbesserung der allgemeinen Infrastruktur (bspw. das Projekt Westhafen) und die Unterstützung von Maßnahmen, die zu einer Ausweitung des Angebots an Gewerbestandorten (durch Sanierung kontaminierter Flächen, Abbruch nicht mehr genutzter Gewerbebauten, Gewerbegebietserschließung) und zur Errichtung und zum Ausbau von Gewerberäumen in Form von Gewerbezentren in West-Berlin beitrugen.[91] Träger der Maßnahmen zur Verbesserung der wirtschaftsnahen Infrastruktur waren vorzugsweise die Berliner Bezirke und nicht auf Gewinnerzielung ausgerichtete natürliche oder juristische Personen.

Bei dem Entwicklungsschwerpunkt „Flächenvorsorge und Förderung von Gewerbehöfen" wurden im EPPD für 1997-1999 über die Landesgrenze hinausgehend „Maßnahmen geplant, den Ballungsraum Berlin für umweltfreundliche Verkehrsmittel weiter zu öffnen ... Die gemeinsame Entwicklungsplanung Berlin/Brandenburg sieht eine verstärkte Nutzung der Binnenwasserstraßen vor, ..." was mit Erwartungen an eine Expansion der hafennahen Gewerbebetriebe verbunden wurde.[92]

Insgesamt wurden in der Zeit von 1994 bis 1999 39 Vorhaben beim Unterpunkt Flächenvorsorge und Infrastruktur und 33 Maßnahmen beim Unterpunkt Gewerbehöfe gefördert. Dafür wurden EFRE-Mittel in Höhe von 78,0 Mio. ECU in Anspruch ge-

91 Vgl. SenWiTech (1997), S. 63.

92 Vgl. SenWiTech (1997), S. 62.

nommen. Um den „Bedarf an Infrastrukturprojekten entsprechend der Antragslage" umsetzen zu können,[93] mussten die ursprünglich geplanten EFRE-Mittel für diesen Schwerpunkt in der ersten Phase um 3,3 und in der zweiten Phase um rd. 11,5 Mio. ECU aufgestockt werden. Während zwischen 1994 und 1996 schwerpunktmäßig Gewerbehöfe gefördert wurden, waren dies von 1997 bis 1999 mehrheitlich Vorhaben zur Verbesserung der wirtschaftsnahen Infrastruktur, kofinanziert im Rahmen der GRW.

2. *Förderung der gewerblichen Wirtschaft*

Der EFRE beteiligte sich mit 43,7 Mio. ECU an der Förderung der gewerblichen Wirtschaft, ab 1996 erstmals kofinanziert im Rahmen der GRW, sowie an dem Medienprogramm des Berliner Senats[94]. Die EFRE-Mittel zur Förderung der gewerblichen Wirtschaft wurden 1999 durch Änderungsanträge um 16,6 Mio. ECU aufgestockt, um der verstärkten Nachfrage im Bereich der traditionellen Investitionsförderung entsprechen zu können.[95] Der Anteil dieses Schwerpunktes an allen EFRE-Mitteln stieg dadurch von 12 auf 19 %. Insgesamt wurden 775 Vorhaben bewilligt. Die GRW entwickelte sich jetzt auch im Westteil der Stadt zum wichtigsten regionalen Förderinstrument, wobei „die Beteiligung des EFRE im Bereich der Förderung des gewerblichen Wirtschaft .. auf Grund der großen Nachfrage durch die Unternehmen geboten (war)."[96]

3. *Umweltverbessernde Maßnahmen*

Ziel der Förderung umweltverträglicher Maßnahmen war die Schaffung einer umwelt- und ressourcenschonenden Wirtschaftsstruktur, die emmissionsarm produziert und die die Akzeptanz für die „Berliner Mischung" erhöhen sollte.[97] Berlin sollte als Standort für Umwelttechnik entwickelt und gleichzeitig unternehmerisches Handeln mit ökologischen Zielen eng verknüpft werden.[98] Dafür wurden insgesamt

---

93 Vgl. RBm (2000): Berliner Europabericht 1999, S. 94, im folgenden zitiert als Berliner Europabericht 1999.

94 Programm zur Unterstützung technologischer Entwicklungen, innovativer Verfahren, Einführung digitaler Techniken in KMU als Träger der Entwicklung zur Informationsgesellschaft. Das Medienprogramm konnte jedoch nicht im geplanten Umfang realisiert werden. Vgl. SenWiTech (2000), S. 20.

95 Vgl. SenWiTech (2000b): EFRE-Jahresbericht für West-Berlin 1999, S. 16, Berliner Europabericht 1999, S. 94.

96 Vgl. SenWiTech (2000), S. 21

97 Berliner Mischung: Keine großräumige Trennung von Wohnen und Arbeiten.

98 Vgl. konkret zu den Erfahrungen mit den beiden Umweltförderprogrammen UFP und ZÖW SenWiTech (1997), S. 65 ff,. Mehr zu den Zielen und den Problemen von UFP und ZÖW, vgl. SenWiTech (2000), S. 23 ff.

39,3 Mio. ECU in Anspruch genommen, wobei 26,6 Mio. ECU auf das Umweltförderprogramm (UFP) und 12,7 Mio. ECU auf die Zukunftsinitiative ökologisches Wirtschaften (ZÖW) entfielen. Insgesamt wurden 371 Vorhaben realisiert. Gegenüber der ursprünglichen Planung erfolgte in beiden Programmphasen in diesem Schwerpunkt eine Reduzierung des Programmvolumens um insgesamt fast ein Drittel, wozu u.a. Antragsrückgänge und strukturelle Probleme bei der Programmdurchführung (u.a. die Ersteinführung der ZÖW 1994) und die kritische Haushaltssituation Berlins („Umweltschutz als nachrangiges Problem“) beitrugen.[99]

Konkret wurde in dem ersten Unterschwerpunkt das *Umweltförderprogramm (UFP IV und UFP V)* unterstützt. Gefördert wurden die Umsetzung eines integrierten Umweltschutzes in kleinen und mittleren Unternehmen sowie die Schaffung dazu nötiger gemeinsamer Infrastrukturen. Die *Zukunftsinitiative ökologisches Wirtschaften (ZÖW I und ZÖW II)* als zweiter Unterschwerpunkt förderte Maßnahmen zur Vermeidung und Wiederverwertung von Abfällen, die Umstellung auf umweltorientierte Produktionsverfahren und Produkte, Innovation und Technologietransfer sowie die Förderung von Kooperationen auf dem Gebiet der Umwelttechnologie mit osteuropäischen Partnern. Es wurden vor allem kleine und mittlere Unternehmen gefördert.[100]

4. Förderung des technologischen Potenzials

Die Förderung des technologischen Potenzials umfasste die Bereiche *Forschung und Entwicklung* sowie *Informations- und Kommunikationstechnologie*. Im Bereich von Forschung und Entwicklung (FuE) wurde u.a. auf bewährte Landesförderprogramme wie das FuE-Mittelstandsförderungsprogramm, den Innovationsfonds, die Förderung der industriellen Technologieentwicklung, diverse Einzelprojekte (Technologie-Coaching-Center, Projekte der Senatsverwaltung für Wissenschaft) und ab 1997 auf die „Initiative für die Kreislaufwirtschaft und nachhaltiges Wachstum“ zurückgegriffen.

Im Bereich der Informations- und Kommunikationstechnologie (IuK) wurde das IuK-Förderprogramm gut angenommen und zu einem stark nachgefragten Förderinstrument. Obwohl ab 1994 geplant, konnte damit aber auf Grund einer sehr spät erfolgten beihilferechtlichen Genehmigung erst im Mai 1995 begonnen werden.[101]

Bei den Vorhaben der Informations- und Kommunikationstechnologie wurde über die Landesgrenzen Berlins hinaus geplant: „Auf dem Gebiet der Informations- und

99 Vgl. Berliner Europabericht 1999, S. 94, vgl. auch SenWiTech (2000b), S. 16.

100 Vgl. Berliner Europabericht 1999, S. 113.

101 Vgl. SenWiTech (1997), S. 76.

Kommunikationstechnik soll die Schlüsselfunktion dieser Technologien sowohl für die Berliner Unternehmen im Einzelnen als auch für die Wirtschaftsregion insgesamt nutzbar gemacht werden."[102] Zum Entwicklungsschwerpunkt IuK gehörten außerdem das Technologie- und Marketingberatungsprogramm[103] (Rückgriffe auf externen Sachverstand) sowie das Medientechnologieprogramm (innovative Vorhaben, digitale Hörfunk- und Fernsehvorhaben, Multimedia auch für KMU).[104]

Insgesamt wurden 786 Projekte aus dem Forschungs- und Entwicklungsbereich und der Informations- und Kommunikationstechnologie mit EFRE-Mitteln in Höhe von 59,4 Mio. ECU gefördert. Ursprünglich waren Mittel in Höhe von 63,6 Mio. ECU vorgesehen.[105] Während in der ersten Förderphase der geplante Mitteleinsatz von 25,1 Mio. ECU noch auf Grund von anlaufbedingten Schwierigkeiten auf 15,8 Mio. ECU reduziert wurde, musste in der zweiten Förderphase auf Grund Mehrbedarfs im Rahmen der Änderungsanträge von 1999 das ursprünglich vorgesehene Mittelvolumen in Höhe von 38,5 Mio. ECU auf dann 41,7 Mio. ECU aufgestockt werden.[106] Insgesamt entfielen schließlich 24,9 % des EFRE-Programmvolumens von West-Berlin auf diesen Förderschwerpunkt, was verdeutlicht, dass der Technologieförderung ein besonders hoher Stellenwert für die zukünftige Entwicklung der Stadt beigemessen wurde.[107]

5. *Förderung von überregionalen Dienstleistungseinrichtungen sowie kleinen und mittleren Unternehmen (1994-1996) bzw. Förderung der KMU und Ost-West-Wirtschaftskooperation (1997-1999)*

Mit diesem Förderschwerpunkt sollten die in Berlin vorhandenen günstigen Standortvoraussetzungen der Berliner KMU für die Ost-West-Wirtschaftskooperation verbessert werden. Im Rahmen der EFRE-Förderung wurde zu diesem Zweck zwischen 1994-1996 der Ausbau der Europäischen Wirtschaftshochschule (EAP), das Kooperationsbüro der Deutschen Wirtschaft[108] und insbesondere die Ost-West-

---

[102] Vgl. SenWiTech (1997), S. 75. Aussage ist deckungsgleich mit der im Ost-Berliner OP für 1994-1999, vgl. EG (1994c), S. 62.

[103] Ab 1.1.1997 innerhalb der Gemeinschaftsinitiative KMU.

[104] Ab 1998 wurden das Medientechnologie- und das IKT-Programm zum Programm „Informationsgesellschaft" zusammengefasst.

[105] Vgl. SenWiTech (1997), S. 78.

[106] Vgl. SenWiTech (2000b), S. 18.

[107] Diese Priorität zeigt sich auch für Ost-Berlin, wo seinerseits die Mittel für den vergleichbaren Entwicklungsschwerpunkt aufgestockt wurden.

[108] Hier erfolgte eine Förderung nur bis 1996. Nach einer bundesweiten Ausrichtung der Aufgaben wurde seitens Berlins auf eine weitere Förderung aus dem EFRE verzichtet.

Wirtschaftsakademie (OWWA) unterstützt, deren primäre Aufgabe die Förderung und Koordinierung der Ost-West-Kooperation war. Obwohl die 1990 gegründete OWWA anfänglich als erfolgreiches Modell bewertet wurde,[109] zeigten sich nach der Umstellung von einer institutionellen auf eine projektbezogene Förderung unternehmerische Schwierigkeiten, die bis hin zum Konkurs der OWWA in der zweiten Jahreshälfte 1997 gingen. Für die zweite Programmphase 1997-1999 wurden deshalb die Bemühungen des Senats, mit EFRE-Mitteln die Ost-West-Kooperation von kleinen und mittleren Unternehmen in der Stadt zu unterstützen, mit anderen Partnern, wie z.B. der Carl-Duisburg-Gesellschaft und im Rahmen der sog. „Jelzin-Initiative“[110], weitergeführt.

Neben den Bemühungen in der Förderung der Ost-West-Kooperation unterstützte der EFRE, wie auch schon in den vorhergehenden Förderperioden, den Ausbau des Berliner Messegeländes als Förderung von überregionalen Dienstleistungen.

Trotz im Zeitablauf aufgetretener Probleme konnten mit Hilfe von internen Mittelumschichtungen für diesen Förderschwerpunkt EFRE-Mittel in Höhe von 11,5 Mio. ECU gebunden werden.

Technische Hilfe / Evaluation

Im Rahmen der Technischen Hilfe förderte der EFRE Projekte zur Vorbereitung, Begleitung und Bewertung (Programmevaluierung[111]) von EFRE-Vorhaben. Dazu gehörten Maßnahmen zur Qualifizierung der EFRE-Fondsverwalter und die Verbesserung der EDV-mäßigen Unterstützung der Programmdurchführung. Darüber hinaus wurden Informations- und Publizitätsmaßnahmen finanziert, um die Möglichkeiten und die Bedeutung der EU-Strukturfondsmittel für Berlin öffentlichkeitswirksam zu machen. Trotzdem konnten die für die Technische Hilfe bereitgestellten Mittel in Höhe von 1,6 Mio. ECU nicht einmal zu einem Drittel (0,5 Mio. ECU) in Anspruch genommen werden.

Zum Ende der Programmperiode konnten jedoch in West-Berlin alle EFRE-Mittel gebunden werden. Der Auszahlungsstand lag am 31.12.1999 bei knapp 60 %. Mög-

---

109 Vgl. EG (1994b), S. 39.

110 Die Jelzin-Initative war eine bundesweite Initiative zur Unterstützung von KMU, die Managern aus den MOE-Staaten einen Praktikumsplatz zur Verfügung stellten. Die Kontakte sollten eine zukünftige Kooperation fördern. Die Nachfrage war allerdings sehr begrenzt. Vgl. Berliner Europabericht 1999, S. 95.

111 Teile der Mittel flossen z.B. in die in Auftrag gegebene EFRE-Evaluierung für den Förderzeitraum 1994-1999 für Gesamt-Berlin. Die Ergebnisse lagen Ende 2001 vor. Veröffentlicht unter: Toepel et al. (2001).

lich wurde die fast vollständige Mittelbindung durch Änderungsanträge, davon zwei im Verlauf des Jahres 1999.[112]

6.4.2. Teilregion Ost-Berlin

Mit der Verabschiedung des Gemeinschaftlichen Förderkonzeptes für die neuen Bundesländer und Ost-Berlin für die Förderphase 1994-1999 waren die globalen Entwicklungsziele für den Einsatz des Europäischen Regionalfonds vorgegeben.[113] Die Konkretisierung, bedarfsorientierte Zuordnung und Verteilung der Mittel auf die einzelnen Förderschwerpunkte in Ost-Berlin erfolgte mit dem Operationellen Programm im Sommer 1994.[114] Abweichend von der Förderphase 1991-1993, den anderen neuen Bundesländern und dem sonstigen Vorgehen bei der Ziel-1-Förderung, wurden diesmal für Ost-Berlin die Strukturfondsinterventionen in nur einem gemeinsamen Operationellen Programm zusammengefaßt.[115] Der EFRE-Anteil an den europäischen Strukturfondsmitteln für Ost-Berlin insgesamt betrug in dieser Förderperiode erneut mehr als zwei Drittel (70,8 %).

Die nationale Kofinanzierung und die Vorgabe der Vergabekriterien für die EFRE-Mittel erfolgte in der neuen Förderperiode überwiegend über die nationale Gemeinschaftsaufgabe „Verbesserung der regionalen Wirtschaftsstruktur". Auf Grund von Schwierigkeiten bzw. Einschränkungen bei der Nutzung von EFRE-Mitteln in der vorhergehenden Förderphase 1991-1993 durch das mit der Kopplung einhergehende enge Regelwerk der GRW war diesmal schon im OP ein Viertel der EFRE-Mittel von den Vergabekriterien der Gemeinschaftsaufgabe abgekoppelt worden, um stattdessen für die Kofinanzierung auf Landesmittel zurückgreifen zu können. Letztendlich wurden sogar 35 % der EFRE-Mittel unabhängig von der GRW gebunden und zwar 12,5 % für Forschung und Entwicklung, 12,5 % für Umweltverbesserungsmaßnahmen sowie (seit 1995) 10 % für die Gewerbehofförderung.[116]

---

112 Insgesamt gab es in der Phase 1994-1996 drei Änderungsanträge (August 1995, Juli 1996 und November 1996) und in der Zeit von 1997-1999 zwei (Juli und November 1999). In der Förderphase 1997-1999 wurden beide Male auf Grund eines Mehrbedarfs die Schwerpunkte 2 und 4 aufgestockt.

113 Vgl. KOM (1995a).

114 Vgl. EG (1994c): Operationelles Programm für Ost-Berlin Ziel 1 1994-1999, EFRE Nr. 94.02.09.006, Entscheidung am 5. August 1994, auch ABl. v. B. Nr. 46 vom 23.09.1994: Entscheidung der Kommission der Europäischen Gemeinschaften vom 5. August 1994.

115 Das Gemeinsame Operationelle Programm war ein sog. Multifonds-Programm. Der EAGFL spielte hier eine untergeordnete Rolle. Neben dem integrierten OP für den EFRE, ESF und EAGFL gab es noch ein regionenübergreifendes Programm zur Qualifizierung des Arbeitskräftepotenzials (ESF) auf Bundesebene.

116 Vgl. EG (1994c), S. 50 ff., Berliner Europabericht 1999, S. 90 und Toepel (1997), S. 191.

Tabelle 6.7 zeigt, dass der Ziel-1-Region Ost-Berlin für die Periode 1994-1999 aus dem Europäischen Regionalfonds Mittel in Höhe von 515,9 Mio. ECU (in Preisen von 1994) zur Verfügung standen. Dieser Betrag erhöhte sich bis zum Ende der Förderperiode durch Indexierung sowie Rückführung von Mitteln der Technischen Hilfe, die ursprünglich direkt von der Kommission verwendet werden sollten, auf insgesamt 540,9 Mio. ECU.[117]

Tab.: 6.7: EFRE-Förderung in Ost-Berlin 1994-1999 nach Schwerpunkten

in Mio. ECU

Schwerpunkte	Öffentliche Zuschüsse		EFRE-Anteil			
	Ursprüngl.	n. Anp	Ursprüngl.	% EFRE	n. Anp.	% EFRE
1. Produktive Investitionen	436,4	367,2	201,0	39,0	167,1	30,9
1.1. Prod. Investitionen	*92,8*	*42,7*	*46,4*	*9,0*	*21,3*	*3,9*
1.2. Ergänzende Infrastruktur	*343,6*	*324,5*	*154,6*	*30,0*	*145,8*	*27,0*
2. KMU	319,6	358,2	154,6	30,0	179,8	33,2
2.1. Prod. Investitionen	*216,7*	*213,6*	*108,3*	*21,0*	*106,8*	*19,7*
2.2. Dienste f. KMU	*102,9*	*144,6*	*46,3*	*9,0*	*73,0*	*13,5*
3. Förderung des technologischen Potenzials	99,7	126,2	61,8	12,0	92,5	17,1
4. Umweltverbessernde Maßnahmen	93,4	74,5	61,9	12,0	53,6	9,9
5. Aus- und Weiterbildung	63,0	93,2	28,3	5,4	41,1	7,6
Technische Hilfe	8,9	8,6	8,3	1,6	6,8	1,3
Insgesamt	**1 021,0**	**1 027,9**	**515,9**	**100,0**	**540,9**	**100,0**

Quellen: KOM (1995a), EG (1994c), S. 126; nach Anpassung: SenWiTech v. 11.9.2001; Toepel et al. (2001).

Oberstes Ziel aller Maßnahmen zur wirtschaftlichen Entwicklung in Ost-Berlin war die Angleichung der ökonomischen Leistungskraft an den Westteil der Stadt.[118] Darüber hinaus richtete sich das Interesse für die Entwicklung Ostberlins nach dem wirtschaftspolitischen Leitbild für die Entwicklung (Gesamt-) Berlins zu einer produktionsorientierten Dienstleistungsmetropole mit starkem industriellen Kern.[119] In Bezug auf die Wirtschaftsfördermaßnahmen wurden die Förderbereiche des EFRE für Ost- und West-Berlin deshalb stärker, als es in der vorangegangenen Periode möglich war, aufeinander abgestimmt bzw. angepasst.

In der EFRE-Planung für Ost-Berlin wurden die Förderschwerpunkte im Programm 1994-1999 gegenüber 1991-1993 neu gewichtet und inhaltlich erweitert: Die Infrastrukturförderung war jetzt anteilsmäßig bedeutendster Förderschwerpunkt, wäh-

117 Ost-Berlin verwendete die zusätzlichen Mittel ausschließlich zur Verstärkung schon vorhandener Schwerpunkte.

118 Vgl. EG (1994c), S. 31.

119 Vgl. ebenda

rend im Bereich Humanressourcen die Mittel für den neuen Schwerpunkt 5 (Aus- und Weiterbildung) anteilmäßig reduziert wurden. Da jetzt durch die Aufhebung der ausschließlichen Kopplung der EFRE-Mittel an die Vergabe nach GRW-Kriterien zur Kofinanzierung auf Landesprogramme zurückgegriffen werden konnte, wurden zudem bei umweltverbessernden Maßnahmen sowie der Förderung des technologischen Potenzials stärkere Akzente gesetzt.

Mit der breiteren Ausrichtung des EFRE-Einsatzes wurden Projektbetreuung und Förderabwicklung ausgewählter Förderprogramme in einigen Schwerpunkten von der Senatsverwaltung für Wirtschaft abgegeben (u.a. an die Investitionsbank Berlin). Damit nahm die Zahl der Akteure und beteiligten Stellen in der Förderung zu, was zu einem erhöhten Bedarf an Koordinierung und Kommunikation bei der Verwaltung und Verwendung der EFRE-Mittel innerhalb der Stadt führte.[120]

Das Ziel-1 Gebiet Ost-Berlin umfasste die 11 Ostberliner Bezirke sowie vom Bezirk Spandau den Ortsteil West-Staaken.[121] Das GFK und das Operationelle Programm für Ost-Berlin hatte sieben Schwerpunkte, EFRE-relevant waren nur fünf[122] und die Technische Hilfe.

Wie die EFRE-Mittel genutzt wurden, wird nachfolgend dargestellt.

1. Produktive Investitionen und ergänzende Infrastruktur

Die nationale Kofinanzierung bei diesem Förderschwerpunkt erfolgte mit Hilfe der nationalen Gemeinschaftsaufgabe. Eine Ausnahme bildete die Förderung von Gewerbehöfen im Rahmen des Gewerbehofförderprogramms. Mit der Abwicklung der Unternehmesförderung war die Investitionsbank Berlin betraut. Das aus dem EFRE bereitgestellte Mittel-Volumen betrug indikativ 201,0 Mio. ECU und unterstreicht die Bedeutung dieses Förderschwerpunktes für das Land Berlin. Indikativ war dies mit 39,0 % der größte, nach Anpassung auf 167,8 Mio. ECU dann der zweitgrößte Posten, weil die vorgesehenen Mittel für diesen Schwerpunkt während der Pro-

---

120 Die Senatsverwaltung als zuständige Fondsverwaltung blieb aber (für alle Förderungen) letztlich die verantwortliche Stelle. Nicht nur Positives, sondern auch Probleme gingen mit diesem Verfahren einher, vgl. Abschnitt 6.4.4. Die Auslagerung von Umsetzungsaufgaben in der Förderung galt auch für West-Berlin.

121 West-Staaken gehörte bis zur Wiedervereinigung zum Gebiet des Landes Brandenburg und gehört seitdem zum Westberliner Bezirk Spandau. In der europäischen Förderung zählte West-Staaken aber zu dem Ostberliner Ziel-1-Gebiet. Vgl. KOM (1995a), S. 119.

122 Schwerpunkt 6 des GFK: Maßnahmen zur Förderung der Landwirtschaft, der ländlichen Entwicklung und der Fischerei wurden ausschließlich durch den EAGFL bedient. Insgesamt machte dieser Schwerpunkt in Ost-Berlin nur gut 1 % der gesamten Strukturfondsmittel dieser Förderperiode aus.

grammphase „auf Grund der verhaltenen Investitionstätigkeit von Großunternehmen im Land Berlin“ reduziert werden mussten.[123] Insgesamt konnten 148 Vorhaben unterstützt werden.

Im Rahmen des Unterpunktes *Produktive Investitionen* wurden die Neuerrichtung, Erweiterung und Modernisierung von Betrieben des produzierenden und dienstleistenden Gewerbes gefördert. Unterstützt wurden 80 Vorhaben mit einer EFRE-Beteiligung von 21,3 Mio. ECU. Ursprünglich war ein mehr als doppelt so hoher Betrag vorgesehen (46,4 Mio. ECU).[124]

Der Förderung von wirtschaftsnaher Infrastruktur (Unterpunkt: *Ergänzende Infrastrukturmaßnahmen*), vor allem der zügigen Beseitigung von bestehenden Defiziten, kam in Ost-Berlin auch in der zweiten Förderperiode herausragende Bedeutung zu. Sie stellte ursprünglich den größten Einzelposten in der EFRE-Förderung dar. Es galt, die Voraussetzungen für Aufbau und Sicherung der Attraktivität Ost-Berlins als wettbewerbsfähigem Produktionsstandort zu schaffen. Dem enormen Nachholbedarf und dem damit benötigten Finanzvolumen stand hier der finanzielle Engpass des Berliner Landeshaushaltes entgegen. EFRE-Mittel und die Kofinanzierung durch die nationale Gemeinschaftsaufgabe trugen so zu einer schnelleren Verwirklichung der Projekte bei.[125] Antragsteller waren bei diesem Förderschwerpunkt überwiegend Ostberliner Bezirksämter sowie nicht auf Gewinnerzielung ausgerichtete öffentliche Einrichtungen und Institutionen.

Insgesamt konnten 68 Vorhaben im Bereich der ergänzenden Infrastrukturmaßnahmen gefördert werden. Darunter fielen die Erschließung von Industrie- und Gewerbegelände (auch Verkehrsverbindungen), die Wiederherstellung und der Ausbau von brachliegenden Industrie- und Gewerbeflächen (u.a. die Unterstützung des Ausbaus des Wissenschafts- und Wirtschaftsgeländes in Berlin-Adlershof) und die Errichtung von Energie- und Wasserversorgungsleitungen und -anlagen.

2. *Förderung kleiner und mittlerer Unternehmen*

Fast 30 % der Ostberliner EFRE-Mittel waren für die Unterstützung kleiner und mittlerer Unternehmen veranschlagt. Durch die Förderung produktiver Investitionen konnten hier mit EFRE-Unterstützung 1 247 Unternehmen gefördert werden. Dabei

123 Vgl. Berliner Europabericht 1999, S. 91.

124 Eine inhaltlich vergleichbare Förderung findet sich im Schwerpunkt 2. Dort ist die Förderung allerdings speziell auf kleine und mittlere Unternehmen ausgerichtet, während hier nur größere Unternehmen und Betriebe gefördert wurden bzw. werden sollten.

125 Der ESF war ergänzend tätig.

handelte es sich überwiegend um Unternehmen mit geringen Investitionshöhen je Förderfall (unter 1 Mio. ECU).

Für den Unterschwerpunkt *Produktive Investitionen* waren ursprünglich 108,3 Mio. ECU vorgesehen. Durch Anpassungen reduzierte sich dieses Volumen geringfügig auf 106,8 Mio. ECU. Im Rahmen des Unterpunktes *Dienste für KMU* wurden mit Blick auf den Nutzen von Dienstleistungen für kleine und mittlere Unternehmen Infrastrukturinvestitionen mit EFRE-Mitteln in Höhe von 73 Mio. ECU gefördert. Dazu zählten u.a. Errichtung, Erweiterung, Renovierung und Ausbau von Gewerbezentren. Ursprünglich waren hierfür 46,3 Mio. ECU vorgesehen. Die EFRE-Mittel wurden hier zum einen im Rahmen der GRW vergeben, zum anderen erfolgten Förderungen im Rahmen des Gewerbehofprogramms des Landes Berlin. Auf Grund des sich abzeichnenden Gewerbeflächenüberangebots in Berlin wurden Ende der 90er Jahre ausschließlich schon begonnene Projekte unterstützt und keine neuen mehr in die Förderung aufgenommen.[126]

Im Herbst 1999 erwies sich die Antragslage von KMU für Investitionen besser als erwartet, so dass die indikativ vorgesehenen Mittel für den gesamten Schwerpunkt von 154,6 Mio. ECU auf 179,8 Mio. ECU aufgestockt wurden. Insgesamt wurden im Rahmen des Förderschwerpunktes KMU 1 262 Vorhaben gefördert. Das dafür bereitgestellte EFRE-Volumen war mit einem Anteil von 33,2 % der größte Posten in der EFRE-Förderung Ost-Berlins, was die Bedeutung der KMU für die wirtschaftliche Entwicklung Berlins insgesamt unterstrich.

3. Förderung des technologischen Potenzials

Neben der klassischen Forschungs- und Entwicklungsförderung gehörten in diesen Förderschwerpunkt Vorhaben der Informations- und Kommunikationstechnologie sowie der Medienwirtschaft. Ziel war es, in diesen zukunftsorientierten Bereichen dauerhafte und qualifizierte Arbeitsplätze zu schaffen. Die Förderung des technologischen Potenzials, insbesondere Maßnahmen der wirtschaftsnahen und anwendungsorientierten Forschung, wurde ausschließlich außerhalb der GRW, d.h. mit Landesmitteln kofinanziert, vor allem durch das Landesförderprogramm zur industriellen Technologieentwicklung (FiTE), das FuE-Mittelstandsprogramm und den Innovationsfonds. Alle drei dienten primär der Stärkung der betrieblichen Wettbewerbsfähigkeit und der Innovationskraft. Die fachliche Betreuung der Programme im FuE-Bereich war auf Grund der sehr spezifischen Wissensanforderungen dem Verband Deutscher Ingenieure (VDI/VDE) und anfänglich auch der Industrie- und Handelskammer (IHK) übertragen worden.

---

126 Vgl. SenWiTech (2000b), S. 17 ff.

Die Informations- und Kommunikationstechnologie-Förderung beinhaltete wirtschaftsnahe Forschungs- und Entwicklungsprojekte im Bereich der Informations- und Kommunikationstechnologie, vor allem für kleine und mittlere Unternehmen, die über keine betriebseigenen FuE-Kapazitäten verfügten. Komplementär hierzu wurde der Erwerb von Mitarbeiterqualifikationen (insbesondere für Führungskräfte und Frauen) durch den Europäischen Sozialfonds gefördert.

Die Informations- und Kommunikationstechnologieförderung war im Ost-Berliner OP ein konkretes Beispiel für eine die administrativen Landesgrenzen von Berlin überschreitende Kooperation: „Auf dem Gebiet der Informations- und Kommunikationstechnik sollen die Schlüsselfunktionen, welche diese Technologien besitzen, sowohl für die Berliner Unternehmen im einzelnen als auch für die Wirtschaftsregion insgesamt nutzbar gemacht werden.“[127]

Im Bereich der Medienwirtschaft wurden Investitionen und Entwicklungen auf dem Gebiet der digitalen Fernseh- und Hörfunkdienste, innovative Verfahren in der Medientechnologie und Multimedia-Vorhaben gefördert, um Berlin als Medienstandort zukunftsgerichtet zu entwickeln. Der EFRE beteiligte sich seit 1995 an der Kofinanzierung der Landesprogramme.

Insgesamt konnten in diesem Schwerpunkt 522 Vorhaben unterstützt und statt der geplanten 61,8 Mio. ECU mit 92,5 Mio. ECU mehr EFRE-Mittel als geplant gebunden werden. Im Rahmen einer Programmkorrektur wurden insbesondere der Bereich FuE aufgestockt, die Förderinhalte erweitert und die Beteiligungssätze angehoben, womit „ein äußerst positiver Impuls für die Technologieförderung im Land Berlin gesetzt werden konnte“.[128]

4. Umweltverbessernde Maßnahmen

Durch die Teilentkopplung des EFRE von der GRW waren in Ost-Berlin erstmals auch verstärkt Förderungen im Bereich des Umweltschutzes möglich. Zugleich wurde so eine Harmonisierung mit den in West-Berlin praktizierten Umweltschutzprogrammen erreicht. Ziel war die Schaffung einer leistungsfähigen Wirtschaftsstruktur, die ressourcenschonend und emmissionsarm produziert und so, wie schon im Westteil der Stadt praktiziert, Rücksicht nahm auf die typische „Berliner Mischung“ von Gewerbe und Wohnen innerhalb des Stadtgebietes. Der EFRE unterstützte im

---

127 Vgl. EG (1994c), S. 62. Die Aussage ist deckungsgleich mit dem West-Berliner OP 1997-1999, vgl. SenWiTech (1997), S. 75.

128 Vgl. Berliner Europabericht 1999, S. 91

Entwicklungsschwerpunkt Umwelt zwei Landesumweltprogramme: das „Umweltförderprogramm" (UFP III) und die „Zukunftsinitiative Ökologisches Wirtschaften" (ZÖW).

Die Förderung der umweltverbessernden Maßnahmen verlief „trotz erheblicher Bemühungen und verstärkter Öffentlichkeitsarbeit" nicht im gewünschten und geplanten Umfang. Im Rahmen des Umweltförderprogramms und der Zukunftsinitiative Ökologisches Wirtschaften wurden insg. 282 Vorhaben gefördert und EFRE-Mittel in Höhe von 53,6 Mio. ECU gebunden. Insgesamt standen für dieses Entwicklungsziel in Ost-Berlin ursprünglich gut 12 % der EFRE-Mittel zur Verfügung, letztendlich wurden aber nur knapp 10 % nachgefragt. Die ungenutzten Mittel wurden zu Gunsten anderer Förderschwerpunkte umgeschichtet.[129] Schwierigkeiten gab es bei der Durchführung dieses Schwerpunktes auch durch die Verlagerung der Kompetenzen auf die IBB. Die damit verbundene Hoffnung auf Verfahrensvereinfachung und Beteiligung externer Projektträger erfüllte sich nicht. Statt dessen kam es zu Verzögerungen und Komplikationen.

5. Aus- und Weiterbildung

Der EFRE unterstützte in Ost-Berlin überwiegend die Errichtung und den Ausbau von Ausbildungseinrichtungen. Voraussetzung für eine Förderung war der unmittelbare Zusammenhang der geplanten Maßnahme mit dem Bedarf an geschulten Arbeitskräften in der gewerblichen Wirtschaft und des Dienstleistungsbereiches im Sinne der GRW. Wie schon 1991-1993 war der Bedarf bei diesem Entwicklungsschwerpunkt so groß, dass alle Mittel vorfristig gebunden werden konnten. Ursprünglich standen 5,4 % der EFRE-Mittel zur Verfügung, die im Laufe der Programmphase auf 7,6 % erhöht wurden. Letztlich konnten 27 Projekte mit einer EFRE-Beteiligung von 41,1 Mio. ECU statt 28,3 Mio. ECU gefördert werden.

Technische Hilfe

Wie auch schon in der vorherigen Förderperiode finanzierte der EFRE im Rahmen der Technischen Hilfe Maßnahmen zur Vorbereitung, Durchführung, Bewertung und Kontrolle der EFRE-Interventionen, um dabei eine effektive und optimale Abwicklung der Förderung und darüber hinaus die Beschleunigung der Maßnahmenabwicklung durch gezielte Vorleistungen zu unterstützen und zu gewährleisten. [130]

---

129 Vgl. ebenda

130 Dazu zählten in Ost-Berlin wie in der vorhergehenden Förderperiode die Personalkosten für die Mitarbeiter bei der Senatsverwaltung für Wirtschaft, Kosten für Projektträgerschaften und Kosten für Öffentlichkeitsarbeit. Vgl. SenWiTech (2000), S. 41 ff.

Vorgesehen waren 8,3 Mio. ECU, d.h. 1,6 % der EFRE-Mittel Ost-Berlins. Diese wurden im November 1999 im Rahmen des Änderungsantrages auf 6,8 Mio. ECU reduziert. Darüber hinaus hielt die Europäische Kommission anfangs selbst noch einen Anteil von 1,25 % der EFRE-Mittel insgesamt für eigene Initiativen im Rahmen der Technischen Hilfe zurück. Diese Mittel flossen später auf Grund von Verwendungsschwierigkeiten in den Topf der Technischen Hilfe der Länder ein. Die Kofinanzierung für die 71 Maßnahmen mit EFRE-Mitteln erfolgte ausschließlich durch Landesmittel, sofern nicht zu 100 % aus europäischen Mitteln gefördert wurde.

Mit Hilfe von drei Änderungsanträgen vom Mai 1995, August 1998 und November 2000 bzw. Reprogrammierungen waren bereits Ende 1999 die EFRE-Mittel zu fast 100 % gebunden und bis Ende 2000 zu fast 80 % kassenwirksam abgeflossen.[131] Das Ende der Auszahlungsfrist war der 31.12.2001.

6.4.3. Teilregion Brandenburg

Wie auch schon in der vorhergehenden Förderphase waren die Grundlagen für die Entwicklungsschwerpunkte und das Mittelvolumen der europäischen Regionalförderung im Rahmen des Gemeinschaftlichen Förderkonzepts für alle neuen Länder festgelegt worden.[132] Wie Tab. 6.8 zeigt, standen Brandenburg als Ziel-1-Region für die Zeit von 1994-1999 insgesamt 1 075 Mio. ECU (zu Preisen von 1994) aus dem EFRE zur Verfügung. Dieser Betrag erhöhte sich bis zum Ende der Förderperiode durch Indexierung und Rückführung von Mitteln der Technischen Hilfe, die ursprünglich direkt von der Europäischen Kommission verwendet werden sollten, auf 1 086 Mio. ECU. Der EFRE-Anteil betrug knapp die Hälfte aller insgesamt vorgesehenen Strukturfondsmittel für Brandenburg in dieser Förderperiode.

Die Kofinanzierung der europäischen Regionalfondsmittel erfolgte überwiegend über die nationale Gemeinschaftsaufgabe „Verbesserung der regionalen Wirtschaftsstruktur". Damit unterlag die Vergabe der EFRE-Mittel dem jeweils geltenden Regelwerk der GRW.[133] Die grundsätzliche Möglichkeit einer Teilentkopplung von EFRE und GRW war schon im Operationellen Programm vorgesehen und ab 1995 möglich. Die Dringlichkeit einer Entkopplung beider Instrumente war in Brandenburg jedoch auf Grund der potentiell zu fördernden Projekte nicht in dem Maße gegeben wie in Berlin. Brandenburg entschied sich deshalb weder sofort noch im

131 Vgl. Berliner Europabericht 1999, S. 91

132 Vgl. KOM (1995a).

133 Vgl. Rahmenpläne der GRW Nr. 23 bis Nr. 28.

größeren Umfang für eine Entkopplung.[134]

Tab. 6.8: EFRE-Förderung in Brandenburg 1994-1999 nach Schwerpunkten

in Mio. ECU

Schwerpunkte	Öffentliche Zuschüsse		EFRE-Anteil			
	Ursprüngl.	n. Anp.	Ursprüngl.	% EFRE	n. Anp.	% EFRE
1. Produktive Investitionen / ergänzende Infrastruktur	516,0	1 065,2	258,0	24,0	517,4	45,9
1.1. Prod. Investitionen	*361,2*	*361,9*	*180,6*	*16,8*	*170,5*	*18,1*
1.2. ergänzende Infrastruktur	*154,8*	*703,4*	*77,4*	*7,2*	*346,8*	*27,8*
2. KMU	903,1	399,3	417,1	38,8	164,8	14,4
2.1. Produktive Investitionen	*583,9*	*318,4*	*292,0*	*27,2*	*153,3*	*13,6*
2.2. Dienste für KMU	*250,3*	*23,8*	*125,1*	*11,6*	*11,5*	*0,8*
3. Forschung, technologische Entwicklung, Innovation	214,2	233,4	96,7	9,0	121,0	12,2
4. Umweltverbessernde Maßnahmen	228,8	352,1	107,5	10,0	131,0	13,3
5. Aus- und Weiterbildung, Förderung von Beschäftigung 2)	71,1	150,5	75,2	7,0	75,2	7,0
6. Ländliche Räume 2)	717,9	129,3	107,5	10,0	64,8	6,0
Technische Hilfe	14,3	15,2	1) 13,0	1,2	1)11,8	1,2
Insgesamt	**3 750,8**	**2 345,0**	1) **1 075,0**	**100,0**	1) **1 086,0**	**100,0**

Quelle: EG (1994a), S. 5; MWMT: Stand 29.12.1999; 1) Enthalten ist ein Betrag von 2,2 Mio. ECU, der ursprünglich für die Technische Hilfe auf Initiative der Europäischen Kommission vorgesehen war. Im OP: 10,7 Mio. ECU + 2,2 Mio. ECU, im GFK 13,0 Mio. ECU); 2) Im EFRE-dominierten Operationellen Programm für Brandenburg sind die Schwerpunkte 5 (Arbeitskräftepotenzial) und 6 (Ländliche Entwicklung) in der Übersicht nach Schwerpunkten (Finanztabelle) für den EFRE nicht aufgeführt. Angemerkt wird dazu, dass sie in die integrierten Programme des ESF bzw. des EAGFL eingeordnet sind. Im Text auf den Seiten 36 und 53 hingegen werden sie behandelt und ausgewiesen, so auch im GFK.

Seit 1997 wurde jedoch ein Teil der EFRE-Mittel in Brandenburg unabhängig von der GRW eingesetzt, vor allem zur Förderung sog. „weicher Standortfaktoren". Da diese im Rahmen des GRW-Regelwerks nicht förderfähig waren, erfolgte die Kofinanzierung statt dessen im Rahmen von Landesprogrammen. Gefördert wurden Informations- und Kommunikationstechnologien, Vorhaben des Immissionsschutzes,

134 Brandenburger Landesregierung (1993): Kabinettsbeschluss Nr. 1806/93 vom 27.04.1993 zur Teilentkopplung von EFRE und GRW. Vgl. dazu auch MWMT (1998): Förderung der Europäischen Union für das Land Brandenburg, S. 11 ff.

Freizeitbäder mit touristischer Bedeutung, öffentliche Abwasserleitungs- und –behandlungsanlagen, wirtschaftsnahe Infrastruktur im Kulturbereich, Brachflächenrecycling sowie einige außeruniversitäre wirtschaftsnahe Forschungseinrichtungen.[135]

Die Verteilung der EFRE-Mittel von 1994-1999 auf die einzelnen Entwicklungsschwerpunkte erfolgte – unter Berücksichtigung der globalen Förderziele für die neuen Länder – speziell abgestimmt auf die Bedürfnisse und die wirtschaftliche Ausgangslage Brandenburgs.[136] Hierbei wurde das Brandenburger Leitbild der dezentralen Konzentration berücksichtigt, was seinen Niederschlag auch in der regionalen Differenzierung der Fördersätze fand.[137]

Insgesamt strebte Brandenburg bei der Förderung eine „möglichst enge Verzahnung nicht nur der drei Strukturfonds der EU, sondern auch die Bündelung der Förderung durch die Einbeziehung der Vorhaben anderer Häuser der Landesregierung" an.[138] Die konkrete Festlegung der Fördermodalitäten erfolgte mit der Genehmigung des Operationellen Programms am 5. August 1994.[139]

Wie die Entwicklungsschwerpunkte gefördert wurden, wird nachstehend dargestellt.

1. Produktive Investitionen und ergänzende Infrastruktur

Der EFRE unterstützte in diesem Schwerpunkt produktive Investitionen der gewerblichen Wirtschaft und ergänzende Investitionen in die wirtschaftsnahe Infrastruktur zur Sicherung und Schaffung dauerhafter und wettbewerbsfähiger Arbeitsplätze. Die Unterstützung *produktiver Investitionen der gewerblichen Wirtschaft* zielte auf die Förderung und Ansiedlung des produzierenden Gewerbes und die Entwicklung produktionsnaher Dienstleistungen. Gefördert wurden Unternehmensgründungen sowie Erweiterungen, Aufbau und Umstrukturierungen von Unternehmen. Berücksichtigung fanden auch Investitionen im Fremdenverkehrssektor. Unter die Förderung der *ergänzenden Infrastruktur* fielen – wie auch schon in der vorhergehenden Förderperiode – Erschließungsmaßnahmen, insbesondere von Industrie- und Gewerbeflächen. Darüber hinaus bestand auch weiterhin ein Bedarf bei der Förderung der Errichtung und dem Ausbau von Energie- und Wasserversorgungsleitungen sowie von Abwasser- und Abfallentsorgungsanlagen. Außerdem wurden

135 Vgl. MWMT (1998a): Wirtschaftsbericht Brandenburg 1998, S. 113.

136 Vgl. bspw. Ausführungen bezüglich des Umweltbereiches in: EG (1994a), S. 33.

137 Vgl. EG (1994a), S. 11 und S. 18.

138 Vgl. EG (1994a), S. 32.

139 EG (1994a).

der Ausbau von Gewerbezentren und Technologieparks und die Errichtung und Erweiterung von Aus- und Weiterbildungseinrichtungen für die gewerbliche Wirtschaft gefördert.

Dieser Schwerpunkt beinhaltete auch die Förderung der Geländeerschließung für wirtschaftsnahe Infrastruktur, „bei denen eine industriell, gewerblich oder militärisch fehlgenutzte oder brachliegende Fläche einer neuen gewerblichen oder industriellen Nutzung zugeführt werden kann."[140] Konkretisiert wurde dies u.a. für „Erschließungsmaßnahmen zur Errichtung von Güterverkehrszentren", wobei die Einordnung in die Ost-West- und Nord-Süd-Verkehrsachsen im Rahmen der Transeuropäischen Netze berücksichtigt wurde, um den „gesamtwirtschaftlichen Wachstumsprozess der Region Berlin-Brandenburg und die Vertiefung der grenzüberschreitenden Zusammenarbeit mit den Ländern Mittel- und Osteuropas (zu) beschleunigen."[141] Der Schwerpunkt enthielt damit zwar keine konkrete Aussage zur Zusammenarbeit zwischen den Ländern Berlin und Brandenburg, aber immerhin die Erwähnung der „Region Berlin".

Insgesamt stellte der EFRE für diesen Förderschwerpunkt 45,9 % der EFRE-Mittel in einer Höhe von 517,4 Mio. ECU bereit, was gegenüber den ursprünglich veranschlagten 258,0 Mio. ECU eine Verdopplung des Mittelvolumens bedeutete. 410 Vorhaben konnten gefördert werden.[142] Alle Maßnahmen in diesem Schwerpunkt waren am Leitbild der dezentralen Konzentration ausgerichtet.[143] Die EFRE-Förderung erfolgte entsprechend den Regularien der GRW, d.h. Rechtsgrundlage war der jeweils gültige Rahmenplan.

2. *Kleine und mittlere Unternehmen*

Der Förderung von kleinen und mittleren Unternehmen wurde in Brandenburg auf Grund des Defizits an derartigen Unternehmen besondere Bedeutung beigemessen.[144] Der EFRE trug dem Rechnung, indem fast 40 % der Mittel (indikativ 417,1 Mio. ECU) für die Unterstützung produktiver Investitionen der gewerblichen Wirtschaft und von Dienstleistungen für kleine und mittlere Unternehmen veranschlagt wurden. Auch hier, wie beim Schwerpunkt 1, erfolgte die Förderung in Verbindung mit der GRW und den jeweiligen Rahmenplänen. Die Nachfrage entsprach

140 Vgl. EG (1994a), S. 40.

141 Vgl. ebenda.

142 Alle Angaben zur Anzahl der geförderten Vorhaben in Brandenburg beziehen sich auf den Stand 30.6.2001, d.h. vor dem endgültigen Abschluss der Förderperiode bzw. dessen Auszahlungsfrist. Quelle: MWMT.

143 Vgl. EG (1994a), S. 32.

144 Vgl. EG (1994a), S. 42.

allerdings nicht den Erwartungen, so dass die Finanzmittel zu Gunsten der Schwerpunkte 1, 3 und 4 um gut 60 % auf 164,8 Mio. ECU reduziert wurden. Insgesamt wurden 2 105 Vorhaben finanziell unterstützt.

Im Rahmen des Unterschwerpunktes *produktive Investitionen der gewerblichen Wirtschaft* unterstützte der EFRE Investitionen zur Gründung kleiner und mittlerer Unternehmen, Erweiterungen bestehender Betriebe sowie die Mobilisierung des endogenen Entwicklungspotenzials[145], ursprünglich in Höhe von 292,0 Mio. ECU, dann gekürzt auf 153,3 Mio. ECU. Im Unterschwerpunkt *Dienstleistungen für kleine und mittlere Unternehmen* förderte der EFRE die Bereitstellung von Räumlichkeiten und Gemeinschaftsdiensten bei Investitionen für Technologie-, Innovations- und Existenzgründungszentren sowie die Übernahme von Bürgschaften, um kleinen und mittleren Unternehmen den Marktzugang zu erleichtern und das Management zu unterstützen. Die Nachfrage entsprach jedoch nicht den Erwartungen. Statt der ursprünglich vorgesehenen Mittel in Höhe von 125,1 Mio. ECU wurden nur 11,6 Mio. ECU in Anspruch genommen.

3. *Forschung, technologische Entwicklung und Innovation*

Ziel dieser Förderung war der Abbau bzw. Ausgleich eines bestehenden Defizits an Forschungskapazitäten der Brandenburger Unternehmen.[146] Seit 1994 wurde deshalb mit Mitteln des EFRE der Aufbau einer wirtschaftsnahen und anwendungsbezogenen Forschung unterstützt. Für den erstmals in das Förderkonzept aufgenommenen Schwerpunkt standen knapp 9 % der EFRE-Mittel in Höhe von 96,7 Mio. ECU zur Verfügung, die bis zum Ablauf der Förderperiode auf 121,0 Mio. ECU aufgestockt werden konnten.[147] Über die Hälfte der EFRE-Mittel wurde hier losgelöst von der GRW verwendet, um speziell außeruniversitäre Forschungseinrichtungen zu unterstützen. Es konnten insgesamt 102 Vorhaben gefördert werden.

4. *Umweltverbessernde Maßnahmen*

Auf Grund der in vielen Fällen kritischen Umweltsituation in Brandenburg hatten Maßnahmen zum Umweltschutz und zur Umweltverbesserung gegenüber der vorherigen Förderperiode an Bedeutung gewonnen.[148] Die Teilentkopplung von GRW und EFRE trug dazu bei, dass verstärkt EFRE-Mittel im Umweltbereich eingesetzt werden konnten. Der EFRE unterstützte die Förderung von Infrastrukturmaßnahmen, insbesondere Maßnahmen zu Recylingverfahren, zur Errichtung von Klär- und

---

145 Weiteres zum endogenen Entwicklungspotenzial in Brandenburg, vgl. EG (1994a), S. 35.

146 Vgl. EG (1994a), S. 44.

147 Zu den vielfältigen Maßnahmen vgl. EG (1994a), S. 44 f.

148 Vgl. EG (1994a), S. 33 und 46 f.

Wasseraufbereitungsanlagen und die Wiedernutzbarmachung von brachliegenden Flächen[149]. Die für die Zeit von 1994-1999 vom EFRE vorgesehenen Mittel in Höhe von 107,5 Mio. ECU konnten auf 131,0 Mio. ECU erhöht und damit 436 Maßnahmen unterstützt werden.

5. *Aus- und Weiterbildung, Förderung von Beschäftigung*

Die Förderung von Aus- und Weiterbildung und die Förderung von Beschäftigung erfolgte in enger Zusammenarbeit zwischen EFRE und dem Europäischen Sozialfonds. Mit den Mitteln des EFRE wurden die Errichtung bzw. der Ausbau von Ausbildungs- und Umschulungsstätten zur bedarfsgerechten beruflichen Weiterbildung von Arbeitskräften für die gewerbliche Wirtschaft gefördert. Darüber hinaus erhielt der Hochschulsektor Unterstützung bei der Errichtung von studentischem Wohnraum. Insgesamt standen 75,2 Mio. ECU zur Verfügung, die auch voll ausgeschöpft und mit denen 20 Vorhaben unterstützt wurden.

6. *Ländliche Räume*[150]

Die Förderung des ländlichen Raumes erwies sich im landwirtschaftlich geprägten Flächenland Brandenburg, wie schon in der vorangegangenen Förderperiode, als besonders bedeutsam. Die bereitgestellten EFRE-Mittel sollten dazu beitragen, den vom Niedergang geprägten ländlichen Gebieten eine Umstrukturierung und Neuorientierung bei der Schaffung von Arbeitsplätzen, z. B. im Fremdenverkehrsbereich, zu ermöglichen. Unterstützt wurden Existenzgründungen und Betriebserweiterungen, gewerbliche und wirtschaftsnahe Investitionen im Fremdenverkehrsbereich, die Erschließung von Gewerbeflächen und die Schaffung wirtschaftsnaher Infrastruktur. Ein weiterer Schwerpunkt lag in der Unterstützung bzw. Revitalisierung von Braunkohleregionen.[151]

Die Förderung des EFRE erfolgte in diesem Schwerpunkt in enger Kooperation mit dem Ministerium für Ernährung, Landwirtschaft und Forsten und in Abstimmung mit

---

149 Der Wiedernutzbarmachung von brachliegenden Industrie- und Gewerbeflächen sowie ehemals militärisch genutzter Flächen einschließlich der erforderlichen Sanierung kam in Brandenburg auch in dieser Förderperiode besondere Bedeutung zu, da in Brandenburg große Flächen früher militärisch genutzt waren. Speziell für die Unterstützung der Konversion stellte die Europäische Gemeinschaft darüber hinaus erneut Mittel im Rahmen des KONVER-Programmes für Brandenburg bereit.

150 Dieser Förderschwerpunkt beinhaltete drei Unterpunkte: Landwirtschaft, ländliche Entwicklung und Fischerei. Der EFRE wurde in diesem Förderschwerpunkt ausschließlich im Bereich der ländlichen Entwicklung unterstützend tätig.

151 Zu den speziellen Maßnahmen und möglichen komplexen Entwicklungsprogrammen in den Braunkohleregionen, vgl. EG (1994a), S. 51.

den Fördermitteln des EAGFL. Die bereitgestellten EFRE-Mittel hatten ursprünglich ein Volumen von 107,5 Mio. ECU (10 % der EFRE-Mittel). In Anspruch genommen wurden jedoch nur 64,8 Mio. ECU (6 %). Gefördert wurden 200 Maßnahmen.

Technische Hilfe

Im Rahmen der Technischen Hilfe unterstützte der EFRE mit einem indikativen Mittelvolumen von 13,0 Mio. ECU (nach Anpassung 11,8 Mio. ECU) bzw. 1,2 % der EFRE-Mittel 137 Maßnahmen, die der Vorbereitung, Durchführung, Beratung und Information im Hinblick auf die Regionalfondsmittel und anderer EU-Förderinstrumente dienten. Darunter fielen Studien und Gutachten, Analysen, aber auch Veranstaltungen und andere Formen der Öffentlichkeitsarbeit.[152]

Im Hinblick auf eine mögliche Fusion von Berlin und Brandenburg während der Förderperiode verwies das OP auf die Möglichkeit, „Vorstudien, Studien, Gutachten und Analysen" mit Mitteln der Technischen Hilfe zu fördern, um Aspekte der Nähe zu Berlin bzw. die „spezifischen Probleme der Regionalförderung, die sich aus einer eventuellen Zusammenlegung der Bundesländer Berlin und Brandenburg" ergeben könnten, zu untersuchen.[153]

Darüber hinaus unterstützte der EFRE auch in dieser Förderphase die personelle Verstärkung der mit der Programmabwicklung betrauten Behörden (EG-Koordinatoren und Regionalbetreuer), um so zu einer ordnungsgemäßen Abwicklung der EFRE-Förderprogramme beizutragen.

Auf Grund Brandenburgs gemeinsamer Grenze mit Polen waren im Rahmen der Technischen Hilfe auch wieder Mittel für eine grenzüberschreitende Kooperation (Euroregionen) vorgesehen und in Anspruch genommen worden

6.4.4. Probleme in der EFRE-Förderpraxis

Endgültige Aussagen über Probleme bei der EFRE-Förderung in der Phase von 1994-1999 sind derzeit nur bedingt bzw. eingeschränkt möglich, da weder abschließende Informationen über die endgültige Abwicklung und Mittelbindung vorliegen, noch die offiziellen Evaluierungen schon abgeschlossen und öffentlich zugänglich

---

152 Unter anderem die 1998 in 5. Auflage erschienene Broschüre: „Förderung der Europäischen Union für das Land Brandenburg" hrsg. vom (MWMT (1998).

153 Vgl. EG (1994a), S. 53. Nach Aussagen des Ministeriums (Interview) hat es keine diesbezügliche Studie gegeben, „war nur Prophylaxe".

sind bzw. in Brandenburg noch nicht in Auftrag gegeben wurden.[154] Für die Problembewertung muss deshalb auf die Operationellen Programme des EFRE bzw. die EPPDs von Berlin und Brandenburg, die EFRE-Jahres- und Abschlussberichte, soweit zugänglich,[155] die Zwischenevaluierung der europäischen Strukturfonds in den neuen Bundesländern 1994-1996 vom ifo-Institut[156] und die in Interviews zu dieser Arbeit erhaltenen Anhaltspunkte zurückgegriffen werden.

Der Zeitraum 1994-1999 war die zweite Förderperiode der Interventionen des Europäischen Regionalfonds in der Region Berlin. Zugleich war es die erste Förderperiode, in der alle Teilgebiete der Region den regulären Förderbedingungen der Strukturfondsverordnung unterlagen. Mit der Gleichzeitigkeit der Planung war die Grundlage für eine mögliche verstärkte Zusammenarbeit in der Region schon in der konzeptionellen Phase gegeben. Inwieweit davon Gebrauch gemacht wurde, wird noch zu beurteilen sein.

Neben den schon im Rahmen der einzelnen Schwerpunkte erwähnten konkreten Schwierigkeiten ließen sich auch in dieser Förderperiode zusammenfassend zwei Problembereiche ausmachen, die sich entweder auf die Implementation des EFRE-Instrumentariums allgemein zurückführen ließen oder aus der speziellen Situation der Region Berlin resultierten. Aber auch hier galt, wie schon in der vorhergehenden Förderperiode 1989-1993, dass eine eindeutige bzw. ausschließliche Zuordnung der aufgetretenen Probleme zu der einen oder anderen Kategorie auf Grund vielfältiger Interdependenzen nicht immer möglich ist.

Allgemeine Probleme, die insbesondere in der Periode 1989-1993 Implementation und Einsatz des EFRE in Berlin und Brandenburg erschwerten, resultierten überwiegend aus den Anlaufschwierigkeiten und den Umstrukturierungen in den neuen Ländern und in den zuständigen Verwaltungen. Diese institutionellen Engpässe galten für die Phase 1994-1999 weitgehend als überwunden. Dazu hatte u.a. auch die Unterstützung im Rahmen der Technischen Hilfe des EFRE beigetragen. Schwierigkeiten, die sich in der ersten Förderphase verstärkt durch die strikte Kopplung der Förderinstrumente EFRE und GRW in Ost-Berlin und Brandenburg ergeben hatten, wurde durch die Flexibilisierungsklausel schon in der konzeptionellen Phase entgegengewirkt.

---

154 Auch auf Nachfragen war hier nicht zu erfahren, wann der Evaluierungsauftrag vergeben werden soll und mit abschließenden Bewertungen zu rechnen ist. (Stand November 2001)

155 Für Brandenburg war dies unter Verweis auf den Datenschutz z.T. nicht möglich.

156 Vgl. Riedel/Scharr/König (1997): Die Europäischen Strukturfonds in den neuen Bundesländern, Zwischenbewertung des Mitteleinsatzes 1994-1996, Institut für Wirtschaftsforschung, Dresden.

Die spezifischen Probleme in der Region ergaben sich durch die auch weiterhin bestehende Einstufung der Teilregionen in unterschiedliche Förderkategorien sowie die Zweiländerzuständigkeit und die damit eingeschränkten Möglichkeiten einheitlicher Maßnahmenplanungen und Mittelzuweisungen. Mit der Einbeziehung West-Berlins in die GRW und der bewußten Annäherung der Förderschwerpunkte in West- und Ost-Berlin konnten die Fördermöglichkeiten innerhalb Berlins jedoch nahezu angeglichen werden.

Im Einzelnen ließen sich die folgenden Schwierigkeiten ausmachen:

- *Engpässe in den öffentlichen Haushalten*

In Berlin ergaben sich Schwierigkeiten bei der EFRE-Förderung durch die angespannte Berliner Haushaltssituation, die bis hin zu einer Haushaltssperre 1996 führte. Auf Grund der dadurch sowohl für West- als auch für Ost-Berlin entstandenen schwierigen Kofinanzierungssituation konnten zum Teil EFRE-Fördermittel nicht wie geplant gebunden und abgerufen werden.[157] Mit Hilfe von Änderungsanträgen und Reprogrammierung konnten jedoch letztendlich auch in der Förderperiode 1994-1999 sämtliche EFRE-Mittel in allen drei Teilgebieten fristgerecht gebunden werden. Eine Verlängerung der Auszahlungsfrist über den 31.12.2001 hinaus war weder in Berlin noch in Brandenburg vorgesehen.[158] Allerdings haben sich bei der Programmabwicklung in Berlin doch überraschend große Probleme ergeben, verbunden mit dem Risiko, dass in Berlin ca. 50 Mio. ECU EFRE-Mittel nicht abgerufen werden konnten und zu verfallen drohten.[159]

- *Kommunikationsprobleme der beteiligten Akteure*

Sowohl in Brandenburg als auch in Berlin wurde auf Nachfrage bestätigt, dass es bei der Vergabe und Verwendung der EFRE-Mittel auch interne Probleme bei der Kommunikation und dem Zusammenspiel zwischen den einzelnen Fachressorts und den zuständigen EFRE-Fondsverwaltungen gab. Insbesondere in Brandenburg kam

---

157 Vgl. Berliner Europabericht 1999, S. 29 und SenWiTech (2000b), S. 29, wo darauf hingewiesen wird, dass die Haushaltssperren eine kontinuierliche Arbeit in der Förderpraxis immer wieder behinderten.

158 Stand Oktober 2001.

159 Laut Meldung der „Berliner Zeitung" vom 18.12.2001 „Berlin verschenkt 40 Millionen Mark" war es Berlin nicht möglich, den größten Teil der fraglichen Fördergelder abzurufen. Um den Verlust der restlichen Fördergelder zu vermeiden, so wurde ausgeführt, würde der Regierende Bürgermeister jetzt versuchen, eine Verlängerung der „Auszahlungsperiode" zu erreichen.

es trotz der politisch vorgegebenen Integration der unterschiedlichen Fördermöglichkeiten nach Aussagen der beteiligten Akteure immer wieder zu Abstimmungsproblemen.

- *Kaum Zusammenarbeit trotz gleichzeitiger Planungsvorbereitungen*

Die Option einer verstärkten Zusammenarbeit Berlins mit Brandenburg, wie im Operationellen Programm von Brandenburg auf Seite 53 explizit erwähnt, wurde nicht wahrgenommen. Im Gegenteil, nach Angaben der Technischen Hilfe Brandenburg sollen mit Evaluierungsaufgaben betraute Prüfer davor gewarnt haben, grenzüberschreitend tätig zu werden, da dies bei der Mittelausweisung und dem getrennten Nachweis regionaler Effekte zu Problemen mit der Kommission führen könnte. Dies zeigt auch die generelle Schwierigkeit bei der Mitteldokumentation bzw. Legitimation der Mittelverwendung.[160]

Trotz der vorstehend aufgezeigten Probleme soll im folgenden Abschnitt der Versuch gemacht werden, die EFRE-Förderpraxis der drei Teilregionen zu vergleichen und näher zu analysieren.

6.5. EFRE-Förderung in den Teilregionen 1989-1999 im Vergleich

Bei dem Versuch, Gemeinsamkeiten und Unterschiede in der EFRE-Förderung der drei Teilregionen zu ermitteln, sind zunächst die unterschiedlichen Förderkategorien zu nennen. Die Einstufung West-Berlins in die Ziel-2-Kategorie war in der ersten Förderperiode eher politisch begründet, in der Periode 1994-1999 jedoch angesichts der ökonomischen Daten gerechtfertigt. Ost-Berlin und Brandenburg waren hingegen von Beginn ihrer Förderung an als Regionen mit Entwicklungsrückstand eingestuft, da sie die Ziel-1-Kriterien erfüllten (wie die übrigen neuen Länder erst als Sonderfördergebiet, dann regulär).

Die unterschiedliche Einstufung in Ziel-1 und Ziel-2-Gebiete wirkte sich nicht nur auf das unterschiedliche Förderspektrum aus, sondern auch auf das Fördervolumen, da Ziel-1-Regionen bei den Gemeinschaftshilfen Priorität haben. Ost-Berlin und Brandenburg erhielten in beiden Förderperioden pro Jahr etwa doppelt bzw. viermal so hohe Beträge wie West-Berlin. Hinzu kam, dass für Ost-Berlin und Brandenburg von Beginn der Förderung an noch einmal die gleichen Beträge aus der GRW zur Kofinanzierung zur Verfügung standen.

Da in West-Berlin bis 1993 die Förderung der gewerblichen Wirtschaft Bestandteil der Berlin-Förderung war, konnten die EFRE-Mittel überwiegend zur Unterstützung

160 Zur Erinnerung: Die EU-Förderung ist auf eine administrative Regionalabgrenzung abgestellt.

von Umweltmaßnahmen, zur Stärkung von KMU und zum Ausbau des Messestandortes eingesetzt werden, alles Maßnahmen, die aus Landesprogrammen kofinanziert wurden. Nach Auslaufen der Berlin-Förderung erlaubte dann die 1994 erfolgte Aufnahme West-Berlins in die GRW, bei der EFRE-Förderung für die gewerbliche Wirtschaft Bundesmittel zur Kofinanzierung zu nutzen. Dank dieser Möglichkeiten konnten die für die Förderung von KMU eingeplanten EFRE-Mittel sogar aufgestockt werden, während z.B. Fördergelder für unweltverbessernde Maßnahmen, die ausschließlich aus Landesprogrammen kofinanziert wurden, nicht zuletzt wegen der akuten Haushaltsprobleme Berlins reduziert werden mussten.

Die Förderschwerpunkte der Ziel-1-Regionen Ost-Berlin und Brandenburg waren formal weitgehend identisch, die praktische Umsetzung entwickelte sich aber unterschiedlich. Berücksichtigt man, dass die Förderung ländlicher Gebiete für Brandenburg als Flächenland relevant war, nicht jedoch für Ost-Berlin als Ballungsgebiet, so zeigte sich bei der Realisierung der darüber hinaus zunächst sehr ähnlichen Planungen, dass in Brandenburg die gewerbliche Wirtschaft wesentlich stärker als geplant gefördert werden konnte, während in Ost-Berlin die entsprechenden Ausgaben hinter den Planungen zurückblieben. Zurückzuführen war dies auf die Tatsache, dass in Brandenburg die Unterstützung der gewerblichen Wirtschaft überwiegend Großbetrieben galt, während in Ost-Berlin insbesondere KMU mit kleineren Investitionsvolumina gefördert wurden.

Brandenburg setzte anfänglich ebenfalls auf eine verstärkte KMU-Förderung. Diese konnte jedoch nicht im erwarteten Umfang realisiert werden. Nicht einmal 40 % der eingeplanten Mittel wurden in Anspruch genommen. In Ost-Berlin hingegen wurden die KMU-Planungen sogar übertroffen. Eine unterschiedliche Entwicklung zeigte sich auch bei den Maßnahmen zur Unterstützung der Humanressourcen, wo die vorgesehenen Mittel in Brandenburg erheblich reduziert und in Ost-Berlin auf Grund einer unerwartet großen Nachfrage aufgestockt werden mussten. Positiv wirkte sich in beiden Teilregionen die durch die Flexibilisierungsklausel seit 1994 mögliche partielle Abkopplung von der GRW aus. Die Förderung von Forschungs- und Entwicklungsmaßnahmen war so möglich. Beide Teilregionen konnten ihre diesbezüglichen Planungen in der Umsetzung übertreffen.

Die Analyse der Gemeinsamkeiten bzw. Unterschiede in der Schwerpunktumsetzung der EFRE-Mittelförderung wurde jedoch erschwert, da Brandenburger Zahlen nur für das Flächenland insgesamt verfügbar waren und nicht gesondert für den Brandenburger Teil der Region Berlin. Für eine Beurteilung der EFRE-Förderung in der Gesamtregion bzw. zur Analyse der Unterschiede in den Teilregionen wäre es aufschlussreich gewesen zu wissen, wie viel der europäischen Fördergelder in welchen Förderschwerpunkten auf den engeren Verflechtungsraum Brandenburgs entfielen. Wie bereits zu Beginn dieses Kapitels ausgeführt, gibt es jedoch offiziell keine regionalisierten Daten, obwohl die Maßnahmen es erlauben müssten, die Fördermittel gemeindescharf zu ermitteln und getrennt nach innerem Verflechtungsraum und äußeren Entwicklungsraum auszuweisen.[161]

In den veröffentlichten (bzw. zugänglichen) Dokumenten gab es zwar keinen differenzierten Nachweis über die Förderung im Berliner Umland, allerdings hieß es im Jahreswirtschaftsbericht 1998 von Brandenburg über die regionalisierte Investitionsförderung: „Aus dem ursprünglich praktizierten Gießkannenprinzip entstand eine konsistentes Regelwerk für eine differenzierte Regionalförderung."[162] Grundlage dafür war das raumordnerische Leitbild der dezentralen Konzentration. Ziel der regionalen Wirtschaftsförderung waren Maßnahmen „die der einseitigen Häufung der wirtschaftlichen Aktivitäten im Berliner Umland entgegen wirken sollen“[163]. Es galt „das Zurückbleiben peripherer Regionen des Landes (äußerer Entwicklungsraum) hinter dem sog. Speckgürtel um Berlin (engerer Verflechtungsraum) zu verhindern.“[164] Ergänzt wurde diese Aussage durch einige auf den engeren Verflechtungsraum bezogene konkrete Zahlenangaben: „Von einer überproportionalen Förderung der Region um Berlin – wie gelegentlich behauptet wird – kann keine Rede sein. Der Anteil des „Speckgürtels“ an der Bevölkerung des Landes Brandenburg (34 %) korrespondiert mit den Anteilen von Unternehmensanzahl und Arbeitsplätzen in der Industrie (39 % bzw. 32 %) und mit den bewilligten Fördermitteln (30 %).“[165]

Die vorstehenden Feststellungen bezogen sich zwar auf die Gemeinschaftsaufgabe „Verbesserung der regionalen Wirtschaftsstruktur“. Da aber in Brandenburg die Konfinanzierung der EFRE-Förderung weitgehend an die Gemeinschaftsaufgabe gekoppelt war, kann geschlossen werden, dass auch maximal 30 % der EFRE-Mittel Brandenburgs der Region Berlin zugute gekommen sind. Interessant ist dies vor dem Hintergrund, dass die Bevölkerungszahl des engeren Verflechtungsraumes von 1990 bis 1998 um 11,6 % gestiegen ist, während die Einwohnerzahl im äußeren Entwicklungsraum im gleichen Zeitraum um 4,6 % schrumpfte (vgl. Tab. 5.1).

Der Verschmelzungsprozess von Stadt und Umland zur Region Berlin, hätte eigentlich für eine enge Kooperation Brandenburgs mit Berlin in der Regionalförderung gesprochen. Hinsichtlich einer abgestimmten Nutzung europäischer Fördergelder gibt es jedoch nur einige Andeutungen in den Planungsdokumenten, aber keine konkreten Maßnahmen in der Praxis, ausgenommen die gemeinsam finanzierte DIW-

161 Da ganz Brandenburg als Ziel-1-Region eingestuft ist, verzichtet die EU auf einen derartigen detaillierten Regionalnachweis.

162 Vgl. MWMT (1998a), S. 88.

163 Vgl. MWMT (1999): Wirtschaftsbericht Brandenburg 1999, S. 77.

164 Vgl. MWMT (1999), S. 80.

165 Vgl. ebenda

Studie über strukturelle Anpassungsprozesse in der Region Berlin-Brandenburg von 1993 sowie den Versuch, im Medienbereich ein grenzüberschreitendes Projekt gemeinsam zu fördern (Berlin-Brandenburgische Medienanstalt[166]).

In Berlin selbst ist hingegen schnell begonnen worden, für die Strukturfondsfördermaßnahmen unter Ziel-1 und Ziel-2 ein übergreifendes Konzept zu verfolgen, um die erheblichen Anpassungsprobleme beim Zusammenwachsen der beiden Stadthälften zu überwinden.[167] Einerseits kam es im Ostteil der Stadt ab 1994 zu einer umfangreichen Teilentkopplung von EFRE-Mitteln und GRW und andererseits war West-Berlin seit 1994 in die nationale Gemeinschaftsaufgabe einbezogen. Dadurch konnten in Ost-Berlin in größerem Umfang Maßnahmen unterstützt werden, die im Rahmen der GRW nicht förderfähig waren (Umweltschutz, Förderung des technologischen Potenzials und Förderung von Gewerbehöfen), und im Westteil standen Bundesmittel aus der GRW zur Verfügung, um den Wegfall der Berlin-Förderung teilweise zu kompensieren.

Unter Umständen ist jedoch das Fehlen einer zwischen den beiden Ländern abgestimmten Vorgehensweise beim Einsatz der EFRE-Mittel, um als Region insgesamt besser im Wettbewerb mit anderen europäischen Regionen bestehen zu können, nicht auf ein fehlendes Problembewußtsein der beteiligten Akteure zurückzuführen, sondern auf Eigenheiten des Förderinstrumentariums selbst. Die Förderperioden von fünf bzw. drei (1989-1993, für die neuen Länder und Ost-Berlin 1991-1993) und sechs Jahren (1994-1999) signalisieren einerseits langfristige Planungssicherheit. Voraussetzung war jedoch, dass dafür vor Beginn der Förderperiode entsprechend den europäischen Förderrichtlinien detaillierte Festlegungen erfolgen mussten für die OP's und EPPD's bezüglich der einzelnen Förderschwerpunkte. Da das nach administrativen Einheiten abgegrenzt verlangt wird, wären länderübergreifende Vorhaben aus verfahrenstechnischen Gründen mit zusätzlichen Problemen verbunden gewesen. Zudem zeigte sich im Realisierungsprozess von Antragstellung über Mittelbewilligung bis zur Mittelauszahlung, dass die Antragspraxis anders aussah als die Planung und die damit verbundenen Erwartungen. Extrembeispiele dafür sind in Brandenburg der Unterschwerpunkt 1.2: Ergänzende Infrastruktur, bei dem innerhalb der Förderperiode 1994-1999 die ursprünglich geplanten Mittel in Höhe von 77,4 Mio. ECU auf 346,8 Mio. ECU angepasst wurden. Umgekehrt mussten beim Unterschwerpunkt 2.2: Dienste für KMU die ursprünglich geplanten 125,1 Mio. ECU auf 11,5 Mio. ECU reduziert werden. Das entsprach in ersten Fall einem Anstieg auf das Viereinhalbfache und im zweiten Fall einem Rückgang auf unter ein Zehntel.

166 Über den Erfolg oder möglichen Misserfolg dieser Maßnahme waren keine Informationen zu erhalten.

167 Vgl. KOM (1995a), S. 55, 119 und 125.

Tab.: 6.9.: EFRE-Förderung in den Teilregionen 1989-1999 im Vergleich

in Mio. ECU

1989-1993	Ursprünglich		n. Anpassung		1994-1999	Ursprünglich		n. Anpassung	
	abs.	%	abs.	%		abs.	%	abs.	%
West-Berlin									
1. Wiederherstellung v. Industrieflächen	15,8	18,3	13,4	14,7	1. Flächenvorsorge u. Gewerbehöfe	63,2	28,0	78,0	33,8
					1.1. Flächenvorsorge	*40,6*	*18,0*	*51,4*	*22,3*
					1.2. Gewerbehöfe	*22,6*	*10,0*	*26,6*	*19,5*
2. Verbesserung des Umweltschutzes	19,8	22,9	21,1	23,2	2. Gewerbliche Wirtschaft	27,1	12,0	43,7	19,0
3. Messe- und Konferenzstandort	32,1	37,2	32,1	35,3	3. Umweltverbessernde Maßnahmen	58,9	26,1	39,3	17,1
					3.1.UFP IV + V	*33,8*	*15,0*	*26,6*	*11,6*
					3.2. ZÖW I + II	*25,1*	*11,1*	*12,7*	*5,5*
4. Unternehmerische Initiativen / KMU	12,2	14,0	17,8	19,6	4. Förderung des technolog. Potenzials	63,6	28,2	57,5	24,9
					4.1. FuE	*47,9*	*21,3*	*45,9*	*19,9*
					4.2 IuK	*15,7*	*6,9*	*11,6*	*5,0*
5. Ost-West- Verkehrs-verbindungen	6,0	7,1	6,0	6,6	5. KMU-Förderung / überreg. Dienstl./ Ost-West- Kooperation	11,0	4,9	11,5	5,0
Technische Hilfe	0,4	0,5	0,5	0,6	Technische Hilfe	1,6	0,8	0,5	0,2
Insgesamt	86,3	100,0	90,9	100,0	Insgesamt	225,4	100,0	230,5	100,0
Ø pro Jahr	17,3	x	18,2	x	Ø pro Jahr	45,1	x	46,1	x
Ost-Berlin									
1. Infrastruktur	50,0	43,0	40,3	33,2	1. Prod. Investitionen	201,0	39,0	167,1	30,9
					1.1. Prod. Invest.	*46,4*	*9,0*	*21,3*	*3,9*
					1.2. Ergänzende Infrastruktur	*154,6*	*30,0*	*145,8*	*27,0*
2. Gewerbl. Wirtschaft	54,6	47,0	54,6	45,0	2. KMU	154,6	30,0	179,8	33,2
					2.1. Prod. Invest.	*108,3*	*21,0*	*106,8*	*19,7*
					2.2. Dienste f. KMU	*46,3*	*9,0*	*73,0*	*13,5*
3. Humanressourcen	8,6	7,4	23,5	19,4	3. Förderung des techn. Potenzials	61,8	12,0	92,5	17,1
7./8. Ländl. Gebiete / Umwelt	0,3	0,3	0,3	0,2	4. Umweltverbessernde Maßnahmen	61,9	12,0	53,6	9,9
-	-	-	-	-	5. Aus- und Weiterbildung	28,3	5,4	41,1	7,6
Technische Hilfe	2,7	2,3	2,7	2,2	Technische Hilfe	8,3	1,6	6,8	1,3
Insgesamt	116,2	100,0	121,4	100,0	Insgesamt	515,9	100,0	540,9	100,0
Ø pro Jahr	38,7	x	40,5	x	Ø pro Jahr	86,0	x	90,2	x
Brandenburg									
1. Infrastruktur	91,7	38,2	85,0	34,0	1. Prod. Investitionen	258,0	24,0	517,4	45,9
					1.1. Prod. Invest.	*180,6*	*16,8*	*170,5*	*18,1*
					1.2. ergänzende Infrastruktur	*77,4*	*7,2*	*346,8*	*27,8*
2. Gewerbl. Wirtschaft	98,9	41,2	132,1	52,8	2. KMU	417,1	38,8	164,8	14,4
					2.1. Prod. Invest.	*292,0*	*27,2*	*153,3*	*13,6*
					2.2. Dienste f. KMU	*125,1*	*11,6*	*11,5*	*0,8*
3. Humanressourcen	17,7	7,4	3,5	1,4	3. Forschung, techn. Potenzial, Innovation	96,7	9,0	121,0	12,2
7./8. Ländl. Gebiete / Umwelt	26,0	10,9	26,0	10,4	4. Umweltverbessernde Maßnahmen	107,5	10,0	131,0	13,3
-	-		-		5. Aus- und Weiterbildung	75,2	7,0	75,2	7,0
-	-		-		6. Ländliche Räume	107,5	10,0	64,8	6,0
Technische Hilfe	5,6	2,3	3,5	1,4	Technische Hilfe	13,0	1,2	11,8	1,2
Insgesamt	239,9	100,0	250,1	100,0	Insgesamt	1 075,0	100,0	1 086,0	100,0
Ø pro Jahr	80,0	x	83,4	x	Ø pro Jahr	179,2	x	181,0	x

Quelle: Tabellen 6.3 bis 6.8

Tab 6.9 zeigt, dass Anpassungen in den meisten Schwerpunkten vorgenommen werden mussten. Da bewilligte Mittel nur im Rahmen vorher festgelegter Schwerpunkte eingesetzt werden durften, bedeutete das jeweils, dass mehrmals allein innerhalb einer Förderperiode ein aufwendiger Antrags- und Genehmigungsprozess (alle Änderungen müssen ab einem bestimmten Volumen formell beantragt und von der Europäischen Kommission gebilligt werden) durchlaufen werden musste. Ein Prozess, der die beteiligten Akteure extrem belastete und der zwangsläufig zu zeitlichen Verzögerungen führte. Da die Begünstigten der Förderung ihrerseits ihre Planungen oft revidiert und neuen Gegebenheiten angepasst haben, ergaben sich weitere Schwierigkeiten bei der konkreten Projektabwicklung bis hin zu Rückforderungen bereits ausgezahlter Mittel.

Möglicherweise war es vor diesem Hintergrund wenig erfolgversprechend, wenn versucht worden wäre, die jeweiligen EFRE-Fördermaßnahmen der Teilregionen auf der Basis eines abgestimmten Konzepts für die Gesamtregion zu koordinieren.

6.6. Zusammenfassung

In diesem Kapitel über den „Einsatz des Europäischen Regionalfonds (EFRE) in der Region Berlin 1989-1999“ wurden Art und Umfang der EFRE-Fördermittelnutzung in der Region ausführlich dargestellt. Der EFRE hatte in West-Berlin zwar bereits vor dem Mauerfall eine Rolle gespielt, besondere Bedeutung erlangte er für die Region Berlin jedoch erst seit dem Hinzukommen der neuen Länder und Ost-Berlins.

Die Analyse erlaubte aus mehreren Gründen keine einheitlichen Aussagen für die Gesamtregion. Erstens, West-Berlin wurde nach Ziel-2-Kritierien gefördert, während Ost-Berlin und der an Berlin angrenzende engere Verflechtungsraum Brandenburgs zunächst Sonderfördergebiet waren und dann zu Ziel-1-Gebieten zählten. Zweitens war West-Berlin in der ersten Förderperiode nicht Bestandteil der GRW, im Gegensatz zu die beiden anderen Teilregionen. Dort konnten EFRE-Maßnahmen aus GRW-Mitteln kofinanziert werden, allerdings unter Inkaufnahme eines eingeschränkten Förderspektrums. Als erschwerend erwies sich zusätzlich, dass auf Grund der 1994 in Brandenburg in Kraft getretenen Kreisgebietsreform keine gesonderten Daten für den engeren Verflechtungsraum verfügbar waren, so dass für diese Untersuchung hilfsweise auf die Werte für ganz Brandenburg zurückgegriffen werden musste. Da die Abgrenzung europäischer Förderregionen entsprechend der

NUTS-Systematik zudem auf administrativen Einheiten basiert, war es notwendig, die einzelnen Teilregionen getrennt zu betrachten.

Auf Grund seiner besonderen Lage, des politischen Sonderstatus und der Standortnachteile hatte West-Berlin bereits seit 1975 EFRE-Fördergelder erhalten. In der Förderperiode 1989-1993, der ersten nach der Reform der europäischen Strukturfonds 1988 (vgl. Kapitel 3), beinhalteten die Planungen zunächst noch keine Orientierung an Ost-Berlin und dem Umland. Nach dem Fall der Mauer wurden die finanziellen Hilfen – mit Blick auf die anstehende Zusammenführung der Stadt – jedoch umgeschichtet mit dem expliziten Hinweis, dass jetzt die Entwicklungsmaßnahmen im Zusammenhang mit dem „größeren Berlin und seinen Aufgaben als zentraler Wirtschaftsstandort für ein erweitertes Umland" zu sehen sind.

Für die beiden anderen Teilregionen begann die Strukturfondsförderung mit Beginn des Jahres 1991. Da die Europäische Kommission aus Zeitgründen auf die Einhaltung der geltenden Verfahrens- und Fördermodalitäten verzichtete und die Verwendung der EFRE-Mittel entsprechend den Vergabekriterien der GRW erfolgte, fanden sich weder in den Gemeinschaftlichen Förderkonzepten für Ost-Berlin und Brandenburg noch in den Operationellen Programmen für den EFRE Aussagen über eine Orientierung an der Ziel-2-Region West-Berlin oder gar Bezüge zu den dort geplanten einzelnen Förderschwerpunkten. Für die Gesamtregion Berlin bedeutete das, dass sich in West-Berlin die Förderschwerpunkte nach den europäischen Zielen richten konnten, z.B. Unterstützung von Umweltschutzmaßnahmen und Forschungs- und Entwicklungsförderung, während dies in Ost-Berlin und Brandenburg auf Grund GRW-Regularien nicht möglich war.

Bei der EFRE-Förderung in Ost-Berlin und Brandenburg ging es primär um die Modernisierung der Industrie, des Dienstleistungssektors und um die Erschließung von Humankapital. Dabei entwickelte sich die Mittelnachfrage in Ost-Berlin und Brandenburg in den einzelnen Förderschwerpunkten unterschiedlich und oft anders als erwartet. Am unterschiedlichen EFRE-Einsatz zeigte sich, dass sich die zu bewältigenden Probleme in einem Flächenland anders darstellen als in einem Ballungsgebiet wie Berlin. Zudem orientierten sich die Brandenburger Fördermaßnahmen am raumordnerischen Leitbild der dezentralen Konzentration, um das Zurückbleiben der peripheren Regionen des Landes hinter der Region Berlin zu verhindern.

In der Praxis litt die Förderung in allen drei Teilregionen darüber hinaus unter administrativen Engpässen, bedingt durch die Umbruchsituation und die Unerfahrenheit der Verwaltung im Umgang mit dem Förderinstrumentarium. Mit der Umbruchsituation waren aber auch institutionelle Hindernisse verbunden. Dazu gehörten fehlende Planungsvoraussetzungen, ungeklärte Eigentumsverhältnisse und im Hinblick auf die Stadt-Umland-Situation fehlende Zielvorgaben bzw. deren fehlende Verbindlichkeit.

Einige Bedingungen änderten sich zu Beginn der Förderperiode 1994-1999: Zwar galten nach wie vor unterschiedliche Förderkriterien für die Teilregionen, allerdings war West-Berlin inzwischen in die GRW aufgenommen und durch Einführung der Flexibilitätsklausel für den Ostteil der Stadt sowie für Brandenburg dort eine EFRE-Förderung außerhalb der GRW-Regularien möglich geworden. In West-Berlin konnten somit EFRE-Mittel, konfinanziert durch die GRW, genutzt werden, um den Wegfall der Berlin-Förderung teilweise zu kompensieren. In Ost-Berlin konnte das Augenmerk entsprechend den Bedürfnissen der Berliner Wirtschaft verstärkt auf Investitionen im Bereich Forschung und Entwicklung gerichtet werden. In beiden Stadthälften erlaubte die stärkere Ausrichtung an den EFRE-Zielen jetzt auch eine einheitliche Gewerbehofförderung und die Unterstützung von Umweltschutzmaßnahmen, kofinanziert im Rahmen von Landesprogrammen.

Zu einer abgestimmten Förderpolitik mit Brandenburg, bezogen auf das Berliner Umland ist es allerdings nicht gekommen. Angesichts der etwas stärker angeglichenen Förderbedingungen in den einzelnen Teilregionen sowie der gewonnenen Erfahrungen im Umgang mit dem EFRE-Instrumentarium und dem Abschluss der größten Verwaltungsauf- und -umbauarbeiten wäre dies eigentlich möglich und auch zu erwarten gewesen, gerade angesichts der vereinbarten verstärkten Kooperation beider Länder im Planungsbereich. Statt dessen orientierte sich Brandenburg beim EFRE-Einsatz konsequent am Leitbild der dezentralen Konzentration, was faktisch eine Benachteiligung des zur Region Berlin zählenden engeren Verflechtungsraumes zur Folge hatte. Berlin gelang es hingegen, trotz der unterschiedlichen Zielzuordnungen der beiden Stadthälften in der EU-Strukturfondsförderung ein übergreifendes Konzept zu verfolgen.

7. Fazit und Ausblick

In der vorliegenden Arbeit wurde am Beispiel des Europäischen Regionalfonds für den Zeitraum von 1989-1999 untersucht, wie und unter welchen Bedingungen der Einsatz europäischer Fördermittel in der sich neu bildenden Wirtschaftsregion Berlin erfolgte. Auf der Basis der in Kapitel 2 behandelten theoretischen Grundlagen der Regionalpolitik wurde herausgearbeitet, inwieweit sich die Region in diesem Zusammenhang als eine Region mit einheitlichen Interessen, Zielen und Handlungen präsentierte bzw. ob und in welcher Form angesichts der Zweiländerproblematik eine länderübergreifende Kooperation in Bezug auf die Nutzung der europäischen Fördermittel theoretisch möglich war und tatsächlich stattgefunden hat.

Im ersten Teil dieses Schlusskapitels folgt die Bewertung der realen Förderpraxis. Angesichts eines sich verstärkenden Wettbewerbs der Regionen konnte davon ausgegangen werden, dass die für die Regionalpolitik verantwortlichen Akteure an einer bestmöglichen Nutzung des regionalen Entwicklungspotenzials interessiert sind. Untersucht wurde, wie in der durch eine Ländergrenze durchschnittenen Region Berlin dafür europäische Fördermittel eingesetzt wurden. Die Erfahrungen in der Region Hamburg, die ebenfalls durch Ländergrenzen durchschnitten ist, hatten gezeigt, dass eine einheitliche Regionalpolitik Koordination und Kooperation der Nachbarländer voraussetzt, und zwar einerseits, weil Maßnahmen des einen Landes Auswirkungen auf das jeweils andere Land haben, und andererseits, weil sich die Politik nicht primär an den Erfordernissen der Region, sondern eher an den Bedürfnissen des jeweiligen Landes und den eigenen Wählern orientiert. Zudem entstehen Probleme auf Grund von Asymmetrien bei den Interessen und Zuständigkeiten zwischen Stadtstaat und Flächenland, zwischen Stadt und Umland sowie zwischen Land und Kommunen. Da sich die Region Berlin darüber hinaus erst ab 1990 als einheitliche Wirtschafts- und Arbeitsmarktregion bilden konnte, galt es, am Beispiel des EFRE-Einsatzes herauszufinden, ob und in wie weit die mit dieser historischen Situation verbundenen Chancen genutzt wurden.

Bei der vorliegenden Untersuchung ging es um die Betrachtung der theoretischen und praktischen Interventionen des EFRE-Instrumentariums in der Region Berlin, nicht jedoch um eine Evaluierung der europäischen Regionalpolitik im klassischen Sinne. Somit erfolgen auch keine Aussagen über die Wirksamkeit der eingesetzten Fördermittel in der Region Berlin im Sinne einer Erfolgskontrolle. Neben den grundsätzlichen methodischen Schwierigkeiten einer Erfolgskontrolle in der Regionalpolitik[1], hat sich im Ergebnis der Arbeit gezeigt, dass für die Untersuchungsregion ein derartiger Ansatz auch problematisch gewesen wäre, weil die Region Berlin

1 Fehlen einer alternativen Vorgehensweise, die zu Vergleichszwecken hätte herangezogen werden können, vgl. Kapitel 2.

in ihrer Struktur und ihrer Entwicklung nicht nur für die Zeit vor dem Mauerfall, sondern auch noch danach durch Sonderfaktoren gekennzeichnet war und ist.

Regionale Wirtschaftspolitik zielt generell darauf ab, Disparitäten in Bezug auf Beschäftigung, Einkommen und Infrastrukturausstattung zwischen den Regionen abzubauen. Der zu Beginn des Untersuchungszeitraumes beschlossene Wegfall sowohl der Berlin-Förderung als auch der über Jahrzehnte gewährten Bundeshilfe[2] innerhalb weniger Jahre hat jedoch in dem bis dahin hochsubventionierten West-Berlin zu dramatischen Arbeitsplatzverlusten geführt. Im Ostteil der Stadt sowie in Brandenburg kam es nach der Wiedervereinigung neben Umstrukturierungsproblemen bei der Transformation von der Plan- zur Marktwirtschaft auf Grund einer dem internationalen Wettbewerb nicht gewachsenen Wirtschaftsstruktur ebenfalls zu erheblichen Beschäftigungseinbußen. Der Wegfall der traditionellen Ost-Märkte kam hinzu. Bestehende Defizite in der Infrastrukturausstattung waren mit einem entsprechend überdurchschnittlichen Nachholbedarf verbunden, und das bei einer gravierenden Finanzknappheit der öffentlichen Haushalte. Darüber hinaus konnte die Region während eines Zeitraumes von mehr als 40 Jahren weder organisch wachsen noch einheitlich gestaltet werden. Inwieweit die europäische Regionalpolitik während des Untersuchungszeitraumes angesichts dieser Ausgangssituation reale positive Effekte bewirkt hat, lässt sich deshalb quantitativ kaum ermitteln. Qualitativ kann allerdings unterstellt werden, dass die zusätzlich eingesetzten europäischen Fördergelder einen Beitrag geleistet haben, die durch diese externen Faktoren bedingten wirtschaftlichen Einbrüche in der Region Berlin abzufedern.

Während im ersten Teil dieses Kapitels der EFRE-Einsatz in der Region Berlin unter Beachtung der zuvor gemachten Restriktionen bewertet wird, wird im zweiten Teil, zur Abrundung der Arbeit, auf die Perspektiven der weiteren europäischen Regionalförderung in der Region eingegangen. Die Notwendigkeit weiterer Förderhilfen in der Region ist auch nach zehn Jahren regionaler Wirtschaftsförderung offensichtlich. In einem Ausblick werden deshalb die durch die Agenda 2000 geschaffenen neuen Rahmenbedingungen für die europäische Strukturpolitik aufgezeigt und die EFRE-Planungen für Berlin und Brandenburg für die neue europäische Förderperiode 2000 bis 2006 dargestellt. Des weiteren wird auf untersuchungsrelevante Aspekte der geplanten EU-Osterweiterung und ihre Auswirkungen auf die Region Berlin eingegangen. Da die Zweiländerproblematik in der Region weiterhin besteht und die drei Teilregionen auch in der neuen europäischen Strukturfondsförderperiode nach unterschiedlichen Kriterien gefördert werden, werden abschließend im Zusammenhang mit dem erneut geplanten Fusionsanlauf von Berlin und Brandenburg die Chancen für eine Überwindung der damit verbundenen Nachteile angesprochen.

---

2 Wobei die Berlin-Förderung und die Bundeshilfe im übertragenen Sinne als eine Form der Regionalförderung anzusehen sind.

7.1. Bewertung des EFRE-Einsatzes in der Region Berlin

Zwischen den Verantwortlichen in Politik und Wirtschaft war bereits zum Zeitpunkt der Wiedervereinigung unstrittig, dass sich der neue Ballungsraum Berlin zu einer einheitlichen Wirtschafts- und Arbeitsmarktregion entwickeln würde. Da diese neue Region neben dem Stadtstaat Berlin das Berliner Umland umfassen würde, wurde schon früh für die Wirtschaftspolitik eine länderübergreifende Koordination und Kooperation von Berlin und Brandenburg gefordert. Europäische Fördergelder sollten helfen, Strukturdefizite zu überwinden und die neue Region zu einem Wachstumsmotor der wirtschaftlichen Entwicklung Ostdeutschlands zu machen. In der Untersuchung ließ sich die geradezu beschworene länderübergreifende Kooperation in Bezug auf die Nutzung europäischer Fördergelder jedoch nicht nachweisen.

Obwohl von allen Seiten immer wieder betont wurde, dass die Stärken der Region in der Verbindung von Kernstadt mit seinen Dienstleistungspotenzialen und Kulturangeboten einerseits sowie einem intakten Umland, das durch seine Nähe zu Berlin günstige Standortvoraussetzungen für gewerbliche Produktionen, aber auch für Wohnen und Freizeit bietet, andererseits bestünden, ist es während der zehnjährigen Untersuchungperiode zu keiner gemeinsamen Strategie bei der Nutzung europäischer Regionalfördermittel beider Länder gekommen. Vielmehr gab es vielfältige Anhaltspunkte, wonach sich beide Länder in ihrer regionalen Wirtschaftspolitik primär für ihre jeweils eigenen Landesteile engagierten bzw. sich teilweise eher in Konkurrenz zu einander sahen, statt sich für den Wettbewerb mit anderen Regionen zu verbünden.

Die Gründe, warum es in der Region zu keiner einheitlichen Wirtschaftspolitik und damit auch zu keiner abgestimmten Nutzung der EFRE-Mittel gekommen ist, sind vielfältig. Sie liegen zum einen darin, dass sich auf Grund der über 40-jährigen Teilung der Stadt und der unterbrochenen Stadtumlandverflechtungen weder ein gemeinsames Regionenverständnis noch gemeinsame administrative Strukturen entwickeln konnten. In Bezug auf die regionale Wirtschaftsförderung ergaben sich zudem Zielkonflikte durch unterschiedliche Interessen des Stadtstaates Berlin einerseits und des Flächenlandes Brandenburg andererseits. Die vorliegende Untersuchung hat außerdem ergeben, dass die europäischen Förderkriterien eine länderübergreifende Kooperation bei der EFRE-Förderung eher behindern als befördern.

Auf Grund dieses Sachverhaltes lassen sich drei Stränge aufzeigen, die die Regionalpolitik in der Region bestimmten: Erstens die generellen Aspekte im Zusammenwirken zwischen nationaler und europäischer Regionalpolitik, zweitens die Sonderfaktoren, die den EFRE-Einsatz in der Region Berlin prägten, und drittens die mit der Zweiländerzuständigkeit verbundenen Kooperationsprobleme von Berlin und

Brandenburg. Obwohl zwangsläufig zwischen den drei Komplexen vielfältige Wechselbeziehungen bestehen, werden sie nachstehend getrennt bewertet.

7.1.1. Generelle Aspekte der europäischen Regionalpolitik

Der EFRE-Einsatz in der Region Berlin ist maßgeblich durch die nationale und europäische Regionalpolitik nach der Wiedervereinigung geprägt worden. Davor gab es für West-Berlin zwar auch schon Beihilfen aus dem Europäischen Regionalfonds, aber diese waren weniger wirtschaftlich begründet, sondern hatten primär symbolischen Charakter. Die ökonomische Relevanz der europäischen Strukturfondsmittel ergab sich für die Bundesrepublik Deutschland erst nach der Wiedervereinigung mit dem Beitritt der strukturschwachen neuen Länder und Ost-Berlins zur Europäischen Gemeinschaft. Deren Strukturprobleme hatten nicht nur schlagartig den Stellenwert der nationalen und europäischen Regionalpolitik in Deutschland erhöht, sondern, wie in der Arbeit aufgezeigt wurde, auch maßgeblich die europäische Wirtschaftsförderung in der Region Berlin geprägt. Die Beurteilung wird erleichtert, wenn differenziert wird und zwar zwischen 1. dem Engagement der Europäischen Gemeinschaft, 2. den Effekten des Zusammenwirkens von nationaler und europäischer Regionalpolitik sowie 3. der Implementation und Abwicklung der EFRE-Förderung:

1. Engagement der Europäischen Gemeinschaft für die Region Berlin

- Das Europäische Parlament und die Europäische Kommission hatten bereits unmittelbar nach dem Fall der Mauer signalisiert, dass sie den politischen Veränderungsprozess in Deutschland begrüßen und die nationalen Strukturfördermaßnahmen durch europäische Beihilfen unterstützen wollen. Dafür wurden kurzfristig trotz der bereits laufenden Förderperiode zusätzliche Strukturfondsmittel bereitgestellt. Das zeugt von der Ernsthaftigkeit des europäischen Engagements bezüglich des eigenen Kohäsionsansatzes.

- Da die neuen Länder die seit der Strukturfondsreform von 1988 festgelegten formalen Voraussetzungen für eine Förderung kurzfristig nicht erfüllen konnten, wurde, um schnell helfen zu können, seitens der Kommission akzeptiert, dass die Mittelverwendung zunächst für die Zeit bis 1993 nach den nationalen GRW-Kriterien erfolgte. Dies bestimmte ganz wesentlich Art und Nutzung der Gemeinschaftsbeihilfen für die Region Berlin.

- Auch für die Förderperiode 1994-1999 gab es für die neuen Länder und Ost-Berlin noch eine Sonderregelung. Regulär werden die europäischen Fördergebiete für die Ziel-1-Kategorie auf NUTS-II-Ebene ausgewiesen. Das Beitrittsgebiet wurde jedoch trotz der inzwischen verbesserten Datenlage nur auf NUTS-I-Ebene unterteilt, d.h. die neuen Länder wurden ohne regionale Differenzierung in die höchste Förderkategorie eingestuft.

- Um auch Ost-Berlin nach Ziel-1 fördern zu können, wurde der Stadtstaat Berlin pragmatisch in zwei NUTS-III-Gebiete unterteilt, so dass trotz der Tatsache, dass Berlin eine Einheitsgemeinde ist, der Westteil der Stadt als Ziel-2- und der Ostteil wie die neuen Länder als Ziel-1-Gebiet gefördert werden konnten.

2. Zusammenwirken von nationaler und europäischer Regionalpolitik

- Die Kopplung der EFRE-Mittel an die GRW erlaubte nicht, die Analyse auf die europäische Regionalpolitik zu beschränken. In der Untersuchung mussten deshalb europäische und nationale Regionalpolitik gemeinsam betrachtet werden.

- Die generelle Vorgabe, europäische Fördermittel nicht anstelle nationaler Finanzierungen, sondern immer als Zuschuss zu nationalen bzw. regionalen Programmen zu verwenden, zwang die Bundesrepublik, nach der Wiedervereinigung kurzfristig auch entsprechende Eigenmittel für die Kofinanzierung europäischer Fördergelder für das Beitrittsgebiet bereit zu stellen. Dies erfolgte durch Einbeziehung der neuen Länder und Ost-Berlins in die GRW, deren Mittel dafür aufgestockt wurden.

- Das GRW-Instrumentarium war aber schon zum damaligen Zeitpunkt in den alten Bundesländern umstritten. Die Probleme verschärften sich jetzt bei der 1:1-Übertragung auf die neuen Länder und Ost-Berlin, nicht zuletzt deswegen, weil die GRW-Kriterien restriktiver waren als das EFRE-Förderspektrum und z.B. im Bereich des Umweltschutzes und innovativer Verfahren keine Förderung erlaubten, was in den neuen Ländern generell, aber insbesondere in Berlin Probleme bereitete.

- Weitere Probleme ergaben sich, weil die Fördergebietsabgrenzung auf nationaler und europäischer Ebene unterschiedlich war. Die Spezifika der europäischen Regionalpolitik erfordern regionale Abgrenzungen auf Basis administrativer Einheiten. Dies führte insbesondere in der von einer Ländergrenze durchschnittenen Region Berlin zu Problemen.

- Bei einer funktional abgegrenzten Region Berlin, wie sie im Rahmen der nationalen GRW praktiziert wird, hätte sich eine Zweiländerzuständigkeit nicht negativ auswirken müssen, weil dann die Förderkriterien einheitlich handhabbar gewesen wären.[3]

- Wie in Kapitel 2 ausgeführt, werden Arbeitsmarktregionen der Zielsetzung, strukturschwache Gebiete sachgerecht abzugrenzen, eher gerecht als eine Festlegung auf administrative Einheiten, die oft die reale wirtschaftliche Situation von Regionen nur verzerrt abbilden.

- Veränderungen in der Abgrenzung administrativer Gebiete können zur Folge haben, dass sich Fördervoraussetzungen verändern, obwohl die reale Situation die gleiche geblieben ist. In Zusammenhang mit einer Länderfusion bestand in Brandenburg deshalb die Sorge, dass in der Region auf Grund der besseren West-Berliner Werte das 75 %-Kriterium für die Ziel-1-Förderung überschritten worden wäre und somit ein Verlust europäischer Fördermittel drohte.

- Ob die europäische Seite in diesem Fall einer Ausnahme zugestimmt hätte, ist bei der Kommission nicht erfragt worden. Generell muss die EU, um europaweit einheitliche Verfahren anwenden zu können, auf einer auf NUTS-Basis erfolgten Fördergebietsabgrenzung bestehen, da es bisher nicht möglich war, in der Europäischen Gemeinschaft flächendeckend Arbeitsmarktregionen auszuweisen. Auch liegen europaweit nur auf NUTS-III-Basis (Kreisebene) vergleichbare Wirtschaftsdaten vor.

3. Implementation und Abwicklung der europäischen Regionalförderung

- Der Verwaltungsum- und -aufbau in den neuen Ländern und Ost-Berlins erwies sich hinsichtlich der Umsetzung der Fördermaßnahmen als Engpass. Es zeigte sich, dass für eine erfolgreiche Nutzung europäischer Fördergelder eine leistungsfähige Verwaltung Voraussetzung ist.

- Ungeklärte Eigentumsverhältnisse und fehlende raumordnerische Vorgaben behinderten zusätzlich die Förderpraxis in der Periode bis 1993. Auch in der Förderperiode 1994-1999 waren einige dieser Defizite, wenn auch stark abgeschwächt, noch vorhanden. Eindeutige rechtliche Regelungen und verbindliche Planungen sind jedoch unverzichtbar, um die Fördergelder optimal im Sinne der Ziele der europäischen Regionalpolitik nutzen zu können.

---

3 In der GRW-Abgrenzung umfasst die Arbeitsmarktregion Berlin seit 1997 auch den inneren Verflechtungsraum Brandenburgs.

- Um angesichts der regionalen Vielfalt innerhalb der Europäischen Gemeinschaft eine einheitliche europäische Regionalpolitik verfolgen zu können, hat sich das EU-Förderinstrumentarium immer weiter aufgefächert, verbunden mit einer geringen Transparenz und einem unverhältnismäßig großen administrativen Aufwand.

- Unter Effizienzaspekten wäre naheliegend, den Mitgliedsländern entsprechende Fördergelder ohne Zweckbestimmung zu geben, und es ihnen zu überlassen, diese auf Grund ihrer Nähe zu den regionalen Problemen nach eigenen Vorstellungen optimal einzusetzen. Derart ungebundene Zuweisungen würden allerdings dem Ziel einer europaweit einheitlichen Regionalpolitik widersprechen, da keineswegs gewährleistet ist, dass die Interessen von Empfängern und Zahlern gleichgerichtet sind.[4]

- Die EU versteht sich nicht nur als Geldgeber für strukturschwache Regionen in den Mitgliedsländern, sondern verfolgt in Verbindung mit der Beihilfenkontrolle auch konsequent eine „Politik des goldenen Zügels". Die europäischen Vorgaben in der Strukturpolitik kollidieren zwangsläufig mit dem Subsidiaritätsprinzip. Wer jedoch europäische Strukturfondsmittel in Anspruch nehmen möchte, muss auch die europäischen Kohäsions-Ziele akzeptieren. Auf diese Weise übt die EU zugleich europaweit einen Zwang zur Koordination der regionalen Strukturpolitiken aus.

Diese generellen Probleme der europäischen Regionalpolitik wurden in der Region Berlin verstärkt durch spezifische Sonderfaktoren, auf die nachstehend näher eingegangen wird.

7.1.2. Konkrete Fördersituation in der Region Berlin

Nach der Wiedervereinigung war schnell absehbar, dass der in anderen Ballungsgebieten stattgefundene Suburbanisierungsprozess auch in der Region Berlin nachgeholt und sich Berlin und sein Umland zu einem einheitlichen Wirtschaftsraum entwickeln würden. In Bezug auf den Einsatz europäischer Regionalfondsmittel wies die neue Region Berlin allerdings Besonderheiten auf, die sich zum einen aus dem Zusammenwirken von europäischen Förderkriterien und regionalen Spezifika ergaben. Zum anderen war die Wirtschaftspolitik der Region durch unterschiedliche Interessen von Berlin und Brandenburg gekennzeichnet. Beide Länder hatten zudem auf Grund von Defiziten in der EFRE-Administration Probleme in der konkreten Förderpraxis. Im einzelnen haben sich diese drei Sachverhalte wie folgt ausgewirkt:

---

4 Vgl. Weise (2002): Strukturfondstransfers in einer zukunftsfähigen EU: Konzentration, Subsidiarität und Kopplung an die nationale Wirtschaftspolitik, S. 51. Vgl. auch die Ausführungen im Kapitel 3 über den vertikalen Finanzausgleich.

1. Spezifika der europäischen Regionalförderung in der Region Berlin

- Die auf administrativen Einheiten basierende NUTS-Regionenabgrenzung führte dazu, dass für die EFRE-Förderung der Region zwei Bundesländer zuständig waren.

- Die Tatsache, dass Berlin ein altes und ein neues Bundesland zugleich ist und West- und Ost-Berlin verschiedenen europäischen Ziel-Kategorien zugeordnet waren, was mit unterschiedlichen Förderoptionen und unterschiedlich hohen Fördersätzen verbunden war, erschwerte sowohl in der Stadt selbst als auch in der sich neu bildenden Region ein gemeinsames Vorgehen in der EFRE-Förderpolitik.

- Hinzu kam, dass in West-Berlin zunächst keine Kofinanzierung über die GRW möglich war und damit auch kein Zwang, deren Vorgaben beachten zu müssen, im Gegensatz zu Ost-Berlin und Brandenburg. Für letztere gab es ab der zweiten Förderperiode Erleichterungen durch die Inanspruchnahme der Flexibilitätsklausel, während West-Berlin ab 1994 Teil des GRW-Fördergebietes wurde, so dass sich die Förderbedingungen tendenziell angleichen konnten.

- Die in Brandenburg 1994 in Kraft getretene Kreisgebietsreform und die Bildung von fünf Planungsregionen, die fächerartig von Berlin aus bis an die Grenze von Brandenburg führen, verhinderte eine kreisscharfe Abgrenzung des Berliner Umlandes. Damit waren Aussagen über die wirtschaftliche Entwicklung der Region Berlin faktisch nicht mehr möglich, da die Kreise so geschnitten wurden, dass nur noch Teile der Kreise (einzelne Gemeinden) zum Umland zählten, wirtschaftsstatistische Daten aber nur auf Kreisebene ausgewiesen werden.

- Die Konsequenz war, dass somit eine datenmäßig abgesicherte Planung für das Berliner Umland und damit auch für die Region Berlin insgesamt nicht mehr möglich war. Der in dieser Arbeit vorgenommene hilfsweise Rückgriff auf die Daten für ganz Brandenburg erlaubte jedoch nur noch eingeschränkt eine Beurteilung der wirtschaftlichen Entwicklung der Region.

2. Unterschiedliche Interessen von Berlin und Brandenburg

- Eine auf die gemeinsame Region ausgerichtete Wirtschaftsförderungspolitik scheiterte auch daran, dass beide Länder unterschiedliche bzw. landesegoistische Ziele verfolgten.

- Eine einheitliche Förderstrategie für die Gesamtregion wurde u.a. auch durch die unterschiedliche Bevölkerungsdichte Berlins mit 3823 Einwohnern pro km^2 Fläche im Vergleich zum Flächenland Brandenburg mit 88 Einwohnern pro km^2 Fläche[5] und den dadurch gegebenen unterschiedlichen Anspruch an die regionale Wirtschaftsstruktur erschwert.

- In Berlin ging es einerseits um die Zusammenführung der über 40 Jahre getrennten Stadthälften und insbesondere um die Verbesserung der Infrastruktur Ost-Berlins. Hinzu kam, dass der abrupte Abbau der Berlin-Förderung und der schnelle Wegfall der Bundeshilfen die Wirtschafts- und Finanzpolitik Berlins vor große Probleme stellte. Die europäischen Fördergelder bedeuteten da willkommene zusätzliche Finanzierungsmöglichkeiten. Eine Wirtschaftspolitik im Hinblick auf die sich neu bildende Region hatte deshalb in Berlin nicht höchste Priorität.

- In Bezug auf die Region interessierte sich Berlin primär für eine abgestimmte Planung mit seinem engeren Umland. Brandenburg befürchtete eine Vernachlässigung der übrigen Teile des Landes, eine aus Sicht des Landes politisch nachvollziehbare Haltung.

- Brandenburg schuf deshalb unumkehrbare Fakten, damit auch nach einer Ländervereinigung nicht nur das Berliner Umland gefördert wird, sondern ebenso die peripheren Regionen des Landes am Wirtschaftswachstum teilhaben können.

- Um zu einer ausgewogenen Wirtschaftsentwicklung zwischen dem engeren Verflechtungsraum Berlins und den peripheren Gebieten im äußeren Entwicklungsraum des Landes zu kommen, erfolgte mit der politischen Entscheidung für das Leitbild der dezentralen Konzentration eine raumordnerische Festlegung.[6] Pro

---

5 Vgl. Kapitel 5, Tab. 5.1.

6 In Kapitel 2 ist ausgeführt worden, dass sich die regionale Wirtschaftspolitik der Raumordnungspolitik unterzuordnen hat. Dementsprechend lautete eine Kernaussage des gemeinsamen Raumordnungsberichtes von Berlin und Brandenburg von 1998: „Die dezentrale Konzentration ist ihrem Wesen nach eine räumliche Strategie, die gleichzeitig Entlastungs- und Entwicklungsziele verfolgt. Der Siedlungsdruck auf große Stadtregionen soll auf umliegende, zum Kern der Stadtregion dezentral liegende Entlastungsorte gelenkt und dort konzentriert werden. Damit werden einerseits Entwicklungsimpulse auf die Zentren und ihre Verflechtungsbereiche erwartet, andererseits soll damit der Zersiedlung des Landschaftsraumes entgegen gewirkt werden." Vgl. Raumordnungsbericht Berlin-Brandenburg 1998, hrsg. Ministerium für Umwelt, Naturschutz und Raumordnung Brandenburg, und Senatsverwaltung für Stadtentwicklung, Umweltschutz und Technologie, Berlin, S. 22.

blematisch war, dass bei diesem Leitbild die Metropole Berlin in der Mitte Brandenburgs mit ihrem Potenzial für die wirtschaftliche Entwicklung der Region ausgeblendet wurde.[7]

- Mit der Kreisgebietsreform und der Bildung der fünf Planungsregionen wurde erreicht, dass sich kein eigenständiges Problembewusstsein für die Region Berlin entwickeln konnte. Zwar hat Brandenburg letztendlich einer zusätzlichen Einteilung für die Landesplanung in einen engeren Verflechtungsraum und einen äußeren Entwicklungsraum zugestimmt, aber zu einer abgestimmten Förderstrategie für die Region Berlin hat das nicht geführt.

- Dass trotz unterschiedlicher Ausgangsbedingungen sehr wohl eine abgestimmte Wirtschaftspolitik von Berlin und Brandenburg möglich gewesen wäre, beweist die Entwicklung innerhalb Berlins. Spätestens ab der Förderperiode 1994 folgten die Fördermaßnahmen in beiden Teilen der Stadt trotz unterschiedlicher Ziel-Zuordnung einem einheitlichen Konzept.

- In Brandenburg wollte man offenbar mit einer einheitlichen Förderpolitik bis nach der angestrebten Länderfusion warten. Die gescheiterte Fusion wurde dann jedoch zum Anlass genommen, sich noch stärker auf landesegoistische Ziele zu konzentrieren, statt sich am Gemeinwohl der Region zu orientieren.[8]

- Überlegungen zur Entwicklung einer eigenständigen und von Berlin abgegrenzten Politik hatten offensichtlich Vorrang gegenüber einem gemeinsamen Wirtschaftsraum mit Berlin, von dem im Wege von „spill-over“-Effekten auch die peripheren Gebiete des Landes hätten profitieren können.[9]

---

7 Obwohl sich beide Landesregierungen auf das Konzept der dezentralen Konzentration geeinigt hatten, bestanden Differenzen über die daraus zu ziehenden Konsequenzen. Vgl. Benz (1993), S. 242 f. Es kam zwar zu dem erwarteten Suburbanisierungsprozess, aber keineswegs zu einem Siedlungsdruck im sog. „Speckgürtel“ Berlins, der eine Entlastungsstrategie erforderlich gemacht hätte. Das erwartete Wachstum war ausgeblieben. Es bestand keine Notwendigkeit, Wachstumspotenziale auf Grund von Engpässen im Umland von Berlin in den äußeren Entwicklungsraum umzulenken. Vgl. Kleger (1997): Regionale Handlungsfähigkeit nach der gescheiterten Fusion?, in: Berliner Debatte INITIAL 8/1997, S. 125.

8 Schon vorher hatte Brandenburg erkennen lassen, dass „man in künftigen Verhandlungen stärker auf den eigenen Interessen beharren will.“ Vgl. Benz (1993): Reformillusion und Eigendynamik des Verwaltungsaufbaus in Ostdeutschland, in: Verwaltung Heft 36. Das Beispiel der Länderneugliederung im Raum Berlin/Brandenburg, S. 343.

9 Vgl. hierzu die grundsätzlichen Ausführungen im theoretischen Teil der Arbeit (Kapitel 2).

- Dass es in der Region zu keiner einheitlichen Förderstrategie gekommen ist, ist auch deshalb um so erstaunlicher, weil beide Länder mit der länderübergreifenden Landesplanungsabteilung eine in der Bundesrepublik Deutschland in dieser Form einmalige Institution für eine gemeinsame Raumordnung geschaffen haben.[10]

- In Kapitel 2 ist ausgeführt worden, dass die regionale Wirtschaftspolitik den Zielen der Raumordnungspolitik unterzuordnen ist. Die Politik ihrerseits muss allerdings ökonomischen Notwendigigkeiten und realen Gegebenheiten Rechnung tragen.[11] Die dem Konzept der dezentralen Konzentration zu Grunde liegenden Annahmen entsprachen nicht der tatsächlichen wirtschaftlichen Entwicklung.[12]

- Entsprechend neueren regionalökonomischen Wachstumstheorien entscheiden sich ansiedlungswillige Unternehmen eher für Regionen, in denen bereits ein ihrem Unternehmen entsprechendes wirtschaftliches Umfeld besteht, anstatt trotz besserer Fördermöglichkeiten in abgelegeneren Regionen ohne vergleichbare Infrastruktur zu investieren.[13] Das DIW hatte Brandenburg deshalb empfohlen, die regionale Wirtschaftspolitik nicht weiterhin am Leitbild der dezentralen Konzentration auszurichten.[14] Der Wirtschaftsminister in Brandenburg wollte dieser Empfehlung folgen, konnte sich aber im Kabinett nicht durchsetzen.[15]

- In der Region zeigten sich damit beispielhaft Probleme der Regionalpolitik, wie sie im Kapitel 2 generell behandelt wurden. Wer soll unterstützt werden: förderbedürftige oder förderwürdige Regionen? Die Praxis in der Region Berlin ist zugleich auch ein Beleg dafür, dass das Ausgleichsziel politisch leichter durchsetzbar ist als das Wachstumsziel.[16]

- Die Ausrichtung der Wirtschaftspolitik Brandenburgs primär an raumordnerischen Kriterien hat letztendlich nicht nur dazu geführt, dass Ansiedlungspotenziale nicht in dem erhofften Maße in die entfernteren Regionen Brandenburgs

---

10 Landesplanungsvertrag Aug. 1995, Gemeinsamer Koordinierungsrat Nov. 1996. Landesentwicklungsplan für den engeren Verflechtungsraum Jan. 1998.

11 „Versuche einer raumordnerischen Steuerung der Wirtschaftsentwicklung, die sich nicht an den Standortbedürfnissen der Wirtschaft, sondern an politischen Ausgleichszielen orientierten, schwächen letztendlich die gesamtwirtschaftliche Entwicklung." Vgl. Scharpf/Benz (1991), S. 57.

12 Vgl. Tsp. vom 17.5.2002 „Zwischen Traum und Traumata: Wirtschaftliche Großprojekte in Gefahr".

13 Vgl. Scharpf/Benz (1991), S. 57.

14 Vgl. Brenke et al. (1997).

15 Vgl. Kleger (1997), S. 125.

16 Vgl. Kapitel 2.

gelenkt werden konnten, sondern dass möglicherweise auch die Entwicklungspotenziale der Region Berlin, d.h. die Vorteile der Kernstadt in Verbindung mit seinem entwicklungsfähigen Umland, nicht ausreichend gegenüber investitionsbereiten Unternehmen zur Geltung gebracht werden konnten.

- Auch wenn wegen des Kreiszuschnitts in Brandenburg kreisscharfe wirtschaftsstatistische Aussagen über den Brandenburger Verflechtungsraum einerseits und den äußeren Entwicklungsraum andererseits nicht verfügbar sind, zeigen Statistiken, dass seit Jahren in den peripheren Regionen des Landes eine „Abstimmung mit den Füßen" erfolgt. Statt dass die dortigen Arbeitskräfte dank einer gezielten Förderpolitik innerhalb des eigenen Landes in einen (vielleicht) prosperierenden engeren Verflechtungsraum einpendeln können, müssen viele Brandenburger mangels Arbeitsmöglichkeiten in erreichbarer Nähe auspendeln oder gar abwandern.[17]

3. Defizite in der EFRE-Administration

- Nicht nur die landesegoistischen Orientierungen beider Länder führten zu Defiziten in Bezug auf eine die Gesamtregion betreffende Wirtschaftsförderungsstrategie, sondern auch Probleme in der Förderpraxis.

- Erst durch Inanspruchnahme von Mitteln der Technischen Hilfe konnten die Voraussetzungen für eine angemessene Personalkapazität und für eine sachgerechte Umsetzung der Fördermaßnahmen in beiden Ländern geschaffen werden.

- Spätestens in der Vorbereitung der Förderperiode 1994-1999 hätte es zu einer abgestimmten Förderstrategie zwischen Berlin und Brandenburg kommen können. Dass es dazu nicht gekommen ist, muss zum Teil auch darauf zurückgeführt werden, dass die Fördermittel in beiden Ländern ganz unterschiedlich in Anspruch genommen wurden.

- Zudem hat sich die Nachfrage nach Fördermitteln in beiden Bundesländern oft anders entwickelt als erwartet. Da die in den Operationellen Programmen festgelegten Ansätze für die einzelnen Förderschwerpunkte untereinander nicht deckungsfähig sind, mussten mehrfach Anträge auf Umprogrammierungen gestellt und von der Kommission genehmigt werden, eine jeweils arbeits- und zeitaufwändige Prozedur, die bei einer länderübergreifenden abgestimmten Planung noch komplizierter geworden wäre.

---

17 Die ohnehin dünn besiedelten Randregionen verloren seit 1992 rund 27 200 Einwohner. Vgl. Tsp. vom 18.5.2002 „Zahl der Brandenburger sinkt", vgl. auch Landesamt für Datenverarbeitung und Statistik Brandenburg.

- Wegen der geforderten Kofinanzierung erschwerten in beiden Ländern bestehende Haushaltsengpässe eine problemlose Inanspruchnahme der europäischen Fördergelder.

- Es gab in beiden Ländern nicht nur auf Grund der Haushaltsrestriktionen Probleme in der Förderpraxis, sondern die Komplexität der europäischen Förderregularien verursachte auch Umsetzungsprobleme bei den mit der EFRE-Förderung betrauten Akteuren.

- Während des Untersuchungszeitraumes zeigten diese auch Unsicherheiten in Bezug auf ihre Zuständigkeiten und das erlaubte Ausmaß an Transparenz über den jeweiligen Abwicklungsstand der geplanten und durchgeführten Fördermaßnahmen.

- Diese Defizite erschweren nicht nur Externen die Beurteilung der EFRE-Förderpolitik in der Region, sondern sie führen, wie das Beispiel Berlin zeigt, auch dazu, dass die für die Regionalpolitik Verantwortlichen selbst erst sehr spät (z.T. zu spät) realisieren, dass EU-Mittel nicht mehr rechtzeitig abgerufen werden können und deshalb zu verfallen drohen.

7.1.3. Aspekte der länderübergreifenden Kooperation

Im 2. Kapitel dieser Arbeit wurde ausgeführt, dass Kooperation Kommunikation voraussetzt. Kommunikation fand im Untersuchungszeitraum zwischen den mit der EFRE-Förderpolitik und -Administration betrauten Akteuren in Berlin und Brandenburg kaum bis gar nicht statt.[18] Angesichts dieser Tatsache überrascht es nicht, dass es auch in Bezug auf die gemeinsame Region kaum eine länderübergreifende Koordination in der Regionalförderung oder gar Kooperation gab. Sucht man nach Erklärungen, warum es zu keiner gemeinsamen Förderstrategie für die Region gekommen ist, so stößt man neben den in Abschnitt 7.1.1 und 7.1.2 genannten Aspekten zum einen auf Anlaufschwierigkeiten nach der Wiedervereinigung bei der Bildung der Region Berlin, zum anderen auf unterschiedliche Strukturen der in Berlin und Brandenburg geförderten Maßnahmen und schließlich auch auf machtpolitische Restriktionen.

---

18 Ausnahmen waren hier die nach der Strukturfondsverordnung zwingend vorgeschriebenen Begleitausschüsse, in denen die Länder entsprechend ihrer Ziel-Einordnung auf nationaler Ebene mit der Europäischen Kommission zusammen kamen.

1. Anlaufschwierigkeiten bei der Bildung der Region Berlin

- Nach 40 Jahren der Trennung Berlins von seinem Umland fehlte bei den politisch Verantwortlichen eine Identifikation mit der Region. Es gab praktisch kein gemeinsames Problembewusstsein in Bezug auf den neuen Ballungsraum. Durch die jahrzehntelange Trennung der Stadt (West-) Berlin vom Ostteil der Stadt und von seinem Umland konnte sich auch keine gemeinsame Administration für eine einheitliche Regionalpolitik entwickeln.

- Politik und Verwaltung hatten in (West-) Berlin keine Erfahrungen im Umgang mit angrenzenden Kommunen.

- Die 1990 noch gestaltbaren Strukturen in Berlin und Brandenburg entwickelten sich nicht auf einander zu.[19] Ursache dafür war u.a. die patenschaftliche Unterstützung Brandenburgs durch das Land Nordrhein-Westfalen, während die West-Berliner Verwaltung durch den Um- und Aufbau der Verwaltung im Ostteil der Stadt absorbiert war.

- Die zwischen Stadtstaat und Flächenland bestehenden Kompetenzasymmetrien in der Verwaltung erschwerten direkte grenzüberschreitende Absprachen.

- Gleich zu Beginn des Untersuchungszeitraumes konnte noch davon ausgegangen werden, dass es auf Grund des Verwaltungsum- und -aufbaus, des Zeitdrucks und der Unerfahrenheit der mit der EFRE-Förderung befassten Akteure im Umgang mit den Instrumenten der Wirtschaftsförderung noch nicht zu einer länderübergreifenden Kooperation kommen konnte. Spätestens aber bei der Planung der Förderschwerpunkte und -maßnahmen für die Förderperiode 1994-1999 hätte eine Abstimmung der Förderstrategien beider Länder nicht nur nahegelegen, sondern auch möglich sein müssen.

2. Struktur der EFRE-Förderung

- Formal rechtfertigten die europäischen Förderkriterien, dass in Berlin und Brandenburg in der Regionalpolitik isoliert statt gemeinsam vorgegangen wurde. Den Intentionen der europäischen Regionalpolitik, mit Hilfe der Fördermittel Strukturdefizite in den Regionen abzubauen und deren optimale Entwicklung zu fördern, hätte eine Kooperation der beiden Länder allerdings eher entsprochen.

---

19 In Brandenburg sollten die zu entwickelnden Verwaltungsstrukturen sicherstellen, „dass die Interessen des Landes auch nach einer Ländervereinigung zum Tragen kommen." Vgl. Benz (1993), S. 344.

- Auf Grund der im Rahmen der Untersuchung gewonnen Erkenntnisse kann nur spekuliert werden, welche konkreten Vorteile sich bei einer abgestimmten Förderung für die Region hätten erzielen lassen. Konkrete Informationen über die Art der in den einzelnen Entwicklungschwerpunkten geförderten Maßnahmen in der Region waren nur vereinzelt verfügbar. Viele für die Untersuchung relevante Detail-Angaben wurden u.a. mit Verweis auf den Datenschutz zurückgehalten.

- Aus Sicht der Wirtschaft wäre aber auf jeden Fall eine integrierte Regionalpolitik geeigneter gewesen, die Attraktivität der Region zu erhöhen. Eine koordinierte Regionalpolitik in Bezug auf die Nutzung europäischer Regionalfördermittel hat es aber nach den im Rahmen der Untersuchung gewonnenen Erkenntnissen nicht gegeben.

- Ein positives Signal für eine auf die Region bezogene Förderpolitik war die Entscheidung Brandenburgs, die Fördersätze regional zu differenzieren, wonach die Fördersätze im Berliner Umland niedriger und mit zunehmender Entfernung von Berlin höher wurden. Davon profitierte potenziell Ost-Berlin.[20]

- Die Warnung, dass grenzüberschreitende Fördermaßnahmen nicht nur verwaltungstechnisch schwierig, sondern auch bei der Kommission auf Ablehnung stoßen würden, kann nur eingeschränkt akzeptiert werden. Die Kommission dürfte kaum aus formalen Gründen auf einer wenig optimalen Verwendung der EFRE-Mittel bestanden haben, wenn alternative Vorgehensweisen für eine effizientere Nutzung aufgezeigt worden wären, zumal es für die neuen Länder und Berlin ohnehin zu mehreren Ausnahmeregelungen gekommen war (u.a. abweichende NUTS-Einstufung und Mittelzuweisung entsprechend den Bevölkerungsanteilen pro Land). Ein Versuch, gemeinsam die Vorteile eines einheitlichen länderübergreifenden Vorgehens der Kommission gegenüber darzustellen, war aber gar nicht erst unternommen worden.

- Eine im Vorfeld des Fusionsanlaufes erreichte Zusage auf nationaler Ebene, dass die Ländervereinigung durch den Wegfall des Stadtstaatenprivilegs im Länderfinanzausgleich nicht zu finanziellen Nachteilen für das gemeinsame Land führen muss,[21] hätte sicher auch in Bezug auf die europäischen Strukturfondsfördergelder erreicht werden können.

---

20 Brandenburg hatte darüber hinaus erklärt, auf die „Förderung von Unternehmen und Betrieben, die aus Berlin abwandern, zu verzichten. Vgl. Benz (1993), S. 346.

21 Jedenfalls mittelfristig.

3. *Machtpolitische Restriktionen in der Regionalpolitik*

- Da bereits im Einigungsvertrag die Möglichkeit einer Länderfusion vorgesehen war, wollte Brandenburg angesichts des Desinteresses des Stadtstaates an der Entwicklung der peripheren Regionen des Landes einen eigenständigen Planungsraum Berlin inklusive des Berliner Umlandes verhindern.

- Wegen der räumlichen Dominanz Berlins sah sich Brandenburg schließlich doch noch gezwungen, einen inneren Verflechtungsraum zu definieren und gegenüber einem äußeren Entwicklungsraum abzugrenzen. Dies entsprach der Praxis der GRW, wenn auch ohne die geforderte kreisscharfe Abgrenzung. Dies erlaubte zwar eine gewisse analytische Vergleichbarkeit mit anderen Regionen, hatte aber auf die Praxis der regionalen Wirtschaftsförderung keinen Einfluss.

- Die gutachterlich empfohlene Institutionalisierung der Stadt-Umland-Kooperation in Form eines Zweckverbandes wurde von Brandenburg abgelehnt, weil die Brandenburgische Landesregierung befürchtete, dass Berlin gegenüber den Umlandgemeinden und -Kreisen eindeutig dominieren und die Planungen daher „berlinzentriert“ sein würden.[22]

- Bei der Gebietsreform in Brandenburgs haben auch die unterschiedlichen Interessen von Berlin und Brandenburg eine Rolle gespielt. Berlin war an einer möglichst großen Region einschließlich der strukturschwachen Räume im Berliner Umland interessiert, u.a. um so auch die Förderbedürftigkeit der Region Berlin zu sichern. Brandenburg hingegen bestand darauf, die strukturschwachen Teile so in Planungsregionen zusammenzufassen, dass deren Förderung auch dann gesichert ist, wenn Berlin nicht mehr förderbedürftig ist.[23]

- Die Folgen dieser Abgrenzungsstrategie erschwerten aber nicht nur die Kooperation mit Berlin. Sie zeigten sich auch in einer Art kompetetiver Handlungsorientierung im Verhältnis von innerem Verflechtungsraum zum äußeren Entwicklungsraum. Die Politik führte faktisch dazu, eine Begünstigung des Berliner Umlandes, auch wenn dies zu einer verstärkten wirtschaftlichen Aktivität im Lande geführt hätte, zu verhindern, weil dies als relative Benachteiligung der peripheren Region angesehen wurde.

---

22 Vgl. Benz (1993), S. 345

23 Erreicht wurde dies durch die Entscheidung für das Tortenstückmodell. Jetzt war eine kreisscharf abgegrenzte Region nur noch möglich, wenn sich diese auf das Stadtgebiet Berlin beschränkt oder wenn sie bis an die Brandenburger Landesgrenze ausgedehnt wird. Bei der zweiten Variante wären nur sechs Landkreise von Brandenburg ausgespart geblieben, da alle anderen Kreise an Berlin angrenzten. Vgl. Nägele (1996), S. 277.

- Angesichts der unterschiedlichen Interessenlage des Ballungsgebietes und der peripheren Gebiete Brandenburgs hätte es auch bei einer erfolgreich verlaufenen Länderfusion Zielkonflikte in der Regionalpolitik gegeben. Die Chancen, hier zu Kompromissen im Sinne des Kaldor-Kriteriums zu kommen, wären bei einem gemeinsamen Land zwar ungleich höher gewesen als bei der Existenz zweier selbständiger Länder. Aber auch in freiwilligen Verhandlungen hätten sich bei einer entsprechenden Kooperationsbereitschaft beider Länder im Interesse der Region vorteilhafte Lösungen erzielen lassen.[24]

- Die Tatsache, dass ausgerechnet in der Wirtschaftspolitik keine Kooperation stattgefunden hat, ist angesichts des von beiden Ländern immer wieder betonten Sachverhaltes, dass die Region nur als Ganzes im Wettbewerb mit anderen Regionen als ein attraktiver Standort wahrgenommen wird, verwunderlich.

- Trotz aller offiziellen Aussagen, dass die Region nur durch gemeinsames Handeln von Berlin und Brandenburg ihre Vorteile voll ausspielen kann, ist es umso befremdlicher, dass man in Brandenburg die Konkurrenz zu Berlin als unvermeidlich hinnahm und offiziell erklärte, angesichts des negativen Votums Brandenburgs zur Fusion die eigenständige Entwicklung von Brandenburg vorantreiben und dafür Konkurrenzverhalten in Kauf nehmen zu müssen.[25]

- Eine länderübergreifende Kooperation auf dem Gebiet der Wirtschaftsförderung hätte aber auch ein entscheidendes Betätigungsfeld der für die Wirtschaftspolitik zuständigen Politiker in Berlin und Brandenburg beschnitten. Die Möglichkeit, öffentliche Gelder werbewirksam zu vergeben, lässt sich kein Politiker ohne Not entgehen. In einem gemeinsamen Land hätte es nur eine zuständige Stelle gegeben. So lange es jedoch getrennte Länder mit eigenständigen Regierungen und Parlamenten gibt, orientieren sich die verantwortlichen Akteure, wie u.a. die Untersuchungen von *Scharpf/Benz* gezeigt haben, primär an ihren eigenen Wählern.

- Im Interesse einer effizienten Verwendung europäischer Regionalfondsmittel hätte theoretisch die Europäische Kommission von sich aus als hierarchisch übergeordnete Instanz im Interesse des Gemeinwohls der Region eingreifen können. Dies hätte aber wiederum selbst bei einem Einverständnis beider Länder vom Bund, der in der Regionalpolitik nur im Konsens mit den Ländern hierarchisch

---

24 Vgl. dazu die theoretischen Ausführungen in Kapitel 2.

25 MWMT (1998a), S. 144.

übergeordnete Funktionen ausübt, wegen eines damit verbundenen Kompetenzverlustes kaum hingenommen werden können. Die föderalen Strukturen der europäischen Regionalpolitik erfordern, dass derartige Konflikte von den betroffenen Ländern in eigener Verantwortung und im Wege von Verhandlungen gelöst werden.

Zusammenfassend lässt sich feststellen, dass sich unter Effizienzgesichtspunkten die mangelnde Kooperation zwischen Berlin und Brandenburg in der regionalen Wirtschaftspolitik nachteilig für die Attraktivität der sich erst nach 1990 bildenden Wirtschafts- und Arbeitsmarktregion Berlin ausgewirkt hat. Bereits 1993 wurde eindringlich auf die Risiken einer unabgestimmten Politik für die Region hingewiesen: „Über die nationalen Anforderungen hinaus muss dabei bedacht werden, dass es zur Inanspruchnahme europäischer Hilfen dringlich regionaler Entwicklungsprogramme bedarf, die gerade im Falle Berlin-Brandenburg grenzüberschreitend angelegt und abgestimmt sein müssen.“[26] Zuvor hatte auch auf Berliner Seite eine Expertenkommission die Notwendigkeit eines einheitlichen Vorgehens betont: „Angesichts des sich verschärfenden interregionalen Standortwettbewerbs hält die Kommission eine enge Kooperation der Länder Berlin und Brandenburg in allen Fragen der Wirtschafts- und Strukturpolitik und der Wirtschaftsförderung für erforderlich.“[27]

Die vorliegende Untersuchung hat ergeben, dass auch viele andere nachdrückliche Empfehlungen keinen Niederschlag in der konkreten Regionalpolitik gefunden haben. Während des Untersuchungszeitraumes ist es trotz aller Argumente für ein gemeinsames Vorgehen zu keiner einheitlichen Förderstrategie für die Region gekommen. Zwar konnten in Berlin und Brandenburg mit den EFRE-Fördermitteln zweifellos die eigenen finanziellen Anstrengungen im Bereich der Wirtschaftsförderung verstärkt werden. Die EU-Beihilfen wurden aber nicht dazu genutzt, die Attraktivität der *Region* im Standortwettbewerb mit anderen Regionen zu erhöhen. Wie weit sich dies langfristig negativ auswirkt, wird auch davon abhängen, ob es zukünftig zwischen Berlin und Brandenburg zu einer verstärkten Kooperation in der Regionalpolitik kommt.

7.2. Perspektiven der weiteren EFRE-Förderung in der Region

Die weitere Entwicklung der europäischen Regionalpolitik in der Region Berlin ist und wird im wesentlichen durch die Agenda 2000 bestimmt. Mit der Agenda 2000 wurde auf europäischer Seite die regionalpolitische Strategie für die Förderperiode 2000-2006 festgelegt. Diese Strategie war ganz wesentlich von den absehbaren

---

26 Vgl. Empfehlungen des Beirates für Raumordnung, in: Bundesministerium für Raumordnung und Städtebau (1993): Raumordnungsbericht 1993, S. 96

27 Vgl. Empfehlungen der Strukturpolitischen Expertenkomission in: SenWiTech (1992a), S. 27

Auswirkungen einer Erweiterung der Europäischen Gemeinschaft um die neuen Beitrittskandidaten Mittel- und Osteuropas bestimmt. Betroffen sind auf Grund ihrer räumlichen Nähe besonders die neuen Länder und damit auch die Region Berlin. Inwieweit die relativ grenznahe Region Berlin die damit verbundenen Risiken meistern, aber auch die dadurch sich ergebenden Chancen nutzen kann, wird u.a. davon abhängen, ob der Ballungsraum Berlin zukünftig stärker als bisher als eine gemeinsame Region handeln und der erneut von der Politik angekündigte Anlauf einer Länderfusion Erfolg haben wird.

Nach Betrachtung der EFRE-Förderung in der Region Berlin während der letzen zehn Jahre wird deshalb als Abschluss der Untersuchung nachfolgend speziell unter dem Aspekt der Zusammenarbeit von Berlin und Brandenburg noch auf die neue, seit 2000 laufende Strukturfonds-Förderperiode eingegangen. Dabei interessiert, welche Veränderungen die im Zusammenhang mit der Agenda 2000 durchgeführte Reform der Strukturfonds generell brachte und wie sich diese auf das noch strukturschwache Gebiet der neuen Bundesländer als Ziel-1-Regionen der Europäischen Gemeinschaft und auf die EFRE-Intervention in der Region Berlin auswirken wird. Abschließend wird noch der Frage nachgegangen, ob sich für die neue Förderperiode Ansätze einer verstärkten Zusammenarbeit bei der Planung der EFRE-Förderung zeigen und welche Chancen sich in diesem Kontext für die Region bei einem erneuten Fusionsanlauf von Berlin und Brandenburg erkennen lassen.

7.2.1. Reform der Strukturfonds im Rahmen der Agenda 2000

Auf dem Berliner Gipfel am 24./25.3.1999 sind vom Europäischen Rat im Zusammenhang mit der Agenda 2000[28] die Europäischen Strukturfonds erneut reformiert worden. Die Reformvorschläge für die Verordnung der Strukturfonds für den Zeitraum 2000-2006 hatte die Europäische Kommission bereits im Frühjahr 1998 vorgestellt. Sie präzisierte damit die Überlegungen des strategischen Dokuments „Agenda 2000“ vom Juli 1997. Die Änderungen erfolgten einerseits auf Grund des erkennbar geworden Reformdrucks bei der Strukturfondsförderung – die letzte große Reform lag zehn Jahre zurück – und andererseits mit Blick auf die bevorstehende EU-Osterweiterung und den damit einher gehenden Konsequenzen für die europäische Förderpolitik.[29]

---

28 Die Agenda 2000 umfasste vier programmatische Teile: 1. Reformvorschläge zur gemeinsamen Agrarpolitik (ca. 50 % der Haushaltsmittel), 2. Reformvorschläge zur Europäischen Strukturpolitik (ca. 30 % der Haushaltsmittel), 3. Vorschläge zur EU-Osterweiterung und 4. Vorschläge zur Finanzierung der Gemeinschaft ab 2000. Vgl. auch KOM (1997b): Agenda 2000: Eine stärkere und erweiterte Union.

29 Vgl. „Reform der Europäischen Strukturfonds 2000“, in: DIW WB 26/98, S. 463.

Die wesentlichen Änderungen für die Strukturfonds beinhalten drei Schwerpunkte:

1. **Größere Konzentration der Förderung** hinsichtlich der inhaltlichen Gewichtung und Zuordnung einzelner Maßnahmenfelder. Dazu gehört eine Zielreduzierung von formal sieben auf drei, wobei die Ziele 1 und 2 regional ausgerichtet sind und Ziel 3 horizontal. Außerdem erfolgte eine Reduzierung der Gemeinschaftsinitiativen auf jetzt vier, bei gleichzeitiger Rückführung des Mittelvolumens auf 5 % der Strukturfondsmittel.[30]

2. **Vereinfachte und dezentrale Durchführung der Fonds.** Verankert worden ist dabei das Ziel einer Steigerung der gebietlichen Kohärenz[31] von nationalen und europäischen Fördergebieten. Nach dem Kohärenzgrundsatz sollen fortan EU-Fördergbiete zugleich nationale Fördergebiete sein, „was den Spielraum zur Auswahl anderer als der derzeitigen Fördergebiete einengen dürfte."[32] Die damit einher gehende Konzentration der Mittel verstärkt die „Politik des goldenen Zügels", was nicht immer im Interesse der Mitgliedstaaten war und auch nur bedingt mit dem Subsidiaritätsprinzip vereinbar ist. Dennoch wurden die Vorgaben aber von allen Mitgliedsstaaten auf dem Berliner Gipfel im Interesse EU-weit einheitlicher Maßstäbe für die Definition von Regionalproblemen und die Auswahl von Fördergebieten akzeptiert.

3. **Stärkung der Kontrolle und Effizienz bei den Strukturfondsmaßnahmen**, zum einen durch erhöhten Einsatz von Finanzierungsinstrumenten, wie z.B. zinsverbilligte Darlehen statt nicht rückzahlbarer Zuschüsse, und zum anderen durch verschärfte Vorgaben für die Begleitung und Evaluierung der Strukturfondsinterventionen. Darüber hinaus zwingt die neue Strukturfondsverordnung zur Verantwortungsbündelung bei nur einer Stelle für alle Fonds.

Bei der Förderperiode 2000-2006 handelt es sich um eine siebenjährige Planungs- und neunjährige Ausführungszeit. Erstmalig erfolgte auch die Ausweisung der Ziel-2-Gebiete für den gleichen Zeitraum. EU-weit soll die förderfähige Bevölkerung von 51 % in der Periode 1994-1999 auf 41 % im Jahre 2006 zurückgeführt werden. Das neue Ziel 1 (ehemalige Ziele 1 und 6 sowie Regionen in äußerster Randlage der Eu-

30 Es handelt sich um die Gemeinschaftsinitiativen INTERREG: Grenzübergreifende transnationale und interregionale Zusammenarbeit (mindestens 50 % der GI-Mittel), EQUAL: Entwicklung des ländlichen Raums, LEADER: Humanressourcen und URBAN: Revitalisierung von benachteiligten Stadtvierteln. Vgl. auch Neueder (2000): Die Verhandlungen über die EU-Strukturfondsförderung 2000-2006. Ziele und Ergebnisse, in: Informationen zur Raumentwicklung. Heft 2/2000, S. 88 f.

31 Vgl. zum Kohärenzgrundsatz und den Auswirkungen auf die deutschen Fördergebiete, Neueder (2000), S. 87 f.

32 Vgl. Hassold/Jung (2000), S. 70

ropäischen Gemeinschaft) umfasst mit 22 % der EU-Bevölkerung 83,26 Mio. Einwohner. Es handelt sich dabei auf NUTS-II-Ebene um Regionen mit Entwicklungsrückstand, die ein Pro-Kopf-BIP von weniger als 75 % des Gemeinschaftsdurchschnitts aufweisen. In Deutschland sind dies erneut auf NUTS-I-Ebene die neuen Länder, nicht jedoch Ost-Berlin, das eine Auslaufregelung bis 2005 erhält. Das neue Ziel 2 (ehemalige Ziele 2 und 5b) umfasst mit 68,17 Mio. Einwohner 18 % der EU-Bevölkerung und fördert auf NUTS-III-Ebene Gebiete mit Strukturproblemen, d.h. Gebiete, die einen wirtschaftlichen und sozialen Wandel durchlaufen. In Deutschland sind das 95 Kreise einschließlich West-Berlin. Das neue Ziel 3 beinhaltet die ehemaligen beschäftigungspolitischen Ziele 3 und 4. Dieses Ziel fördert die Anpassung und Modernisierung der Bildungs-, Ausbildungs- und Beschäftigungspolitiken und -systeme außerhalb von Ziel 1. Insgesamt wichtigster Förderbereich bleiben Ziel-1-Regionen mit anteilig 70 % der Strukturfondsmittel, auf Ziel 2 entfallen knapp 12 %, auf Ziel 3 gut 12 %, auf die Gemeinschaftsinitiativen gut 5 % und auf die Technische Hilfe knapp 1 % der Fördermittel.

Die neuen Länder erhalten als Ziel-1-Gebiet im Zeitraum 2000-2006 19,3 Mrd. Euro[33] der Strukturfondsmittel. Ost-Berlin erhält im Rahmen des „Phasing-out" bis 2005 729 Mio. Euro. Insgesamt fließen damit pro Jahr 2,9 Mrd. Euro in die neuen Länder. Für die alten Länder inclusive West-Berlin stehen im Rahmen des neuen Ziels 2 rund 3 Mrd. Euro (pro Jahr 430 Mio. Euro) an Strukturfondsmitteln zur Verfügung.

Wie auch in der vorhergehenden Förderperiode gibt es auch für die Förderperiode 2000-2006 wieder ein Gemeinschaftliches Förderkonzept für die neuen Länder und Ost-Berlin, welches Grundlagen, Ziele und Entwicklungsstrategien für den Einsatz der europäischen Strukturfonds beinhaltet.[34] Für West-Berlin erfolgte die Festlegung

33 ECU=Euro: Artikel 2 Abs. 1 der Verordnung (EG) Nr. 1103/97 des Rates vom 17. Juni 1997 über bestimmte Vorschriften in Zusammenhang mit der Einführung des Euro (ABl. Nr. L 162 vom 19.6.1997, S. 1) sieht vor, dass ab 1. Januar 1999 jede Bezugnahme in einem Rechtsinstrument auf die ECU durch die Bezugnahme auf den Euro zum Kurs von 1 Euro für 1 ECU ersetzt wird.

34 EG (2000a): Entscheidung der Kommission K (2000) 1475 vom 19.6.2000. Die Handlungsschwerpunkte entsprechen im wesentlichen denen der Förderperiode 1994-1999; und zwar 1. Verbesserung des produktiven Umfeldes und Stärkung der Wettbewerbsfähigkeit der Unternehmen; 2. Verbesserung wesentlicher infrastruktureller Potenzialfaktoren für die regionale Entwicklung; 3. Reduzierung von Umweltbelastungen, Förderung der umweltverträglichen regionalen Entwicklung; 4. Verbesserung der Anpassungsfähigkeit der Unternehmen und des Arbeitskräftepotenzials, Stärkung der Chancengleichheit und 5. Verbesserung der sozio-ökonomischen Entwicklungsbedingungen und der Umweltsituation im ländlichen Raum, Stärkung der Wettbewerbsfähigkeit der Land- und Forstwirtschaft und Fischerei sowie nachhaltiges Management der vorhandenen Ressourcen Boden, Luft und Wasser.

der Förderziele und -strategie erneut im Rahmen eines Einheitlichen Programmplanungsdokumentes.[35]

Herzstück der Strukturfondsverordnung ist erneut die Regionalförderung. Im Vorfeld der Strukturfondsförderung für die Förderperiode 2000-2006 erstellte Analysen für die neuen Länder haben gezeigt, dass diese auch zehn Jahre nach der Wiedervereinigung noch „erhebliche Anstrengungen zur Verbesserung der regionalen Wettbewerbsfähigkeit leisten müssen."[36] Zu der regionalpolitischen Ausrichtung der Strukturfonds heißt es im GFK: „Ein zentrales Ziel der Strukturfondsförderung ist die Schaffung gleichwertiger Lebensverhältnisse durch den Abbau regionaler Disparitäten. Die neuen Bundesländer weisen aber nicht nur gegenüber anderen Regionen, sondern auch intra-regional Entwicklungsunterschiede auf. Die räumlichen Wachstumspole und -zentren im Fördergebiet sollen gezielt gestärkt werden. Ziel ist es, dass von diesen Zentren „spill-over"-Effekte auf das Umland sowie die ländlichen Regionen ausgehen und somit zu einer selbsttragenden wirtschaftlichen Entwicklung beitragen."[37] Diese Aussage ist für die Region Berlin insofern relevant, als sie der Empfehlung des DIW von 1997 entspricht, in Brandenburg vom Konzept der dezentralen Konzentration bei der Wirtschaftsförderung abzurücken.

7.2.2 Neue Förderperiode 2000-2006 in der Region Berlin

Zehn Jahre nach der Wiedervereinigung haben sich für die Region Berlin, zum Teil in Folge der Reform, aber auch auf Grund veränderter sozio-ökonomischer Bedingungen, die Ausgangsbedingungen für den Einsatz des EFRE verändert. Zwar besteht die Region in Bezug auf die EU-Förderung weiterhin aus den drei Teilgebieten West-Berlin, Ost-Berlin und Brandenburg, die alle auch in der neuen Förderperiode Zuwendungen aus dem Europäischen Regionalfonds erhalten, aber wiederum nach jeweils unterschiedlichen Förderkriterien. West-Berlin ist auf Grund seiner hohen Arbeitslosigkeit erneut als förderwürdiges Gebiet im Sinne von Ziel-2 anerkannt worden.[38] Bei der Fördereinstufung Ost-Berlins hat sich eine Änderung ergeben. Zehn Jahre nach dem Mauerfall erfüllt Ost-Berlin auf Grund seiner „positiven"

35 SenWiTech (20001): Einheitliches Programmplanungsdokument für West-Berlin für 2000-2006 vom 29.3.2001

36 Vgl. EG (2000b): Zusammenfassung des Gemeinschaftlichen Förderkonzepts für die neuen Länder und Ost-Berlin 2000-2006.

37 Vgl. ebenda.

38 Darüber hinaus wurde ganz West-Berlin als Ziel-3-Fördergebiet eingestuft, was ausschließlich die Förderung aus dem Europäischen Sozialfonds betrifft und worauf hier nicht weiter eingegangen wird.

Strukturdaten nicht mehr die Kriterien für die europäische Ziel-1-Förderung.[39] Ost-Berlin erhält statt dessen für die Zeit von 2000-2005 eine degressiv gestaffelte Übergangsförderung (sog. „Phasing-out-Regelung").[40] Brandenburg hingegen ist in dieser Förderperiode erneut als Ziel-1-Fördergebiet ausgewiesen worden.

Insgesamt stehen für die Strukturfondsförderperiode im Zeitraum 2000-2006 für West-Berlin als Ziel-2-Region 370 Mio. Euro, für Ost-Berlin als Ziel 1-Übergangsregion 729 Mio. Euro und für Brandenburg als Ziel-1-Region 1 520 Mio. Euro zur Verfügung, jeweils gerechnet in Preisen von 1999. Der EFRE nimmt innerhalb der Strukturfonds auch in dieser Förderperiode in der Region Berlin wieder eine herausgehobene Stellung ein. Im November 1999 wurden die Operationellen Programme für den EFRE von Brandenburg und Ost-Berlin bei der Europäischen Kommission eingereicht. Diese gab im März 2000 ihre grundsätzliche Zustimmung, hatte aber bei Brandenburg Änderungswünsche, denen bis Ende August 2000 entsprochen werden konnte.

Wegen verzögerter Entscheidungen der Kommission über die Ziel-2-Fördergebietskulisse lag die Planung für West-Berlin im Vergleich zu Ziel-1 etwa zwei Monate zurück. Das Problem war, dass das gesamte Stadtgebiet West-Berlins mehr Einwohner hatte als für eine Ziel-2-Fördergebietsabgrenzung zulässig war. Aus diesem Grunde wurden auch nur Teile von West-Berlin als Fördergebiet ausgewiesen und zwar auf der Basis von Verkehrszellen[41], andere Teile wurden nur als Ziel-2-Übergangsgebiete anerkannt und einige Verkehrszellen wurden aus der Förderung

39 Das pro Kopf BIP lag, gemessen am EU-Durchschnitt, in den vergleichbaren Jahren jeweils knapp über dem Schwellenwert von 75 %.

40 Die EU-Kommission bestand darauf, dass die Auslaufphase kürzer sein müsse als die Förderperiode, um bei Beratungen der nächsten Förderperiode nicht für die „Phasing-out-Phase" erneut eine „Phasing-out-Regelung" beschließen zu müssen. Für Ost-Berlin zeichnete sich schon im Frühjahr 1998 ab, dass es seinen regulären Ziel-1-Förderstatus nicht halten können würde. Dabei wurde u.a. davon ausgegangen, das Ost-Berlin dann möglicherweise als Ziel-2-Fördergebiet förderfähig wäre. Vgl. KOM (1998): europartner 4/98, S. 10; Tagespiegel vom 29.4.1998 „Dem Euro muss die Sozialunion folgen" und RBm (1998): Landespressedienst vom 27.7.1998, Nr. 142.

41 Der Rückgriff auf Verkehrszellen war auch schon in den vorhergehenden Förderperioden praktiziert worden. Mit Hilfe des Herausnehmens von einigen „weniger bedürftigen" Verkehrszellen konnte die maximal zulässige Höhe der Bevölkerung im Fördergebiet eingehalten werden.

völlig ausgeschlossen.[42] Nach der grundsätzlichen Entscheidung der Kommission über die Gebietskulisse für Ziel-2 im Februar 2000 konnte der Berliner Senat im April 2000 seine Planungen für West-Berlin vorlegen. Zur endgültigen Entscheidung kam es nach Änderungswünschen der Europäischen Kommission erst im März 2001. Noch ausstehende beihilferechtliche Genehmigungen führten dann noch zu weiteren Verzögerungen beim Programmstart für das Ziel-2-Gebiet in West-Berlin.

Hinsichtlich einer gemeinsamen Zielverfolgung lässt sich anhand der GFK's, Operationellen Programme und EPPD's von Berlin und Brandenburg feststellen, dass innerhalb Berlins trotz der erneut unterschiedlichen Fördergebietseinstufung von West- und Ost-Berlin „im Grundsatz eine einheitliche Förderstrategie für die ganze Stadt umgesetzt werden“ soll. Grundlage für den Einsatz der Strukturfondsmittel in Berlin und damit auch für den Handlungsrahmen für die von den Fondsverwaltungen zu erstellenden Programme ist ein Senatsbeschluss vom Mai 1999. Die Entwicklungsschwerpunkte für die EFRE-Förderung in Berlin sind gegenüber der vorhergehenden Förderperiode praktisch unverändert. Laut EPPD für West-Berlin sind zudem die EFRE-Förderbereiche für den West- und Ostteil der Stadt weitgehend identisch: „Entwicklungsschwerpunkte dieses EPPD orientieren sich an dem Operationellen Programm für die Ziel-1-Interventionen im Land Berlin.“[43] Innerhalb der Stadt ist nach gut zehn Jahren damit eine weitgehende Übereinstimmung in der EFRE-Förderung gegeben, obwohl beide Stadthälften nach wie vor unterschiedlichen Fördereinstufungen unterliegen.

In Bezug auf den engeren Verflechtungsraum Brandenburgs ist aus den Dokumenten von Berlin und Brandenburg nicht ersichtlich, ob im Vorfeld der Planung länderübergreifende Absprachen grundsätzlicher Art stattgefunden haben.[44] Ein punktueller Ansatz zur Zusammenarbeit bei der EFRE-Förderung lässt sich im OP für Brandenburg bzw. dem EPPD für West-Berlin bei dem Fördervorhaben „Filmboard Berlin-Brandenburg“ zeigen: „Die geplante Maßnahme wird gemeinsam mit dem Land

---

42 Vgl. EG (2000): Entscheidung der Kommission vom 9.2.2000, zur Festlegung des Verzeichnisses der in Deutschland unter Ziel 2 der Strukturfonds fallenden Gebiete für den Zeitraum 2000-2006, in: ABl. L 66, S. 29 und S. 45 für die einzeln ausgewiesenen Verkehrszellen v. 14.3.2000. Für Deutschland insg. beläuft sich die Bevölkerungshöchstgrenze der unter Ziel-2-fallenden Fördergebiete auf 10 292 000 Einwohner, davon entfallen auf West-Berlin insg. 1 103 972 Einwohner im förderfähigen Gebiet. Vgl. dazu EG (1999a): Entscheidung 1999/503/EG der Kommission, in: ABl. der EG L 194 vom 27.7.1999, S. 58.

43 Vgl. SenWiTech (2001), S. 9.

44 Bemerkenswert ist, dass die gemeinsame Landesplanungsabteilung als Hauptantragstellerin vier INTERREG II C Projekte beantragt hat, an denen sowohl Berlin als auch Brandenburg teilnehmen werden. Die Idee hinter diesen Projekten ist die grundsätzliche Überlegung, dass „... zunehmende Verflechtungen zwischen Kernstädten und dem Umland ... übergreifende planerische Entwicklungskonzepte (erfordern).“ Vgl. Berliner Europabericht 1999, S. 52

Brandenburg durchgeführt, um Synergieeffekte in der Region zu erzielen". Allerdings heißt es dann weiter im EPPD für West-Berlin: „In der Umsetzung dieser Maßnahme wird darauf geachtet, dass mit den Mitteln dieses Einheitlichen Programmplanungsdokumentes ausschließlich Unternehmen mit einer Betriebsstätte im Berliner Ziel-2-Gebiet gefördert werden."[45]

Im EPPD für West-Berlin heißt es beim Unterpunkt Investitionen zur Standortpflege: „Die Förderung der Umsetzung von Unternehmen bzw. der Anpassung an bestehenden Standorten verhindert Abwanderung in andere Regionen und trägt zur Standortsicherung von Gewerbebetrieben und damit verbundenen Arbeitsplätzen bei."[46]

Aus den Planungsdokumenten für Brandenburg ist nicht ersichtlich, ob man in der Förderpolitik vom Konzept der dezentralen Konzentration abrücken wird und damit den Zielen im GFK zur regionalpolitischen Ausrichtung der Strukturfonds folgen wird, nämlich die räumlichen Wachstumszentren gezielt zu stärken, damit von diesen „spill-over"-Effekte auf das Umland und die ländlichen Regionen ausgehen.

Auf Grund der neuen EU-Vorgaben, dass es in jeder Region nur noch eine verantwortliche Stelle für alle EU-Fördermaßnahmen geben darf, sind jetzt in Berlin alle entsprechenden Aktivitäten bei der Senatsverwaltung für Wirtschaft und Technologie konzentriert. In Brandenburg ist diese neue Aufgabe im Finanzministerium angesiedelt. Landesintern ist damit jeweils eine Zersplitterung der EU-Kompetenzen in Bezug auf die Europäischen Strukturfonds weitgehend ausgeschlossen. Ob sich auch länderübergreifend auf Grund dieser Verantwortungsbündelung die Koordinations- und Kooperationsmöglichkeiten verbessern werden, bleibt abzuwarten.

7.2.3. EU-Osterweiterung

Die Reform der Strukturfonds im Rahmen der Agenda 2000[47] stand in engem Zusammenhang mit den Überlegungen, welche Auswirkungen der Beitritt der hauptsächlich strukturschwachen Länder Mittel- und Osteuropas (MOE) zur Europäischen Gemeinschaft haben wird. Nachstehend werden einige dieser Auswirkungen, soweit sie den Gegenstand dieser Untersuchung berühren, angesprochen. Dabei geht es zum einen um die Frage, ob Erfahrungen aus dem EFRE-Einsatz in der Region Berlin auf die Beitrittskandidaten übertragbar sind und zum anderen darum, wie sich

45 Vgl. SenWiTech (2001), S. 174.

46 Vgl. SenWiTech (2001), S. 169.

47 Vgl. auch EG (1999): Verordnung (EWG) Nr. 1260/1999 des Rates vom 21.6.1999 mit allgemeinen Bestimmungen über die Strukturfonds, in: ABl. Nr. L 161 vom 26.6.1999.

die EU-Osterweiterung auf die wirtschaftliche Entwicklung der Region auswirken wird.

Da alle MOE-Beitrittskandidaten unterhalb der Grenze von 75 % des durchschnittlichen Pro-Kopf-BIP der Europäischen Gemeinschaft (in Kaufkraftparitäten) liegen, werden sie mit ihrem Beitritt zur EU anspruchsberechtigt bei der europäischen Strukturfondsförderung entsprechend dem Abgrenzungskriterium der Ziel-1-Förderung.[48] Die künftige Regionalpolitik einer erweiterten Union war deshalb zentraler Gegenstand der Agenda 2000-Beratungen.

Grundsätzlich ist davon auszugehen, dass die Europäische Gemeinschaft auch in den kommenden Jahren ihren Ansatz der Kohäsion verfolgen und im Rahmen ihrer Möglichkeiten, speziell aber mit Hilfe der Europäischen Strukturfonds, die „bedürftigen" Regionen unterstützen wird. Die Situation der MOE-Staaten unterscheidet sich jedoch in wesentlichen Punkten von der der Region Berlins bzw. der der neuen Länder nach der Wiedervereinigung. Anders als bei den früheren Erweiterungen der Europäischen Gemeinschaft gab es für den Beitritt der neuen Länder und Ost-Berlins keinerlei Vorbereitungsphase. Schon jetzt unterstützt die Europäische Gemeinschaft jedoch im Rahmen der sog. „Pre-accession-Aid" die zukünftigen Mitgliedsstaaten, z.B. im Rahmen des Phare-Programms.

Eine Übertragung der in den letzten zehn Jahren in Deutschland gemachten Erfahrungen mit der EFRE-Förderpraxis ist darüber hinaus nur sehr eingeschränkt möglich, da die neuen Länder und damit in gewisser Weise auch die Region Berlin im Vergleich zu den mittel- und osteuropäischen Transformationsgesellschaften einen privilegierten Sonderweg beschritten haben.[49] Es gab zum einen die umfangreichen Hilfen der alten Bundesländer beim Um- und Aufbau der Verwaltung. Zum anderen gab es massive Transferzahlungen aus dem Bundeshaushalt („Aufbau Ost" und Fonds „Deutsche Einheit"), also externe Unterstützung, die bei den potentiellen Beitrittskandidaten nicht zu erwarten ist. Zudem sind Spezifika, wie sie in der Untersuchung für die Region Berlin ermittelt wurden, in den Beitrittsländern nicht zu erkennen.

48 Obwohl die Höhe des zukünftigen EU-BIP (bisherige EU-Länder einschließlich der zehn Beitrittskandidaten) noch unbekannt ist, kann schon jetzt davon ausgegangen werden, dass lediglich Prag und Bratislava sowie vermutlich Zentral-Ungarn und Slowenien nicht anspruchsberechtigt sein werden.

49 Vgl. Hoffmann (1995): Editorial, in: Schwerpunktheft Fünf Jahre Deutsche Einheit, DIW Vierteljahresheft zur Wirtschaftsforschung 3/95, S. 365. Und Toepel/Weise (2000): Die Integration Ostdeutschlands in die Europäische Union: Eine Erfolgsgeschichte?, in: Schwerpunktheft Zehn Jahre deutsche Währungs-, Wirtschafts- und Sozialunion, DIW Vierteljahresheft zur Wirtschaftsforschung 2/2000, S. 178 ff.

Ein entscheidender Faktor für den Erfolg der europäischen Strukturpolitik in den MOE-Ländern wird sein, „ob die Kompetenzen der regionalen Verwaltungen gegenüber den zentralen Behörden ausreichen, um eigenständige Projekte effizient durchzuführen.“[50] Befürchtet wird, dass die Absorptionsfähigkeit der MOE-Staaten in Bezug auf die EU-Mittel zu schwach ausgeprägt ist. Die Fördermittel dürfen maximal 4 % des nationalen BIP ausmachen. „Wie die Erfahrung zeigt, können Fördermittel, die gemessen am BIP des Empfängerlandes eine bestimmte Höhe überschreiten, kaum effizient eingesetzt werden und sogar zu einer Verzerrung der Wirtschaftsstrukturen führen.“[51] Probleme werden sich auch durch die Notwendigkeit der Kofinanzierung ergeben. Selbst in Berlin und Brandenburg haben die Haushaltsengpässe die Grenzen der Inanspruchnahme europäischer Fördergelder aufgezeigt. Nach den Vorstellungen der EU-Kommission wird es nach dem Beitritt der neuen Mitgliedsstaaten zu Übergangsvereinbarungen kommen müssen. In den ersten Jahren gibt es ein „Phasing-in“, so dass die neuen Mitglieder nach ihrem Beitritt erst mit zeitlichen Verzögerungen die Fördergelder voll in Anspruch nehmen können.[52]

Im Zuge der Heranführung der zehn potentiellen Beitrittskandidaten aus Mittel- und Osteuropa wurde deutlich, dass eine Erweiterung der Gemeinschaft um diese strukturschwachen Länder auch zu einer massiven Verschiebung des Wohlstandsgefälles innerhalb der Gemeinschaft führen und sich damit die Situation der ehemaligen Empfänger zwangsläufig verändern wird.[53] Wie schon bei der Einbeziehung der neuen Länder nach der Wiedervereinigung wird sich das durchschnittliche Wohlstandsniveau (durchschnittliches BIP) erneut absenken und sich damit das regionale

---

50 Vgl. Quaisser/Woodward (2001): Adaptionsprobleme der EU-Struktur- und Regionalpolitik in den MOE-Ländern, Osteuropa-Institut-München, Gutachten im Auftrag des BMF, S. VIII. In Berlin und Brandenburg ist lange Zeit der mit der EFRE-Administration verbundenen Aufwand unterschätzt worden und erst durch Inanspruchnahme von Mitteln der Technischen Hilfe konnten die notwendigen personellen und sachlichen Ressourcen zur Verfügung gestellt werden.

51 Vgl. KOM (1996c): inforegio news Nr. 25/1996.

52 Die geltende Rechtslage trifft auf den Widerspruch der Beitrittskandidaten, die keine Mitglieder 2. Klasse sein wollen, was sie allerdings nicht wären, sondern subjektiv nur so empfinden. Vgl. zu den Übergangsregelungen und der Absorptionsfähigkeit der Empfängerländer „Wohlstandsgefälle in der EU-27 und Konsequenzen für die EU-Strukturpolitik“, in: DIW WB 36/2001, S. 564.

53 1999 erbrachten die MOE-Beitrittskandidaten nur ca. 40 % des durchschnittlichen Pro-Kopf-BIP der EU 15. Vgl. Schäfer (2001): Wirtschaftspolitische Herausforderungen der EU-Osterweiterung, in: Ohr/Theurl (Hrsg.): Kompendium Europäische Wirtschaftspolitik, S. 254. Vgl. auch Tomann (1999): Die Osterweiterung der Europäischen Union aus ökonomischer Sicht, in: Herausforderungen an die Wirtschaftspolitik an der Schwelle zum 21. Jahrhundert, Volkswirtschaftliche Schriftenreihe, Heft 501, S. 177.

Gefälle innerhalb der Gemeinschaft verdoppeln.[54] Dies bedeutet, dass sich der statistische Durchschnitt als Orientierungsgröße für die Zuweisung der Strukturfondsmittel nach unten verschiebt und der relative Wohlstand der heutigen Empfängerregionen steigt. Für die derzeitige Berechnungsgrundlage der Ziel-1-Förderung (unter 75 % des durchschnittlichen BIP der Gemeinschaft) hat dieses statistische Absinken erhebliche Folgen, da viele der derzeit nach Ziel-1 förderfähigen Regionen, also auch die neuen Länder, dann u.U. komplett aus der Ziel-1-Förderung herausfallen dürften, d.h. sie würden nicht mehr als strukturschwach und bedürftig gelten.[55] Real wäre es allerdings zu keiner Verbesserung der wirtschaftlichen Situation gekommen. Auf Grund dieser statistischen Effekte wird auch von statistischer Täuschung und von „neureich" gesprochen.[56]

Durch die Erweiterung der Europäischen Union nach Osten werden sich in den nächsten Jahren auch die Rahmenbedingungen für die wirtschaftliche Entwicklung der neuen Bundesländer verändern.[57] Zum einen erhöhen sich die Chancen für die Exportwirtschaft, die durch die exponierte geographische Lage, aber auch auf Grund traditioneller Lieferbeziehungen und deren Reaktivierung verbessert werden können. Allerdings ist die absehbare Osterweiterung auch mit Risiken verbunden.[58] Die neuen Länder, und das gilt besonders für die Region Berlin, haben auf Grund ihrer relativen Strukturschwäche einerseits und der direkten Nachbarschaft andererseits auf kürzere Sicht große Herausforderungen zu bewältigen, verfügen sie doch nur über

---

54 Vgl. KOM (2001): Einheit Europas, Solidarität der Völker, Vielfalt der Regionen. Zweiter Bericht über den wirtschaftlichen und sozialen Zusammenhalt. (Kohäsionsbericht), 2. Bd.

55 Ohne Erweiterung würde Brandenburg ab 2007 voraussichtlich als eines der wenigen neuen Länder den Förderstatus als Ziel-1-Region behalten. Vgl. DIW WB 36/2001, S. 564 und Weise et al. (2001): Reformbedarf bei den EU-Politiken im Zuge der Osterweiterung der EU, Tabellenband Tab. 3-2.

56 Vgl. KOM (2001a): inforegio news Nr. 87/2001 und KOM (2001b): EU-Nachrichten Nr. 24/2001. In Bezug auf den Begriff der „statischen Täuschung" heißt es im DIW WB 36/2001 auf S. 566: „Diese Position ist jedoch unbegründet, da die Strukturfondszahlungen eben nicht als Instrument zur Sicherung eines *absoluten* Existenzminimus konzipiert sind, sondern dazu beitragen sollen, `Unterschiede im Entwicklungsstand der verschiedenen Regionen ... zu verringern´ (Art. 158 EGV). Deshalb ist das sinkende durchschnittliche BIP in der EU nicht - wie von Vertretern heute geförderter Regionen suggeriert – unerheblich zur Beurteilung der Förderbedürftigkeit einer EU-Region, sondern ausschlaggebend." In der Konsequenz entspricht es der vielzitierten Subventionsmentalität, wenn der Verlust der Förderbedürftigkeit, der einher geht mit Mittelverlusten, von den politischen Akteuren einer Region als Nachteil beklagt wird. Ihr Handlungsspielraum verringert sich, aber im Regionenvergleich hat sich ihre Situation verbessert.

57 Vgl. DIW WB 36/2001, S. 563.

58 SenWiTech (2001a): Die Osterweiterung als Herausforderung für Berlin, http://www.berlin.de/home/land/SenWiTech/politik/eu-ost.html (v. 20.7.2001)

vergleichsweise geringe Anpassungspotenziale[59]. Experten befürchten, dass die grenznahen Gebiete auf beiden Seiten von Oder und Neiße nur als „Transit-Raum" an der EU-Osterweiterung beteiligt sind, da sowohl der polnische Westen als auch der deutsche Osten als strukturschwach gelten.[60]

Wird mit Beginn der Osterweiterung auch die Freizügigkeit der Arbeitskräfte, eine der vier konstitutiven Grundfreiheiten des EU-Binnenmarktes, gewährt, dann dürfte die Arbeitsmobilität von Ost nach West zu einem zusätzlichen Wettbewerbsdruck führen. Welchen Umfang eine solche Arbeitskräftemigration annehmen wird, ist nicht sicher prognostizierbar und Gegenstand kontroverser Diskussionen.[61] Auf jeden Fall ist auch unter diesem Aspekt eine konsequente Stärkung der Wettbewerbsfähigkeit der ostdeutschen Wirtschaft unerlässlich.[62]

Da für die Stadt Berlin und damit auch für die Region insgesamt derzeit die EU-Strukturfondsförderung für die Zeit ab 2007 noch ungewiss ist, aber bei einer Osterweiterung der EU von einem Rückgang der Fördermittel für Berlin und Brandenburg auszugehen ist, heißt es „dass die Stadt gar keine andere Wahl besitzt, als sich durch eine Stärkung ihres endogenen Potenzials nach einer Übergangszeit mehr als bisher aus eigener Kraft zu finanzieren."[63]

Für die Region Berlin hat die Erweiterung der Europäischen Gemeinschaft nach Osten auch einen geographischen/geopolitischen Effekt. Lag die Region bisher am Rande der Gemeinschaft, rückt sie mit der Erweiterung weiter ins Zentrum und mindert dabei ihre Nachteile, die sich aus der bisherigen Randlage ergeben haben. Es ist allerdings davon auszugehen, dass sich die Impulse aus der EU-Osterweiterung nur langsam in Berlin niederschlagen werden und messbare Effekte im Sinne einer starken Exportveränderung und Intensivierung der wirtschaftlichen Verflechtungen erst ab 2005 erwartet werden können.[64] Im EPPD von West-Berlin wird in diesem Zusammenhang betont, dass dem schon in den beiden vorhergehenden

59 Eser (1998): Räumliche Auswirkungen der geplanten Osterweiterung auf die Regionen der EU, in: Informationen zur Raumentwicklung, Heft 9/1998, S. 587 ff.

60 Vgl. Tsp. vom 1.6.2002 „Zehn EU-Kandidaten mit guten Ergebnissen" und weiterführend Weise et al. (2001a): The Impact of EU-Enlargement on Cohesion. Background Report for the Preparation on the European Commission's Second Report on Economic and Social Cohesion.

61 Vgl. Schäfer (2001), S. 256 und „EU-Osterweiterung: Abschottung oder regulierte Öffnung? Zu den Übergangsfristen für die Arbeitnehmerfreizügigkeit", in: DIW WB 31/2001.

62 KOM (2000b): Gemeinschaftliches Förderkonzept für die in Deutschland unter Ziel-1 oder Ziel-1-Übergangsweise fallenden Regionen für 2000-2006, S. 25.

63 Vgl. SenWiTech (2001a), S. 22, Abschnitt: Anpassung der Förderstrategie.

64 Vgl. SenWiTech (2001), insbesondere die dort zitierte ex-ante-Studie von Prognos. Außerdem: SenWiTech (2001a), S. 4: Kernaussage DIW

Förderperioden verfolgten Ansatz einer Förderung der Ost-West-Kooperation der Wirtschaft und auch der Unterstützung von Berliner Unternehmen in Bezug auf eine Exportorientierung gen Osten weiterhin und sogar verstärkt Rechnung getragen wird.[65]

7.2.4. Neuer Anlauf zur Länderfusion

Obwohl es angesichts der absehbaren Auswirkungen der EU-Osterweiterung in besonderem Maße auf das Herausstellen der Vorzüge der gemeinsamen Region ankommen wird,[66] gibt es in den aktuellen Strukturfondsdokumenten von Berlin und Brandenburg keine Hinweise auf vereinbarte Kooperationsansätze zwischen beiden Ländern, auch nicht hinsichtlich gemeinsamer Aktivitäten Berliner und Brandenburger Unternehmen oder auf das zu mobilisierende endogene Potenzial der gesamten Region.

Von Seiten der Parlamente und Regierungen beider Länder wird im Gegensatz dazu der politische Wille betont, einen erneuten Anlauf zur Länderfusion zu unternehmen. Allerdings wird die Länderfusion in den Regierungserklärungen beider Länder als eher langfristiges Ziel der Zusammenarbeit bezeichnet. Während beim ersten Fusionsanlauf 1996 die PDS im Gegensatz zu SPD und CDU das Fusionsprojekt abgelehnt hat, zählt sie inzwischen auch zu den Befürwortern eines Zusammengehens von Berlin und Brandenburg, so dass jetzt auch eine breite politische Unterstützung des Vorhabens zu erwarten ist.

Der Fusionsanlauf 1996 war aber nicht an den fehlenden politischen Mehrheiten gescheitert, sondern an der Haltung der Brandenburger (und Ost-Berliner) Bevölkerung, die für sich keine Vorteile in einem gemeinsamen Land erkennen konnte. Die Frage stellt sich deshalb, ob sich daran in der Zwischenzeit etwas geändert hat. Effizienzargumente haben seinerzeit schon nicht überzeugt. Durch die schwierige Haushaltssituation in Berlin haben sich die Bedingungen eher verschlechtert, da jetzt auf Seiten Brandenburgs befürchtet werden dürfte, auch noch für die Schulden Berlins aufkommen zu müssen.[67]

In Bezug auf die Erkenntnisse dieser Arbeit über den EFRE-Einsatz in der Region Berlin wäre eine Länderfusion ein maximal zu erreichendes Ergebnis bzw. die optimale Voraussetzung für einen koordinierten und abgestimmten Einsatz der Mittel in

---

65 Vgl. SenWiTech (2001), S. 176.

66 Vgl. SenWiTech (2001a), S. 5: Kernaussage Bankgesellschaft Berlin und Abschnitt 4: Berliner Wirtschaftspolitik für die EU-Osterweiterung.

67 Vgl. zur erneuten gegenläufigen Tendenz von Politik und Bevölkerung, Tsp. v. 16.7.2002 „Länderfusion verliert an Unterstützung“.

der Region. Trotzdem bliebe natürlich auch bei einer Länderfusion ein Interessenausgleich zwischen Stadt und Umland nötig, aber vor allem zwischen dem Ballungsgebiet Berlin und dem äußeren Verflechtungsraum. Dieser Interessenausgleich ließe sich zweifellos, wie im Ergebnis dieser Untersuchung aufgezeigt wurde, von einer zentralen Stelle aus leichter herbeiführen. Das Land Baden-Württemberg ist ein gutes Beispiel, wie durch die Vereinigung zuvor eigenständiger Länder Synergiepotenziale erschlossen werden können.[68]

Auch wenn die mit einer Fusion verbundenen Vorteile sich nicht kurzfristig einstellen, so sollte die erfolgreiche Entwicklung von Baden-Württemberg Ansporn sein, sich in Berlin und Brandenburg wieder stärker aufeinander zu zu bewegen. Beide Länder „müssen begreifen, dass sie sich nicht in einem Wettbewerb gegeneinander befinden, sondern dass sie gemeinsam diesen Wettbewerb mit den großen anderen europäischen Regionen – Barcelona/Katalonien, Mailand/Lombardei u.v.a. – führen müssen. Berlin muss ein eigenes Interesse an der Aktivierung der Potenziale Brandenburgs auch in seinen entfernteren Landesteilen erkennen. Die Metropole muss sich von ihrer auf den begrenzten Stadtraum bezogenen Wirtschaftspolitik hin zu einer Politik für die Region bewegen und erkennen, dass Wirtschaftspolitik in Berlin zugleich Strukturpolitik für die Region ist. Zugleich muss Brandenburg das Bestehen der Hauptstadtfunktionen Berlins noch stärker in die Überlegungen einbeziehen.“[69]

Die Untersuchung hat gezeigt, dass die Landesgrenze zwischen Berlin und dem Umland ein Hemmnis ist für die wirtschaftlichen Entwicklungsmöglichkeiten der Region. Im Sinne der Mobilisierung des endogenen Potenzials der Region müsste die Politik mit dem beginnen, was sie selber beeinflussen kann. Ein erfolgreicher Ansatz ist hier die gemeinsame Landesplanungsbehörde für Berlin und Brandenburg. Aber darüber hinaus zählt dazu auch eine intensive Zusammenarbeit beider Länder in ihrer Wirtschaftspolitik. Eine gemeinsame Wirtschaftspolitik für die Region wäre schon vor einer Fusion möglich. Die von der EU jetzt für die Strukturfondsförderung vorgeschriebene Konzentration der Verantwortung an einer Stelle pro Bundesland bietet im Prinzip gute Voraussetzungen, um zu einer integrierten Wirtschaftspolitik zumindest bei der Nutzung der europäischen Fördergelder für die

68 „Auch wenn Regionalinteressen in einem einheitlichen Bundesland nicht ignoriert werden können, ist doch der Einigungszwang hier wesentlich höher als bei Verhandlungen zwischen selbständigen Bundesländern – und deshalb auch die Wahrscheinlichkeit, dass Verhandlungen nicht abgebrochen werden, sondern bis zur Entdeckung einer allseits akzeptierten Lösung fortgesetzt werden. Trotz aller interner Auseinandersetzungen und Spannungen wird deshalb heute die günstige Entwicklung des Landes Baden-Württemberg allgemein als ein politischer Erfolg eingeschätzt.“ Vgl. Scharpf/Benz (1991), S. 26.

69 Vgl. Benz/König (1996), S. 108.

Region zu kommen, da jetzt nur noch zwei Stellen miteinander kommunizieren und kooperieren müssten.

Dies wäre allein schon deshalb vorteilhaft, da die Attraktivität eines Investitionsstandortes auf der Kombination komplementärer Bedingungen von Kernstadt und Umland beruht, die gemeinsam gepflegt und entwickelt werden müssen. Eine derart am Kaldor-Kriterium ausgerichtete Handlungsorientierung wäre nicht nur geeignet, europäische Fördermittel für die Region Berlin besser zu nutzen, sondern könnte auch dazu beitragen, einen Vorrat an Gemeinsamkeiten auf staatlicher Ebene[70] bewusst zu machen, ein Sachverhalt, der nicht nur zu einer effizienteren Wirtschaftspolitik führen, sondern auch die Aussichten auf eine erfolgreiche Länderfusion verbessern dürfte.

70 Krappweis (2001): Zehn Jahre gemeinsame Planung von Berlin und Brandenburg, in: RuR 2-3/2001, S. 226.

Literaturverzeichnis

ABl. v. B. Nr. 46: Entscheidung der Kommission der Europäischen Gemeinschaften über die Gewährung eines Beitrages des Europäischen Fonds für regionale Entwicklung (EFRE), des Europäischen Sozialfonds (ESF) und des Europäischen Ausrichtungs- und Garantiefonds für die Landwirtschaft, Abteilung Ausrichtung (EAGFL) für ein Operationelles Programm in Berlin (Ost), das sich in das Gemeinschaftliche Förderkonzept für die Strukturfondsinterventionen gemäß Ziel 1 in der Bundesrepublik einfügt. ABl. v. B. 46 vom 23.9.1994, S. 3005-3006

Abgeordnetenhaus von Berlin, zitiert als AH-Drs.

AH-Drs. 11/896: Antrag der Fraktion der CDU über Bildung eines Regionalverbandes Berlin-Brandenburg

AH-Drs. 11/1306: Beschlussempfehlung des Ausschusses für Berlin-, Bundes- und Europaangelegenheiten vom 24. Oktober 1990 zum Antrag der CDU-Fraktion über Bildung eines Regionalverbandes Berlin-Brandenburg – Drs. 11/896

AH-Drs. 12/184: Mitteilung – zur Kenntnisnahme – über Bildung eines Regionalverbandes Berlin-Brandenburg – Drsn. Nr. 11/896 und Nr. 11/1306 – Zwischenbericht

AH-Drs. 12/2357: Empfehlungen und Bericht der gemeinsamen Regierungskommission zur Klärung von Eckpunkten für die Vereinigung der Länder Berlin und Brandenburg, Teil III, v. 5.12.1992 (Gutachten von Sauberzweig/Schmidt-Eichstedt)

AH-Drs. Nr. 12/2681: Gemeinsames Aktionsprogramm über die Zusammenarbeit der Länder Berlin und Brandenburg, v. 31.2.1993

Amtsblatt von Berlin, zitiert als ABl. v. B

Bachtler, J. (1996): Regionale Wirtschaftsförderung in den Mitgliedsstaaten der EU, in: Eberstein/Karl (Hrsg.): Handbuch der regionalen Wirtschaftsförderung, 3. Aufl., A VII 2

Baestlein, A/Konukiewitz, M. (1989): Implementation der Raumordnungspolitik: Die Schwierigkeiten der Koordination, in: Mayntz (Hrsg.): Implementation politischer Programme, S. 36-58

Balderjahn, I./Gloede, K. (Hrsg.) (1994): Der Wirtschaftsraum Brandenburg: Eine Wirtschaftsregion im Umbruch, Ringvorlesung im Fachbereich Wirtschaftswissenschaften der Universität Potsdam, Berlin

Barenberg, G. (1988): Zweck und Methoden der Raumgliederung, in: RuR, Heft 1-2/1988, S. 2-11

Baumheier, R. (1991): Regionale Strukturpolitik in den neuen Ländern, in: Verwaltungsrundschau 11/91, S. 355-360

BBJ (Hrsg.) (1992): Handbuch der EG-Strukturförderung, Berlin

Begg, I./Meyes, D. (1991): A new Strategy for social and economic cohesion after 1992: European Parliament – Directorate-General for Research, Research and Documentation Papers, Regional and Transport Series No. 19, Luxemburg

Benterbusch, U. (1996): Gemeinschaftsaufgabe „Verbesserung der regionalen Wirtschaftsstruktur“ – Neuabgrenzung der Fördergebiete in Westdeutschland und Ausgestaltung der Förderung in Ostdeutschland für die Jahre 1997-1999, in: Informationen zur Raumordnung Heft 6/1996, S. 517-555

Benz, A. (1993) Reformillusion und Eigendynamik des Verwaltungsaufbaus in Ostdeutschland. Das Beispiel der Länderneugliederung im Raum Berlin/Brandenburg, in: Verwaltung, Heft 36, S. 329-351

Benz, A./König, K. (Hrsg.) (1995): Der Aufbau einer Region: Planung, Verwaltung im Verdichtungsraum Berlin/Brandenburg, (Verwaltungsorganisation, Staatsaufgaben und öffentlicher Dienst) Bd. 23, Baden-Baden

Benz, A./Scharpf, F. W./Zintl, R. (1992): Horizontale Politikverflechtung – Zur Theorie von Verhandlungssystemen, Frankfurt/Main

Bethkenhagen, J./Machowski, H. (1976): Integration im Rat für Gegenseitige Wirtschaftshilfe. Entwicklungen, Organisation, Erfolge und Grenzen, Berlin

BfLR (1991): Raumordnung in Deutschland, Teil 1: Konzepte, Instrumente, Organisation der Raumordnung, MzR Heft 39/1991, Bonn

BfLR (1991a): Raumordnung in Deutschland, Teil 2: Aufgaben und Lösungsansätze, MzR Heft 40/1991, Bonn

BfLR (1991b): Raumentwicklung in den alten und neuen Bundesländern, (Arbeitsbeiträge zum ROB 1991) MzR Heft 41/1991, Bonn

BGBl. (1952): Gesetz über die Stellung Berlins im Finanzsystem des Bundes, Drittes Überleitungsgesetz vom 4.1.1952, in: BGBl. I 1952, S. 1

BGBl. (1957): Berlin-Erklärung, in: BGBl. II 1957, S. 760

BGBl. (1965): Raumordnungsgesetz (ROG) vom 8.4.1965, in: BGBl. I 1995, S. 306

BGBl. (1969): Gesetz über die Gemeinschaftsaufgabe „Verbesserung der regionalen Wirtschaftsstruktur“ vom 6.10.1969, in: BGBl. I 1969, S 1861

BGBl. (1969a): Finanzreformgesetz vom 12.5.1969, in: BGBl. I 1969, S. 359

BGBl. (1986): Baugesetzbuch (BauGB) i.d.F. v. 8.12.1986 in BGBl. I S. 2253

BGBl. (1990): Gesetz zu dem Vertrag vom 18. Mai 1990 über die Schaffung einer Wirtschafts-Währungs- und Sozialunion zwischen der Bundesrepublik Deutschland und der Deutschen Demokratischen Republik (vom 25.6.1990), in: BGBl. II, 1990, S. 518

BGBL. (1990a): Vertrag zwischen der Bundesrepublik Deutschland und der Deutschen Demokratischen Republik über die Herstellung der Einheit Deutschlands vom 31. August 1990 [Einigungsvertrag], in: BGBl. II 1990, S. 889

BGBl. (1991): Steueränderungsgesetz 1991, in: BGBl. I 1991, S. 1322

BGBl. (1992): Gesetz zur Aufhebung des Strukturhilfegesetzes vom 21. Dezember 1992 (betrifft Artikel 23 alt; Wiedervereinigung, neu: Europa), in: BGBl. I 1992, S. 2986

BGBl. (1992a): 1. Aufstockung gemäß Gesetz zur Aufhebung des Strukturhilfegesetzes und zur Aufstockung des Fonds "Deutsche Einheit" vom 16. März 1992, in: BGBl. I 1992, S. 674

BGBl. (1993): Raumordnungsgesetz (ROG) in der Neufassung der Bekanntmachung vom 28.4.1993, in: BGBl. I 1993, S. 630

BGBl. (1993a): 2. Aufstockung gemäß Gesetz zur Umsetzung des Föderalen Konsolidierungsprogramms vom 26. Juni 1993, in: BGBl. I 1993, S. 983

BGBl. (1994): Gesetz zur Umsetzung des Beschlusses des Deutschen Bundestages vom 20. Juni 1991 zur Vollendung der Deutschen Einheit (Berlin/Bonn-Gesetz) vom 26.4.1994, in: BGBl. I 1994, S. 918

BGBl. (1994a): Gesetz zur Änderung des Grundgesetzes vom 27.10.1994, in: BGBl. I 1994, S. 3146

BGBl. (1994b): Gesetz zur Regelung der finanziellen Voraussetzungen für die Neugliederung der Länder Berlin und Brandenburg vom 9.8.1994, in: BGBl. I 1994, S. 2066

BGBl. (1997): Gesetz zur Änderung des Baugesetzbuches und zur Neuregelung des Rechts der Raumordnung (Bau- und Raumordnungsgesetz 1998 – BauROG – vom 18. August 1997. In; BGBl. I S. 2081, 2102, zuletzt geändert durch Gesetz vom 15. Dezember 1997, in: BGBl. I S. 2902

Biehl, D./Ungar, P. (1991): Kapazitätsausstattung und Kapazitätsengpässe an großräumig bedeutsamer Infrastruktur, in: BfRL (Hrsg.): Raumordnung in Deutschland, Teil 2: Aufgaben und Lösungsansätze, MzR Heft 40/1991, Bonn, S. 237-279

Blotevogel, H. H. (2000): Zur Konjunktur der Regionsdiskurse, in: Informationen zur Raumentwicklung, Heft 9-10/2000, S. 491-506

BMF (1990): Finanznachrichten 29/90 v. 25.5.1990

BMF (1991): Finanzhilfen der Bundesregierung 1991, Bonn

BMF (1991a): Gemeinschaftswerk "Aufschwung-Ost", in: BMF (1991): Finanzhilfen der Bundesregierung 1991, Bonn

BMWi (1991): Wirtschaftliche Förderung in den neuen Bundesländern, Bonn

BMWi (1994): Regionale Wirtschaftsförderung in der Bundesrepublik Deutschland, Dok. Nr. 345, Bonn

BMWi (1997): Bilanz der Wirtschaftsförderung des Bundes in Ostdeutschland bis Ende 1996, Dok. Nr. 419, Bonn

BMWi (1999): Bilanz der Wirtschaftsförderung des Bundes in Ostdeutschland bis Ende 1998, Dok. 458, Bonn

Bohnet, I. (1997): Kooperation und Kommunikation; eine ökonomische Analyse individueller Entscheidungen, Tübingen

Bothe, A. (1987): Regionalpolitik und Marktwirtschaft, in: Die Weltwirtschaft, Heft 1/1987, S. 116-128

BPA (1972): Vertrag über die Grundlagen der Beziehungen zwischen der Bundesrepublik Deutschland und der Deutschen Demokratischen Republik vom 21.12.1972, in: Bulletin der Bundesregierung Nr. 155 (Sonderausgabe) vom 21.12.1972, S. 1841-1856

BPA (1990): Erklärung zum Dubliner EG-Gipfel, in: Bulletin der Bundesregierung Nr. 51 vom 4.5.1990, S. 401-404

BPA (1991): Gemeinschaftswerk „Aufschwung Ost“, in: Bulletin der Bundesregierung Nr. 25 vom 12.3.1991, S. 177-182

Brandenburger Landesregierung (1993): Kabinettsbeschluss Nr. 1806/93 vom 27.04.1993 zur Teilentkopplung von EFRE und GRW

Brandt, M./Hermann, B./Sabathil, M. (1992): Förderhilfen für die neuen Länder, 4. Aufl., Bonn

Brenke, K./Eickelpasch, A./Heuer, H./Seidel, B./Svindland, E. (1991): Berlin im Europäischen Binnenmarkt, Gutachten im Auftrag der Senatsverwaltung für Wirtschaft, Berlin

Brenke, K./Gornig, M./Lessart, V./Postlep, R.-D./Toepel, K. (1997): Entwicklungsstrategien für die Region: das DIW-Konzept für Brandenburg, Marburg

Brenke, K./Geppert, K. (1992): Die Wirtschaft im Raum Berlin, in: Moser (Hrsg.): Berlin-Report, S. 47-96

BT (1985): 14. Rahmenplan der Gemeinschaftsaufgabe „Verbesserung der regionalen Wirtschaftsstruktur“ für den Zeitraum 1985-1988 (1989), in: BT-Drs. 10/3562

BT (1990): 19. Rahmenplan der Gemeinschaftsaufgabe "Verbesserung der regionalen Wirtschaftsstruktur" für den Zeitraum 1990-1993 (1994), in: BT-Drs. 11/7501

BT (1991): 20. Rahmenplan der Gemeinschaftsaufgabe „Verbesserung der regionalen Wirtschaftsstruktur“ für den Zeitraum 1991-1994 (1995), in: BT-Drs 12/895

BT (1991a): Entscheidung vom 20. Juni 1991 (Beschluss zur Vollendung der deutschen Einheit, "Sitz des Deutschen Bundestages ist Berlin."), in: BT-Drs 12/815

BT (1992): 21. Rahmenplan der Gemeinschaftsaufgabe "Verbesserung der regionalen Wirtschaftsstruktur" für den Zeitraum 1992-1995 (1996), in: BT-Drs. 12/2599

BT (1993): 22. Rahmenplan der Gemeinschaftsaufgabe "Verbesserung der regionalen Wirtschaftsstruktur" für den Zeitraum 1993-1996 (1997), in: BT-Drs. 12/4850

BT (1994): 23. Rahmenplan der Gemeinschaftsaufgabe "Verbesserung der regionalen Wirtschaftsstruktur" für den Zeitraum 1994-1997 (1998), in: BT-Drs. 12/7175

BT (1995): 24. Rahmenplan der Gemeinschaftsaufgabe "Verbesserung der regionalen Wirtschaftsstruktur" für den Zeitraum 1995-1998 (1999), in: BT-Drs. 13/1376

BT (1996): 25. Rahmenplan der Gemeinschaftsaufgabe „ Verbesserung der regionalen Wirtschaftsstruktur“ für den Zeitraum 1996-1999 (2000), in: BT-Drs. 13/4291

BT (1997): 26. Rahmenplan der Gemeinschaftsaufgabe „ Verbesserung der regionalen Wirtschaftsstruktur“ für den Zeitraum 1997-2000 (2001), in: BT-Drs. 13/7205

BT (1998): 27. Rahmenplan der Gemeinschaftsaufgabe „ Verbesserung der regionalen Wirtschaftsstruktur“ für den Zeitraum 1998-2001 (2002), in: BT-Drs. 13/9992

BT (1999): 28. Rahmenplan der Gemeinschaftsaufgabe "Verbesserung der regionalen Wirtschaftsstruktur" für den Zeitraum 1999-2002 (2003), in: BT-Drs. 14/776

BT (2000): 29. Rahmenplan der Gemeinschaftsaufgabe "Verbesserung der regionalen Wirtschaftsstruktur" für den Zeitraum 2000-2003 (2004), in: BT-Drs. 14/3250

BT (2000a): Finanzplan des Bundes 1999-2003, in: BT-Drs. 14/1401

BT (2001): 30. Rahmenplan der Gemeinschaftsaufgabe "Verbesserung der regionalen Wirtschaftsstruktur" für den Zeitraum 2001-2004 (2005), in: BT-Drs. 14/5600

Budde, R. /Hamm, R./Klemmer, P./Langemann, P./Schrumpf, H. (1991): Übertragung regionalpolitischer Konzepte auf Ostdeutschland, Untersuchung des RWI, Essen, Heft 2/1991

Budde, R./Eckey, H.-F./Klemmer, P./Lagemann, B./Schrumpf, H. (1991a): Die Regionen der fünf neuen Bundesländer im Vergleich zu den anderen Regionen in der Bundesrepublik, Untersuchung des RWI, Essen, Heft 3/1991

Bufalica, A. (1996): Stadt-Umland-Beziehungen in Stadtstaatenregionen. Anmerkungen zu den spezifischen Problemen der Verwaltungskooperation zwischen Stadtstaaten und Umland, in: Bufalica/Röber: Der schwere Abschied von der Insel, S. 117-130

Bufalica, A. /Röber, M. (1993): Administrative Verflechtungen im Verdichtungsraum Berlin-Brandenburg, Fachhochschule für Verwaltung und Rechtspflege Berlin, Heft 30

Bufalica, A./ Röber, M. (Hrsg.) (1996): Der schwere Abschied von der Insel, Berlin

Bundesamt für Bauwesen und Raumordnung (Hrsg.) (2001): Raumentwicklung und Raumordnung in Deutschland, Bonn

Bundesanstalt für Landeskunde und Raumordnung, zitiert als BfLR

Bundesgesetzblatt, zitiert als BGBl.

Bundesministerium für innerdeutsche Beziehungen (1970): Materialien der Bundesregierung zum Bericht zur Lage der Nation vom 11. Januar 1970, in: Texte zur Deutschlandpolitik, Bd. IV, Bonn, S. 149-200

Bundesministerium für innerdeutsche Beziehungen (1990): Bericht des DDR-Ministerrats zur Lage der DDR-Volkswirtschaft vom 29. Januar 1990, in: Texte zur Deutschlandpolitik Reihe III/Bd. 8a, Bonn, S. 27-44

Bundesministerium für innerdeutsche Beziehungen (1990a): DDR-Ministerpräsident Lothar de Maizière: Regierungserklärung zum demokratischen Neuanfang in der DDR-Gesellschaft und zur deutschen Einheit vom 19. April 1990, in: Texte zur Deutschlandpolitik Reihe III/Bd. 8a, Bonn, S. 167-195

Bundesministerium für Raumordnung und Städtebau (1991): Raumordnungsbericht 1991, Bonn

Bundesministerium für Raumordnung und Städtebau (1993): Raumordnungsbericht 1993, Bonn

Bundesministerium für Finanzen, zitiert als BMF

Bundesministerium für Wirtschaft, zitiert als BMWi

Bundespresseamt, zitiert als BPA

Bundesrat (1995): Unterrichtung durch die Bundesregierung, Materialien zur Deutschen Einheit und zum Aufbau in den neuen Bundesländern, Anlage zur Drucksache 584/95 vom 13.09.1995

Bundeszentrale für politische Bildung (1996): „Hauptstadt Berlin", Informationen zur politischen Bildung, Heft 240, Bonn

Burghardt, G. (1990): Berlin in der Europäischen Gemeinschaft, in: Langguth (Hrsg.): Berlin: Vom Brennpunkt der Teilung zur Brücke der Einheit, S. 256-272

Burger, A./Jäckle, J. (1990): Ist die Berlinförderung noch sinnvoll? in: Wirtschaftsdienst III/1990, S. 146-149

Busse, V. (1995): Umzugsplanung Berlin/Bonn aus staatsorganisatorischer Sicht, in: Süß (Hrsg.): Hauptstadt Berlin, Bd. 2, S. 93-116

Colom i Naval, J. (1991): Political strategies as a consequence of the Internal Market's regional effects – a view from the European Parliament, in: Franzmeyer (Hrsg.) (1991): Die Auswirkungen des Binnenmarktes auf die Entwicklung der Regionen in der Europäischen Gemeinschaft, DIW-Sonderheft 146, S. 207-225

Crome, B./Schwengler, B. (2000): Indikatoren zur Auswahl der Fördergebiete der Gemeinschaftsaufgabe „Verbesserung der regionalen Wirtschaftsstruktur", in: Informationen zur Raumentwicklung Heft 2/2000, S. 71-83

Daldrup, E. L. (1995): Vier Jahre Berliner Hauptstadtplanung: Eine kritische Bilanz, in: Süß (Hrsg.): Hauptstadt Berlin, Bd. 2, S. 419-440

Deutscher Bundestag, zitiert als BT

Deutsches Institut für Wirtschaftsforschung/DIW-Wochenberichte, zitiert als DIW-WB

Diepgen, E. (Hrsg.) (1989): Berlinpolitik: Rechtsgrundlagen, Risiken und Chancen, Berlin

Dittberner, J. (1994): Berlin Brandenburg und die Vereinigung, Berlin

DIW-WB 06/90: Die Lage der DDR-Wirtschaft zur Jahreswende 1989/90, S. 72-76

DIW-WB 06/90a: Reform der Wirtschaftsordnung in der DDR und die Aufgaben der Bundesrepublik, S. 65-71

DIW-WB 14/90: Zum Produktionsvergleich Bundesrepublik – DDR, S. 172-174

DIW-WB 22/90: Großraum Berlin, S. 295-303

DIW-WB 27/90: Ökonomische und demografische Perspektiven der Wirtschaftsregion Berlin, S. 365-371

DIW-WB 29/90: Wird das Berlinförderungsgesetz noch gebraucht?, S. 393-399

DIW-WB 11/91: Finanzpolitische Perspektiven Berlins, S. 103-111

DIW-WB 34/93: EG-Strukturfonds. Reformchance genutzt?, S. 471-476

DIW-WB 03/95: Gesamtwirtschaftliche und unternehmerische Anpassungsfortschritte in Ostdeutschland (12. Bericht), S. 71-98

DIW-WB 10/95: Länderfusion begünstigt Entwicklungen – Wirtschaftliche und finanzpolitische Aspekte der Vereinigung von Berlin und Brandenburg, S. 215-227

DIW-WB 45/95: Riesige Fehlbeträge im Berliner Landeshaushalt, S. 771-780

DIW-WB 17/96: Sind die Finanzprobleme in Ostdeutschland durch die Neuordnung des Finanzausgleichs gelöst?, S. 267-276

DIW-WB 7/98: Länderfinanzausgleich: Neuer Verteilungsstreit zwischen Ost und West, S. 133-141

DIW WB 26/98: Reform der Europäischen Strukturfonds 2000, S. 463-468

DIW-WB 23/99: Gesamtwirtschaftliche und unternehmerische Anpassungsfortschritte in Ostdeutschland (19. Bericht), S. 419-445

DIW WB 31/2001: EU-Osterweiterung: Abschottung oder regulierte Öffnung? Zu den Übergangsfristen für die Arbeitnehmerfreizügigkeit, S. 473-481

DIW WB 36/2001: Wohlstandsgefälle in der EU-27 und Konsequenzen für die EU-Strukturpolitik, S. 562-566

Döring, Th. (1993): Subsidiaritätsprinzip und EG-Regionalpolitik, Schriftenreihe der Gesellschaft für Regionale Strukturentwicklung Bonn, Bd. 19, Bonn

Döring, Th. (1996): Das Subsidiaritätsprinzip in der Europäischen Union. In: ORDO – Jahrbuch für Ordnung von Wirtschaft und Gesellschaft, Bd. 47, Stuttgart

Döring, Th./Geppert, K./Horn, M./Kutter, E./Vesper, D. (1995): Wirtschaftliche Aspekte einer Vereinigung der Länder Berlin und Brandenburg, DIW Beiträge zur Strukturforschung, Heft 157, Berlin

Eberstein, H. H. (1996): Einleitung, in: Eberstein/Karl (Hrsg.): Handbuch der regionalen Wirtschaftsförderung, 3. Aufl., A. I

Eberstein, H. H. (1996a): Grundlagen der Regionalpolitik und ihre wesentlichen Grundsätze, in: Eberstein/Karl (Hrsg.): Handbuch der regionalen Wirtschaftsförderung, 3. Aufl., A. III

Eberstein, H. H./Karl, H. (Hrsg.) (1996): Handbuch der regionalen Wirtschaftsförderung, 3. Aufl., Köln

Eckey; H.-F. (1978): Grundlagen der regionalen Strukturpolitik, Köln

Eckey, H.-F. (1991): Ansatzpunkte und Möglichkeiten der regionalen Strukturpolitik, in: BfLR (Hrsg.): Raumordnung in Deutschland, Teil 2: Aufgabe und Lösungsansätze, MzR Heft 40, Bonn, S. 39-175

Eckey, H.-F (1996): Verbesserung der regionalen Wirtschaftsstruktur: Gesetz über die Gemeinschaftsaufgabe vom 6. Oktober 1969, in: Eberstein/Karl (Hrsg.): Handbuch der regionalen Wirtschaftsförderung, 3. Aufl., A V

Eckey, H.-F./Horn, K./Klemmer, P. (1990): Abgrenzung von regionalen Diagnoseeinheiten für die Zwecke der regionalen Wirtschaftspolitik, Beiträge zur Struktur- und Konjunkturforschung, Bd. 29, Bochum

Eckey, H.-F./Klemmer, P. (1991): Neuabgrenzung von Arbeitsmarktregionen für die Zwecke der regionalen Wirtschaftspolitik, in: Informationen zur Raumentwicklung, Heft 9-10/1991, Bonn, S. 569-577

Eeckhoff, J. (1994): Integration der neuen Bundesländer in die Europäische Gemeinschaft, in: IWVWWe.V. - Berichte, 4. Jhg., Nr. 23/1994

EG (1975): Verordnung (EWG) Nr. 724/75 des Rates vom 18.3.1975 über die Errichtung eines Europäischen Fondes für regionale Entwicklung, in: ABl. Nr. L 73 vom 21.3.1975, (S. 1-7)

EG (1979): Entschließung des Rates zur Reform der Strukturfonds vom 6.2.1979 betreffend den Orientierungsrahmen für die Regionalpolitik der Gemeinschaft, in: ABl. Nr. C 36 vom 9.2.1979, (S. 10-11)

EG (1984) Verordnung (EWG) Nr. 1787/84 des Rates vom 19. Juni 1984 betreffend den Europäischen Fonds für regionale Entwicklung [EFRE-Verordnung 1984], in: ABl. Nr. L 169 vom 28.6.1984, (S. 1-15)

EG (1987): Einheitliche Europäische Akte, in: ABl. Nr. L 169 vom 29.6.1987, (S. 1-29)

EG (1988) Verordnung (EWG) Nr. 2052/88 des Rates vom 24. Juni 1988 über die Aufgaben des Strukturfonds und ihre Effektivität sowie die Koordinierung zwischen diesen und mit den Interventionen der Europäischen Investitionsbank und den anderen vorhandenen Finanzinstrumenten [Rahmenverordnung 1988], in: ABl. Nr. L 185 vom 15.7.1988, (S. 9-20)

EG (1988a) Verordnung (EWG) Nr. 4254/88 des Rates vom 19.12.1988 zur Durchführung der VO (EWG) Nr. 2052/88 in Bezug auf den Europäischen Fonds für regionale Entwicklung [EFRE-Verordnung 1988], in: ABl. Nr. L 374 vom 31.12.1988, (S. 15-20)

EG (1989): Entschließung zur jüngsten Entwicklung in Mittel- und Osteuropa, Sitzung des Europäischen Parlaments von 23. November 1989, in: ABl. Nr. C 323 vom 27.12.1989, (S. 109-110)

EG (1990) Verordnung (EWG) Nr. 3575/90 des Rates vom 4. Dezember 1990 über die Interventionen des Strukturfonds im Gebiet der ehemaligen DDR, in: ABl. Nr. L 353 vom 17.12.1990, (S. 19-20)

EG (1990a) Entscheidung der Europäischen Kommission vom 27.12.1990 Nr. SG (90) D) 91898 über das modifizierte Operationelle Programm Nr. K (89) 2266/8 vom 21.12.1989

EG (1991) Entscheidung der Kommission (91/241/EWG) vom 13. März 1991 zur Erstellung des Gemeinschaftlichen Förderkonzeptes für die Strukturfondsinterventionen der Gemeinschaft in den fünf neuen Bundesländern und Ost-Berlin in der Bundesrepublik Deutschland, in: ABl. Nr. L 114 vom 7.5.1991, (S. 30-31)

EG (1991a) Entscheidung der Kommission über das Operationelle Programm für Ost-Berlin 1991-1993 vom 26. März 1991, in: ABl. L Nr. 33 v. 12.7.1991

EG (1993) Verordnung (EWG) Nr. 2081/93 des Rates vom 20. Juli 1993 zur Änderung der VO (EWG) Nr. 2052/88 über Aufgaben und Effizienz der Strukturfonds und über die Koordinierung ihrer Interventionen untereinander sowie mit denen der Europäischen Investitionsbank und anderen vorhandenen Finanzinstrumenten [Rahmenverordnung 1993], in: ABl. Nr. L 193 vom 31. 7.1993, (S. 5-19)

EG (1993a) Verordnung (EWG) Nr. 2083/93 des Rates zur Änderung der VO (EWG) Nr. 4254/88 zur Durchführung der VO (EWG) 2052/88 in Bezug auf den Europäischen Fonds für regionale Entwicklung [EFRE-Verordnung 1993], in: ABl. Nr. L 193 vom 31.7.1993, (S. 34-38)

EG (1993b): Verordnung (EWG) Nr. 2085/93 des Rates vom 20. Juli 1993 zur Änderung der VO (EWG) Nr. 4256/88 zur Durchführung der VO (EWG) 2052/88 hinsichtlich des Europäischen Ausrichtungs- und Garantiefonds für die Landwirtschaft (EAGFL), in: ABl. Nr. L 193 vom 31.7.1993, (S. 44-47)

EG (1993c): Entscheidung der Kommission vom 20. Juni 1993. (Ziel-2-West-Berlin 1994-1996), in: ABl. Nr. L 81 vom 24.3.1994

EG (1993d): Verordnung (EWG) Nr. 792/93 des Rates vom 30. März 1993 zur Errichtung eines Kohäsions-Finanzinstruments, in: ABl. Nr. L 79 vom 1.4.1993, (S. 74)

EG (1993e): Entscheidung der Kommission vom 18. Dezember 1991 zur Erstellung des Gemeinschaftlichen Förderkonzepts für die Strukturfondsinterventionen der Gemeinschaft für die Ziel-2-Gebiete Berlins in der Bundesrepublik Deutschland (93/264/EWG), in: ABl. Nr. L 126 vom 24.5.1993, (S. 7)

EG (1994): Verordnung (EWG) Nr. 1164/94 des Rates vom 16. Mai 1994 zur Errichtung des Kohäsionsfonds, in: ABl. Nr. L 130 vom 25.5.1994, (S. 1-13)

EG (1994a): Entscheidung der Kommission vom 5. August 1994 über die Gewährung eines Beitrags des Europäischen Fonds für regionale Entwicklung (EFRE) und des Europäischen Sozialfonds (ESF) für ein Operationelles Programm im Land Brandenburg, das sich in das Gemeinschaftliche Förderkonzept für die Strukturfondsinterventionen gemäß Ziel 1 in der Bundesrepublik einfügt. KOM (94) 1939/2. http://europa.eu.int/comm/regional_policy/reg_prog/po/prog_16.htm (23.7.2002)

EG (1994b): EPPD für die Jahre 1994-1996 in den Ziel-2-Fördergebieten des Westteils von Berlin, EFRE NR. 94.02.13.010, Entscheidung der KOM 84/1050/EG vom 14.12.1994, in:

ABl. Nr. L 384 vom 31.12.1994; Entscheidung der Kommission vom 14. Dezember 1994 zur Genehmigung der in einem Dokument zusammengefassten Programmplanung für die Strukturfondsinterventionen der Gemeinschaft in den in Deutschland unter Ziel 2 fallenden Gebieten im Westteil Berlins, (94/1043/EG), in: ABl. Nr. L 384 vom 31.12.1994, (S. 26-29)

EG (1994c): Operationelles Programm für Ost-Berlin Ziel 1 1994-1999, EFRE Nr. 94.02.09.006, Entscheidung am 5. August 1994, auch in: ABl. für Berlin Nr. 46 (23.09.1994).

EG (1994d): Entscheidung der Kommission vom 29. Juli 1994 zur Erstellung des Gemeinschaftlichen Förderkonzepts für die Strukturfondsinterventionen der Gemeinschaft in den deutschen Ziel-1-Regionen Mecklenburg-Vorpommern, Brandenburg, Sachsen-Anhalt, Sachsen, Thüringen und Berlin (Ost), in: ABl. Nr. L 250 vom 26.9.1994, (S. 18-20)

EG (1996): Entscheidung der Kommission vom 26. Juli 1996 zur Aufstellung eines Verzeichnisses der Industriegebiete mit rückläufiger Entwicklung, die unter das in der Verordnung (EWG) Nr. 2052/88 des Rates festgelegte Ziel Nr. 2 fallen für den Programmzeitraum 1997-1999 und zur Änderung der Entscheidung 94/169/EG, (96/472/EG), in: ABl. Nr. L 193 vom 3.8.1996, (S. 54-57)

EG (1997): Entscheidung der KOM K(97)1119 vom 7.5.1997 zur Genehmigung der in einem Dokument zusammengefassten Programmplanungen für die Strukturfonds-interventionen der Gemeinschaft in den in der Bundesrepublik Deutschland unter das Ziel 2 fallenden Gebieten im Westteil Berlins. (97/694/EG), in: ABl. Nr. L 308 vom 12.11.1997, (S. 13-16); entspricht der Entscheidung über das Einheitliche Programmplanungsdokument für die Jahre 1997-1999 in den Ziel-2-Fördergebieten des Westteils von Berlin, EFRE Nr. 97.02.13.004

EG (1998): Entschließung zur jüngsten Entwicklung in Mittel- und Osteuropa, Sitzung des Europäischen Parlaments vom 23. November 1998, in: ABl. C 523, S. 109

EG (1999): Verordnung (EWG) Nr. 1260/1999 des Rates vom 21.6.1999 mit allgemeinen Bestimmungen über die Strukturfonds, in: ABl. Nr. L 161 vom 26.6.1999, (S. 1-42)

EG (1999a): Entscheidung der Kommission vom 1. Juli 1999 über die Bevölkerungshöchstgrenzen der unter Ziel 2 fallenden Gebiete der Mitgliedstaaten im Zeitraum 2000-2006 [Entscheidung der KOM 1999/503/EG], (Aktenzeichen K(1999)1771), in: ABl. Nr. L 194 vom 27.7.1999, (S. 58-59)

EG (2000): Entscheidung der Kommission vom 9. Februar 2000 zur Festlegung des Verzeichnisses der in Deutschland unter Ziel 2 der Strukturfonds fallenden Gebiete für den Zeitraum 2000-2006. (2000/201/EG), (Aktenzeichen K(2000)310), in: ABl. Nr. L 66 vom 14.3.2000, (S. 29-64)

EG (2000a): Entscheidung der Kommission K (2000)1475 vom 19.6.2000 zur Genehmigung des gemeinschaftliche Förderkonzepts für die Strukturfondsinterventionen der Gemeinschaft in den in Deutschland unter das Ziel 1 fallenden oder im Rahmen von Ziel 1 übergangsweise unterstützten Regionen 2000-2006, (CCI: 1999 DE 16 1 CC 001)

EG (2000b): Zusammenfassung des Gemeinschaftlichen Förderkonzepts für die neuen Länder und Ost-Berlin 2000-2006, http://europa.eu.int/comm/regional_policy.htm

EG (2000c): Entscheidung der Kommission C (2000)43000 vom 29.12.2000 über das Operationelle Programm Brandenburg Förderperiode 2000-2006, (CCI: 1999 DE 16 1 PO 005)

EIB (div.): Tätigkeitsberichte, div. Jahrgänge

Eickelpasch, A./Schaperjahn, F. (1992): Wirtschaftsförderung im Raum Berlin, in: Moser (Hrsg.): Berlin-Report, S. 149-174

Eickelpasch, A./Pfeiffer, I. (1998): Die wirtschaftliche Bedeutung Berlins für den Verflechtungsraum Berlin-Brandenburg, DIW, Beiträge zur Strukturforschung, Heft 178, Berlin

EP (1990): Die Auswirkungen der Erweiterung auf die Strukturfonds der Gemeinschaft, Dokument der GD Wissenschaft des EP in Zusammenarbeit mit dem Zentralinstitut für Wirtschaftswissenschaften der Akademie der Wissenschaft der DDR in Ost-Berlin

EP (1990a): Brok/Donnelly-Bericht: Die Antwort der Gemeinschaft auf das Problem der Umstrukturierung und auf die Wirtschafts- und Sozialkrise in den neuen Bundesländern (Bericht von E. Brok und A. Donelly), EP/PE 204.199/A und B

EP (1990b): Europäisches Parlament und deutsche Einheit, Bonn

EP (1991): A New Strategy for Social and Economic Cohesion after 1992: European Parliament – Directorate-General for Research, Research and Documentation Papers, Regional and Transport Series No. 19, vgl. Begg/Meyes (1991)

EP (1993): Die sozio-ökonomische Lage in den fünf neuen Bundesländern und die Maßnahmen der Kommission, Brüssel

EP (1994): Euro-Runder-Tisch zu den Förderungen aus den Europäischen Strukturfonds und anderen EU-Programmen für das Land Berlin in Berlin am 12./13. September 1994, (E-R-T für Berlin), Hrsg. Vertretung der EU-Kommission in Berlin, Dok. Nr. 1

EP (1995): Euro-Runder-Tisch zu den Förderungen aus den Europäischen Strukturfonds und anderen EU-Programmen für das Land Brandenburg in Potsdam am 23./24. Januar 1995, (E-R-T für Brandenburg), Hrsg. Vertretung der EU-Kommission in Berlin, Dok. Nr. 3

Erlbacher, F./Lageard, S. (1996): Regionalförderung und EG-Wettbewerbsrecht, in Eberstein/Karl (Hrsg.): Handbuch der regionalen Wirtschaftsförderung, 3. Aufl., A VII 4

Eser, Th. W. (1989): Die Kontrolle regionaler Beihilfen im Rahmen der Wettbewerbs-politik der Europäischen Gemeinschaft, in: RuR Heft 4/1989, S. 202-216

Eser, Th. W. (1998): Räumliche Auswirkungen der geplanten Osterweiterung auf die Regionen der EU, in: Informationen zur Raumentwicklung, Heft 9/1998, S. 587-607

Europa Archiv (Hrsg) (1991): Protokoll der abschließenden Sitzung des RGW, Jg. 46 Folge 22 S. D 575

Europäische Gemeinschaft/Union, zitiert als EG

Europäische Kommission, zitiert als KOM

Europäisches Parlament, zitiert als EP

European Research Centre Glasgow (1997): EU-Cohesion Policy: Eligibility and Allocation Criteria, Glasgow

Fechtner, D. (1996): Die deutschen Länder in der Europäischen Union, Frankfurt/Main

Fiehler, R (1980): Kommunikation und Kooperation, Theoretische und empirische Untersuchung zur kommunikativen Organisation kooperativer Prozesse, Berlin

Fleischhauer M./Theissen R. (1997): West-Berlin in der Regionalpolitik der EG, in: RaumPlanung 78/1997, S. 188-196

Fraktion Bündnis 90/GRÜNE (AL)/UFV (Hrsg.) (1991): Strukturpolitik für die Region Berlin-Brandenburg, Tagungsreader, Berlin

Franzmeyer, F. (Hrsg.) (1991): Die Auswirkungen des Binnenmarktes auf die Entwicklung der Regionen in der Europäischen Gemeinschaft, DIW Sonderhefte Nr. 146, Berlin

Franzmeyer, F./Schulz, S./Schumacher, D./Seidel, B. (1975): Einflüsse der Europäischen Gemeinschaft auf die Regionalpolitik in der Bundesrepublik Deutschland, Göttingen

Fritsch, M./Wagner, K./Eckhardt, C. F. (1991): Regionalpolitik in Ostdeutschland – Maßnahmen, Implementationsprobleme und erste Ergebnisse, in: Wirtschaftsdienst XII/1991

Fürst, D./Klemmer, P./Zimmermann, K. (1976): Regionale Wirtschaftspolitik, Tübingen

Gatzweiler, H.-P./Mehwald, L. (1991): Einführung: Raumordnung in Deutschland, in: BfLR (Hrsg.): Raumordnung in Deutschland, Teil 1: Konzepte, Instrumente und Organisation der Raumordnung, MzR Heft 39/2001, S. 5-10

GBl. der DDR (1952): Gesetz über die weitere Demokratisierung des Aufbaus und der Arbeitsweise der staatlichen Organe in den Ländern der Deutschen Demokratischen Republik vom 23. Juli 1952 in: GBl. der DDR Nr. 99, 1952, S. 613

GBl. der DDR (1961): Erlass des Staatsrates der Deutschen Demokratischen Republik zu den Ordnungen über die Aufgaben und die Arbeitsweisen der Stadtverordnetenversammlungen und der Stadtbezirksversammlungen und ihrer Organe in der Hauptstadt der Deutschen Demokratischen Republik, Berlin, und den Stadtkreisen und Stadtbezirken vom 7.9.1961 in: GBl. der DDR I 1961, S. 169.

GBl. der DDR (1973): Gesetz über die örtlichen Volksvertretungen und ihrer Organe in der DDR vom 12.7.1973 in: GBl. der DDR I, S. 314

Geppert, K./Seidel, Th./Toepel, K. (1993): Strukturelle Anpassungsprobleme in der Region Berlin-Brandenburg, DIW Beiträge zur Strukturforschung, Heft 142, Berlin

Gerstenberger, W. (1990): Das zukünftige Produktionspotential der DDR - ein Versuch zur Reduzierung der Unsicherheiten, in: ifo schnelldienst 7/90, S. 13-22

Gesetz und Verordnungsblatt von Berlin, zitiert als GVBl. v. B:

Gesetz und Verordnungsblatt von Brandenburg, zitiert als GVBl. v. BB

Gick, W. (Hrsg.) (1996): Die zukünftige Ausgestaltung der Regionalpolitik in der EU. Hanns-Seidel-Stiftung eV München, München

Grünberg, W. (1992): Die Finanzierungshilfen des Bundes und der Länder an die gewerbliche Wirtschaft, Zeitschrift für das gesamte Kreditwesen, Sonderausgabe 1991/92, Frankfurt/Main

GVBl. v. B (1995): Gesetz zum Staatsvertrag der Länder Berlin und Brandenburg über die Bildung eines gemeinsamen Bundeslandes (Neugliederungs-Vertrag) und zum Staatsvertrag zur Regelung der Volksabstimmung in den Ländern Berlin und Brandenburg über den Neugliederungs-Vertrag. Vom 18.7.1995, in: GVBl. v. B. v. 29. Juli 1995, S. 490

GVBl. v. B (1995a): Gesetz zum Staatsvertrag über die Aufgaben und Trägerschaft sowie Grundlagen und Verfahren der gemeinsamen Landesplanung zwischen den Ländern Berlin und Brandenburg (Landesplanungsvertrag) vom 4.7.1995, in: GVBl. v. B v. 12. Juli 1995, S. 407

GVBl. v. B (1998): Verordnung über den gemeinsamen Landesentwicklungsplan für den engeren Verflechtungsraum Brandenburg-Berlin v. 2.3.1998, in: GVBl. I v. B. vom 20.3.1998, S. 38

GVBl. v. B (1998a): Gemeinsamer Landesentwicklungsplan für den engeren Verflechtungsraum Brandenburg-Berlin (LEPeV), als Anlage zur Verordnung über den gemeinsamen Landesentwicklungsplan für den engeren Verflechtungsraum Brandenburg-Berlin v. 2.3.1998, in: GVBl. I v. B vom 20.3.1998, S. 39

GVBl. v. BB (1993): Gesetz zur Einführung der Regionalplanung und der Braunkohlen- und Sanierungsplanung im Land Brandenburg, v. 13.5.1993, in: GVBl. I v. BB v. 18.5.1993, S. 170. (geändert am 20.7.1995, in: GVBl. I v. BB v. 24.7.1995, S. 210)

GVBl. v. BB (1995): Gesetz zu dem Landesplanungsvertrag vom 6.4.1995. Vom 20.7.1995, in: GVBl. I v. BB v. 24.7.1995, S. 210

GVBl. v. BB (1995a): Vertrag über Aufgaben und Trägerschaft sowie Grundlagen und Verfahren der gemeinsamen Landesplanung zwischen den Ländern Berlin und Brandenburg (Landesplanungsvertrag), als Anlage zu Art. 1 Abs. 2 des Gesetzes zu dem Landesplanungsvertrag vom 6.4.1995. Vom 20.7.1995, in: GVBl. I v. BB v. 24.7.1995, S. 214

GVBl. v. BB (1995b): Gesetz zu den Staatsverträgen über die Neugliederung der Länder Berlin und Brandenburg (Neugliederungs-Vertragsgesetz – NVG) vom 27.6.1995, in: GVBl. I v. BB v. 3.7.1995, S. 150

GVBl. v. BB (1998): Gemeinsames Landesentwicklungsprogramm der Länder Berlin und Brandenburg, als Anlage 1 des Staatsvertrages über das gemeinsame Landesentwicklungsprogramm der Länder Berlin und Brandenburg (Landesentwicklungsprogramm) und über die Änderung des Landesplanungsvertrages, in: GVBl. I v. BB v. 9.2.1998, S. 15

GVBl. v. BB (1998a): Gesetz zum Staatsvertrag vom 7.8.1997 über das gemeinsame Landesentwicklungsprogramm der Länder Berlin und Brandenburg (Landesentwicklungsprogramm) und die Änderungen des Landesplanungsvertrages. Vom 4.2.1998, in: GVBl. I v. BB v. 9.2.1998, S. 14

GVBl. v. BB (1998b): Anlage 1 zum Staatsvertrag über das gemeinsame Landesentwicklungsprogramm der Länder Berlin und Brandenburg (Landesentwicklungsprogramm) und über die Änderung des Landesplanungsvertrages vom 7.8.1997, in: GVBl. I v. BB v. 9.2.1998, S. 15

Hartmann, U./ Herten, S. (1996): Die Region Berlin Brandenburg: Potenziale und Blockaden der politischen Steuerung, in: Süß (Hrsg.): Hauptstadt Berlin, Bd. 2, S. 365-400

Hassold, H./Jung L. (2000): Die Neuabgrenzung der Fördergebiete der Gemeinschaftsaufgabe „Verbesserung der regionalen Wirtschaftsstruktur“, in: Informationen zur Raumentwicklung Heft 2/2000, S. 59-70

Heine, M. (1991): Erfahrungen mit der Regionalförderung in Deutschland, in: Fraktion Bündnis 90/GRÜNE (AL)/UFV (Hrsg.): Strukturpolitik für die Region Berlin-Brandenburg, Tagungsreader, Berlin, S. 30-43

Heinemann, F. (2001): Europäische Finanzverfassung: Zwischen Umverteilung und Effizienz, in: Ohr/Threul (Hrsg.): Kompendium Europäische Wirtschaftspolitik, S. 207-239

Heinelt, H. (Hrsg.) (1996): Politiknetzwerke und europäische Strukturfondsförderung, Opladen

Heinz, W. (Hrsg.) (2000): Stadt und Region – Kooperation oder Koordination? Ein internationaler Vergleich, Schriften des Deutschen Instituts für Urbanistik, Bd. 93, Stuttgart

Heinz, W. (2000a): Interkommunale Kooperation in Stadtregionen, in: Heinz (Hrsg.): Stadt und Region – Kooperation oder Koordination?, S. 31-60

Heuer, H. (1992): Der Großraum Berlin, in: Moser, H.: Berlin-Report, S. 17-46

Heuer, H. /Stoll, M. (1992): Konzepte zur räumlichen Entwicklung der Region Berlin-Brandenburg, in: Moser (Hrsg.): Berlin-Report, S. 235-248

Hoffmann, L. (1995): Editorial, in: Schwerpunktheft Fünf Jahre Deutsche Einheit, DIW Vierteljahresheft zur Wirtschaftsforschung 3/95, S. 365

Holthus, M. (Hrsg.) (1995): Elemente regionaler Wirtschaftspolitik in Deutschland, HWWA, Bd. 22, Baden-Baden

Holtmann, E. (1994): Politik-Lexikon, 2. überarb. und erw. Aufl., München

Horbach, J./Junckernheinrich, M. (1994): Wachstum in den neuen Bundesländern, Räumliche Entwicklungshemmnisse und -potenziale, IWH-Diskussionspapiere. Nr. 14, Halle

Horn, G. A./Zwiener, R. (1995): Die Deutsche Vereinigung - Stimulus für die Weltwirtschaft, in: Schwerpunktheft Fünf Jahre Deutsche Einheit, DIW Vierteljahresheft zur Wirtschaftsforschung 3/95, Berlin, S. 415-432

Hübler, K.-H. (1993): Quo vadis Brandenburg-Berlin (1993), in: RuR, Heft 2-3/1993, S. 71-73

IHK Berlin (1995): Wirtschaftsentwicklung und Raumplanung in der Region Berlin-Brandenburg, Berlin

IHK Berlin (1995a): Entwicklungsstrategien für die Region Berlin-Brandenburg, Berlin

Institut für Europäische Politik und Landeszentrale für politische Bildung Nordrhein-Westfalen (Hrsg.) (1994): Europa der Regionen – Akzeptanz durch Bürgernähe, Materialien zur Europapolitik, Bd. 12, Bonn

Ipsen, H. P. (1972): Europäisches Gemeinschaftsrecht, Tübingen

Jachtenfuchs, M./ Kohler-Koch, B. (Hrsg.) (1996): Europäische Integration, Opladen

John, G. (1992): Die Umsetzung der EG-Strukturfonds in der Bundesrepublik Deutschland, in: BBJ (Hrsg.): Handbuch der EG-Strukturförderung, Berlin, Teil B II, S. 17-50

Kahlenborn, W. (1995): Berlin - Zukunft aus eigener Kraft: Ein Leitbild für den Wirtschaftsstandort Berlin, GKB-forum - Studien zu Kultur und Wirtschaft, Berlin

Karl, H./Krämer-Eis, H. (1996): Entwicklung der regionalen Wirtschaftspolitik in Deutschland, in: Eberstein/Karl (Hrsg.): Handbuch der regionalen Wirtschaftsförderung, 3. Aufl., A II

Kleger, H. (1997): Regionale Handlungsfähigkeit nach der gescheiterten Fusion?, in: Berliner Debatte INITIAL 8/1997, S. 122-133

Klemmer, P. (1983): Abgrenzungen von Fördergebieten, Beiträge zur Struktur- und Konjunkturforschung, Bd. 20, Bochum

Klemmer, P. (1986): Regionalpolitik auf dem Prüfstand, Köln

Klemmer, P. (1991): Übertragbarkeit regionalpolitischer Konzepte auf die neuen Bundesländer, in: Informationen zur Raumentwicklung, Heft 9-10/1991, S. 611-621

Klemmer, P. (Hrsg.) (1998): Handbuch europäische Wirtschaftspolitik, München

Klemmer, P. (1998a): Regionalpolitik, in: Klemmer (Hrsg.): Handbuch europäische Wirtschaftspolitik, S. 457-518

Klodt, H. (1990): Wirtschaftshilfen für die neuen Bundesländer, in: Wirtschaftsdienst 1990/XII, S. 617-622

Klodt, H./Laaser, C.-F./Maurer, R./Neu, A. D./Soltwedel, R./Stehn, J. (1992): Die Strukturpolitik der EG, Kieler Studien, 249, Tübingen

KOM (1979): Regionale Entwicklungsprogramme, Bundesrepublik Deutschland einschließlich Berlin (West), Brüssel

KOM (1989): Leitfaden zur Reform der Strukturfonds der Gemeinschaft, Luxemburg

KOM (1990): Gemeinschaftliches Förderkonzept 1989-1991, Zur Umstellung der Regionen, die von der rückläufigen industriellen Entwicklung betroffen sind (Ziel 2), Bundesrepublik Deutschland, Luxemburg

KOM (1990a): Operationelles Programm 1989-1991 für Berlin West (OP (A)), Brüssel

KOM (1990b): KOM (90) 400 endg. 1990, Bd. 1-3: Die Gemeinschaft und die Deutsche Vereinigung, Bd. 1: Allgemeine Begründung, Begründung nach Sektoren, Brüssel

KOM (1991): Gemeinschaftliches Förderkonzept 1991-1993 für die Gebiete Ost-Berlin, Mecklenburg-Vorpommern, Brandenburg, Sachsen-Anhalt, Thüringen und Sachsen, v. 8.2.1991, Brüssel

KOM (1991a): Der EFRE im Jahre 1990, Brüssel

KOM (1992): Gemeinschaftliches Förderkonzept für West-Berlin 1992/1993 vom 18.12.1991, Brüssel

KOM (1992a): Operationelles Programm 1992-1993 für West-Berlin, Brüssel

KOM (1994): Europäische Wirtschaft, Nr. 2, Luxemburg

KOM (1994a): inforegio news 11/1994

KOM (1994b): Leitfaden der Gemeinschaftsinitiativen 1994-1999, Luxemburg

KOM (1994c): EPPD 1994-1996 für West-Berlin

KOM (1994d): inforegio news, Neue GFK Ziel 1, 7/1994

KOM (1995): Beihilfen und Darlehen der Europäischen Union, Luxemburg

KOM (1995a): Deutschland – Neue Länder, Gemeinschaftliches Förderkonzept für die neuen Länder 1994-1999: Förderung der Entwicklung und der strukturellen Anpassung der Regionen mit Entwicklungsrückstand (Ziel 1), Luxemburg

KOM (1996): Strukturfonds und Köhäsionsfonds 1994-1999, Luxemburg

KOM (1996a): Evaluierungskonferenz 2./3.12.1996 in Berlin, Concluding Speech von Helander über die Bedeutung von Evaluierung und ihren Entwicklungsstand, Brüssel

KOM (1996b): EU*magazin* 12/1996

KOM (1996c): inforegio news Nr. 25, 2/1996

KOM (1997): europartner 1/1997, Hrsg. Vertretung der EU-Kommission in Berlin

KOM (1997a): Die Strukturfonds im Jahre 1996 (8. Jahresbericht der Strukturfonds), KOM (97) 526 endg., Brüssel

KOM (1997b): Agenda 2000: Eine stärkere und erweiterte Union, Kom (97)2000, endg., 15.7.1997, Brüssel

KOM (1998): europartner 4/1998, Hrsg. Vertretung der EU-Kommission in Berlin

KOM (1999): Sechster Periodischer Bericht über die sozio-ökonomische Lage der EU, Cx-21-99-472-De-C, Luxemburg

KOM (2000): Regionen: Statistisches Jahrbuch 2000, Luxemburg

KOM (2000a): Regionen: Systematik der Gebietseinheiten für die Statistik, NUTS, Luxemburg

KOM (2000b): Gemeinschaftliches Förderkonzept für die in Deutschland unter Ziel-1- oder Ziel-1-übergangsweise fallenden Regionen für 2000-2006, Brüssel

KOM (2001): Einheit Europas, Solidarität der Völker, Vielfalt der Regionen. Zweiter Bericht über den wirtschaftlichen und sozialen Zusammenhalt. (Kohäsionsbericht). 2. Bd., Brüssel

KOM (2001a): inforegio news, Nr. 87, 7/2001

KOM (2001b): EU –Nachrichten Nr. 24 v. 28.6.2001

Krappweis, S. (2001): Zehn Jahre gemeinsame Planung von Berlin und Brandenburg, in RuR Heft 2-3/2001, S. 216-227

Krieger-Boden, Ch. (1995): Neue Argumente für Regionalpolitik? Zur Fundierung der Regionalpolitik in älteren und neueren regionalökonomischen Theorien, in: Die Weltwirtschaft, Heft 2/1995, S. 193-215

Kroppenstedt, F. (1995): Organisation und Kommunikation zwischen Berlin und Bonn, in: Süß (Hrsg.): Hauptstadt Berlin, Bd. 2, S. 117-126

Lammers, K. (1987): Ansatzpunkte für eine Neuorientierung der Regionalpolitik - Die Bund-Länder-Regionalförderung - Ziele, Ansatzpunkte, ökonomische Problematik, in: Die Weltwirtschaft, Heft 1/1987, S. 61-80

Langguth, G. (Hrsg.) (1990): Berlin: Vom Brennpunkt der Teilung zur Brücke der Einheit, Berlin

Lauschmann, E. (1976): Grundlagen einer Theorie der Regionalpolitik, Akademie für Raumforschung und Landesplanung, Taschenbücher zur Raumplanung, Bd. 2, 3. Aufl., Hannover

Lichtblau, K. (1995): Von der Transfer- in die Marktwirtschaft, Strukturpolitische Leitlinien für die neuen Länder, Köln

Lieser-Triebnigg, E. (1989): Ost-Berlin – Status und Entwicklung, in: Diepgen (Hrsg.) (1989): Berlinpolitik, S. 96-120

Mahnke, H. H. (1990): Vom Londoner Protokoll zum Viermächte-Abkommen, in: Langguth (Hrsg.): Berlin: Vom Brennpunkt der Teilung zur Brücke der Einheit, S. 88-106

Marks, G. (1996): Politikmuster und Einflusslogik in der Strukturpolitik, in: Jachtenfuchs/Kohler-Koch (Hrsg.): Europäische Integration, S. 313-344

Mayntz, R. (Hrsg.) (1989): Implementation politischer Programme, Königstein/T.

Mecking, Ch. (1995): Die Regionalebene in Deutschland, Begriff – Institutioneller Bestand – Perspektiven, Stuttgart

Meinhardt, V. /Seidel, B. /Stille, F./Teichmann, D. (1995): Transferleistungen in die neuen Bundesländer und deren wirtschaftliche Konsequenzen, DIW Sonderheft 154, Berlin

Ministerium für Umwelt, Naturschutz und Raumordung Brandenburg und Senatsverwaltung für Stadtentwicklung, Umwelt und Technologie Berlin (Hrsg.) (1998): Raumordnungsbericht Berlin und Brandenburg, Berlin

Ministerium für Umwelt, Naturschutz und Raumordnung Brandenburg und Senatsverwaltung für Stadtentwicklung, Umwelt und Technologie Berlin (Hrsg.) (1998a): Gemeinsam planen für Berlin und Brandenburg, Berlin

Ministerium für Wirtschaft, Mittelstand und Technologie Brandenburg, zitiert als MWMT

Momper, W. (1990): Berlin ist keine Insel mehr, in: Langguth (Hrsg.): Berlin: Vom Brennpunkt der Teilung zur Brücke der Einheit, S. 335-349

Moser, H. (Hrsg.) (1992): Berlin-Report, Wiesbaden

Moser, H. (1996): Auf dem Weg zu einer neuen Dienstleistungsmetropole: Berliner Wirtschaft im raschen Wandel, in: Süß (Hrsg.): Hauptstadt Berlin. Bd. 3, S. 77-88

Müller, J. H. (1973): Regionale Strukturpolitik in der Bundesrepublik, Berlin

Müller, J. H. (1990): Wirtschaftliche Grundprobleme des Raumordnungspolitik, Berlin, 2. Aufl.

Münch, I. v. (1968): Dokumente des geteilten Deutschland, Bd. 1, Stuttgart

MWMT (1994): Jahresbericht des EFRE 1993 des Landes Brandenburg, Potsdam

MWMT (1998): Förderungen der Europäischen Union für das Land Brandenburg, Potsdam

MWMT (1998a): Wirtschaftsbericht Brandenburg 1998, Potsdam

MWMT (1999): Wirtschaftsbericht Brandenburg 1999, Potsdam

Nägele, F. (1996): Regionale Wirtschaftspolitik im kooperativen Bundesstaat – Ein Politikfeld im Prozess der deutschen Vereinigung, Opladen

Nawrocki, J. (1990): Berlin ist eine Stadt mit Zukunft - aber welche? in: Langguth (Hrsg.): Berlin: Vom Brennpunkt der Teilung zur Brücke der Einheit, S. 458-472

Nawrocki, J. (1996): Länderfusion – ein Reformprojekt von bundesweiter Bedeutung, in: Süß (Hrsg.): Hauptstadt Berlin, Bd. 3, S. 173-182

Neck, H. (1979): Ordnungspolitische Bedeutung und Effizienz der Strukturpolitik in der Bundesrepublik Deutschland, Frankfurt/Main

Necker, T. (1990): Ein Fünf-Stufen-Plan für die Wirtschafts- und Währungsgemeinschaft, in: Wirtschaftsdienst II/1990, S. 65-68

Neubäumer, R. (1996): Erfolg und Probleme im deutschen Vereinigungsprozess, in; Wirtschaftsdienst XI/1996, S. 574-581

Neueder, F. (2000): Die Verhandlungen über die EU-Strukturfondsförderung 2000-2006, Ziele und Ergebnisse, in: Informationen zur Raumentwicklung Heft 2/2000, S. 85-92

Neupert, H. (1986): Regionale Strukturpolitik als Aufgabe der Länder: Grundlagen, Verknüpfungen, Grenzen: Eine Untersuchung wirtschaftsrechtlicher und wirtschaftspolitischer Aspekte der regionalen Strukturpolitik im Verhältnis der Länder zum Bund und zu den Europäischen Gemeinschaften, Baden-Baden

Nolte, D./Ziegler, A. (1994): Regionen in der Krise – Regionale Aspekte des Strukturwandels in den neuen Bundesländern –, in: WSI-Mitteilungen 1/1994, S. 58-67

Ohr, R./Threul, Th. (Hrsg.) (2001): Kompendium Europäische Wirtschaftspolitik, München

o. V. (1969): Verfassung der DDR, Dokumente, Kommentare, Bd. 1, Berlin

o. V. (1993): Regionen in der Europäischen Gemeinschaft, Rechtliche Vielfalt und integrationspolitische Rollensuche, Gutachten im Auftrag der Staats- und Senatskanzleien der Länder

Padberg, H. (1994): Finanzpolitische Probleme und Perspektiven des Landes Brandenburg, in: Balderjahn/Gloede (Hrsg.): Der Wirtschaftsraum Brandenburg, Universität Potsdam, S. 21-28

Pestalozza, Ch. (1991): Verfassungsprozessrecht: Die Verfassungsgerichtsbarkeit des Bundes und der Länder, mit einem Anhang zum internationalen Rechtsschutz, München

Pfarr, H. (1990): Aktuelle Aufgaben der Berlinpolitik, in: Langguth (Hrsg.): Berlin: Vom Brennpunkt der Teilung zur Brücke der Einheit, S. 409-413

Pfeiffer, U./Naschold, F. (1992): Zur Modernisierung des öffentlichen Sektors, in: SenWiTech (Hrsg.): Auf dem Weg zur Wirtschaftsmetropole Berlin: Empfehlungen der Strukturpolitischen Expertenkommission, S. 178-184

Pfennig, G./Neumann M. J. (Hrsg.) (1987): Verfassung von Berlin, Kommentar, Berlin

Pintarits, S. (1996): Macht, Demokratie und Regionen in Europa, Marburg

Pohle, H. (1995): Ziele, Leitbilder und Konzepte der deutschen Regionalpolitik und Regionalentwicklung im Wandel, in: Holthus (Hrsg.): Elemente regionaler Wirtschaftspolitik in Deutschland, S. 33-63

Presse- und Informationsamt des Landes Berlin, zitiert als RBm

Püttner, G. (2000): Verwaltungslehre, München

Quaisser, W. /Woodward, R. (2001): Adaptionsprobleme der EU-Struktur- und Regionalpolitik in den MOE-Ländern, Osteuropa-Institut-München, Gutachten im Auftrag des BMF, 2001

Randelzhofer, A. (1989): Staats- und völkerrechtliche Lage Berlins in unserer Zeit, in: Diepgen (Hrsg.): Berlinpolitik, S. 63-95

RBm (1987): "Berlin in der EG - EG in Berlin", Hrsg. vom Presse- und Informationsamt des Landes Berlin, Berlin

RBm (1995): „Berlin - Brandenburg, Ein Land für alle", Berlin

RBm (1998): Landespressedienst vom 27.7.1998, Nr. 142

RBm (2000): Berliner Europabericht 1999, Berlin

RBm (2001): Berliner Europabericht 2000, Berlin

Regierender Bürgermeister von Berlin: zitiert als RBm

Rexin, M. (1990): Ost-Berlin als DDR-Hauptstadt, in: Langguth (Hrsg.): Berlin: Vom Brennpunkt der Teilung zur Brücke der Einheit, S. 70-86

Rheinisch-Westfälisches Institut für Wirtschaftsforschung (1991): Übertragung regionalpolitischer Konzepte auf Ost-Deutschland. Gutachten für das BMWi, abgeschlossen im Februar 1991, veröffentlicht unter Budde et al. (1991).

Richert, R. (1995): Räumliche Ungleichgewichte in Deutschland, in: Holthus (Hrsg.): Elemente regionaler Wirtschaftspolitik in Deutschland, S. 9-32

Ridinger, R. (1996): EG-Regionalpolitik: Konzeption und Instrumente, in: Eberstein/Karl (Hrsg.): Handbuch der regionalen Wirtschaftsforschung, 3. Aufl., A VII 1

Ridinger: R. (1996a): Die Reform der Strukturfonds – eine Bilanz, in: Gick (Hrsg.) (1996): Die zukünftige Ausgestaltung der Regionalpolitik in der EU. Hanns-Seidel-Stiftung eV München, S. 133-148

Riedel, J./Scharr, F./König, M. (1997): Die Europäischen Strukturfonds in den neuen Bundesländern, Zwischenbewertung des Mitteleinsatzes 1994-1996, Ifo, Dresden

Röber, M. (1996): Auf dem Weg zwischen wilder Ehe und Vernunftehe, in: Bufalica/Röber (Hrsg.): Der schwere Abschied von der Insel

Rolfes, K.-H. (1991): Regionale Wirtschaftsförderung und EWG-Vertrag. Die Aktionsräume von Bund, Ländern und Kommunen, Köln

Rosenschon, A. (1990): Berlinförderung auf dem Prüfstand, in: Die Weltwirtschaft, Heft 2/1990, S. 71-83

Rosenstock, M. (1995): Die Kontrolle und Harmonisierung nationaler Beihilfen durch die Kommission der Europäischen Gemeinschaft, Finanzwissenschaftliche Schriftenreihe 71, Frankfurt/Main

Rosenthal, A. (1994): Berlin im Prozess der westeuropäischen Integration, in Süß (Hrsg.): Hauptstadt Berlin, Bd. 1, S. 247-252

Roth, E. (1993): Sozialwissenschaftliche Methoden, 3. Aufl., München

Sachverständigenkommission für die Neugliederung des Bundesgebietes (1973): Vorschläge zur Neugliederung des Bundesgebietes gemäß Artikel 29 GG, Bonn

Sachverständigenrat zur Begutachtung der gesamtwirtschaftlichen Lage, zitiert als SVR JG

Sauberzweig, D./Schmidt-Eichstedt, G. (1992): Die rechtlichen und organisatorischen Voraussetzungen einer gemeinsamen verbindlichen Landes- und Regionalplanung für Berlin und Brandenburg, Gutachten im Auftrag der Senatskanzlei der Landes Berlin und der Staatskanzlei des Landes Brandenburg. In: AH-Drs. 12/2357, S. 35-99)

Schäfer, W. (2001): Wirtschaftspolitische Herausforderungen der EU-Osterweiterung, in: Ohr/Theurl (Hrsg.): Kompendium Europäische Wirtschaftspolitik, S. 243-270

Scharff, R. (1993): Regionalpolitik und regionale Entwicklungspotenziale, eine kritische Analyse, Hohenheimer Volkswirtschaftliche Schriften Bd. 18, Frankfurt/Main

Scharpf, F. W. (1991): Koordination durch Verhandlungssysteme: Analytische Konzepte und institutionelle Lösungen am Beispiel der Zusammenarbeit zwischen zwei Bundesländern, Max-Planck-Institut für Gesellschaftsforschung, Discussion Paper 91/4, Köln

Scharpf, F. W./Benz, A. (1991): Kooperation als Alternative zur Neugliederung? Zusammenarbeit zwischen den norddeutschen Ländern, Baden-Baden

Scharpf, F. W./Reissert, B./Schnabel, F. (1976): Politikverflechtung: Theorie und Empirie des kooperativen Föderalismus in der Bundesrepublik, Kronberg/Ts.

Scherer, B. (1997): Regionale Entwicklungspolitik – Konzeption einer dezentralisierten und integrierten Regionalpolitik, Frankfurt/Main

Schlecht, O. (1995): Wohlstand für ganz Europa: Mit einer neuen marktwirtschaftlichen Offensive, Bonn

Scholz, R. (1989): Berlin – Status und nationale Aufgabe, in: Diepgen, (Hrsg.): Berlinpolitik, S. 27-50

Schramm, H. (1986): Die Einbeziehung Berlins in die Europäischen Gemeinschaften, unter besonderer Berücksichtigung des Viermächteabkommens, Frankfurt/Main

Schröder, G. (1995): Die Arbeitsteilung Berlin-Bonn: Geeinte Republik – zwei politische Zentren, in: Süß (Hrsg.): Hauptstadt Berlin, Bd. 2, S. 81-92

Schulz, E. (1995): Die Auswirkungen des Bevölkerungsrückganges in den neuen Bundesländern auf ausgewählte Infrastrukturbereiche, in: Schwerpunktheft: Fünf Jahre Deutsche Einheit, DIW Vierteljahresheft zur Wirtschaftsforschung 3/95, S. 493-508

Schümann, A. (1993): Wirtschaftsförderung für die neuen Bundesländer im Lichte des EWGV – Wirtschaftsförderungsmaßnahmen für die neuen deutschen Bundesländer und ihre Vereinbarkeit mit Art. 92 EWGV, Bayreuth

Schütz, Ch. (1994): Die Eingliederung der ehemaligen DDR in die Europäische Gemeinschaft unter dem Aspekt der staatlichen Beihilfen, Frankfurt/Main

Schwerdtfeger, C. (1992): Die Reform der Strukturfonds in der Europäischen Gemeinschaft: Ländliche Entwicklungsplanung im Spannungsfeld von Agrar- und Regionalpolitik unter besonderer Berücksichtigung der neuen Bundesländer, Regensburg

Seidel, B. (1991): Sonderfall Berlin, in: Franzmeyer (Hrsg.): Die Auswirkungen des Binnenmarktes auf die Entwicklung der Regionen in der Europäischen Gemeinschaft, S. 119-140

Senatsverwaltung für Wirtschaft, und Technologie/Betriebe, zitiert als SenWiTech

SenWiTech (1992): Förderfibel: „Investieren in den östlichen Stadtbezirken“, Berlin

SenWiTech (Hrsg.) (1992a): Auf dem Weg zur Wirtschaftsmetropole Berlin, Empfehlungen der Strukturpolitischen Expertenkommission, Berlin

SenWiTech (1995): Abschlussbericht über die Umsetzung des Ziel-2-Programms 1989-1991 im Rahmen der EFRE-Förderung in West-Berlin, Berlin

SenWiTech (1997): Einheitliches Programm Planungsdokument für West-Berlin 1997-1999, Berlin

SenWiTech (1999): Operationelles Programm für Ost-Berlin 2000-2006, v. 29.10.1999

SenWiTech (2000): Abschlussbericht des EFRE 1994-1996 in den Ziel-2-Gebieten West-Berlins, Berlin

SenWiTech (2000a): Wirtschaftsbericht Berlin 1999, Berlin

SenWiTech (2000b): EFRE-Jahresbericht für West-Berlin 1999, Berlin

SenWiTech (2001): Einheitliches Programmplanungsdokument für West-Berlin für 2000-2006, v. 29.3.2001, Berlin

SenWiTech (2001a): Die Osterweiterung als Herausforderung für Berlin, http://www.berlin.de/home/land/SenWiTech/politik/eu-ost.html (v. 20.7.2001)

Sinz, M.: Vom Rand in die Mitte - europäische Einflüsse auf die Position Berlins, in: Süß (Hrsg.): Hauptstadt Berlin, Bd. 1, S. 219-232

Soltwedel, R. (1987): Wettbewerb zwischen Regionen statt zentral koordinierter Regionalpolitik, in: Die Weltwirtschaft, Heft 1/1987 S. 129-145

Staeck, N. (1996): Die europäische Strukturfondsförderung – Entwicklung und Funktionsweise, in: Heinelt (Hrsg.): Politiknetzwerke und europäische Strukturfondsförderung, Opladen, S. 33-57

Stremmel, J./Wedderkopf, W. (1990): EG-Regionalpolitik und die Deutsche Einheit, in: Zeitschrift für Rechtspolitik, Heft 10/1990, S. 369-372

Süß, W. (Hrsg.) (1994): Hauptstadt Berlin, Nationale Hauptstadt, Europäische Metropole, Bd. 1, Berlin

Süß, W. (Hrsg.) (1995): Hauptstadt Berlin, Berlin im vereinten Deutschland, Bd. 2, Berlin

Süß, W. (1995a): Die „Vollendung der Einheit“. Die Rolle der Hauptstadt zwischen Anspruch und Wirklichkeit, in: Süß (Hrsg.): Hauptstadt Berlin, Bd. 2, S. 13-26

Süß, W. (1995b): Vorbemerkung, in: Süß (Hrsg.): Hauptstadt Berlin, Bd. 2, S. 5-6

Süß, W. (Hrsg.) (1996): Hauptstadt Berlin, Metropole im Umbruch, Bd. 3, Berlin

Suntum, U. van (1981): Regionalpolitik in der Marktwirtschaft. Kritische Bestandsaufnahme und Entwurf eines alternativen Ansatzes am Beispiel der Bundesrepublik Deutschland, Baden-Baden

SVR JG (1990): Jahresgutachten 1990/91 „Auf dem Wege zur wirtschaftlichen Einheit Deutschlands“, Stuttgart; enthält außerdem: Sondergutachten vom 20. Januar 1990

SVR JG (1991): Jahresgutachten 1991/92 „Die wirtschaftliche Integration in Deutschland, Perspektiven – Wege – Risiken“, Stuttgart

SVR JG (1993): Jahresgutachten 1993/94 „Zeit zum Handeln – Antriebskräfte stärken“, Stuttgart

Tennagels, P. (1980): Instrumentarium der regionalen Wirtschaftspolitik, Bochum

Toepel, K. (1994): Zwischenbilanz der Strukturfondsinterventionen und anderer EU-Programme in Berlin, in: EP (1994): E-R-T für Berlin, S. 25-75

Toepel, K. (1995): Zwischenbilanz der Strukturfondsinterventionen und anderer EU-Programme in Brandenburg, in: EP (1995): E-R-T für Brandenburg, S. 43-84

Toepel, K. (1997): Zusammenwirken von nationaler und europäischer Regionalpolitik in den neuen Bundesländern – Eine kritische Bilanz –, Frankfurt/Main

Toepel, K. (2000): Evaluation in der Regionalpolitik, in: Schwerpunktheft Evaluation im Spannungsfeld zwischen Wirtschaft und Politik, DIW-Vierteljahresheft zur Wirtschaftsforschung 3/2000, S. 395-405

Toepel, K./Tissen, G. (2000): Stand und Perspektiven der Evaluation in Deutschland. Eine Einführung, in: Schwerpunktheft Evaluation im Spannungsfeld zwischen Wissenschaft und Politik, DIW-Vierteljahresheft 3/2000, S. 347-349

Toepel, K./Weise, Ch. (1995): Die Förderung von gewerblichen Investitionen in Ostdeutschland durch den Europäischen Fonds für regionale Entwicklung. DIW Diskussionspapier Nr. 108, Berlin

Toepel, K./Weise, Ch. (2000): Die Integration Ostdeutschlands in die Europäische Union: Eine Erfolgsgeschichte?, in: Schwerpunktheft Zehn Jahre deutsche Wäh-rungs-, Wirtschafts- und Sozialunion, DIW Vierteljahresheft zur Wirtschaftsforschung 2/2000, S. 178-193

Toepel, K./Blazejczak, J./Gornig, M./Kauffeld, M. (2001): Ex-post Berwertung der Interventionen des EFRE im Land Berlin für den Förderzeitraum 1994-1999, Bd.1: Evaluierung der Ziel-1 und Ziel-2-Förderung, Endbericht, Berlin

Tomann (1999): Die Osterweiterung der Europäischen Union aus ökonomischer Sicht, in: Herausforderungen an die Wirtschaftspolitik an der Schwelle zum 21. Jahrhundert, Volkswirtschaftliche Schriftenreihe, Heft 501, S 177-196

Unruh, G.-Ch. (1996): Die Region als Planungsraum und Verwaltungseinheit, in: Westfälische Forschung, Bd. 19, Köln

Vahlens großes Wirtschaftslexikon (1993), Hrsg. von Dichtl, E./Issing, O., 2. überarb. u. erw. Auflage, München

Vesper, D. (1992): Die öffentlichen Finanzen in Berlin, in: Moser (Hrsg.): Berlin-Report, S. 175-194

Vesper, D. (1993): Finanzielle und finanzpolitische Konsequenzen eines gemeinsamen Bundeslandes Berlin-Brandenburg, DIW Beiträge zur Strukturforschung, Heft 147, Berlin

Voelzkow, H./Hoppe, A. (1996): Druck von oben und von unten – Zu Reformansätzen der deutschen Regionalpolitik als Reaktion auf Implementationsprobleme der Europäischen Regionalfonds in den neuen Bundesländern, in: Heinelt (Hrsg.): Politiknetzwerke und europäische Strukturfondsförderung, S. 108-130

Waniek, R. W. (1994): EG-Regionalpolitik für die Jahre 1994-1999, in: Wirtschaftsdienst I/1994, S. 43-49

Wegner, M. (Hrsg.) (1993): Die neuen Bundesländer in der EG, Gutachten für das BMWi 1992, Baden-Baden

Weidenfeld, W./Korte, K.-R. (1996): Handbuch zur deutschen Einheit, Bonn

Weidenfeld, W./Wessel, W. (Hrsg.) (1996): Jahrbuch für Europäische Integration 1995/1996, Institut für Europäische Politik, Bonn

Weinzen, H. W. (1995): Berlin und seine Finanzen, Berlin

Weise, Ch. (1996): Regionalpolitik und Infrastruktur, in: Weidenfeld/Wessel: Jahrbuch für Europäische Integration 1995/1996

Weise, Ch./Banse, M./Bode, W./Lippert, B./Nölle, F./Tangermann, S. (2001): Reformbedarf bei den EU-Politiken im Zuge der Osterweiterung der EU, Berlin/Göttingen

Weise, Ch./Brachtler, J./Downes, R./McMaster, I./Toepel, K. (20001a): The Impact of EU-Enlargement on Cohesion. Background Report for the Preparation on the European Commission's Second Report on Economic and Social Cohesion, Berlin/Glasgow

Weise, Ch. (2002): Strukturfondstransfers in einer zukunftsfähigen EU: Konzentration, Subsidiarität und Kopplung an die nationale Wirtschaftspolitik, Baden-Baden

Weyl, H. (1993): Geopolitische und raumstrukturelle Veränderungen in Europa durch die Metropole Berlin, in: RuR Heft 2-3/1993, S. 73-76

Wiehler, F. (1994): Die bisherigen Aktivitäten des Europäischen Parlaments in Bezug auf die neuen Bundesländer, in: EP (1994): E-R-T für Berlin, S. 17-24

Zarth, M (1991).: Neuordnung der Regionalförderung im Rahmen der Gemeinschaftsaufgabe „Verbesserung der regionalen Wirtschaftsstruktur", in: Informationen zur Raumentwicklung, Heft 9-10/1991, S. 539-555

Zarth, M. (1996): Die Bedeutung des Infrastrukturindikators für die Abgrenzung von Fördergebieten der regionalen Strukturpolitik, in: Informationen zur Raumentwicklung, Heft 9/1996, S. 597-611

Zarth, M. (1997): Regionale Wirtschaftsförderung in Ostdeutschland, in RuR 3/1997, S. 199-209

Zarth, M./Cromme, B. (1999): Die regionale Infrastrukturausstattung als Indikator für die Auswahl regionalpolitischer Fördergebiete, in: Mitteilungen aus der Arbeitsmarkt- und Berufsforschung, Heft 4/1999, S. 618-625

Ziegler, A. (1992): Regionale Strukturpolitik: Zonenrandförderung – ein Wegweiser? WSI - Studien zur Wirtschafts- und Sozialforschung Nr. 68, Köln

Ziegler, A. (1992a): Gemeinschaftswerk "Aufschwung-Ost", in: WSI-Informationsdienst Arbeit 2/1992

Zimm, A. (1988): Berlin (Ost) und sein Umland, Darmstadt

ANHANG

Interviewleitfaden

Gespräch mit	....	(Name)
Zuständig für die EFRE-Förderung	von...	(Dienststelle)
	in...	(Ort)
	am...	(Datum)

1. Zur Person

- Seit wann sind Sie für den EFRE-Einsatz zuständig?
- Worin besteht die Aufgabe genau?
- Welche EFRE-Erfahrungen sind vorhanden (in Brüssel gearbeitet, an einem Austausch teilgenommen, Schulungen?)
- Wie wird die persönliche Arbeitssituation beurteilt?

2. Zur Dienststelle

- Wie ist die organisatorische Einbindung des Arbeitsgebietes?
- Wie viele Personen sind im Arbeitsgebiet tätig?
- Ist die Personalkapazität angemessen?
- Wie ist die Abgrenzung der Arbeitsgebiete?
- Wer leitet die Dienststelle?
- Wie ist die Anbindung zur politischen Führung?
- Wie erfolgt der Kontakt zu DG XVI in Brüssel?

3. Kooperation (landesintern)

- Mit welchen Dienststellen innerhalb des Ministeriums / der Senatsverwaltung wird kooperiert?
- Wie ist die Kooperation zu beurteilen? (gut?, zügig?, häufig?, institutionalisiert?)
- Mit welchen anderen Dienststellen innerhalb des Landes wird zusammengearbeitet? (andere Ministerien/Senatsverwaltungen, Bezirke, Banken...?)
- Wie sind die Kontakte zu beurteilen?
- Gibt es innerhalb Berlins hierbei erkennbare Unterschiede für Ziel 1 und Ziel 2?

4. Kooperation (landesübergreifend)

- Gibt es Kontakte zur anderen Wirtschaftsverwaltung (Berliner Senatsverwaltung für Wirtschaft / Ministerium für Wirtschaft in Brandenburg)? Wenn ja, zu wem genau?
- Erfolgen die Kontakte gelegentlich, regelmäßig, institutionalisiert?
- Gibt es gemeinsame die Arbeitsmarktregion Berlin betreffende Planungen bzw. Maßnahmen? Wenn ja, welche?
- Ist derartiges für die neue Förderperiode geplant?
- Wie wird die länderübergreifende Kooperation beurteilt?
- Gibt es im Hinblick auf die Arbeitsmarktregion Berlin eher ein „Regionsgefühl" oder mehr ein Berliner- bzw. ein Brandenburger-Gefühl?
- Gab es in der letzten Förderperiode eine Zusammenarbeit beim EFRE?
- Hat sich die Kooperation in der neuen Förderperiode verbessert?
- Ist für die nächste Förderperiode eine Intensivierung der Kooperation geplant?
- Werden die Interessen der Region in Brüssel gemeinsam vertreten?

5. Zur Förderpraxis

- Wurde bereits bei der Erstellung der Maßnahmenpläne auf die Region Berlin abgestellt?
- Wenn ja, bei welchen Maßnahmenkomplexen?
- Ist eine Abstimmung der Ziel-1- und Ziel-2-Maßnahmen in Berlin erfolgt?
- Wenn ja, liegt dem eine übergreifende Strategie zu Grunde?
- Ist es möglich, die Mittelverwendung in Brandenburg getrennt nach innerem Verflechtungsring und äußerem Entwicklungsraum auszuweisen?
- Was sind die wesentlichen Gründe für die Abweichung der Mittelinanspruchnahme gegenüber den Planungen?
- Welche Änderungsanträge gab es mit welchen Veränderungen?
- Wozu dienten die Mittel der Technischen Hilfe?
- Gibt es eine Entkopplung der EFRE-Mittel von der GRW bzw. ist diese geplant?
- Bei welchen Maßnahmen ist diese gemacht worden bzw. wird dies geplant?
- Wie werden die Effekte der durch die Flexibilisierungsklausel geschaffenen Entkopplungsmöglichkeiten beurteilt?
- Steht schon fest, wann Berlin/Brandenburg dem Antrag für eine Evaluierung des EFRE-Einsatzes für die Förderperiode 19..-19..) erteilt?
- Werden die Ergebnisse veröffentlicht und sind sie vorab als Kopie erhältlich?
- Ist eine Verlängerung der Mittelauszahlungsfrist geplant?
- Gibt es Planungen, auf Grund der bisher mit der EFRE-Förderung in der Region gemachten Erfahrungen die Förderstrategie zu ändern (z.B. die Planungen stärker auf die Region Berlin abzustellen, vom Konzept der dezentralen Konzentration abweichen, o.ä.)?

6. Berlin spezifisch

- Wie lief die EFRE-Förderung vor der Einstufung West-Berlins als Ziel-2-Region?
- Wie groß war der Einfluss der Europäischen Regionalförderung (Volumen, politisch)?
- Wie ist auf die Wiedervereinigung im damaligen GFK reagiert worden (Veränderungen inhaltlicher Art)?
- Welche Konsequenzen gab es personeller Art?
- Ist Ihrer Meinung nach adäquat reagiert worden?
- Hat sich die EFRE-Ziel-2-Förderung geändert seitdem West-Berlin Teil der GRW ist? Wenn ja, wie (inhaltlich, strukturell)?
- Gab es Probleme bei der Einbeziehung und Installation der GRW, oder bei der Koordination von EFRE und GRW?

Gerd Eckstein

Regionale Strukturpolitik als europäischer Kooperations- und Entscheidungsprozeß

Frankfurt/M., Berlin, Bern, Bruxelles, New York, Oxford, Wien, 2001.
XV, 494 S., zahlr. Tab. u. Graf.
Europäische Hochschulschriften: Reihe 31, Politikwissenschaft. Bd. 440
ISBN 3-631-38707-5 · br. € 81.–*

Die Untersuchung beschäftigt sich mit der Dynamik der europäischen Mehrebenenverflechtung in einem ausgewählten Politikfeld. Bei der Entwicklung der analytischen Kategorien wird auf Elemente des Netzwerkansatzes zurück-gegriffen. Im Zentrum der Analyse stehen die Auswirkungen europäischer strukturpolitischer Aktivitäten auf die nationale und die regionale Ebene in Deutschland und vice versa. Dabei geht es um die strukturpolitische Begleitung des wirtschaftlichen Wiederaufbaus in den ostdeutschen Ländern und um den Veränderungsdruck, dem sich die Bund-Länder-Gemeinschaftsaufgabe zur Verbesserung der regionalen Wirtschaftsstruktur durch die europäische Integration ausgesetzt sah und sieht. Für die vergleichende empirische Betrachtung wurden Sachsen und Rheinland-Pfalz als Referenzländer ausgewählt. Die regionalpolitischen Implikationen der europäischen Beihilfenaufsicht werden ebenfalls kritisch gewürdigt.

Aus dem Inhalt: Die Europäische Union als Mehrebenensystem · Die Herausbildung und Entwicklung der Strukturpolitik als eigenständiges Politikfeld · Kritik der EU-Strukturpolitik · Das Verhältnis von europäischer, nationaler und regionaler Strukturpolitik · Kohäsionsziel versus Wettbewerb? Die Europäische Beihilfenkontrolle · Zusammenfassung der wesentlichen Aussagen

Frankfurt/M · Berlin · Bern · Bruxelles · New York · Oxford · Wien
Auslieferung: Verlag Peter Lang AG
Jupiterstr. 15, CH-3000 Bern 15
Telefax (004131) 9402131

*inklusive der in Deutschland gültigen Mehrwertsteuer
Preisänderungen vorbehalten

Homepage http://www.peterlang.de

FSC
www.fsc.org
MIX
Papier | Fördert gute Waldnutzung
FSC® C083411

Kolibri 360 GmbH
Ferdinand-Jühlke-Straße 7
99095 Erfurt, Deutschland
produktsicherheit@kolibri360.de

Druck:
CPI Druckdienstleistungen GmbH
im Auftrag der
Kolibri 360 GmbH
Ferdinand-Jühlke-Str. 7
99095 Erfurt